사료로 보는

서양고대사

사료로 보는
서양고대사

차영길 편역

경상대학교출판부

저자의 말

우리나라의 대학 교육에서 역사학은 교양 과정이건 전공 과정이건 한국사, 동양사, 서양사로 3분해서 가르치게 되어 있다. 현재 이 분류법이 반드시 타당하다고는 말할 수 없지만, 역사를 하나의 학문으로 처음 배우는 사람들에게는 이러한 접근 방식이 어느 정도 유익하기도 하고 필요하기도 하다. 그동안 역사학의 연구와 교육에서 다양한 시도와 방법론이 제시된 바 있지만 처음 배우는 사람들에게는 무엇보다도 전통적으로 배양된 기초에서부터 출발하는 것이 필요하다. 어떤 학문이든 기본적인 소양을 충분히 몸에 지닌 다음에야 그다음 단계로의 비판과 발전이 가능하다. 충분한 기초 훈련을 거치지 않은 채 뜬금없이 회의적이기만 하다면, 그 성과가 어떻게 귀결될지 전혀 예측하기 힘들며, 학문의 기본 방법론으로도 적합한 것이 아니다.

그렇다면 역사학에서 기초적 훈련이란 무엇인가? 그것은 무엇보다도 사료(史料)를 통해 과거의 세계를 추체험(re-think)해 보는 것이다. 역사를 배우는 사람들에게 과거를 재구성하기 위한 가장 유력한 수단이 문헌 사료라는 것은 이론의 여지가 없다. 그런데 대학의 역사 교육 현장에서 이것이 충분히 실행될 수 있었는지, 특히 언어상의 한계가 다른 분야보다 특히 심한 서양사의 경우라든지, 아니면 그리스어와 라틴어 등 고전 언어를 다

••••

루어야 하는 서양고대사의 경우, 그것이 얼마나 실현 가능할지는 누구에게나 공통된 심각한 고민 사항이었을 것이다. 서양사에서 문헌사료라면 말할 것도 없이 영어·독일어·프랑스어·이탈리아어 등의 현대의 외국어로 쓰여 있는 것을 가리키는데, 그것도 시대를 거슬러 올라가면, 그 자체로 고어(古語)의 형태를 갖는 언어에 대한 학습이 필요하고, 현대 언어에 대한 지식만으로는 부족하다. 더구나 이 책에서 다루는 고대사라면 1차 사료는 고대 그리스어와 라틴어로 쓰여 있다. 이런 점들을 생각해 보면, 현재 우리나라 실정에서 역사를 전공하는 학과라도 4년간의 대학 커리큘럼만으로는 사실상 고전 언어를 배우고 그 실력으로 당시 사료를 읽어 내기란 불가능하다. 따라서 고전 언어 1차 사료의 번역, 대학 강의를 위한 주요 사료의 선별, 그리고 발췌 번역서의 출간은 누군가가 해 주었으면 하는 오래된 희망사항이었다. 그래서 이 책의 집필 동기는 이러한 모두의 고민에 필자가 감히 용기를 내어보는 것이다.

하지만 고전 언어의 번역이라고 해도 번역자 자신의 해석이 가해지기 때문에 이미 1차 사료라고는 말하기 어려운 부분도 생긴다. 게다가 사료 번역상의 오역 문제 역시 누구나 걱정할 수밖에 없는 부분이다. 이런 현실적

••••

문제로 인해 이 책은 번역서가 아니라, 편역서의 형태를 취하려고 한다. 다시 말해서 1차 사료의 선별과 번역 및 역사적 의미에 대해서 필자 자신의 판단을 불가피하게 따를 수밖에 없는 집필 방식을 택하려고 한다. 그리고 필자의 연구 역량의 한계로 인해, 서양고대사에 관한 현대의 정평 있는 몇몇 사료선집들의 도움을 함께 받아서 이 책을 완성하려고 한다. 그동안 역사교육의 현장에 있는 연구자들 중에는 사료 학습의 기회를 제공하기 위해 다양한 교육상의 배려와 궁리를 했던 분들도 있겠지만, 대체적으로 보면 대학에서 서양고대사의 학습이 커리큘럼상의 배려나 다양한 교재 개발의 혜택을 누리고 있다고 말하기는 어렵다. 이 책은 오리엔트 · 그리스 · 로마사를 학습하기 위한 기본적인 사료 학습 교재로 개발되었는데, 향후 보다 체계화되고 더욱 잘 정비된 동료 연구자들의 또다른 훌륭한 저서들로 잘 보완되기를 간절히 바라면서 부족한 글을 출간한다.

2018년 8월

편역자 書

목 차

고전기(Classic Age) • 90

헬레니즘 시대(Hellenistic Age) • 152

Ⅲ. 로마

공화정 시대 • 212

제정 전기(원수정) • 268

제정 후기(전제정) • 330

고대 말기 • 368

부록 • 381

I.

오리엔트

오리엔트

1. 수메르, 길가메시 서사시

• 루브르 박물관의 길가메시 부조

길가메시(Gilgamesh) 서사시는 기원전 2700년경에 살았던 우르크의 왕인 수메르의 영웅 길가메시에 관한 신화적 서사시이다. 내용은 초기의 점토판에 각기 새겨진 기록이 오랫동안 전해져 내려와, 현재 하나의 전체 줄거리를 구성하고 있다.

전설에 따르면, 길가메시는 4000여 년 전에 우르크에서 통치했다. 어느덧 시간이 흐르면서 그는 폭군으로 변해 갔고, 백성들은 신에게 그를 제어해 달라고 간청한다. 신들은 왕에게 대적시키기 위해 숲 속의 거친 인간으로 엔키두(Enkidu)를 창조한다. 이 존재에 대해 듣게 된 길가메시는 그를 도시로 유인해 낸다. 마침내 도시에서 그 둘은 싸우기 시작했으나, 결국 친구가 된다. 그들은 숲의 괴물(용)을 물리치기 위해 힘을 합치기로 한다. 길가메시를 못마땅하게 여기는 여신 이시타르(Ishtar)는 그들의 우정을 시샘한다. 그러나 길가메시는 이시타르를 거부하고 엔키두는 오히려 여신의 교활한 성품을 비난한다. 이시타르와 신들은 엔키두의 이런 신성모독을 용서할 수 없어 그를 죽여 버린다. 길가메시는 엔키두의 죽음으로 충격을 받는다. 그는 친구를 잃으면서 인간의 삶의 유한성에 눈을 뜬다. 그는 영생을 주는 산을 찾아 나서기로 하고, 대홍수에서 혼자 살아남은 우트나피시팀(Utnapishtim)을 찾기 위

• 점토판 쐐기문자

해 여행을 떠난다. 여행 중에 길가메시는 예언녀인 시드리(Sidri)를 만난다. 그녀가 말하기를, "왜 그대는 영생의 산을 찾아 나서는가? 신들이 말하지 않았소. 인간의 운명이란 죽는 것이라고. (…) 즐기시오! 당신의 삶을! 그것이 인간의 운명이라오!" 길가메시는 우트나피시팀을 만날 때까지 여행을 계속했으나, 결국 영생이란 불가능한 것이란 사실을 깨닫게 된다. 길가메시는 도시 우르크로 돌아와서 죽을 운명에 자신을 내맡긴다.

2. 길가메시 서사시의 구성과 주제

『길가메시 서사시』는 우르크의 왕이었던 길가메시의 모험 여정을 12개의 토판으로 구성하여 인간의 삶과 죽음의 문제를 다루고 있다. 제1토판은 초인적인 힘을 지닌 통치자 길가메시가 도성 안의 젊은 여성들을 희롱하다 백성들의 원성을 사는 내용으로 시작된다. 백성들은 신에게 길가메시를 물리칠 수 있는 장수를 보내 달라고 기도했고, 신은 백성들의 뜻을 따라 엄청난 힘을 가진 야수 엔키두를 창조했다. 제2토판에서는 길가메시와 엔키두가 만나 격투를 벌이다 그 과정에서 친구가 되어 모험을 떠나기로 한다. 제3토판과 제4토판에서는 길가메시와 엔키두가 함께 목재를 구하러 백향목 숲에 갔다가 거인 후와와를 만나 위기를 겪는다. 제5토판에서

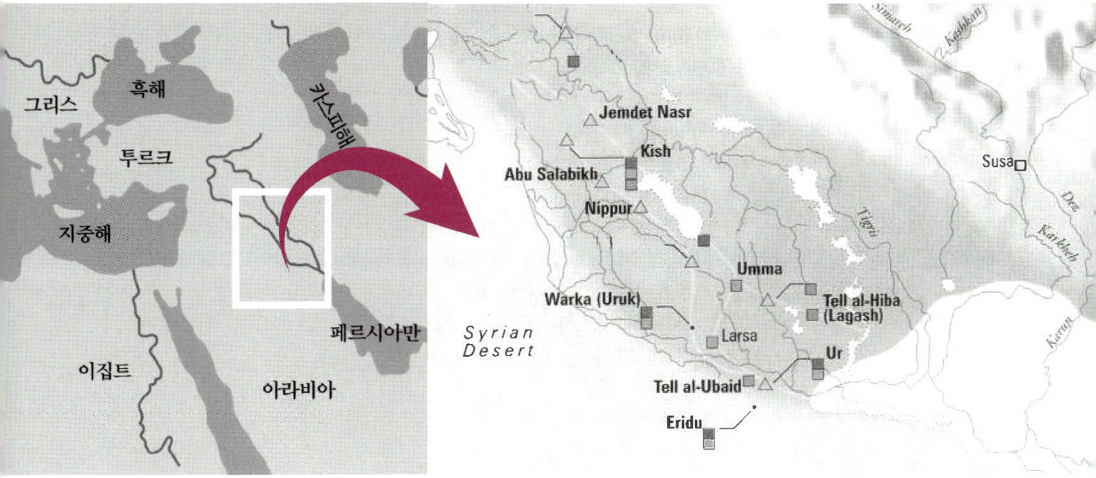

• 수메르의 우르와 우르크 위치

는 길가메시와 엔키두가 힘을 합쳐 거인 후와와를 죽이고 우르크로 돌아온다. 제6토판에서는 개선한 길가메시가 이시타르 여신의 유혹을 받지만 거절하고, 이에 분노한 이시타르는 그녀의 아버지인 아누에게 길가메시를 죽일 '천상의 황소'를 보내달라고 요청한다. 제7토판과 제8토판에서 길가메시와 엔키두는 '천상의 황소'를 죽였고, 그 징벌로 신은 엔키두의 목숨을 거두어 간다. 제9토판에서 길가메시는 엔키두의 죽음을 애도하며 영생의 비결을 알고 있는 우트나피시팀을 찾아 나서고, 제10토판에서는 길가메시가 혼자서 험난한 여행을 계속하다가 술을 파는 여인 시두리(sidurt)의 도움으로 우트나피시팀을 만난다. 제11토판에서는 우트나피시팀이 길가메시에게 영생의 비밀을 설명하면서 자신이 대홍수 속에서 살아날 수 있었던 비결을 얘기한다. 우트나피시팀은 길가메시에게 영생을 얻으려면 과거에 대홍수가 지속되었던 기간만큼 잠을 참아야 한다고 알려준다. 그러나 길가메시는 잠을 쫓지 못해 결국 영생을 포기하고 길을 떠난다. 그를 가엾이 여긴 우트나피시팀은 영생불로초가 있는 곳을 그에게 알려주고, 그는 오랜 노력 끝에 영생불로초를 구하지만 뱀에게 빼앗긴다. 길가메시는 결국 영생을 포기한다. 이렇듯 제1토판에서부터 제11토판까지의 이야기에서는 인간이란 결국 죽을 수밖에 없는 유한한 존재임을 말하고 있다. 한편 제12토판은 후대에 추가 첨부된 부분으로 알려져 있고, 앞부분의 줄거리와도 다소 동떨어진 저승세계의 이야기를 다루고 있다. 길가메시와 엔키두가 나무공 놀이를 하다가 공을 저승세계에 떨어뜨린다. 엔키두는 공을 주우러 저승세계에 내려갔다가 못 나오게 되고, 길가메시는 신들에게 간청해서 그를 구해 낸다. 살아서 돌아온 엔키두는 그가 보았던 저승세계에 대해 길가메시에게 자세히 설명한다. 이러한 내용의 『길가메시 서사시』는 피할 수 없는 죽음의 문제, 사후세계에 대한 두려움, 영생에 대한 갈망 등을 다룬 인류 최초의 서사시이다.

[A] 인간의 죽을 운명

"엔키두로 인해 나는 죽음이 두려워졌다. 그 때문에 광야를 헤매며 편히 쉬지 못하게 되었다."

"길가메시여, 당신은 생명을 찾을 수 없을 것입니다. 신들이 인간을 만들 때 인간에게 죽음도 함께 붙여 주었습니다. 생명만은 그들이 보살피도록 남겨 두었지요. 좋은 음식으로 배를 채우십시오. 밤낮으로 춤추며 즐기십시오. 잔치를 벌이고 기뻐하십시오. 깨끗한 옷을 입고 물로 목욕하며 당신 손을 잡아 줄 자식을 낳고, 아내를 꼭 품어 주십시오. 왜냐하면 이것 또한 인간의 운명이니까요."

[길가메시 서사시, 제10토판]

[B] 우트나피시팀의 홍수이야기

길가메시는 우트나피쉬팀이 어떻게 영생을 얻었는가를 알아내기 위해 길고 힘든 여정을 걸어왔다.

우트나피쉬팀은 그의 질문에 답하기 위해 다음과 같은 이야기를 들려주었다. 먼 옛날에 신들이 슈루파라는 고대도시를 대홍수로 멸망시켰다. 그러나 '에아' 신에게서 미리 경고를 받은 우트나피쉬팀은 거대한 방주를 만들어서 간신히 살아남을 수 있었다. 인류를 멸망시킨 것을 후회하고 있던 신들은 다시 희생제물을 바친 우트나피쉬팀의 신실함과 정성을 인정하여 그에게 영생을 선물로 주었다.

슈루파. 당신이 알고 있는, 유프라테스 강둑 위에 세워진 그 도시는 신들이 살던 오래된 도시였다네. 위대한 신들이 홍수를 만들도록 이끌었을 때, 신들의 아버지인 아누가 있었고 그들의 조언자인 용감한 엔릴, 그들의 전령인 니누르타, 관개시설로 경작하는 엔누게, 그리고 니니기쿠가 있었지. 에아도 그들과 함께 있었다.

에아는 신들의 말씀을 갈대숲에 반복해 말해 주었다.
갈대 숲아, 갈대 숲아, 벽아, 벽아! 갈대 숲아, 경청할지어다! 벽아! 잘 생각해 보아라! 슈루파 사람, 집을 허물어라, 방주를 만들어라! 가진 것들을 포기하고 생명을 찾아라. 재산에 집착하지 말고 영혼이 살아 있도록 하라. 방주에 모든 살아 있는 것들의 종자를 같이 실어라. 네가 만들 방주는 다음과 같은 크기로 만들어라. 너비와 폭은 똑같을지어다. 천장과 벽을 칠하라.

나는 그 말을 알아듣고 에아에게 말했다. 나의 주님 보소서, 나의 주님, 당신이 내게 주신 명을 저는 영광으로 여기며 따르겠나이다. 그러나 제가 도시의 사람들과 장로들에게 뭐라고 답해야 합니까? 에아가 입을 열어 그의 종인 나에게 말했다. 그러면 너는 그들에게 말할지어다. "나는 엔릴이 내게 적의를 품고 있음을 알았다. 그래서 나는 당신들의 도시에서 살 수가 없으며 엔릴의 영토에 발을 들여 놓을 수도 없다.
그러므로 나의 주님 에아와 같이 살기 위해 저 깊은 곳으로 나는 내려가리라. 그러나 여러분에게는 풍요로운 산물을 소나기처럼 쏟아부으리라. 선택된 새들과 희귀한 물고기들이 떨어질 것이며 땅은 풍성한 수확물을 내리라. 황혼 녘에 조용한 초원에 명령을 내려 빗줄기처럼 밀이 쏟아질 것이다"

새벽의 빛이 반짝이기 시작할 때 땅은 내 주위에 모여들었다.
어린 아이들은 역청(瀝靑)을 날랐고 어른들은 그 밖에 필요한 모든 것들을 가져 왔다. 다섯째 날 나는 방주의 골격을 만들었다. 방주의 바닥 면적은 1에이커였고 각각 벽의 높이는 120큐빗이었으며 사각형 갑판의 각 변들은 120큐빗이었다.

나는 배의 옆면들의 모양을 내었고 그것들을 조립했다. 나는 여섯 개의 갑판을 넣었고, 배를 일곱 부분으로 나누었다. 바닥은 아홉 부분으로 나누어 사용될 계획이었다. 나는 배에 물마개들을 망치로 두드려 넣었다. 나는 삿대를 톱질했으며 필요한 물품들을 실었다.

나는 용광로에 여섯의 역청을 부어 넣었고 아스팔트 세 사르도 내부에 부어넣었다. 짐꾼이 나른 세 사르의 기름 바구니, 누수방지 작업에 소모된 한 사르를 제외하면 두 사르의 기름은 사공이 차곡차곡 챙겨 두었다. 사람들을 위해 숫송아지들을 도축했으며 매일 양을 잡았다. 과즙액, 붉은 포도주, 기름 그리고 백포도주를 일꾼들에게 마치 강물이나 되는 것처럼 퍼주었다. 그들이 마치 새해 첫날을 맞은 것처럼 향연을 즐기도록 (…) 일곱째 날 배가 완성되었다.

출항은 매우 힘든 작업이어서 바닥의 판자를 위와 아래에서 배의 삼분의 이가 물에 들어갈 때까지 들어올렸다. 내가 가진 것은 모두 배에 실었다. 내가 가진 모든 은을 배에 실었다. 내가 가진 모든 금을 배에 실었다. 내가 가진 모든 살아 있는 것들을 배에 실었다. 내 식구 모두와 일가친척들을 배에 오르게 했다.

들판의 짐승들과 야생 동식물들을 배에 실었다. 기술자들도 모두 배에 실었다. 샤마쉬가 나를 위해 예정된 시간을 정해 주었다. "밤의 공포를 지시하신 그분이 파멸의 비를 쏟아부으실 때 너는 배에 타서 문을 단단히 걸어 잠가라."

예정된 시간이 왔다. 나는 그 날씨의 변화를 지켜보았다. 날씨는 바라보기가 두려울 정도였다. 나는 배에 올라타서 문을 단단히 걸어 잠갔다. 배를 단단히 단속하기 위해 나는 뱃사공인 푸자르-아무리에게 배와 그 안의 모든 것들을 넘겼다. 새벽에 먼동이 틀 무렵 시커먼 구름이 수평선에서 피어올랐다. 그 속에 가 머무르며 그동안 샬라트와 하니쉬가 전령으로서 산과 평야를 휘저으며 다녔다.

〔지옥의 신〕 에르라갈이 세상의 댐들을 무너뜨렸으며 네 번째로 니누르타가 와서 제방들을 잇달아부쉈다. 아눈나키는 횃불을 치켜들어 온 세상이 화염에 휩싸이도록 불을 질렀다. 아다드에 의한 경악이 하늘에 닿아서 모든 빛나던 것들이 암흑으로 바뀌었다. 그 넓은 토지가 항아리처럼 산산조각이 났다.

단 하루 만에 남쪽에서 폭풍이 불어서 갈수록 바람이 거세어지더니 모든 산들을 잠수시키고 사람들을 전쟁터에서처럼 휩쓸어 날려 보냈으니 사람들은 아무도 자기 동료들을 찾을 수 없었고 하늘인지 분간이 안

될 정도였다. 신들은 대홍수에 놀라 겁을 집어먹고 천상의 아누에게 올라갔다. 신들은 강아지처럼 떨었고 외벽에 웅크리고 달라붙었다. 이쉬타르는 진통을 겪는 여자처럼 울부짖었다. 달콤한 목소리를 냈던 신들의 여왕은 큰소리로 곡을했다. "옛 시절들은 흙으로 변했네. 이는 내가 신들의 집회에서 〔인간들〕 욕을 했기 때문이라. 어떻게 내가 신들의 집회에서 욕을 하며 인간들을 파멸하는 전쟁을 요구할 수 있었을까. 인간들을 낳은 자는 바로 나인데 그들이 물고기 떼처럼 바다를 가득 우는구나." 아눈나키 신도 그녀와 같이 울었다. 모든 신들이 풀이 죽어서 앉아서 울었다. 그들의 입술은 모두 하나같이 굳게 닫혀졌다.

육일의 낮과 육일의 밤 동안 남쪽의 폭풍이 토지를 휩쓸고 가자, 바람이 홍수를 밀어냈다. 일곱째 날 남쪽의 폭풍이 전투를 마친 군대처럼 사그라들자 홍수는 전장에서 가라앉았다. 바다는 조용해졌으며 폭우도 잠잠해지고 범람도 멈추었다. 날씨를 보았다. 평온이 자리를 잡았다.

그리고 모든 인류는 흙으로 돌아갔다. 주위 경치를 보니 마치 평평한 지붕처럼 평평하게 되어 있었다. 나는 갑판 문을 열었고 빛이 나의 얼굴에 쏟아졌다. 고개를 깊이 숙이고 앉아서 울었다. 눈물이 나의 얼굴을 타고 흘러내렸다. 나는 바다의 광활한 수면에서 해안선을 바라보았다. 열네 개의 각 지역에서 산이 솟아올랐다. 니쉬르 산에 이르러서 배가 꼼짝도 않고 멈추었다. 여섯 날 동안 배는 니쉬르 산에 붙잡혀 있었다.

일곱째 날이 오자, 나는 비둘기 한 마리를 날려 보냈다. 쉴 만한 곳이 없었기 때문에 비둘기는 다시 돌아왔다. 그 다음으로 나는 제비 한 마리를 날려 보냈다. 제비는 앞으로 날아갔으나 다시 돌아왔다. 쉴 만한 곳이 없었기 때문에 다시 돌아왔다.

그 다음으로 나는 갈가마귀 한 마리를 날려 보냈다. 갈가마귀는 앞으로 날아가서 물이 빠진 것을 보고 먹고, 빙글빙글 돌고 까악까악 우짖고는 다시 돌아오지 않았다. 그때에야 나는 네 개의 문을 모두 열어젖혔다. 그리고 희생제물을 바쳤다.

나는 산의 꼭대기에서 신에게 바치는 술을 따랐다.일곱 개와 일곱 개의 제사용 잔을 차려 놓고 그 받침대 위에 〔종려〕나무줄기와 삼나무와 도금양(나무 이름)을 쌓아 올렸다. 신들이 그 향기를 맡았다. 신들은 그 향기를 맡고서 희생제물 주위로 파리 떼처럼 우르르 몰려들었다.

신들이 도착하자 그녀는 아누가 그녀가 좋아하는 것에 맞추어 준 거대한 보석을 높이 들어 올렸다. "그대 여기 있는 신들이여, 나는 내 목에 걸린 청금석처럼 결단코 잊지 않으리라. 이 날들을 항상 염두에 두며 결코 잊지 않겠노라. 신들이 공물에 오게 하라. 그러나 엔릴은 오지 말게 할지어다. 분별없는 그가 내 백성들에게 대홍수를 일으켜 파멸로 넘겼기 때문이다."

엔릴은 도착하자마자 그 방주를 보고 격노했다. 그는 신들에 대한 분노로 가득 차 있었다. "어떤 살아 있는 영혼이 도망쳤단 말인가? 그 누구도 파멸에서 살아남아서는 안 되었는데!" 니누트라가 입을 열어 용맹스러운 엔릴에게 말했다. "에아 말고 누가 그런 꾀를 내었겠소? 모든 일을 알고 있는 자는 에아 혼자뿐입니다."

에아가 입을 열어 용맹스러운 엔릴에게 말했다. "그대 신들 중에 가장 현명한 자, 영웅이시여, 당신은 어찌하여 분별없이 대홍수를 일으키셨소? 죄수에게는 그의 죄를 씌우고 무단침입자에게는 무단침입의 죄를 씌워야 하는 것이지만 그가 잘려 나가지 않도록 너그러워야 하며, 그가 쫓겨나지 않도록 참아야 하오. 당신이 홍수를 일으키는 대신에 〔차라리〕 사자가 일어나서 사람의 수를 감소시켰더라면 좋았을 걸! 당신이 홍수를 일으키는 대신에 늑대가 일어나서 사람의 수를 줄였더라면 좋았을 걸! 당신이 홍수를 일으키는 대신에 극심한 기아 상태가 발생하여 인간을 쓰러뜨렸더라면! 당신이 홍수를 일으키는 대신에 전염병이 돌아서 인간을 휩쓸었더라면! 위대한 신들의 비밀을 폭로한 것은 내가 아니오. 난 〈누군가〉에게 꿈을 보게 했소. 그러자 그는 신들의 비밀을 알아차렸소. 이제 그럼 그에 관하여 상의하기로 합시다."

그리하여 엔릴은 방주에 올라갔다. 나의 손을 잡고 그는 나를 배 위로 데리고 갔다. 그는 나의 아내를 데리고 가서 내 옆에 무릎을 꿇게 하였다. 우리 사이에 서서 그는 우리의 이마를 만지며 우리를 축복하였다. "지금까지 우트나피시팀은 인간에 지나지 않았다. 앞으로 우트나피시팀과 그의 아내는 우리 신들과 같이 되리라.우트나피시팀은 저 멀리 강 입구에서 살게 되리라." 그래서 그들은 나를 데려가서 저 멀리에서 살게 하였다. 강의 입구에서.

[길가메시 서사시, 제11토판]

3. 함무라비 법전

• Shamash(Marduk) 신으로부터 왕의 휘장을 받는 Hammurabi

함무라비 법전은 가혹했는가, 공정했는가, 아니면 관대했는가? 왕의 권위로 공포되어 바빌로니아 제국 전역에 선포된 함무라비 법전은 그 법률이 시행된 도시 사회의 영향과 아모리인의 전통적인 소박한 정의 관념의 영향을 보여 주고 있다. 이 법전은 고대 바빌로니아 제1왕조의 제6대 왕인 함무라비가 서기전 1750년경에 만들었다고 한다. 높이 245cm의 돌기둥에 총 282개 조항이 쐐기문자로 새겨져 있다. 1901년 프랑스의 드 모르강이 이끄는 탐험대가 페르시아의 옛 수도였던 수사에서 발견했다. 함무라비 법전은 현존하는 세계 최고의 복수의 법전으로 고대 수메르 이후의 법을 집대성한 것이다. 가족 관계와 소유 관련 규정이 있고, 직업, 채무, 이자, 담보 등에 관한 사항들이 규정되어 있다. 귀족, 평민, 노예의 3신분을 엄격히 구분하고 '눈에는 눈, 뼈에는 뼈, 이에는 이'라는 개인적인 책임 추궁을 명시한 복수법을 성문화한 것으로 평가되고 있는데, 합리적인 조항도 일부 담겨 있다.

경건한 군주이며 신을 경외하는 짐 함무라비에게 나라 안에 정의를 빛나게 하고, 악한 자와 간사한 자를 없애며 강한 자가 약한 자를 학대하지 못하게 하기 위해 (…) 아누(하늘의 신)와 엔릴(바람의 신)은 짐을 부르셨다. 이것은 사람들이 행복하게 살게 하기 위한 것이다. (…)

제1조 남을 사형에 처해야 한다고 고발한 자가 이를 입증하지 못할 때에는 고발인을 사형에 처한다.

제22조 강도질을 한 사람이 붙잡혔다면 그 사람은 죽여야 한다.

제23조 강도질을 한 사람이 붙잡히지 않았을 경우에 강도를 당한 사람이 신 앞에 맹세하고 잃은 물건을 목록으로 제출하면 사건이 일어난 곳의 지방관은 없어진 물건을 보상해 주어야 한다.

제24조 만약 없어진 것이 생명이라면 지방관은 그 유족에게 은화 1마누(500g)를 지불해야 한다.

제195조 아들이 자신의 아버지를 때렸을 때에는 그 손을 자른다.

제196조 귀족의 눈을 상하게 한(뺀) 자는 그의 눈을 상하게 한다(뺀다).

제197조 귀족의 뼈를 부러뜨린 자는 그의 뼈를 부러뜨린다.

제198조 귀족이 평민의 눈[을 다치게 하거나]이나 다리를 상하게 하면 [뼈를 부러뜨리면] 은화 1마누를 지불한다.

제199조 귀족이 노예의 눈을 상하게 하거나 뼈를 부러뜨렸다면 그는 노예값의 절반을 지불해야 한다.

제201조 임산부를 때려 숨지게 한 자는 그 자의 딸을 사형에 처한다.

제203조 자유인이 자유인의 뺨을 때리면 은 1마누를 바쳐야 한다.

제204조 천민이 천민의 뺨을 때리면 10시클을 바쳐야 한다.

제205조 노예가 자유인의 뺨을 때리면 그 노예의 귀를 자른다.

제229조 목수가 부실하게 지은 집이 무너져 집주인이 죽으면 목수는 사형에 처한다.

제230조 이 경우 만약 집주인의 아들이 죽었다면 목수의 아들을 죽여야 한다.

제231조 이 경우 만약 집주인의 노예가 죽었다면 목수는 노예를 주어

야 한다.

제282조 노예가 주인에게 “내 주인이 아니다”라고 말하면 주인은 자기 노예임을 입증하고 그 귀를 자를 수 있다.

4. 이집트, 『死者의 書』

이집트인들의 내세관을 가장 잘 보여 주는 것이 『死者의 書』이다. 이것은 무덤에 함께 부장되어 사자의 명복을 비는 파피루스에 기록된 개별 부적들을 함께 모은 것으로 후대에 편의상 붙인 이름이다. 이 파피루스들은 대략 기원전 1550년경인 신왕국 시대부터 시작하여 기원전 50년경인 헬레니즘 시대의 이집트에 이르는 시기의 부장품들이다. 그중에서 가장 유명한 것이 125장, 즉 사자의 ‘심장의 무게 달기’라고 후대 학자들이 이름 붙인 파피루스이다. 오시리스의 법정을 묘사한 이 파피루스의 내용은 이

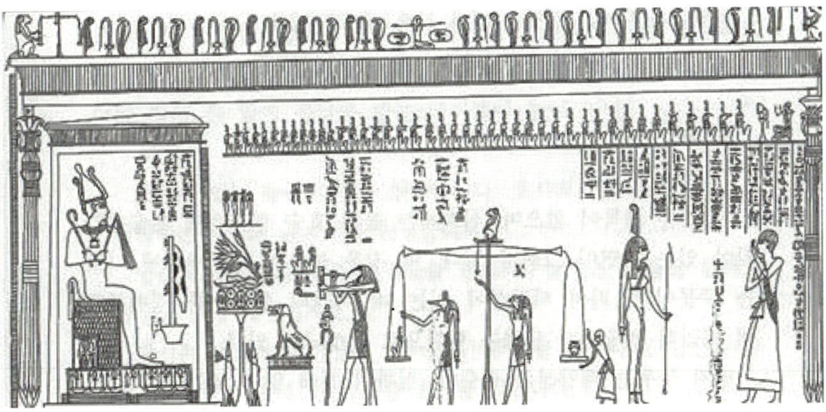

• 사자의 서 125장 ‘사자의 심장의 무게 달기’

러하다.

"오시리스는 몸에 문신을 새긴 미라의 형태를 하고, 손에는 주권과 지배를 상징하는 왕 홀을 들고 앉아 있다. 오시리스의 뒤편에 이시스와 네프티스가 서 있다. 두 여신은 법과 진실을 상징하는 깃털로 머리를 장식하고, 팔찌를 끼고 있으며, 발목까지 내려오는 튜닉을 입고 있다. 아누비스가 사자의 심장을 달기 위해 저울 한쪽에 진리를 상징하는 토트 신의 깃털*을 올려놓고 토트 옆에서 기록하고 있으며, 암무트가 사자의 심장을 먹기 위해 지키고 서 있다."

이 법정에서 사자는 생전의 죄를 다음처럼 부정한다.

"오, 진리와 정의의 마아트. 위대한 신이시여. 당신에게 경의를 표합니다. 오, 신이시여. 나는 당신의 아름다움을 칭송하고자 이곳까지 오게 되었나이다. 나는 당신을 알고, 당신의 이름을 알고, 이 마아트의 신전에 기거하는 42명의 신을 알고 있습니다. 이들 신이 죄인들을 감시하고 또 인간의 목숨이 운네페르 신 앞에서 심판을 받는 날 인간의 피를 먹고 산다는 것도 알고 있습니다. 나는 사람들에게 잘못을 저지르지 않았습니다. 내 가족들을 괴롭히지도 않았고, 정의와 진실을 도외시하지도 사악함을 저지르지도 않았습니다. 나는 가치없는 사람들을 알고 지내지도 않았습니다. 나는 신을 경멸하지도 않았습니다. 나는 괴로움을 당하는 사람을 속여 그의 재산을 가로채지도 않았습니다. 나는 신들에게 혐오스럽게 보이는 짓을 하지 않았습니다. 나는 주인이 종을 해롭게 하도록 방조하지도 않았습니다. 나는 남을 아프게 하지도 않았고 남을 배고프게 하지도 않았

* 타조의 깃털

으며 눈물이 나게 하지도 않았습니다. 나는 살인을 저지르지 않았습니다. 나는 하수인을 시켜 청부 살인을 하지도 않았습니다. 나는 신전의 봉헌물을 가로채지도 않았습니다. 나는 신들의 과자를 훔치지도 않았습니다. 나는 간음을 하지 않았습니다. (…) 나는 부정하게 땅을 늘리거나 남의 땅을 빼앗지도 않았습니다. 나는 저울의 눈금을 속이지 않았습니다. 나는 어린 아이들의 입에서 우유를 빼앗지 않았습니다. 나는 목초지에서 풀을 뜯고 있는 가축들을 내쫓지도 않았습니다. 나는 깨끗합니다. 깨끗합니다. 깨끗합니다. 깨끗합니다. (…) 그러므로 이 땅에서, 그리고 마아트의 신전에서 내게 죄악이 떨어지지 않게 해 주소서. 왜냐하면 나는 이 신전에 계신 신들의 이름을 모두 알고 있으니까요."

[사자의 서, 125장]

Ⅱ.

그리스

고졸기

(古拙期, Archaic Age)

고대 그리스 역사는 미케네 시대(기원전 1600년~기원전 1200년 무렵), 암흑 시대(기원전 1200년~기원전 800년 무렵), 고졸기(기원전 800년~기원전 500년 무렵), 고전기(기원전 500년~기원전 338년), 헬레니즘 시대(기원전 338년~기원전 31년)의 5시기로 구분된다. 호메로스의 영웅서사시를 사실로 믿었던 하인리히 슐리만에 의해 미케네 문명이 발견되었다.

기원전 2000년 무렵 그리스인의 선조로 그리스어(동방 방언)를 말하는 사람들이 발칸 반도로 이주했다. 그들은 선진 오리엔트 문명과 크레타 및 트로이 등의 문명과 교류함으로써 기원전 1600년 무렵에 소왕국을 형성했다. 미케네의 여러 왕국이 남겨 놓았던 선문자 B를 1952년 M. 벤트리스가 해독했는데 이것이 음절문자로서 그리스어를 표기했음이 밝혀졌다. 선문자 B의 해독에 의하면 미케네 여러 왕국에는 맹아적인 관료제와 공납제가 있었고, 후에 형성된 폴리스와는 이질적인 국가 형태로서 오히려 오리엔트적 전제국가에 가깝다.

여러 상이한 주장이 있기는 하지만 미케네 왕궁은 일반적으로 다양한 민족으로 이루어진 '해상 민족'의 공격으로 파괴되거나 혹은 버려지면서 미케네 문명이 붕괴되었다고 설명된다. 그 후에 서방 방언에 속하는 도리스족이 이동해서 정착했다. 기원전 1050년 무렵부터 이동과 혼란의 시대가 끝나고 폴리스 사회를 형성하려는 움직임이 꿈틀대기 시작한다. 암흑시대 말기부터 철기가 보급되고 그리스 문자가 형성된 것이 확인된다.

기원전 800년을 경과하면서 그리스 여러 지역에서 인구가 급격히 증가하면서 목축에서 농경으로 전환하고, 여러 지역에서 수호신을 모시는 신전으로 봉헌물이 증가한 현상은 고고학이 밝히고자 했던 바이다. 이와 같은 현상이 상호 관련되면서 폴리스가 형성되어 갔다. 폴리스의 형성은 귀족층이 도시 중심으로 '집주(Synoikismos)'하거나 혹은 독립적 소도시가 정치적으로 통합되면서 실현되었다. 초기에는 유력한 귀족이 왕으로 선출되었지만, 머지않아 귀족이 폴리스 운영의 실권을 장악한 귀족정 폴리스가 되었다. 호메로스의 영웅서사시는 폴리스 형성 과정을 상세히 반영하고 있다.

호메로스의 영웅서사시보다 약간 늦게 등장한 헤시오도스의『노동과 나날』은 귀족정 시기의 독립 자영농민의 생활을 생생하게 묘사하고 있다. 이 자영농민은 세습 토지를 가족 노동 및 소수의 노예 노동과 한 쌍의 소, 그 위에 농번기의 자유 계절노동으로 경영하면서 평민층의 핵심을 형성했다.『노동과 나날』은 제우스에게서 유래하는 정의가 무엇인지 보여 준다. 즉 무리하게 자의적으로 재판권을 행사하는 귀족에 대해서 우주의 운행에 따라 적합한 시기에 농사와 관련되는 작업에 힘쓰는 것이야말로 제우스의 정의에 적합한 것이라고 말한다.

그리고 기원전 8세기 후반부터 대략 150년간은 '대식민시대'로 불린다. 인구 증가에 따른 경작지 부족, 귀족들 사이에 폴리스 운영을 둘러싼 주도권 다툼, 귀족의 권력 독점에 대한 평민의 불만 고조 등과 같은 국내 문제 해결을 위해 농업식민시 건설이 성행했다. 식민 활동은 에게 해역에 머무르지 않고 지중해 연안으로 확대되어 가면서 그리스인의 활동 무대가 형성되었다. 교역을 목적으로 했던 식민시 건설의 사례도 알려지고 있다. 하지만 활발한 교역 활동과 이와 밀접하게 관련된 무기 등의 수공업 생산의 발전이 식민 활동에 수반해서 발생했다. 게다가 교역과 수공업 발전은 한편으로 귀족에게 새로운 부를 가져다주었고, 다른 한편으로는 평민층의 경제적 지위를 향상시켰다. 이것을 발판으로 평민들이 머지않아 정치적 권리를 요구하게 된다.

하지만 폴리스의 경제발전과 중장보병제의 정착은 새로운 문제를 야기했다. 부유한 상층부를 시작으로 평민층의 정치적 발언권 강화는 귀족정 폴리스를 뿌리부터 흔드는 것이었고, 다른 한편 농민의 궁핍과 토지 상실은 폴리스가 노예제 단계로 넘어가는 것을 의미했다. 이러한 상황에서 기원전 7세기부터 기원전 6세기까지 조정자와 입법자 혹은 참주로 불리는 사람들이 등장해서 귀족의 정치적·법적 지위를 약화시켰고, 민주정으로 나아가는 과정을 이끌었다. 솔론 개혁 이후의 아테네에 전형적으로 드러난 것처럼, 폴리스 민주정을 떠맡은 독립 자영농민의 경제적 기반으로 클레로스(kleros) 제도가 다시 확립되었다. 이것은 바르바로이(barbaroi)* 출신의 노예가 자영농민의 농장 경영에 불가결한 존재로 편입되는 과정이 진행되었음을 보여준다. 이런 과정을 거쳐 시민은 폴리스의 정치 군사적 주체가 되었다. 아테네 민주정의 수립 과정은 노예제의 형성 과정과 분리해서 파악될 수는 없다는 점도 유의해야 한다. 한편 스파르타가 고전기에도 예속농민제도를 경제적 기반으로 했다는 점은 이례적이다.

---

* 이방인이란 뜻의 그리스 어

1. 트로이 원정에서 그리스 동맹군 집회 장면

병사들은 앞을 다투어 몰려왔다. 벌집에서 나와 꽃밭으로 떼를 지어 몰려오는 윙윙대는 벌떼와도 같았다. 여기도 벌 저기도 벌, 끝없이 나는 봄 동산의 벌떼와도 같이 수많은 병사들이 범선에서 막사에서 쏟아져 나와서는 아래쪽 해안에서 스스로 정렬을 하고 집회장으로 몰려들었다. 그 중에는 제우스의 전령인 루모어가 다들 모일 때까지 앞을 재촉했다. 이처럼 그들이 모여 아수라장을 이루며 자리를 잡으려고 법석을 떨 때, 대지는 사람들의 발밑에서 신음했다. 전령 아홉 명이 소리를 질러대며 무리를 통제하느라 애썼다. 제우스의 후손인 왕의 말을 들을 수는 없는가라고 외쳤다. 드디어 모든 이들이 자리에 앉아 자리를 차지했다는 사실에 만족해하자 모든 소란이 멈추었다. 그는 헤파이스토스가 예전에 만든 왕 홀을 들고 있었다. (…) 아가멤논은 왕 홀에 기대어 아르골리스 사람들에게 이렇게 말했다. "영웅들이여, 아레스의 병사들이여, 동지들이여 (…)."

〔Homeros, Iliad, Ⅱ, 84 f.〕

2. 미케네의 토지 소유 형태

미케네 여러 왕국의 정점에는 왕이 자리 잡고, 대중지도자와 종사단, 16개 행정구역의 장관인 콜레스텔과 그를 대리하는 프로(pro) 콜레스텔, 가축징수관으로 불리는 관료제기구를 갖추고 있었다. 콜레스텔 이하의 관리는 촌락에 부과된 공납 징수를 감독하고 실시하는 일을 맡았다. 미케네 시대의 주요 토지 소유 형태는 2가지이다. 공동체로부터 개인에게 할당된 공유지인 코토나 케케메나와 스스로 개간했을 것으로 추정되는 경작지로서 타인에게 대여할 수 있는 사유지인 코토나 키티메나였다. 이밖에 왕, 대중지도자, 텔레스타이에게 부여된 공유지에서 잘라낸 테메노스라는 토지가 있었다. 미케네 시대에는 이미 토지 사유제의 원리가 존재했던 것으로 보인다.

[A]

1. 파키야에 속하는 지역 40
2. 그리고 그 토지 소유자 14명
3. 와나타이오스스의 사유지 파종량 밀 2 V 1
4. 아래와 같이 와나타이오스스의 토지를 차지인들이 소유한다.
5. 왕의 오나토인 아투코스가 차지(借地) 약간을 소유한다. 파종량 밀 V 1
6. 신의 노예 이니야가 차지 약간을 소유한다. 파종량 밀 2 V 4
7. 신의 노예 e-65-to 가 차지 약간을 소유한다. 파종량 밀 T 2
8. 신의 여자 노예 시마가 차지 약간을 소유한다. 파종량 밀 T 1
9. 아마륜타스의 사유지 파종량 밀 2 V 3
10. 아래와 같이 아마륜타스의 토지를 차지인들이 소유한다.
11. 신의 노예 소우로가 차지 약간을 소유한다 파종량 밀 V 3
12. 신의 노예 에도모네우스가 차지 약간을 소유한다. 파종량 T 1
13. 신의 노예 에사로가 〔차지 약간을〕 소유한다. 파종량 밀 V 3
14. 〔왕의 텔레타의 와나타이오스〕가 차지 약간을 소유한다. 파종량 밀 T 1
15. 파키야 여신관의 여자 노예(에라타라)가 차지 약간을 소유한다. 파종량 밀 T 1

16. 〔신의 여자 노예〕 포소레야가 차지 약간을 소유한다. 파종량 밀 T 1 V 3

17. 〔파키야의 여신관〕이 차지 약간을 소유한다. 파종량 밀 T3

* T=12 리터, V=2 리터 〔Pylos, En 609〕

[B]

1. 차지에 나와 있지 않은 공유지 파종량 (밀 1 T 1)
2. 와나타이오스는 다모스의 공유지로부터 차지를 소유한다. 파종량 밀 T 5
3. 아다마이오스는 다모스의 공유지로부터 차지를 소유한다. 파종량 밀 T 4
4. 에테도모의 아투코스는 도모스의 공유지로부터 차지를 소유한다.
5. 탄타로스는 다모스의 공유지로부터 차지를 소유한다. (밀 T 5)

〔Pylos, Ep 301〕

3. 신에 대한 봉헌

올림포스 12신의 이름은 아프로디테를 제외하면 미케네 시대에 직간접으로 그 존재가 확인된다. 이 점토판에서 놀랄 만한 사실은 10명의 인신공양이 확인된다는 것이다. 금으로 만든 총 13개의 그릇도 아울러 봉헌되고 있는데, 통상의 정기적인 종교 행사로는 생각되지 않는다. 필로스에게 무언가 이상한 사태가 발생하고 있음을 시사하는 지도 모른다.

겉면

1. 필로스는 포세이돈 신전에서 희생제를 거행한다.
2. 봉헌물을 바치고, 희생 제물을 데려간다.

3. 금으로 만든 잔 1개, 여성 1명, 암소 1마리
4. 필로스는 프레수와, 이페메데이아, 디위아의 신전에서 희생제를 거행하고
5. 그리고 봉헌물을 바치고, 희생 제물을 데리고 간다. 프레수아에게 금으로 만든 잔 1개, 여성 1명
6. 이페메데이아에게 금으로 만든 잔 1개, 디위아에게 금으로 만든 잔 1개, 여성 1명
7. 헤르메스·아레이아에게 금으로 만든 잔 1개, 남성 1명
8. 필로스는 제우스 신전에서 희생제를 거행하고, 봉헌물을 바치고, 희생 제물을 데려간다.
9. 제우스에게 금으로 만든 잔 1개, 남성 1명, 헤라에게 금으로 만든 잔 1개, 여성 1명
10. 제우스의 아들(또는 제사장) 도리니오스에게 금으로 만든 잔 1개

안쪽 면

1. 프로우이스토스[이는 달의 명칭으로 3월부터 4월. 사람 이름에 관련된 것이라는 해석도 있다] 달에
2. 필로스는 파키야네에서 희생제를 거행하고, 봉헌물을 바치고 희생 제물을 데려간다.
3. 포타니[여주인을 의미하고, 지모신 데메테르로도 해석된다]에게 귀가 두 개 달린 금으로 만든 잔 1개, 여성 1명
4. 무나사에게 금으로 만든 사발 1개, 여성 1명, 포시다에이아에게 금으로 만든 사발 1개, 여성 1명
5. 트리스·헤로스에게 금으로 만든 잔 1개, 집주인에게 금으로 만든 잔 1개

〔Pylos, Tn 316=Docs. 172〕

4. 도리스인의 침입

폴리스 시대의 그리스인들은 트로이로 원정했던 영웅들의 귀환이 지연되는 것을 미케네 시대 말기에 나타난 혼란의 원인으로 보았다. 이 혼란을 종결지은 것은 헤라클레스족의 귀환, 즉 도리스인의 그리스 침공이라고 말한다. 투키디데스에 따르면, 그 이후의 평화와 안정 중에 행해졌던 식민활동으로 폴리스 시대의 그리스 세계가 형성되었다. 그리스 방언은 동방방언과 서방 방언으로 크게 나누어지고, 동방 방언은 아티카-이오니아 방언과 아카이아 방언으로 분리된다. 그리고 서방 방언은 아르카디아-키프로스 방언과 도리스 방언으로 나뉜다.

트로이 전쟁 이후에도 그리스인은 지속적인 이주를 통해 국가를 건설하는 과정에 있었으므로 평화 가운데 국력의 강화를 꾀할 수 없었다. 즉, 그리스인이 트로이에서 귀환하는 것이 지연되었으므로 많은 변동이 생겼고, 대부분의 폴리스에서 내란이 발생했다. 그리고 내란 때문에 국가에서 쫓겨났던 사람들이 〔새로운〕 폴리스를 건설하게 되었다. 예를 들면 현재의 보이오티아인은 트로이 함락 60년 후에 테살리아인에게 아르네(?)에서 쫓겨났고, 일찍이 카도메니아(?)로 불렸던 지금의 보이오티아에 거주하게 되었다. [무엇보다도 그들 중 일부는 이곳에 이전부터 있었고, 그 가운데에서 트로이 원정에 원정을 갔던 사람도 있었다.] 도리스인은 트로이 함락 80년 후에 헤라클레스의 일족과 함께 펠로폰네소스를 점령했다. 이렇게 오랜 세월을 거치면서 그리스인은 영속적으로 평온을 찾았으며, 결국에는 국가에서 쫓겨나는 일도 없게 되고 식민자를 파견했던 것이다. 그리고 이오니아와 에게 해의 많은 도서에는 아테네인이 식민자를 보내고, 이탈리아와 그리스의 많은 지방에는 펠로폰네소스인이 식민시를 개척했으며, 그리스의 다른 여러 지방도 식민시로 만들었다. 이 식민시는 모두 트로이 전쟁 후에 건설되었다.

[Thuckydides, Ⅰ. 12]

5. 올림피아 경기대회

그리스인의 특징을 표현하는 말로서 투쟁·경기를 의미하는 아곤(Agon)이 있다. 성공과 생존을 건 아곤은 그리스의 생활 속 깊숙이 침투했고, 전쟁은 원래 정치·법정변론, 철학의 논의, 의학 논쟁까지 이르고 있다. 아곤의 대표적 실례가 올림피아 경기대회이다. 전승에 의하면 올림피아 경기는 기원전 776년에 시작되고, 4년마다 개최되었다. 폭넓은 신체 경기를 준비하고 정치적인 색채 없이 각지에서 참가자를 모았기 때문에 기원전 8세기 말에는 그리스적인 경기로서의 위신을 획득했던 것으로 보인다. 올림피아 경기에 못지않게 델포이의 퓌티아 경기대회, 네메아 경기대회로서 이스트미아 경기대회가 있다. 후자의 두 개는 2년마다 개최되었다. [B]는 청동판에 새겨졌던 것으로 네메아 제전의 가장 오래된 승리자에 대한 봉헌 중 하나이다.

[A]

이피토스[에리스의 왕으로 그리스가 역병으로 고통을 받고 있었으므로 델포이의 신탁을 받아 올림피아 경기를 재건했다]는 옥시로스의 가계에 속하고 라케다이몬인에게 여러 법을 제정했던 리쿠르고스와 동시대에 성년이었지만, 그는 올림피아에서 경기를 조직하고 올림피아 제전과 신성휴전을 새롭게 재건했다. 이 중단의 기간이 어느 정도였는지는 알 수 없다… (중략)…이미 서술했던 것처럼 이피토스는 경기를 부흥시켰지만 그때는 사람들이 예전 경기에 대해서는 잊고 있었다. 그리고 옛 경기에 대해서 적지 않은 사람들의 기억이 되살아나면서 생각이 날 때마다 사람들은 경기에 추가하고 있었다. 이상은 명백한 사실이다. 그런데 올림피아 경기의 기록이 연속되었을 때[제1회 개최는 기원전 776년이다], 달리기 경주에 대한 상이 최초로 수여되고, 에리스인 코로이보스가 우승했다. 올림피아에는 코로이보스의 조각상이 없지만 그의 묘지는 에리스의 국경에 있다.

〔Pausanias V, 4, 5; 8, 5-6〕

[B]

아리스티스가 나를 크로노스의 아들 제우스에게 바쳤다.

네메아 제전의 판크라티온*에서 4번 우승한 후에 〔아리스티스는〕 클레오나이 사람 페이돈의 아들[아르고스 왕 페이돈의 자손으로, 클레오나이에 망명한 왕가의 한 사람]이다.

〔Meiggs-Lewis 9〕

* 오늘날의 레슬링에 유사했던 경기

6. 시노이키스모스(Synoikismos)

폴리스 형성의 구체적 과정은 시노이키스모스(모여살기 운동)로 표현된다. 아리스토텔레스의 용어에 따르면 다수의 촌락이 하나의 폴리스로 통합되는 것이다(『정치학』 1252 a 24-1253 a 7). 실제로 주민의 이동, 즉 집주가 있고, 작은 공동체가 보다 큰 폴리스 공동체로 통합되는 사례도 많이 있고, 8세기 후반에 코린토스 주변부의 인구가 감소했던 것도 그 사례로 해석할 수 있다. 그리고 아테네인과 같이 정치·종교적 여러 제도와 시설을 도시 중심부에 통합하는 신폴리테이아(synpoliteia, 폴리스통합운동)에 의해 폴리스가 형성되는 경우도 있었다.

이와 같은 〔전원생활의 관습〕은 아주 예전부터 다른 사람들에게도 덧붙여지면서 아테네인의 특징이 되었다. 왜냐하면 키클로포스와 초기의 왕들로부터 테세우스의 시대까지 계속해서 아티카는 폴리스로 나뉘어 거주하고, 각 폴리스에는 공회당(프리타네이온?)과 관리가 있었기 때문이다. 그들은 무언가 위험에 처하지 않는 한, 왕 아래 모여서 논의하지 않고 각자 행정을 처리하면서 논의를 했다. 그리고 에우모르피스(?) 휘하의 엘레우시스인이 엘렉테우스와 싸웠던 것처럼 아티카 내부의 폴리스들이 때로는 서로 전쟁을 하기도 했다. 하지만 테세우스가 왕위에 오르자 지혜와 힘을 과시했으며, 다른 점에서도 아티카 전체를 재편성했다. 특히 다른 폴리스의 평의회장과 관리직을 폐지하고 하나의 평의회장과 하나의 시청사(프리타네이온?)를 설치했으며, 주민 전체를 현재의 폴리스에 통합했다. 왕은 주민 각자에게 이전과 동일하게 그들의 토지를 경작하게 했지만, 아테네를 유일한 국가로 인정할 것을 강조했다. 이제 아티카 주민 전체는 아테네 시민의 권리와 의무를 누리게 되고, 아테네 시는 강대한 도시가 되었으며 테세우스로부터 그 자손에게 계속 이어졌다. 그리고 그때부터 지금까지도 아테네인은 시노이키아라는 아테나 여신의 제의를 국가 경비로 거행하고 있다. 옛날에는 현재의 아크로폴리스와 그 기슭, 특히 남쪽 방향 근처에 아테네인의 도시가 있었다. 그 증거는 다음과 같다. 즉, 아테나와 마찬가지로 다른 신들의 신전도 아크로폴리스의 안쪽에 있고, 아크로폴리스 바깥쪽의 많은 신전도 시의 방향에 위치하고 있다. 제우스 올림포스의 신전, 아폴론 피티오스의 신전이 거기에 있고, 디오니소스를 위해 거행되는 가장 유서 깊은 디오니소스 제의가 안테스테리온의 달 12일에 개최된다. 아테네인이 거행했던 이 제의는 지금도 이오니아인이 전하고 있다. 그 외에도 오래된 신전이 거기에 있다.

〔Thucydides II, 15, 1-3〕

7. 왕정에서 귀족정으로

아테네처럼 미케네 시대 말기의 혼란을 꿋꿋하게 살아간 폴리스인 경우에도, 도리스인처럼 왕을 받들어 그리스에 침입해서 정착했던 폴리스인 경우에도 폴리스 형성 과정에서 왕정에서 귀족정으로 변화해 갔다. 왕 오디세우스가 부재중이었을 때 이타카 섬의 상황은 그 과도기를 엿보면 흥미롭다. 귀족층이 경제적·군사적으로 힘을 가져 왕의 지위가 상대적으로 저하해 가는 중에 귀족정이 성립한다. 인용 사료를 통해 아테네의 귀족정 성립이 왕의 권한이 분화되고 제한되면서 얼마 안 있어 왕가의 손에서 벗어나는 과정을 볼 수 있다.

드라콘 이전의 옛 국가조직은 다음과 같았다. 관리는 문벌과 부에 근거해서 임명되고, 최초에는 종신직으로 그 후에는 10년간 통치했다. 관리 중에 가장 중요하고 가장 오래된 것은 왕과 폴리마르코스 그리고 아르콘이었다. 이 중에서 가장 오래된 것은 왕의 직책이고 [이것은 조상 전래의 직책이었기 때문에], 그다음 왕 중에서 군사에 대해 겁 많고 나약한 자가 나왔기 때문에 폴리마르코스의 직책이 늘어나게 되었다. 이것이 긴급 사태가 발생했을 때 아테네인이 이온(?)을 초청했던 이유였다. 마지막은 아르콘의 역할로서 많은 사람들이 메돈(?) 때에 생겼다고 말하지만 아카스토스 때에 생겼다고 말하기도 한다. 이를 뒷받침하는 증거로서 그들은 아홉 명의 아르콘이 아카스토스 때와 동일하게 서약을 하고, 그의 재위 시에 코드로스의 자손이 왕위에서 물러나는 대신에 아르콘의 여러 특권을 받았다고 한다. 이 두 개의 주장 중에 어느 것을 택해도 연대는 그다지 바뀌지 않는다. 이 직책들 중에 아르콘이 가장 늦게 생겼다는 증거는 아르콘이 왕과 폴레마르코스처럼 조상 전래의 제사를 책임 맡지 않고 단지 후세에 부가된 권세를 책임 맡는다는 점이다. 그런데 위에서 기술한 여러 직책 중에 아르콘 직책만은 임기 1년 이상이 아니었다. 그런데 이런 여러 직책의 성립 연대는 서로 전후로 되어 있다.

아홉 명의 아르콘이 모두 함께 있었던 것은 아니고, 왕은 프리타네이온 가까이에 있는 지금은 부코레이온(?)이라고 불리는 곳을 차지하고 있다[그 증거로 지금도 역시 그 곳에서 왕의 부인과 디오니소스와 대면하고 결혼 의식이 거행되고 있다]. 아르콘은 프리타네이온을, 폴리마르코스는 에피리게이온을 차지한다[그것은 이전에 폴레마이온이라고 불렸지만 에피리코스가 폴레마르코스 재임 시에 세워서 직접 정비한 것에서 유래한 에피리게이온으로 명명되었다]. 테스모테타이는 테스모테테이온을 차지했다. 하지만 솔론 시대에는 모두가 테스모테테이온에 모였다. 그들은 재판의 최종 결정권을 가지고, 오늘날처럼 예심만 하는 것은 아니었다. 관리에 대해서는 이상과 같았다. 아레이오스 파고스 회의의 임무는 법률을 옹호하는 것이었지만, 국정의 가장 크고 중요한 부분을 관리하고, 질서를 문란하게 하는 사람을 모두 처벌해서 벌금을 부과하는 권한을 가졌다. 아르콘의 선임은 문벌과 부에 기초하는데, 아레이오스 파고스회 의원이 아르콘으로부터 임명되었기 때문이다. 그런데 직책들 중에 아르콘의 직책만이 지금까지 종신직으로 남아 있다.

〔Aristoteles, Athenaion Politeia, 3〕

8. 호메로스 사회의 재산과 교환

귀족의 정치·군사적 지배의 기초는 가산(家産, 오이코스)이었다. 충분한 부를 소유함으로써 노예와 피보호민을 유지할 수 있었다. 이와 같은 가정의 부를 구체적으로 나타내는 곳은 창고로서, 황금과 청동 등의 금속, 보리와 올리브유 그리고 포도주 같은 농업 생산물이 저장되어 있었다(『오디세이아』 II, 337-350). 오이코스*는 자급자족을 이상으로 하고 토지와 농경에 기초를 두고 있지만, 호메로스의 세계에서는 가축이 중요한 자산이었다. 자급할 수 없는 물건, 특히 금속을 손에 넣기 위해 교환이 필수적이었지만, 전쟁과 약탈도 넓은 의미에서 경제행위였다. 평화적인 재산의 교환에는 증여가 서사시에 일반적으로 등장하지만, 보다 특화된 교역도 발견된다. 교역

---

* 여기서는 가정(가정경제)의 뜻

은 이익을 얻는 것이 목적이었던 '수출'의 문제가 아니라 부족한 물건의 획득이 가장 중요했다.

[A]

저 사람[오디세우스]의 재산은 헤아릴 수 없었다. 검은 땅의 본토에서도 이곳 이타카에서도 이렇게까지 많이 가지고 있는 곳은 없다. 예를 들어 20인을 모두 포함하더라도 도저히 이 재산에는 미치지 않는다. 나는 하나씩 열거해 보려 한다. 본토에는 소가 12마리 무리 지어 있고, 같은 수의 양과 돼지가 무리 지어 있으며 같은 수의 산양의 무리가 여기저기 흩어져 있다. 이들을 다른 지역 사람과 그의 목자(牧者)들이 기르고 있다. 그리고 이곳 이타카 섬에서도 여기저기 흩어져 있는 전부 11마리에 달하는 산양 떼를 황무지에서 기르고 있고, 힘센 남자들이 산양 떼를 지켜보고 있다.

〔Homeros, Odysseia XIV, 96-104〕

[B]

만약 내가 어느 정도 신체도 튼튼했다면 에리스인과 우리들 사이에 소의 약탈을 놓고 싸움이 일어났던 때와 같이, 그 이후 에리스에 살고 있는 히페이로고스의 아들인 용맹스러운 이티모네우스를 살해했을 것이다. 내가 보복하려 무리를 쫓고 있을 때 그는 자신의 소를 지키려 싸우고 있었다. 하지만 선봉에서 내 손을 벗어나 날아간 투창에 맞아 쓰러졌다. 그래서 시골 사람들이 뿔뿔이 흩어졌다. 그래서 우리는 전리품을 평원에서 상상할 수 없을 정도로 많이 그러모았다. 소 50마리, 양 50마리, 돼지 50마리, 여기저기 흩어져 있는 산양 50마리, 밤색 털이 있는 말 150마리를 모았다. 말은 모두 암컷으로 다수가 새끼 말에게 젖을 빨리고 있었다. 그리고 우리들은 이들을 네레우스가 살고 있는 필로스 성 안으로 몰아넣었다. 네레우스는 기뻐했다. 내가 젊은 강인한 몸으로 싸움에 나갔으므로 많은 전리품을 얻을 수 있었고, 그래서 동이 틈과 동시에 전령사들이 큰 소리로 외쳤다. 신성한 에리스에게 베푼 은혜가 있는 자들은 모이라고 말이지. 필로스의 지휘자들이 모여서 전리품을 나누었다. 그것은 다름 아니라 에리스의 주민이 많은 사람들에게 빚을 지고 있기 때문이다.

〔Homeros, Illias XI, 670–689〕

[C]

「나는 총명한 안키아로스의 자식 멘테스라고 한다. 그리고 배를 사랑하는 타포스인을 다스리고 있다. 지금 나는 배를 타고 승조원과 같이 이곳으로 내려가고, 포도주 빛깔의 바다를 지나서, 다른 언어를 사용하는 테메세로 청동을 구하러 돛을 달고 지나가는 중이다. 그리고 나는 그곳에서 빛나는 철을 배에 싣고 있다」(중략)

「귀한 손님이시여, (…) 하지만, 머물러 주세요. 길을 서둘러야 하지만 쉬면서 목욕하고 접대를 받고 마음을 충족하세요. 그다음에 친한 벗이 손님에게 선물하는 것이 어울리듯, 내가 당신에게 주는 가보가 될 만한 고가의 훌륭한 선물을 받고 배로 돌아가십시오.」라고 하자, 그 〔텔레마코스〕에게 빛나는 눈의 여신 아테나가 다음과 같이 답했다. 「나는 길을 서두르기 때문에 이제 붙들지 마십시오. 친절하게 내게 주었던 선물이 무엇이든 다시 여기로 돌아올 수 있다면, 훌륭한 것을 골라서 집으로 돌아가고 싶습니다. 당신에게는 그것에 알맞은 답례를 하려고 합니다.」

〔Homeros, Odysseia I, 180–184; 309–318〕

9. 귀족정 시기의 재판과 정의관(正義觀)

귀족정 초기의 재판제도에 대해서는 복잡한 논의가 존재하지만, 아래에 게재한 사료는, 이 시기에 두 개의 다른 재판제도가 존재했다는 것을 살피려는 것이다. 헤파이스토스가 아킬레우스를 위해 제작했던 방패에는 평화의 마을과 다투는 마을이 그려지고, 평화의 마을에는 혼례의 정경과 나란히 재판의 상황이 그려지고 있다. 거기서는 판결 제안자로서의 장로, 「가장 올곧은 판결」결정자로서의 민중이 보인다. 다른 한편 헤시오도스의 시는 미케네 시대 이래의 전통에 기초를 둔 귀족의 재판권 장악과 뇌물 수수로 재판을 억누르는 귀족의 상황이 그려진다. 전자가 후자를 극복하면서 고전기 민주정 폴리스의 「민중법정」이 성립한다.

[A]

사람들이 광장(아고라)에 모여 있다. 거기서는 올해도 다툼이 벌어지고 있다. 남자 두 명이 타살된 남자의 인명금(人命金) 때문에 언쟁하고 있다. 한 사람은 모두 지불한다는 약속을 했다고 대중들에게 주장했다면, 다른 한 사람은 아무것도 받지 않겠다고 거부했다. 두 사람이라 하더라도 판결을 내리는 사람을 통해 결론을 내리자고 격분했다. 대중들은 둘로 갈라져 각각의 편을 성원한다. 그래서 전령들이 대중들을 제지했다. 장로들이 신성한 원형 가운데의 연마된 돌에 앉아 소리를 외치는 전령들의 지팡이를 손으로 잡았다. 그들은 그것을 가지고 천천히 일어나서 교대로 판결을 내렸다. 그 중앙에는 2탤런트의 금괴가 놓여 있고, 그들 사이에서 가장 올곧은 판결을 내렸던 자에게 주는 것으로 되어 있다.

〔Homeros, Illias XVIII, 497–508〕

[B]

귀족들이여, 여러분들 자신도 이 정의를 돌이켜 보는 것이 좋습니다. 사람들 바로 아주 가까이 있는 불사의 신들이 정의롭지 못한 결정으로 서로에게 상처를 입혀 신들의 복수를 바랄 수 없는 자들을 지켜보고 있습니다. 즉 만물을 기르는 지상에는 3만의 불사신들이 제우스를 위해 안개를 걸치고 지상을 구석구석까지 오가고 있습니다. 그들은 죽을 운명의 인간들을 지켜보면서 그들이 내린 결정과 사악한 행위를 감시하고 있습니다. 정의(디케)는 처녀이면서 제우스의 딸로 올림포스에 사는 신들에게 숭배받았습니다. 그리고 부정한 짓으로 이 여신을 비난해서 상처를 입힌 자가 있다면, 직접 정의의 여신이 크로노스의 아들이자 아버지 신인 제우스 아래에 앉아 인간들의 부정한 마음을 고소하게 되고, 이렇게 해서 민중이 귀족들의 무법적인 죗값을 치르는 것입니다. 이것은 악한 마음을 품고 정의롭지 못한 결정을 내리고 결정을 엉뚱한 방면으로 바꾸는 귀족들의 죗값입니다. 뇌물을 받은 귀족들이여, 이것을 잘 기억하고 결정을 올바르게 해서 정의롭지 못한 결정 따위는 앞으로 잊어버리는 게 좋습니다. 타인에게 해를 끼치지 않는 자는 자신에게 해를 끼치는 자입니다. 사악한 계획은 그걸 꾀하는 본인에게 가장 사악한 것입니다. 모든 것을 보고 모든 것을 아는 제우스의 눈이 지금도 이것을 마음에 거슬리는 것으로 생각한다면, 지금 이 나라에서 행해지고 있는 정의가 어떤 것인가를 결코 간과하지 않을 것입니다. 하지만 지금은 나 자신도 내 자식도 인간들 사이에서 정의로운 자라는 것이 싫습니다. 만약 더 부정한 자가 더 정의로운 자라면, 사람들이 올바른 상태를 유지한다는 것은 재앙이기 때문입니다. 하지만 나는 사려 깊은 제우스가 그와 같은 일이 결코 이루어지지 않게 하리라고 생각합니다. 페르세스여, 당신은 이 일을 당신의 가슴에 묻어두십시오. 이제는 정의에 귀 기울이고, 폭력은 일체 잊으렵니다.

〔Hesiodos, Erga kai Hemerai, 248–275〕

10. 귀족정 시기의 농업

고대 그리스의 현존 사료에는 고대 로마의 카토(Cato), 바로(Varro), 콜루멜라(Columella)의 농업서에 필적하는 것은 없다. 헤시오도스의 『노동과 나날』, 크세노폰의 『가정론』에서만 농사일이 언급되고 있는 것으로 보인다. 두 작품 모두 농사에 부지런한 것이 인간 본래의 존재 방식이라는 생각으로 쓰였지만 『가정론』은 농업경영자의 관리 기술이 문제로 되고 있다. 그 의미에서 아래 사료는 고전기에도 해당하는 자영농민의 농업경영을 보여주고 있다는 점에서 중요하다.

하늘 높이 구름 사이로 해마다 날카롭게 우는 닭의 소리를 듣는다면 걱정하라. 그 소리는 경작의 신호로 비가 많은 계절인 겨울을 알리는 것이다. 또한 그 소리는 소를 갖고 있지 않은 남자의 마음을 깨문다. 이때야말로 '외양간' 안에 있는 뿔이 굽은 소들에게 먹이를 주어라.(중략)

경작 시기가 죽을 운명인 자들(인간들)에게 처음으로 모습을 나타내면, 그때는 바로 일을 시작해라. 노예도 자네도 똑같이 날씨가 좋아도 나빠도 경작의 계절에는 경작을 해라. 당신의 밭에서 풍족하게 곡식이 익도록 아침 일찍부터 열심히 일하는 것이다. 봄에는 흙을 갈아엎어 주어라. 여름에 휴경지는 당신을 배신하지 않는다. 휴경지에는 흙이 아직 가벼운 안쪽에 씨를 뿌리는 것이다. 휴경지는 재앙에 가까이 가지 않는 하데스와 같은 마법의 여성이다. 데메테르의 신성한 곡물을 익게 하는 중요한 은혜를 가져다주는 것처럼 땅의 신 제우스와 신성한 데메테르를 위해 계절을 받들어라. 처음으로 경작에 착수할 때, 쟁기의 끝을 손으로 잡고 막대로 소의 등을 쳐 내리도록 해라. 정작 그 후부터 젊은 노예가 가래로 씨에 흙을 살짝 덮어 주면서 새들에게 눈을 맞추는 게 좋다. 죽을 운명의 인간에게는 맛있는 순서가 최선이고 맛이 없는 순서는 최악이다. (중략)

동지부터 60일의 겨울날을 제우스가 끝내 버리자 아르크투루스(목동자리)가 오케아노스의 신성한 흐름을 뒤로하고, 처음으로 밝게 빛나면서 황혼 때 올라간다. 그것에 뒤이어 점점 봄이 시작할 무렵 판테온의 딸, 슬픔의 소리를 내는 제비가 사람들의 눈에 모습을 나타낸다. 제비가 나타나기 전에 포도 가지를 친다. 그렇게 하는 것이 좋기 때문이다. 하지만 짐꾼이 묘성(플레이아데스)을 피해 지면으로부터 나무로 기어오를 무렵 어느새 포도밭을 개간해서 〔땅을 부치는〕 시기는 아니고 낫을 갈고 노예들을 때려서 일으키도록 해라. 빛을 못 보는 자리와 새벽녘까지의 잠은 피하라. 수확의 계절이자 태양이 살을 태울 무렵이야말로 열심히 일하면서 움직이고 새벽에 일어나서 집으로 수확물을 옮겨야 식량으로 어려움을 겪지 않게 될 것이다. 즉 새벽은 〔하루〕일의 1/3을 정리하게 한다. 실제로 새벽은 길을 건너게 하고, 일을 넘어가게 한다. 새벽은 모습을 나타내자마자 많은 사람들을 길에 내놓고 많은 소에게 재앙을 가져다준다. (중략)

노예들을 재촉해서 데메테르의 신성한 곡물을 탈곡시켜라. 강한 오리온별이 처음으로 모습을 나타낸다면, 바람이 통하는 좋은 장소에서, 주위가 잘 정리된 탈곡장에서. 그리고 그다음 정성껏 항아리에 담는 것이 좋다. 그리고 식량을 전부 집안으로 옮겨 들이는 준비가 모두 끝나면, 집을 갖지 않은 품팔이를 고용하고 자식이 없는 여자를 날품팔이로 쓰도록 하라. 가슴에 자식을 품은 날품팔이 여성은 귀찮기 때문이다. 도둑이 자네의 재산을 탈취하지 못하게 경계하려면 날카로운 이빨을 가진 개를 사육해라. 그들에게 줄 먹이를 아끼지 말라. 자네의 소와 노새가 먹을 수 있도록 꼴과 자른 볏짚을 듬뿍 옮겨 들여라. 그다음에 노예들을 쉬게 하라. 소를 재앙으로부터 떼어 내는 것이 좋다.

그렇지만 페르세스여, 오리온별과 이리별(세이리오스)이 중앙에 오고 아르크투루스(목동자리)를 새벽(에오스)이 볼 때, 쾌활한 디오니소스의 선물인 포도송이를 모두 따서 집으로 옮기련다. 그렇지만 앙성(昴星)과 우성(雨星)과 오리온이 지기 시작할 무렵, 그때는 경작의 계절이라는 것을 상기하련다. 이리하여 땅속의 씨앗이 순조롭게 되리라.

〔Hesiodos, Erga kai Hemerai, 448–453; 458–472; 564–581; 597–617〕

11. 그리스의 식민운동

기원전 8세기 후반부터 약 150년간을 대식민운동(大植民運動)의 시대로 부른다. 이 식민운동은 그리스인의 거주 지역과 활동 영역을 비약적으로 확시켰지만 이것이 지중해 지역의 정치적 통일을 뜻하는 것은 아니다. 식민운동은 인구 증가에 따른 토지 부족에 의한 중소농민의 몰락 위기, 폴리스의 주도권 다툼에서 패해 불만을 가진 귀족의 존재 등의 여러 문제를 해결하는 수단이었다. 대다수의 식민시는 농업식민시였지만, 그 배후에는 아르와 미나 등의 교역지의 존재에서 알 수 있듯이 주로 금속을 얻기 위한 교역 활동으로 획득된 지중해 지역의 지리적 정보의 축적이 자리 잡고 있었다. 식민시는 모시의 종교, 정치, 사회제도, 방언, 문자 등을 계승했지만 정치적으로는 완전히 독립된 새로운 도시국가였다. 식민활동은 처음에는 해당 폴리스의 귀족정을 강화하는 역할을 했지만, 얼마 안 있어 그리스 세계 전체를 상대적으로 풍요롭게 했고, 스스로 무장이 가능한 계층을 증가시켜 민주정으로 가는 길을 열었다.

[A]

식민자 선서협정. 아폴론이 바토스와 테라인에게 키레네에 대한 식민을 몸소 권고했다. 따라서 테라인은 바토스를 창시자이자 왕으로서 리비아로 내보내는 것과 테라인이 무리 지어 함께 여행하도록 결의했다. 공정하면서도 평등한 조건으로 항행(航行)하는 것과 집집마다 자식 한 명을 뽑아 가는 것, (…) (약 18자 빠짐) (…) 성인과 다른 테라인 가운데 자유민 신분이 (…) (6자 빠짐) (…) 여행하는 것, 식민자가 정주지를 건설했다면, 후에 리비아로 항행하는 친족은 시민권과 관리직을 같이 누리고, 주인 없는 토지의 할당을 받아들여야 한다는 것, 만약 정주지를 건설할 수 없고 테라인도 원조할 수 없으면서 5년간 고난을 겪었다면, 그 땅을 떠나 두려워할 것 없이 테라에 있는 자신의 재산으로 〔되돌아와서〕〔테라의〕 시민이 되는 것이 마땅하다. 폴리스가 내보내는데도 불구하고 항행하려 하지 않는 자는 사형에 처해지고, 그 재산은 몰수되어 공공의 재산이 되는 것이 마땅하다. 이 자를 받아들이거나 혹은 숨기는 자는 아버지가 자식에게 형제가 형제에게 하는 것이고, 항행을 거부하는 자와 동일하게 처벌받는다. 이상의 조건으로 그곳에 머무르는 자와 항행해서 식민시를 건설하는 자와는 선서협정을 교환하고, 리비아로 식민한다. 그는 그곳에 머물러야 하고 이를 위반해서 따르지 않는 자에게는 주술을 걸었다. 밀랍 인형을 만들어서 저주의 말을 내뱉고 밀랍 인형을 태웠다. 남자도 여자도, 소년도 소녀도 빠짐없이 모였다. 이 선서협정에 따르지 않고 위반하는 자는 본인도 자손도 재산도 이 밀랍 인형처럼 녹여 없애고, 붕괴되어 몰락하는 것이 마땅하다. 한편 이 선서협정에 따르는 자에게는, 리비아로 항행하는 자에게도 테라에 머무르는 자에게도 본인과 그 자손에게 많은 좋은 일이 있을 것이다.

〔Meiggs-Lewis 5〕

[B]

그 후 7년간 테라에는 비가 내리지 않고, 그 사이에 섬의 수목은 한 그루를 남기고 전부 말라죽었다. 테라인이 신탁을 구하고, 무녀는 식민을 위해 리비아로 떠나라고 말했다. 그들에게는 이 재앙에 대응하는 수단이 전혀 없었으므로, 크레타에 사절을 보내서 크레타인이 〔크레타의〕 거류외인으로 리비아로 갔던 경험이 있지 않는가를 알아보게 했다. 그들은 크레타를 돌아다니다가 이타노스라는 마을에도 찾아갔고, 그곳에서 자줏빛 조개를 캐는 코로비오스라는 남자와 마주쳤다. 그 남자는 바람에 실려 리비아로, 그것도 리비아의 프라테아 섬으로 갔던 적이 있다고 말했다. 이 남자에게 보수를 주고 설득해서 테라로 데려가고, 처음에는 소수의 예비 조사자들이 테라에서 배를 타고 나갔다. 코로비오스는 프라테아 섬으로 안내했다. 그러자 그들은 우선 수개월 분의 식량을 남겨 코로비오스를 섬에 두고, 자신들은 섬의 상황을 테라인에게 보고하기 위해 전속력으로 배를 타고 갔다. (중략) 정작 테라인은 코로비오스를 섬에 남기고 테라에 돌아오고, 리비아 연안의 섬에 그들이 식민했다고 보고했다. 테라인은 두 명의 형제 중에 한 명을*, 전체 일곱 구역에서 남자를 추첨으로 선발해서 파견하고, 바토스를 그들의 지휘자이자 왕으로 결정했다. 이렇게 해서 그들은 50노선 두 척을 프라테아로 파견했다. 이상은 테라인이 말하는 것이지만, 다음 이야기는 테라인도 동의하고 있는 키레네인의 전설이다. (중략) 그들은 리비아로 배를 타고 나갔지만 그밖에 어떤 것을 해야 할지도 판단하지 못한 채 테라로 되돌아왔다. 하지만 테라인은 상륙하고자 하는 그들에게 돌을 던지면서 상륙을 허락하지 않고, 다시 배로 돌아가라고 명령했다. 그래서 그들은 배를 돌리지 않을 수 없었고, 앞에 서술한 것처럼 프라테아라는 리비아 해안에 있는 섬에 식민했던 것이다. 이 섬은 현재의 키레네의 마을과 같이 넓다고 한다. 이 섬에서 그들은 2년간 살았지만, 각별한 행운도 따르지 않았다. 따라서 그들은 한 사람을 남기고 나머지는 모두 델포이로 출항했고, 신탁소에 와서 리비아에 거주할 때와 거주 후에도 사태가 좋아지지 않는다고 말하면서 신탁을 구했다. (중략) 〔리비아 본토에 식민하라는 뜻의 신탁을 받고〕 그들은 그 섬의 건너편 기슭의 리비아 본토 위에 있는 아지리스라는 곳에 식민했다. 그곳 양 측면은 유달리 아름다운 수목이 무성하게 자란 언덕으로 갇혀 있고, 지금 한편에서는 강이 흐르고 있다. 이 땅에서 6년간 거주했다. 7년째에 리비아인이 그들에게 더 좋은 토지로 안내하겠다고 청하면서 다른 데로 물러날 것을 설득했다. 그래서 리비아인은 그들을 그곳에서 물러나게 해서 서쪽으로 안내했다. 게다가 가장 훌륭한 토지를 통과할 때에는 그리스인이 그것을 실제로 보지 못하도록, 낮 시각을 예측해서 야간에 통과했다. 그 땅의 지명은 이사라이다. 그리고 그들을 아폴론의 샘이라 불리는 샘으로 안내해서 말했다. 「그리스인들이여, 당신들은 여기에 거주하는 것이 좋겠지요. 그렇게 말하는 것도

* 그리스어 해석의 문제가 있지만, 1인 자식의 가족은 제외한다는 의미일 것이다.

이 근처에는 하늘이 구멍을 열어 주기 있기 때문이죠」 그런데 40년간 통치했던 창설자 바토스가 생존해 있는 동안에도, 16년간 통치했던 자식 아르게실라오스 시대에도 키레네 인구는 당초 식민에 나섰던 때와 같았다.

〔Herodotos IV, 151; 153-154; 156-159〕

12. 중무장보병제도

기원전 7세기 중엽이 되면, 많은 폴리스에서 투구와 갑옷을 스스로 부담해서 중장보병에 종사할 수 있는 계층이 늘어났다. 식민 활동의 결과 교역 활동이 활발해지면서 그리스 세계 전체가 상대적으로 풍요로워졌고, 수공업의 발전에 수반한 투구와 갑옷의 가격이 안정되었기 때문이다. 중장보병 전술은 귀족의 주도로 도입되고 처음에는 그 지위를 강화하기 위해 이용되었지만, 직경 1미터 정도의 청동 방패를 중심으로 조직되었던 밀집전술은 결국 균일하게 통제된 병사의 행동을 필요로 했고, 얼마 안 있어 평민층이 군의 주력을 형성하게 되면서 폴리스의 실제 시민전사단이 되었다. 게다가 이들은 폴리스의 민주화에 크게 기여했다.

[A]

왕정 이후 그리스인의 최초 국가 형태는 전사들 사이에서 생겨났지만, 최초 조직은 기사의 국제(國制)였다. 〔그것은 전쟁이 기사들의 힘과 우월하게 관련되어 있었기 때문이다. 요컨대 전투 대형 없이는 중장보병은 임무를 수행하지 못했지만, 옛날 사람들에게서는 그와 같은 것에 대한 경험도 규칙도 없었으므로, 군사력은 기사에게 있었다〕 하지만 국가의 규모가 커지게 되고, 중장보병 장비를 했던 사람들이 한층 강력하게 되었을 때, 더욱 더 많은 사람들이 국정에 참여했다. 그런 이유로 지금 우리들이 국제(폴리테이아)로 부르고 있는 것을, 이전 사람들은 민주제라고 부르고 있다. 하지만 예전의 국제(폴리테이아)가 과두제적이고 왕정적이었다는 것은 당연하다. 이렇게 말하는 것은 인구가 적어서 중간 계층이 다수가 아니었고, 그 결과 대중은 소수로서 전열(戰列)에서도 지위는 낮았으므로 다른 사람에게 지배당하는 것을 감수하지 않으면 안 되었기 때문이다.

〔Aristoteles, Politica, 1297 b 16–28〕

[B]

여러분은 무적의 헤라클레스족입니다. 용기를 내십시오. 아직 제우스는 고개를 갸웃하고 있지 않습니다. 많은 사람을 두려워해서 겁내지 마십시오. 대장부는 곧장 선봉에 서서 방패를 들고 생명을 적으로 생각하지 않고 검은 죽음의 여신(케레스)을 태양의 빛처럼 사랑합니다. 여러분은 눈물이 많은 아레스의 파괴적인 행동을 알아서 판단하고 비참한 싸움의 성격을 잘 판별해서 퇴각과 추격의 맛을 경험했습니다. 아아, 젊은이들이여, 여러분은 그 어느 것에도 이미 싫증 나 있습니다. 어깨를 맞대고 버티는 자들은 용맹하고 백병전에 뛰어들어 국민을 구하는 것입니다. 겁쟁이에게는 무용(武勇)의 명예가 모두 사라지게 됩니다. 만약 수치스러움을 당하면, 그 사람에게 암울한 재앙이 많다는 것을 누군가 한 사람이 쫓아가서 모든 것을 일일이 자세히 말할 수 없을 것입니다. 그렇게 말해도 격렬한 전투 중에 도망하는 자의 등을 찔러서 꿰뚫는 것은 기분 좋습니다. 하지만 뒤에서 찌른 창끝에 상처 입고 모래 속에 길게 누워 있는 시신은 불명예스러운 것입니다.

어찌 되었든 각자는 발을 벌리고 양발로 대지를 힘껏 밟아 완강하게 버팁니다. 이빨로 입술을 깨물고, 넓적다리와 다리를, 그리고 가슴과 어깨를 둥근 커다란 방패로 보호합니다. 오른손에 튼튼한 창을 머리 위로 번쩍 쳐들고 머리 위 투구의 깃털 장식을 겁을 주듯 흔들어 움직이게 하십시오. 대담하게 행동해서 싸우는 방법을 터득하십시오. 투창이 도달하지 않는 곳에서 방패를 들고 서 있어서는 안 됩니다. 각자 백병전 장소로 다가가십시오. 기다란 창이나 칼로 적을 공격해서 없애도록 하십시오. 발을 가지런히 하고, 창을 나란히 하고, 장식 털에는 장식 털을, 투구에는 투구를, 그리고 또한 가슴에는 가슴을 맞대고 적과 싸우십시오. 칼자루 혹은 긴 창을 쥐도록 하십시오. 여러분도, 경무장병도 각자 방패 바닥에 쭈그리고 앉아 커다란 돌을 던지십시오. 갈고 닦았던 창을 적을 향해 던지십시오. 중무장을 한 자들 옆에 서 있도록 하십시오.

〔Tyrtaios, fragment 8〕

13. 고졸기의 교역

자원이 한 곳에 치우쳐 있는 것은 공동체 사이에서 교역이 필연적으로 이루어지도록 했다. 아테나 여신이 변장하고 타보스인의 청동을 구한 것과 같이 교역은 대체로 귀족층의 주도로 이루어졌다. 하지만 한편으로 빈곤이라는 이유로 토지를 버리고, 혹은 농한기에 교역에 종사하는 사람들도 있다. 식민에 의한 그리스 세계의 확대와 활발한 교통은 그와 같은 두 종류의 교역을 촉진했다. 그러던 중에 코로비오스와 같이 운 좋게 부유하게 된 사람들도 등장했다.

그리스에서 만든 사치품을 에트루리아에 수출해서 그리스의 부를 과시했다는 소스트라토스의 존재를 통해 교역이 제도화되어 있었음을 알 수 있다. 기원전 500년 무렵의 것으로 추정되는 사료 [B] 「아키로도로스의 편지」에서 고전기에 정식으로 이루어진 상업 재판의 맹아적 모습이 드러난다.

[A]

그 후 코라이오스가 선주(船主)인 사모스의 배가 이집트로 항행 중에 표류해서 프라테아 섬에 도착했다. 사모스인은 코로비오스로부터 자초지종을 듣고 1년분의 식량을 남겼다. 그리고 그들은 그곳을 출발해서 거세게 불어대는 동풍에도 불구하고 끝까지 이집트를 향해 항행을 계속했다. 하지만 바람이 가라앉지 않았고 그들은 「헤라클레스의 기둥」을 통과해서 신의 인도를 받아 타르테소스에 도착했다. 이 교역지는 당시에 그리스인이 지나지 않는 곳이었다. 따라서 그들은 귀국 후에 우리가 확실히 알고 있는 어느 그리스인보다 많은 이익을 거두어들였다. 무엇보다도 아이기나인이었던 라오다마스의 아들 소스트라토스에게는 미치지 못했다. 왜냐하면 다른 누구도 그와는 경쟁이 되지 않았기 때문이다.

사모스인은 이익의 1/10인 6탤런트를 할애해서, 아르고리스에서 만든 술 섞는 그릇 양식과 유사한 청동 그릇을 만들게 했다. 그 테두리에는 그뤼프스의 머리가 빙 둘러 그려져 있다. 이것을 헤라 신전에 봉헌했으며 그것을 지탱할 수 있도록 높이 약 4.2미터의 무릎 꿇은 자세의 커다란 청동상 세 개를 설치했다.

〔Herodotos IV, 152〕

[B]

〔뒷면〕

이 연판(鉛版)은 아키로도로스의 것, 그의 자식과 아낙사고라스 앞

〔표면〕

프로타고라스여, 아버지가 네게 알린다. 아버지는 마타슈스에 의해 부정을 더할 수 있다. 그것은 바로 그가 〔아키로도로스〕를 노예로 사용한다면서 뱃짐을 빼앗았던 것이다. 아낙사고라스가 있는 곳으로 가서 설명해라. 그 〔마타슈스〕는 그 〔아키로도로스〕가 아낙사고라스의 노예라고 말하고, 「나의 재산, 즉 남자 노예들과 여자 노예들 그리고 집을 자신의 소유로 하고 있다」라고 주장한다. 하지만 그 〔아키로도로스〕는 소리 높여 말하고 그 〔아키로도로스〕와 마타슈스 사이에는 어떤 관계도 없다고 말하고, 거듭 〔아키로도로스〕는 자유롭고 그와 마타슈스 사이에 어떤 관계도 없다고 주장하고 있다. 만약 그 〔마타슈스〕와 아키로도로스 사이에 어떤 관계가 있다면, 그들 자신이 잘 알고 있다. 이 사실을 아낙사고라스와 그의 아내에게 말해라. 그 〔아키로도로스〕는 네게 다른 말을 전하고 있다. 만약 네가 아르비나타이 아래에 있다면 네 어머니와 형제들을 폴리스로 데려가라. 그러면 배를 지키는 사람은 그 〔아낙사고라스〕 앞으로 가서 테오라로 내려갈 것이다.

〔B. Bravo, Dialogues d'histoire ancienne I, 1974, p. 123〕

14. 코린토스의 번영

코린토스는 코린트 지협의 남쪽에 위치하고 중부 그리스와 펠로폰네소스 반도의 육로를 가르고, 동서에 좋은 항구가 있는 교통의 요지로서 일찍부터 상업이 발달했다. 코린토스 도자기는 기원전 8세기 초부터 기원전 6세기 전반기에 아티카 도자기로 대체될 때까지 그리스 세계에 널리 퍼졌다. 특히 코린토스의 식민시인 시라쿠사를 시작으로 서방에 엄청나게 많은 도자기가 수출되었다. 코린토스 경제는 기원전 7세기에는 다양화되면서 교역도 광범위하게 확대되었다. 헤로도토스는 코린토스인은 그리스인 중에서 직인을 천시하는 경우가 가장 적었다고 서술하고 있다(II, 167). 코린토스의 도자기가 융성한 시기가 코린토스의 참주정과 거의 겹친다는 점에도 주목해야 할 것이다.

[A]

그런데 헬라스(그리스)가 더욱더 강대해지고, 이전보다 더 많은 재화를 획득하게 되면서 세입의 증가에 따라 많은 폴리스에서 참주정이 수립되었다. 이보다 이전에는 제한적인 특권을 지닌 세습 왕정이 존재하고 있었다. 그래서 그리스는 해군을 정비하기 시작하고 점점 부에 관심을 기울이게 되었다. 하지만 배와 관련해서 오늘날의 배에 가장 가까운 것으로 최초 개조했던 것은 코린토스인이고, 또한 3단 노선을 그리스에서 최초로 건조했던 것도 코린토스인이었다고 전한다. 더욱이 사모스인을 위해 코린토스인으로 배를 만드는 목수 아메이노클레스가 4단 노선을 건조했던 것으로 여겨진다. 그가 사모스로 향했던 것은 〔그때부터 계산해서〕 펠로폰네소스 전쟁의 종결까지 거의 300년이다. 그리고 가장 오래된 해전은 우리들이 알고 있는 것처럼 코린토스인이 케르퀴라인[기원전 732년에 세워졌다고 전해진 코린토스의 식민시로 지도에는 코르퀴라로 표기되고 있다]에 대해 일으킨 것으로, 이 해전으로부터 동년(同年)까지 거의 260년이다. 코린토스인은 지협지대의 폴리스에 살고, 옛날부터 통상의 요지를 차지하고 있었다. 펠로폰네소스 반도 내외의 그리스인은 옛날에는 대체로 해로보다 육로를 선택하고, 그들의 지역을 통해서 상호 교류하고 있었으므로 예전의 시인들에 의해 '부유하고 풍요로운 토지'로 불리고 있었던 것처럼 코린토스인은 재화에 힘입어 강대해졌다. 그리고 그리스인이 더욱더 항해를 많이 하게 되었던 때부터 코린토스인은 함선을 거느리고, 해적을 소탕하고, 바다와 육지 양 방향에서 통상기지를 제공하고, 재화의 수입을 통해 강대한 폴리스를 갖고 있었다.

〔Thukcdides I, 13, 2-5〕

[B]

코린토스는 교역지 때문에 부유하다고 알려져 있고, 지협[지협의 원어는 이스트미아이고 이스트미아 경기대회는 포세이돈을 찬미하면서 코린토스에서 개최되었다]에 위치하며, 항구 2곳을 지배하는데, 항구 중 하나는 아시아에, 다른 하나는 이탈리아에 가까이 있다. 그리고 코린토스는 이렇게까지 멀리 떨어져 있는 두 지역에 대해서 각각으로부터 상품의 교환을 용이하게 하고 있다. 예전에는 시칠리아에 면해 있었던 해협이 항해가 어려웠던 것처럼 육지에서 멀리 떨어진 넓은 바다, 특히 마레이아 갑(岬)[마레이아 갑은 펠로폰네소스 반도 남부의 가장 동쪽의 갑으로 옛날부터 험한 곳으로 불렸다] 앞의 넓은 바다는 역풍 때문에 항해가 어렵다. 그래서 '마레이아를 돌면 집안일을 잊어버린다'는 속담이 있을 정도이다. 어찌 되었든 이탈리아에서 온 상인에 의해서도, 아시아에서 온 상인에 의해서도 마레이아로의 항해는 기피되고, 선적한 화물을 코린토스에서 내리기를 바라게 되었다. 더욱이 육로에서는 펠로폰네소스에서 운반해 나온 물품과 운반해 들어가는 물품에 대한 세금이 빗장을 장악하고 있는 사람들[코린토스 지협을 장악하고 있는 코린토스인들]의 수중으로 들어갔다. 그리고 이후 시대까지 이 상태는 쭉 계속되고, 게다가 이후에는 코린토스인에게 더욱더 유리한 상황이 되었다. 이스트미아 경기대회가 여기에서 열리면서 군중을 끌어들였기 때문이다.

그리고 부유하고 탁월했던 가문인 바키아다이가 참주정을 수립하고, 200년 가까이 지배를 유지하면서 마음 놓고 교역의 과실을 누렸다. 키프셀루스가 그들을 쓰러뜨리고 스스로 참주정을 세웠고, 그의 가문은 3대에 걸쳐 계속되었다. 이 가문의 부는 올림피아에서 키프셀루스의 봉헌물인 길게 늘였던 금으로 만든 거대한 조각상이 입증하고 있다. (중략)

또한 아프로디테의 신전은 대단히 부유해서 1000명을 넘는 헤타이라를 신전 노예로 소유하고 있고, 이들은 남녀 모두 여신에게 봉헌했다. 그리고 그녀들 때문에 코린토스에는 많은 사람들이 모여들고 코린토스는 풍요로워졌다. 그것은 선주(船主)가 쉽게 금을 탕진했기 때문이고, 그 때문에 '코린토스로 항해하는 것이 누구에게나 어울리는 것은 아니다'라는 속담이 생겨났다.

〔Strabon, VIII, 6, 20〕

15. 스파르타의 국가제도

고졸기에 형성되어 고전기를 지나면서 유지되었던 스파르타의 정치사회제도는 리쿠르고스 체제 혹은 리쿠르고스 국제로 불린다. 리쿠르고스는 전설상의 인물이므로 어느 연대로 비정하는가 하는 문제는 쉽게 결정하기 어렵다. 어느 쪽이든 리쿠르고스 체제는 장기간에 걸쳐 형성된 것으로 보인다. 그 중에서도 제2차 메세니아 전쟁 이후에 메세니아를 완전히 정복하게 되자 지배체제 유지의 필요성 때문에 한층 더 정비되었던 것으로 보이며, 기원전 550년경에 완성되었다고 말할 수 있다.

리쿠르고스가 행한 수많은 혁신 중에서 최초이자 가장 중요한 것은 장로제였다. 플라톤의 주장에 따르면 장로제는 강화되어 가는 왕들의 주권에 섞여 들어가, 가장 중요한 일에 왕과 동등한 투표권을 행사하고, 안전과 절도를 제공했다. 왜냐하면 〔이전〕 국제가 모호한 상태에 있고, 때로는 왕 때문에 참주정으로 기울고, 때로는 민중 때문에 민주정으로 기울었지만, 장로 28명이 민주정에 저항하는 한에서는 항상 왕의 편에 서고, 다른 한편에선 참주정이 생겨나지 않도록 민중을 다시 강화했다. 따라서 이 국제는 일종의 배의 바닥짐처럼 장로의 권력을 중간에 위치시켜 균형을 유지하고, 더없이 견고한 질서와 안정을 구축했다. (중략)

이 통치 형태에 대해서 리쿠르고스는 대단히 열성적이었다. 그는 델피로부터 통치 형태와 관련된 신탁을 가지고 돌아왔다. 사람들은 그 신탁을 레트라로 부르고 있다. 신탁의 내용은 다음과 같다. 「제우스와 아테나의 신전을 세우고, 사람들을 부족과 오베로 나누고, 아르카게타이를 포함해 30명으로 장로회를 설치해야 한다. 그리고 그때그때에 바비카와 크나키온에 사이에서 아펠라(민회)를 개최해서 의안을 제출하고 해산해야 한다.

민중에게 반대 의견 표명권이라는 주권(主權)이 있어야 한다.」

이 가운데 「사람들을 부족과 오베로 나눈다」는 것은 대중을 몇 개의 부분으로 나누어 할당하는 것이다. 리쿠르고스는 어떤 것은 부족이라고 어떤 것은 오베라고 부른다. 왕들은 아르카게타이라 불리고, 「아펠라를 개최한다」라는 것은 민회를 개최한다는 것이다. 그것은 국제의 기원과 원인을 피티아(Pythia)의 신 '아폴론'에게 돌렸기 때문이다. 바비카는 지금 케이마루스로, 크나키온은 오이누스로 불리고 있다. 아리스토텔레스는 크나키온은 강이고, 바비카는 다리라고 한다. 그 중간에서 민회를 개최했는데, 줄지어 이어진 주랑도 없고 다른 어떤 시설도 없었다. 왜냐하면 리쿠르고스는 그러한 것이 좋은 평의(評議)에 도움이 되는 것이 아니라 오히려 크게 평의를 방해한다고 생각했기 때문이다. 왜냐하면 민회에 출석한 사람들이 조각과 그림, 극장의 무대 배경과 평의회장의 화려한 지붕을 바라볼 때, 모여 있는 사람들의 마음을 어리석게 해서 공허한 생각에 들뜨게 만들기 때문이다. 대중이 소집되었던 때에도 그들 중 누구에게도 의안제출권이 허용되지 않고, 대중은 장로와 왕에 의해 제안된 의안을 체결하는 권한을 가졌다. 그렇지만 그 후 대중이 삭제하고 추가해서 의안을 왜곡시켰으므로 왕의 폴리도로스와 테오폼푸스는 레트라에 다음 사항을 더 써 넣었다. 「만약 왜곡된 의안을 민중이 골라서 취한다면, 장로와 아르카게타이에게는 민회를 퇴출하는 권한이 있어야 한다.」 즉, 최선의 것에 대항해서 의안을 왜곡하므로 〔민회의 결정을〕 재가하지 못하도록 완전히 퇴출하고 민회를 해산하는 것이다. 또한 왕들은 아마도 테르타이오스가 다음 시구에서 언급하고 있는 것처럼 이것이 신의 명령이었다고 국가를 설득했을 것이다.

포이보스의 소리에 귀를 기울여라, 피토(Pytho)로부터 조국으로 신의 신탁을 가져왔고 신탁에서 하는 말을 성취했다.
신들에게 경의를 표하는 왕들이 평의를 시작해야 한다.
그들은 스파르타라는 사랑스러운 나라를 이리저리 두루 생각한다.
나이 든 장로들, 그리고 대중들이 각각 올곧은 레트라를 따른다.

이와 같이 성립된 국가조직을 리쿠르고스는 혼합했다. 그런데도 리쿠르고스 이후의 사람들은 의연하게 과두정이 억제받지 않고 강력해져서 플라톤의 서술처럼 점점 심해져 미쳐 날뛰는 것을 보았다. 그래서 에포로이의 권력으로 과두정에 재갈을 물렸다. 리쿠르고스 이후 대략 130년이 지나서 테오폼푸스가 왕위에 있었을 때, 처음으로 엘라투스와 그의 동료들이 에포로스로 임명되었다. 그가 왕권을 계승했던 때보다 적게 자식들에게 인도하고 있다고 아내가 비난하자, 「아니오, 한층 더 영속하게 하려는 것이오. 나는 왕권을 강력하게 만들고 있소」라고 말했다고 전해진다. 실제로 왕권은 과도한 권리를 포기하면 질투와 함께 위험을 피할 수 있게 된다. 그래서 스파르타 왕들은 메세니아인과 아르고스인이 민중을 위해서 권력을 이양하거나 완화하려 들지 않았던 왕들에게 가했던 비참한 운명을 경험하지 않았다.

〔Plutarchos, Lycurgos 5, 6-7; 6, 1-7, 2〕

16. 리쿠르고스 법

리쿠르고스(Lycurgos)의 가장 대담한 2차 개혁은 토지의 재분배였다. 재산을 갖지 못한 자가 도시에 넘쳐 나는 가운데, 부는 극소수의 사람들만 차지해 빈부의 차이가 심각해졌다. 리쿠르고스는 스파르타에서 오만·시기·악·사치, 그리고 부와 가난이 가져오는 고질적이고 심각한 사회적 병폐를 추방하기 위해서 모든 땅을 공동의 몫으로 내놓도록 시민들을 설득했다. 우선 이 땅을 새로 분배하고 모두가 동일한 크기의 땅을 가지고 동등하게 살도록 하고 미덕 이외의 것은 추구하지 말며, 비록 불평등이 악행을 한 사람에 대한 비난이나 선행을 한 사람에 대한 칭송에서 비롯된 것이라 하더라도 시민들 사이에는 어떤 차이도 불평등도 없다는 생각을 가지고 살도록 설득했다. 그는 이렇게 설득한 후 행동에 옮겨서 라코니아를 3만 개로 구역을 나누고, 스파르타 도시에 인접한 지역을 9천 개로 구획을 나누어 스파르타인들에게 할당했다.

〔Plutarchos, Ⅷ, 1-5.〕

17. 스파르타의 아고게 제도

스파르타는 고전기 최강의 중무장 보병군을 자랑했고, 그 바탕에는 스파르타식 교육과 스파르타식 생활양식으로 대표되는 아고게(Agoge)가 있다. 남자 아이는 7세가 되면 부모를 떠나 공동생활에 들어가 20세가 될 때까지 교육과 군사 훈련을 받고, 그 후 30세까지 상비군으로서 병영 생활을 했다. 그 후에도 매년 공동식사 동료들은 연대를 강화하는 스파르타 정신의 함양에 노력했다. 스파르타에서 공동식사에 참가하는 자격은 시민 자격의 승인을 의미하고, 그런 의미에서 공동식사는 중요했다. 공동식사에서 개인이 분담한 몫을 부담할 수 없다면, 스파르타의 시민권을 잃고 히포메이오네스라는 열등한 신분으로 떨어졌다.*

공동식사를 크레타인은 안드레이아(andreia)라고 부르지만, 라케다이몬인은 피디티아(phiditia)라고 부른다. (중략) 각각 15명이 모였지만, 약간 그보다 적거나 많은 경우도 있었다. 공동식사 동료는 각자 매달 보리 1메딤노스, 포도주 8쿠스, 치즈 5무나, 무화과 2.5무나, 이것에 더해 부식 구입을 위해 실제로 매우 적은 돈을 기부했다. 이밖에도 누군가 최초의 이삭을 제물로 바치기도 하고 사냥을 했던 때에는 그 사냥감의 일부를 공동식사에 보냈다. 왜냐하면 제의를 행하고 있든 사냥을 하고 있든 〔공동식사에〕 늦었을 때는 집에서 식사하는 것이 가능했지만, 다른 사람들은 〔공동식사에〕 나오지 않으면 안 되었기 때문이다. 오랫동안 사람들은 공동식사를 엄밀하게 유지했다. 실제로 아기스 왕은 아테네인을 무찌르고 원정에서 돌아왔을 때, 부인과 식사하기를 바라면서 〔공동식사에 자신의〕 식량을 가지러 사람을 보냈지만, 폴레마르크스들이 그것을 보내지 않았다. 왕이 다음 날 화가 나서 해야 할 제의를 행하지 않게 되자, 그들은 왕에게 벌금을 부과했다.

공동식사에는 소년들도, 절제를 가르치는 학교로 데리고 가는 것처럼 방문하곤 했다. 그리고 정치적 토론을 듣고, 자유를 가르치는 교사

---

* 스파르타의 교육제도에 대해서는 이밖에 플루타르코스의 『리쿠르고스 傳』 14~15장, 크세노폰의 『라케다이몬인의 국제』 1~4장을 참조.

〔로서의 어른〕를 보고, 농담을 하면서 놀려도 상스럽지 않고, 놀림을 당해도 불쾌해하지 않는 태도를 길렀다. 농담에 마음이 동요를 일으키지 않는 것, 이것 또한 주로 라코니아 풍이라고 생각되었다. 참을 수 없는 자는 멈춰달라고 부탁할 수 있었다. 그러면 놀리고 있는 자는 농담을 그만두었다. 들어오는 한 사람 한 사람에게 최연장자가 출입구를 가리키며, '저 출입구를 통해 밖으로 한 마디도 새어 나가서는 안 된다'라고 말한다. 공동식사에 가입하고자 희망하는 자는 다음과 같이 자격을 심사받았다고 전한다. 공동식사 동료 각자는 부드러운 빵 조각을 손에 잡는다. 그리고 하인이 항아리를 머리에 이고 가져왔을 때 한 마디도 하지 않고 그것을 항아리 안에 투표용지처럼 던졌다. 찬성하는 자는 그대로, 거부하는 자는 손으로 꼭 쥐어짜면서 던졌다. 그것은 쥐어 짰던 부드러운 빵 한 조각이 구멍이 난, 즉 반대하는 투표용지의 효력을 가졌기 때문이다. 그와 같은 것 하나가 항아리에서 발견되면, 그 사람은 공동식사에 참석할 수 없다. 왜냐하면 동료 모두가 마음이 맞기를 원하기 때문이다. 이와 같이 심사를 통해 거부된 사람을 '카디쿠스(caddichus)되었다'고 말한다. 왜냐하면 부드러운 빵 한 조각을 던져 넣은 항아리가 카디쿠스라고 불렸기 때문이다. 그런데 그들에게서 음식 가운데 가장 귀중하게 여겨진 것은 검은 스튜이다. 그래서 연장자들은 고기 조각을 요구조차 하지 않고, 그것을 청년들에게 양도하고, 자신들은 이 스튜를 부어서 먹는다. 폰투스의 어떤 왕이 이 스튜를 먹기 위해 라코니아의 요리사를 샀다고 전하고 있다. 그런데 왕은 그것을 맛본 뒤에 마음에 들지 않았다. 그러자 요리사는 이렇게 말했다. "왕이시여, 이 스튜는 유로타스 강에서 목욕하면서 먹어야만 합니다." 그것은 그렇다 하더라도 사람들은 적당히 술을 마시고, 횃불 없이 귀가한다. 왜냐하면 불빛을 갖고 걷는 것은 어떤 경우에도 허용되지 않기 때문이

다. 그것은 야밤에도 겁내지 않고 대담하게 걷는 것에 익숙해지도록 하기 위해서이다.

〔Plutarchos, Lycurgos 12〕

18. 아테네 구헌법

드라콘 이전의 아테네 구헌법의 조직은 다음과 같았다. 고위 관리는 귀족과 부유한 집안에서 배출되었다. 이 직책은 처음에는 종신적이었으나, 후에 10년으로 임기가 정해졌다. 가장 중요하고 가장 오래된 관리는 왕과 군사령관과 집정관이었다. 이 세 명의 관리 중에서 가장 오래된 관리는 왕[모든 고대 사회에서 왕은 존재한다]이었고, 다음에는 군사령관이 생겨났다. 왜냐하면 왕이라고 해서 모두 군사적 역량을 가질 수는 없었을 테니까…. 마지막으로 집정관직이 생겨났다. 그 증거로 집정관직은 왕이나 군사령관과 같은 어떤 기본적인 기능도 갖고 있지 않다. 단지 과도하게 부가된 기능만을 가지고 있다. 그래서 이 부가된 기능으로 그 역할이 강화된, 최근에 들어서야 이 직책은 중요하게 되었다. 집정관은 이미 해마다 선출하고 있었는데, 6인으로 된 입법관 제도는 몇 년 후에야 제정되었다. 이들은 법과 같은 권위를 가진 정책 결정 사항들을 공표하고, 분쟁 시에 재판을 했다. 그리고 이 직책의 임기는 1년 이상 지속되지 않았다.

〔Athenaion Politeia, Ⅲ, 1-4.

19. 드라콘의 성문법

기원전 650년 무렵부터 기원전 510년 무렵 많은 폴리스에서는 성문법이 제정되고, 그 제정자는 입법자(노모테타이)로 불렸다. 잘레우코스와 론다스 그리고 드라콘도 입법자 중 한 사람이었다. 그가 제정했던 법(기원전 621/0년)은 후세에 피로 쓰였다고 말해질 정도로 가혹했지만, 솔론이 살인에 관한 법을 제거해 폐지했기 때문에 그 내용은 거의 알려지지 않았다. 겨우 살인에 관한 법이 기원전 409~408년의 다음 비문과 법정변론을 통해 단편적으로 남게 되었다.

프레아리오이의 디오구네토스가 서기로 디오쿠레스가 아르콘이었다. 평의회와 민회가 결의했다. 아카만티스 부족이 차례가 돌아온 평의부족(評議部族)으로 디오구네토스가 서기, 에우튀디쿠스가 의장, (…) 네스가 제안했다. 드라콘의 살인에 관한 법을 바실레우스로부터 수령한 후에 기록위원이 비석 위에 기록해야 한다. 그리고 줄지어 늘어선 왕의 주랑 앞에 세워야 한다. 계약관이 법에 기초해서 청부계약을 맺는다면, 델로스 동맹 재무관이 비용을 제공해야 한다.

[제1항]

그리고 만약 의도하지 않고 누군가를 살해했을 때는 추방에 처해야 한다. 바실레우스는 〔자살했던 자든〕, 살인을 교사했던 자든, 〔그 자에게〕 살인죄를 언도해야 한다. 에페타이(?)가 판결을 내려야 한다. 만약 〔살해자의〕 아버지 혹은 형제 혹은 자식이 있는 경우, 이들 모두의 합의로 화해가 이루어져야 한다. 다만 반대하는 자가 있으면, 그 자의 의향이 우선되어야 한다. 이들이 없는 경우 종형제의 자식과 종형제 범위까지〔의 친족이 있다면〕 이들 모두가 화해를 바란다면, 〔화해가〕 이루어져야 하고, 다만 반대하는 자가 있다면, 그 자의 의향이 우선되어야 한다. 위에서 열거한 자가 한 사람도 없는 경우, 〔살해자가〕 의사 없이 살해하고, 51명의 에페타이가 의사 없이 살해했다고 판결을 내린 경우, 프라트리아 구성원 10명이 동의한다면, 그는 〔아티카로의〕 귀국을 허용해야 한다. 이 51명은 가문에 따라 선출해야 한다. 〔이 법의 시행〕 이전에 살인을 범했던 자도 이 법(테스모스)에 따라야 한다. 살해자에 대해 아고라에서 종형제의 자식과 종형제 범위의 친족이 공고(公告)를 해야 한다. 기소는 종형제들, 종형제의 자식들, 의붓자식, 계부 및 프라트리아 구성원들이 동시에 해야 한다 (…) 살인의 죄가 있고 (…) 51명은 (…) 살인의 판결을 받아들였다 (…) 만약 누군가가 살인자를 살해했을 경우, 혹은 살인의 죄가 있는 경우, 국경의 아고라, 경기대회 및 암픽테오니아(?)의 신전 지역으로 들어간다면, 아테네인을 살해했던 자와 동일한 법에 따라야 한다. 에페타이가 판결을 내려야 하는 (중략) 자유민 (…) 그리고 폭력으로 불법적으로 강탈하고자 하는 자 혹은 연행하고자 하는 자를 그곳에서 때려서 물리쳤던 경우, 그 살해에 대해서는 어떤 문책도 하지 않는다. (이하 생략)

〔IG I³ 104〕

20. 기원전 7세기 말의 아테네 사회

기원전 632~1년에 참주정 수립 시도가 있을 때 아테네의 모든 시민은 촌락에서 달려가 키론 일파를 아크로폴리스에서 포위하고, 건재함을 과시했다. 하지만 30년쯤 후에 아테네는 위기 상황을 드러내고 있었다. 그것을 보여 주는 것이 아래 사료이다. 그 위기의 원인, 즉 헥테모로이 신분 규정 등에 대한 해석은 지금도 결론이 나지 않은 어려운 문제이다. 하지만 비귀족 시민층의 정치참여 요구와 소수 사람에게로 토지의 집중, 노예제 상태로의 시민단의 해체 위기가 당면 문제였다는 점에 대해서는 학계의 의견이 일치한다.

이후 귀족과 대중은 오랫동안 투쟁하게 되었다. 당시 그들의 국제는 다른 모든 점에서 과두제적이었다. 특히 빈민은 자신들도 자식도 부인도 부자에게 예속되어 있었다. 그들은 펠라타이라든가 헥테모로이로 불리고 있었다. 그것은 그들이 이런 비율의 지대로 부자의 밭을 경작했기 때문이다. 토지는 모두 소수의 수중에 있고, 만약 지대를 지불하지 않으면, 빈자는 본인도 자식도 모두 신체를 구속당했다. 솔론의 시대까지 빚은 모두 신체를 담보로 했다. 솔론이 처음으로 대중들의 지도자가 되었다. 그런데 대중들에게는 당시의 국제에 관한 제도 가운데 노예가 되는 것이 가장 참기 어렵고 힘든 것이었다. 하지만 그들이 다른 점에서도 불만이 없었던 것은 아니었다. 말하자면 그들은 〔정치의〕 어떤 것도 부여받지 않았기 때문이다.

〔Aristoteles, Athenaion Politeia, 2〕

21. 화폐의 기원

사람들이 자신들에게 부족한 물자들은 매입하고 남아도는 것들은 매각함에 따라서, 수요에 부응하는 공급이 차츰 외국의 자원에 의존하게 되었다. 이런 과정에서 불가피하게 화폐 유통이 생겨나게 된다. 화폐 제도가 생겨나게 된 이유는 모든 생필품이 쉽게 운반할 수 있는 것이 아니기 때문이다. 따라서 사람들은 교환행위를 위해, 그 자체로 유용한 물자와 생필품을 얻는 데 다루기 쉬운 물품을 서로 주고받기로 합의한다. 그런 물품이란 은·철 혹은 다른 유사한 금속들이었다. 처음에는 그것들의 가치가 단순히 무게와 크기로 결정되었으나, 마침내 그 금속에 일정한 양을 나타내는 표지를 해서 매번 그 가치를 결정해야 하는 수고를 덜게 되었다. 이런 방식으로 해서 어떤 화폐가 정해진 다음에는 교환의 필연적 과정인 새로운 재산 획득의 형태가 생겨나게 되었다. 이것이 바로 이득을 목적으로 하는 상행위이다. 상행위는 처음에는 아마도 단순한 방식으로 이루어졌을 것이다. 그러나 경험이 쌓이고 조금씩 기술이 늘어남에 따라 더 큰 이윤을 낼 수 있는 원천과 교환 방법을 찾으려고 하게 된다.

〔Aristoteles, Politics, Ⅰ, 1257a 31–1257b 5.〕

22. 솔론의 개혁

솔론은 기원전 598~7년의 아르콘이면서 동시에 조정자로서 전권을 부여받고 아테네의 위기를 타개하는 일을 맡았다. 그는 비귀족층의 정치 참여 요구에는 재산 등급을 제도화하는 것으로 해결하려 하였다. 결국 문벌에 기초한 귀족층의 정치적 권리의 독점을 폐지하고, 재산에 따라, 즉 시민의 의무 이행 능력에 따라 시민에게 정치적 권리를 부여했다. 한편 경제적 측면에서는 빚을 말소하고, 헥테모로이와 채무노예의 해방을 시행했지만, 토지 재분배의 요구는 들어주지 않았다. 아테네 시민의 예속 노동을 부정하고, 아테네는 '바르바로이(이방인)'의 노예 노동에 의존하는 노예제 사회로의 길을 걷게 되지만, 평민층의 경제적 안정은 다음 세대의 문제로 남게 되었다.

솔론은 정권을 장악한 후에 신체를 담보로 했던 돈놀이(대금업)를 금지했고, 민중이 현재와 함께 미래에도 자유롭도록 하고, 여러 법률을 제정하고 공적 및 사적 채무를 소멸했다. 이것은 무거운 짐을 털어 냈으므로 '무거운 짐 털어버리기'(seisachteia)라고 부르고 있다. (중략)

그는 국제를 정하고, 그 밖의 법률을 제정했다. 아테네인은 살인에 관한 것을 제외하고는 드라콘의 법을 사용하지 않았다. 그리고 법률을 나무로 만든 회전하는 기둥에 써서 붙이고, 이것을 줄지어 늘어선 왕의 주랑에 세우고, 모든 사람이 이 법률에 따른다고 서약하도록 했다. 아홉 명의 아르콘들이 돌 앞에서 서약했고, 만약 이 법률 중에 어느 하나라도 위배한다면, 황금으로 만든 사람의 상을 봉헌하겠다고 선언했다. 이후 지금까지도 그들은 그렇게 맹세하고 있다. 솔론은 법률을 100년간 바뀌지 못하도록 고정했고, 다음과 같이 국제를 정리했다. 솔론은 전에도 그렇게 나누어졌던 것처럼 사람들을 재산평가에 따라 네 계급으로, 즉 500메딤노스 계급과 기사 계급, 농민 계급, 노동자 계급으로 나누었다. 아홉 명의 아르콘과 재무관, 계약관(契約官), 11인의 관리, 콜라크레타이 같은 중요한 직무는 500메딤노스 계급, 기사 계급, 농민 계급에서 직무를 맡도록 결정하고, 재산평가의 크기에 따라서 각 재산 등급에 관직을 나누어 주었다. 노동자 계급에 속한 자에게는 단지 민회와 법정에만 참여하게 했다. 500메딤노스 계급에 속하는 자는 자신의 토지에서 고체 생산물이든 액체 생산물이든 500메트라*를 생산하는 자이고, 기사 계급은 300메트라를 생산하는 자이지만, 혹자에 따르면 말을 사육할 수 있는 자라고도 말한다. 사람들은 이것을 근거로 붙였던 재산 등급의 명칭과 예전 사람들의 봉헌물을 증거로 제시하고 있다. 즉 아크로폴리스에 디필루스(Diphilus)의 상이 봉헌되어 있고, 거기에는 다음과 같이 구절이 새겨져 있기 때문이다.

> 디필루스의 아들 안테미온이 이 상을 신들에게 바쳤고,
> 노동자 계급에서 기사 계급으로 바뀌길 바란다.

그리고 옆에는 말 한 마리가 서 있고, 이것이 기사 계급을 알리는 증거가 되고 있다. 그렇지만 500메딤노스 계급과 동일하게 생산물의 양에 따라 나누어졌다고 하는 것이 한층 더 합리적이라고 볼 수 있을 것 같다. 농민 계급에 속하는 자들은 고체 생산물과 액체 생산물을 아울러서 200메트라를 생산했다. 그밖에 노동자 계급으로서 그들에게는 어떤 관직도 부여되지 않았다. 그래서 지금까지도 어떤 관직에 추첨되고자 하는 자에게 어떤 재산 등급에 속하는지 물으면, 어느 누구라도 그가 노동자 계급

---

* 메트라는 고체 생산물, 즉 곡물의 경우 1메딤노스, 약 52리터로 생각되고, 액체 생산물, 즉 포도주, 올리브 유의 경우 1메딤노스는 약 39리터로 생각된다.

이라고 답하지는 않을 것이다.

솔론은 각 부족이 예비로 선발했던 사람들 중에서 관리를 추첨하게 했다. 아홉 명의 아르콘과 각 부족이 열 명을 예비로 선발하고, 이들 중에서 추첨했다. 여전히 지금도 부족들에게는 각각 열 명을 추첨하고, 다음에 이 중에서 추첨하는 시스템이 남아 있다. 솔론이 재산 등급에 따라 추첨을 정했던 증거는 지금도 계속 사용되고 있는 재무관에 관한 법이다. 왜냐하면 이 법은 재무관을 500메딤노이 계급에서 추첨하도록 명령하고 있기 때문이다. 솔론은 이상과 같이 아홉 명의 아르콘에 대해서 법률을 제정했다. 예전에는 아레오파고스 회의가 자신들의 권한으로 적임자를 불러들여 심사하고, 각자의 직무에 1년간 〔임명해서〕 파견했다. 부족은 종래와 동일하게 4개이고, 부족장은 4명이었다. 각 부족에서 트리티스는 3개로, 나우크라리아는 12개로 나누어졌다. 나우크라리아의 우두머리로서 나우크라로스가 수입과 지출을 담당했다. 그래서 지금 사용되고 있지 않은 솔론의 여러 법 중에서도 「나우크라로스가 징수해야 한다」라든가 「나우크라로스의 돈으로 지출해야 한다」라든가 하는 구절들이 많이 있다. 솔론은 각 부족 100명으로 400인 협의회를 만들고, 예전부터 국제의 감시자였던 것처럼 아레오파고스에게 법을 옹호하는 임무를 맡겼다. 그밖에 아레오파고스는 국사(國事)의 많은 부분뿐만 아니라 가장 중요한 일을 감독하고, 벌금과 징벌을 부과하는 권한으로 불법 행위자의 잘못을 바로잡아 고친다. 게다가 벌금을 부과하는 이유도 기록하지 않은 채 벌금을 아크로폴리스로 운반해 올렸다. 솔론이 음모자의 탄핵법을 제정했으므로, 아레오파고스는 국가 전복을 위해 패거리를 조직한 인간들도 처벌했다. 국가가 자주 당쟁에 빠져도 일부 시민들이 무관심으로 멋대로 행동하는 것을 보고, 이들에 대한 특별법을 제정했다. 이렇게 해서 국가가 당쟁에 빠져 있을 때 두 당파 중 어딘가에 편입되어 무기를 잡지 않는 자는 시민권을 박탈당하고 국정에 참여할 수 없게 되었다.

따라서 이것이야말로 관직에 대한 그의 개혁의 본질이었다. 솔론의 국제에는 다음 세 가지 점이 가장 민주적이라고 생각된다. 첫 번째 그리고 가장 중요한 것으로 신체를 담보로 돈을 빌리는 것을 금지했다는 것이다. 다음으로 원하는 사람은 누구라도 부당함을 당하고 있는 사람들을 위해 〔부당함을 행한 자의〕 징벌을 요구할 수 있다는 것이다. 세 번째는 배심원 법정에 심리를 회부하는 것으로, 이것으로 대중이 최대의 세력을 형성하게 되었다고 한다. 왜냐하면 민중이 투표의 주인이 되었을 때 국가의 주인이 되기 때문이다. (이하 생략)

〔Aristoteles, Athenaion Politeia 6, 1; 7, 1–9, 1〕

23. 페이시스트라토스의 참주정

기원전 7세기 후반부터 기원전 5세기 전반을 전기(前期) 참주정 시대라고 부른다. 참주의 지배는 전제적이었지만, 일반적으로 참주정은 민중의 지지를 기반으로 하고, 귀족층을 약화시키고 평민층을 정치·경제적으로 강화시키며, 폴리스 민주정으로 가는 길을 열었다. 아테네에서는 솔론의 개혁 이후 정치 주도권을 둘러싼 당파 싸움이 격화되고, 3당파가 대결하는 시기를 지나서, 페이시스트라토스 일족의 참주정이 나타났다. 그의 지배는 기원전 546년 무렵에 확립되어 30년 남짓 지속되었다.

그때 3당파가 있었다. 하나는 「해안 사람들」의 당파로, 이들을 이끌었던 사람은 알크메이온의 아들 메가클레스였다. 이 당파는 특히 중용의 정체(政體)를 추구하는 것으로 생각되었다. 또 하나는 「평야 사람들」의 당파로서 과두정을 요구했다. 리쿠르고스가 그들을 이끌었다. 세 번째는 「산골 사람들」의 당으로 페이시스트라토스가 지도자로 임명되었다. 그는 가장 민주적이라고 생각되었다. 채권을 빼앗겼던 자는 빈곤 때문에 그리고 혈통상 순혈이 아니었던 자들은 두려움 때문에 「산골 사람들」의 당파에 가담했다. 그 증거로는 참주가 폐위된 후 많은 사람들이 부당하게 시민권을 부여받아 아테네인들이 시민 명부를 개정했기 때문이다. 각 당파의 이름은 그들의 농장이 위치했던 장소에 따라 붙였다. (중략)

이미 기술했던 것처럼 페이시스트라토스는 참주적이라기보다는 오히려 입헌적으로 온건하게 국정을 이끌었다. 왜냐하면 일반적으로 그는 자애롭고 온화하게, 과실을 범했던 자에게는 관용으로, 더욱이 빈곤자에게는 일할 수 있도록 미리 자금을 대여함으로써 농업으로 생활을 유지하게 하려고 했다. 이것은 두 가지 목적을 가지고 있었다. 하나는 그들이 시 구역에 머무르는 것을 막고 시골에 분산하고자 하는 목적으로, 적절하게 살림살이가 나아지도록 자신의 일에 힘쓰게 함으로써 공공의 일을 고려하는 욕구와 시간을 갖지 못하게 하려는 것이었다. 동시에 토지가 충분히 경작된다면, 페이시스트라토스의 수입도 증가하는 결과를 가져왔다. 페이시스트라토스는 수확량의 1/10를 징수했기 때문이다. 그래서 촌락(데모스)마다 재판관을 두고, 자신도 자주 시골로 순회 시찰을 하고, 분쟁을 화해시켰다. 이것은 그들이 시의 구역에 와서 일을 등한시하지 않도록 하려는 것이었다. (중략) 페이시스트라토스는 자신의 통치뿐만 아니라 그 밖의 점에서도 대중에게 결코 고통을 주지 않고, 항상 평화를 촉진하고 평온을 유지하는 데 신경을 썼다. 그래서 자주 페이시스트라토스의 참주정치는 크로노스의 황금시대의 생활이라고 평가되었다. 왜냐하면 그 후 그의 자식들이 대를 이으면서부터 정치가 이전보다 훨씬 난폭해졌기 때문이다. 모든 평판 중에서 가장 뛰어난 것은 그의 성격이 민주적이고 박애적이었다는 것이다. 평소 그는 모든 것을 법에 기초해서 통치하고자 했고, 결코 자신에게 이익이 돌아가게 하는 경우가 없었다. 그리고 그는 한때 살인죄로 아레오파고스에 소환되자 자신을 변호하고자 직접 출두했고, 이에 놀란 고발자는 나타나지 않았다. 이와 같은 이유로 그는 오랫동안 권력의 자리에 머무르고, 추방되었던 때에도 쉽게 자신의 지위에 복귀할 수 있었다. 귀족과 평민 대부분이 그에게 호의적이었기 때문이다. 즉, 귀족은 그의 환대 때문에 평민은 개인적인 일에 대한 원조 때문에 그를 자기편으로 끌어들였다. 양쪽 모두에게 그의 자질이 만족스러웠기 때문이다. 이 무렵에 참주에 대한 아테네인들의 법률은 관대하고, 특히 참주정 수립에 관한 법률이 관대했다. 왜냐하면 아테네인들에게는 다음과 같은 법률이 있었기 때문이다. 「이것은 아테네인의 조상 전래의 법령이다. 만약 누군가 참주가 되고자 반란을 일으킨다면, 혹은 참주정 수립에 가담하는 자가 있다면, 당사자도 그 자손도 시민권을 박탈해야 한다.」

〔Aristoteles, Athenaion Politeia 13, 4–5; 16, 2–5; 7–10〕

24. 참주 권력을 유지하는 방법

기원전 5세기의 역사가 헤로도토스는 페리안드로스-코린토스의 두 번째 참주(기원전 627~587)가 연장자인 밀레토스의 트라시불로스에게 참주 권력을 유지하는 최선의 방책이 무엇인지를 묻는 장면을 들려준다. 다음 인용문은 페리안드로스가 보낸 사자에게 제시한 트라시불로스의 답변, 그리고 그의 답변에 대한 코린토스인의 반응을 서술하고 있다. 헤로도토스의 참주정에 대한 부정적 태도는 후기 고전기의 전형적인 반응이라 할 수 있다. 하지만 페리안드로스[와 그의 부친]는 편협한 귀족체제를 무너뜨리고 코린토스의 상업적 번영을 증대하는 데 중요한 역할을 했다.

페리안드로스는 처음에 아버지(킵셀로스)보다 더 온건했으나 사자를 통해 밀레토스의 참주 트라시불로스와 사귀고부터는 킵셀로스보다 훨씬 더 피에 굶주렸다. (…) 트라시불로스는 페리안드로스가 보낸 사자를 데리고 도시 밖으로 나가 곡식밭으로 데리고 들어가더니 곡식 사이를 지나가며 사자가 코린토스에서 찾아온 까닭을 되풀이해서 물었다. 그러면서 그는 다른 이삭보다 웃자란 이삭이 보이면 모조리 베어 던지는 것이었다. 그리하여 마침내 곡식 중에서 가장 잘되고 키가 큰 것을 다 망가뜨렸다. 그리고 밭을 다 지나자 트라시불로스는 페리안드로스의 사자를 말 한마디 없이 돌려보냈다. 사자가 코린토스로 돌아오자 페리안드로스는 트라시불로스의 조언이 듣고 싶었다. 그러나 사자는 아무 대답도 듣지 못했다고 말했다. 그리고 자기 농토를 망가뜨리는 그런 정신이상자에게 페리안드로스가 그를 보낸 것에 놀랐다며 트라시불로스의 행동을 본 대로 전했다. 그러나 페리안드로스는 트라시불로스의 행동을 이해했다. 그는 트라시불로스가 탁월한 시민들을 죽여 없애라고 조언했음을 알아차렸고, 그때부터 자기 시민들에게 온갖 만행을 저질렀다. 말하자면 아버지 킵셀로스가 죽이고 추방하다만 것을 아들 페리안드로스가 완수했던 것이다.

[Herodotus, v. 92]

25. 클레이스테네스의 개혁

아테네의 참주정은 스파르타의 원조도 있어서 종식되었지만(기원전 511~510년), 그 후 클레이스테네스와 이사고라스사이의 권력다툼은 기본적으로는 귀족의 파벌싸움이었다. 하지만 스파르타 왕 클레오메네스가 이사고라스를 지원하고, 과두정 수립의 뜻을 명확히 했을 때, 클레이스테네스는 평민층에게서 자신의 지지 기반을 찾으려고 하였다. 이것으로 애국주의적 감정을 떠받치기 위한 개혁안이 성립하고, 아테네 민주정이 수립되었다(기원전 508~7년).

이와 같은 이유로 민중(데모스)은 클레이스테네스를 신뢰하고 있다. 이제 대중의 지도자가 되고, 그는 참주정을 타도한 이후 4년째에 이소고라스가 아르콘이었던 해에 우선 전체 시민을 네 부족이 아닌 열 부족으로 나누었다. 이것은 한층 더 많은 사람들이 국정에 참여하도록 사람들을 뒤섞고자 했기 때문이었다. 그래서 가계(家系)를 조사하려는 자에게 부족을 구별하지 말라고 말했다. 다음으로 400인 협의회를 대신해서 각 부족에서 50명으로 500인 협의회를 만들었다. 종래에는 〔부족마다〕 100명이었다. 이와 같이 그는 부족을 12개로 조직하지 않았다. 그것은 전부터 존재했던 트리티스에 따라 시민을 나누지 않으려 했기 때문이다. 결국 종래에는 4부족에서 12개의 트리티스가 있었으므로, 〔만약 12개의 부족으로 조직한다면〕 대중을 뒤섞는 목적에 일치하지 않았기 때문이었을 것이다. 클레이스테네스는 또한 전 국토를 몇 개의 데메스(demes)로 이루어진 30개의 부분으로 나누었다. 그 중 10개는 시의 영역에, 10개는 해안부에, 10개는 내륙부에 속했다. 이것을 트리티스라고 명명하고, 각 부족에게 3개의 지역 모두에 참여할 수 있도록 3개의 트리티스를 추첨해서 할당했다. 그리고 각 데메스에 거주하고 있는 사람들을 동료 데메스인이라고 했다. 그것은 아버지의 이름으로 불러서 그 사람이 새로운 시민이라는 것에 주의를 환기하려는 것이 아니라 그가 소속된 데메스에 의해 공식적으로 불렸기 때문이다. 또한 클레이스테네스는 데메스의 지도자인 테마르크스를 임명했는데, 그는 이전의 나우클라로스와 동일한 직무를 가졌다. 왜냐하면 그가 데메스를 나우클라리아에 대신해서 설치했기 때문이다. 어떤 데메스는 소재지에 따라, 어떤 데메스는 건립자에 따라 이름이 붙었다. 왜냐하면 모든 데메스가 〔지금까지의〕 장소와 이미 일치하지 않게 되었기 때문이다. 클레이스테네스는 각 시민이 씨족과 프라트리아에 속하고, 신관직에 알맞은 것을 조상 전래의 규정에 따라 허용했다. 부족에서는 전에 뽑힌 100명의 선조 중에서 무녀(피티아)가 선정했던 10명을 동일한 이름을 가진 신으로 했다.

〔Aristoteles, Athenaion Politeia, 21〕

26. 시민권 획득의 기준(출생)

실제적인 목적에서 흔히 시민을 부모 양쪽이 모두 시민인 자로 정의하며, 부모 양쪽 중에 어느 한쪽만이 시민인 자는 시민이 아닌 것으로 정의한다. 그러나 가끔 이러한 요구 조건은 조상의 2대, 3대 혹은 4대 시민, 그들은 어떻게 시민이 되었는가? 고르기아스와 레오티노이는 한편으로는 이런 어려움을 의식하면서 또 한편으로는 냉소적으로 이렇게 말했다; "주발을 만드는 사람이 만든 식기는 주발이다. 마찬가지로 라리사인들은 '조물주'는 몇몇 행정관들이다." 그러나 문제는 매우 단순하다. 다시 말해서 만일 조상들이 그 당시에 우리들이 정의한 바와 같은 정치적인 권리를 향유했다면, 그들은 시민이었다. 왜냐하면 "부모 양측이 모두 시민"이란 정의는, 도시를 처음 만든 사람이나 도시에 처음으로 거주했던 사람에게는 적용할 수 없기 때문이다.

〔Aristoteles, Politics, Ⅲ, 1275a 20-35.〕

27. 아테네 데메 명부 등재

부모 양측이 모두 시민권을 가진 자는 '폴리테이아'에 속한다. 18세에 달한 젊은이는 데메 구성원으로 등록된다. 등록 시에는 데메 구성원들이 선서를 한 후 투표로 결정한다. 우선 이 젊은이가 법이 정한 연령에 달해야 한다. 그렇지 않다고 여겨지는 경우는 다시 아이가 된다. 다음, 합법적 자유민으로 출생했어야 한다. 자유민의 신분이 아니라는 이유로 데메 구성원의 표결에서 거절당한 경우에는 법정에 항소할 수 있다. 이 경우 데메 측은 자신들의 변론을 맡아 줄 변호인을 5인 선출한다. 항소한 젊은이가 데메에 등록될 자격이 없다고 판결되면 국가는 그를 팔아 버릴 수 있다. 반대로 그가 승소할 경우 데메는 그를 등록시켜 주어야만 한다. 등록 후에도 위원회는 등록된 자들을 조사하고, 그들 중 연령 미달자가 나올 경우 그를 등록시켜 준 데메 구성원에게 벌금형을 가한다.

〔Athenaion Politeia, XLⅡ, 1-2.〕

28. 도편추방

도편추방(오스트라키스모스)은 참주정의 재발을 방지하려는 의도로 민회의 투표로 지도적 위치의 인물을 10년동안 추방하는 제도이다. 이것과 유사한 것으로 시라쿠사의 페타리스모스가 알려져 있지만, 단기간밖에 사용되지 않았다(Diodoros XI, 87). 이 제도는 제정된 때부터 20년간 시행되지는 않은 것으로 보인다. 사료 [B]는 기원전 488~7년에 제정되었을 것이라는 다른 견해를 전하고 있다. 따라서 클레이스테네스에 의한 제정을 의심하는 견해가 일부 있다. 하지만 다른 사료에서도 클레이스테네스가 제정했다고 전하고 있기 때문에 이 견해가 현재 학계의 지지를 받고 있다. 그러나 절차에 대해서는 어느 정도 표를 얻어야 추방되는가에 대해서 전승이 갈라지고 학설도 확정되지 않는다.

[A]

이들〔의 개혁〕이 행해졌던 국제는 솔론의 개혁보다 현저하게 민주적으로 되었다. 왜냐하면 참주정은 솔론의 법을 사용하지 않고 소멸시켰지만 별개의 새로운 법을 클레이스테네스가 대중을 겨냥해서 제정했기 때문이다. 그 중에는 도편추방에 관한 법도 제정되었다. (중략) 이후 12년째에 파이니푸스(Phaenippus)가 아르콘 직에 있던 해에 마라톤 전투에서 승리하고, 그 승리 이후 2년을 경과해 이미 자신감을 얻고 있던 민중이 처음으로 도편추방에 관한 법을 사용했다. 이 법은 페이시스트라토스가 민중 지도자이자 장군으로서 참주가 되었던 것으로 보아 권세가들에 대한 의심 때문에 제정되었다. 최초로 도편추방에 처해졌던 사람은 페이시스트라토스의 친족 중 한 사람으로 콜리투스(Collytus)에서 거주하는 카르무스의 아들 히파르코스였다. 클레이스테네스는 그를 추방하고자 했기 때문에 특별히 이 법을 제정했던 것이다. 왜냐하면 민중에게 항상 관용을 베풀고 있어서 아테네인은 참주의 친구들에게도 내란 시에 악행에 가담하지 않았던 경우에는 국내에 거주하는 것을 허용하고 있었기 때문이다. 그 지도자이자 대표자가 히파르코스였다. 바로 다음 해에 텔레시누스(Telesinus)가 아르콘으로 있을 때인 기원전 487~6년, 부족마다 참주정 이후 처음으로 데메스에 사는 사람들 중에서 미리 선발되었던 500인 가운데 아르콘 아홉 명을 추첨으로 선출했다. 이전에는 모든 아르콘이 투표로 선출되었다. 그리고 알로페케(Alopeke)에 거주하는 히포크라테스의 아들 메가클레스가 도편추방되었다. 3년에 걸쳐 이 법이 그런 목적으로 제정되어 참주의 친구들을 도편추방할 수 있었지만, 그 후 4년째에는 다른 사람들, 말하자면 지나치게 강력하다고 생각되었던 사람도 제거했다. 그리고 참주정과 관계없는 사람들 중에서 최초로 도편추방되었던 사람은 아리프론의 아들 크산티푸스였다.

〔Aristoteles, Athenaion Politeia 22, 1; 3-6〕

[B]

제2권에서 안드로티온은 히파르코스에 대해서 그가 참주 페이시스트라토스의 친족으로 최초로 도편추방되었다고 기술하고 있다. 도편추방에 관한 법은 페이시스트라토스의 패거리들에 대한 혐오와 의심 때문에 이때 최초로 제정되었다. 왜냐하면 그는 민중 지도자이자 장군으로서 참주가 되었기 때문이다.

[C]

클레이스테네스는 도편추방법을 아테네에 도입했다. 도편추방법은 다음과 같은 방식으로 진행되었다. 며칠간 〔문제를〕 숙고한 이후에 시민이라면 누구나 협의회의 관행에 따라 추방해야 할 자의 이름을 도편(오스트라카)에 기입하고 그것을 협의회 회의장 둘레의 가운데로 던졌다. 도편이 200개가 넘었던 자는 누구든지 10년간 국외로 추방할 것을 요구했다. 그렇지만 그는 재산의 수익을 누릴 수 있었다. 그 후 민회는 도편이 6000개 이상이어야 추방해야 한다는 법을 제정할 것을 결의했다.

〔Vaticanus Graecus 1144, fol. 222 rv〕

고전기

(Classic Age)

아테네 고고학 박물관의 제우스

고전기는 기원전 5세기 초의 페르시아 전쟁에서 시작해서, 펠로폰네소스 전쟁을 치르고, 기원전 338년의 카이로네이아 전투에서 끝난다. 200년이 채 못 되는 시기이다.

그리스 문명은 오리엔트 문명의 변방에서 탄생하고 자랐다. 오리엔트 세계의 패자인 페르시아의 침공을 방어하는 데 성공했던 그리스인은 정신적으로 커다란 자신감을 갖고, 이후 독자적인 문명을 개화한다. 살라미스 해전에서 펠로폰네소스 전쟁이 일어날 때까지 50년 정도 기간이 그리스 문명이 융성하고 발전하는 시기에 해당한다. 특히 펠로폰네소스 전쟁 개시 직전, 이른바 페리클레스 시대는 아테네의 발전이 정점에 도달했던 시기이자, 그리스 문명 전체로서도 전성기였다고 할 수 있다.

페르시아 전쟁 이후 해상 국가로서 발전을 계속했던 아테네에서는 하층 시민도 군선의 노잡이로서 군사적으로 중요한 역할을 수행했다. 기원전 462년, 에피알테스의 개혁과 그 직후부터 활약을 시작했던 페리클레스에 의한 일련의 개혁은 하층 시민에게 정치 참여의 길을 열어 주었다. 이렇게 성립했던 아테네 민주정은 기원전 5세기 말엽에 두 번 정도 중단되기는 했지만, 마케도니아에 정복당한 기원전 4세기 후반에 이를 때까지 지속되었다. 그런데 관리에게 수당을 지급하는 것을 특징으로 한 페리클레스의 민주정은 델로스 동맹에서 들어오는 막대한 기금을 재정적 기반으로 하고 있었다. 유명한 파르테논 신전 역시 델로스 동맹의 기금을 유용하여 세워졌다. 페르시아의 재침략에 대비하는 군사 동맹으로 출발했던 델로스 동맹이 당초의 성격이 점차 바뀌더니, 기원전 5세기 중엽에는 아테네가 에게 해 일대를 지배하기 위한 도구로 전락했다. 아테네는 주둔군을 배치하고, 관리를 파견하고, 사법권의 일부를 빼앗는 등 다양한 수단으로 동맹국 폴리스들의 내정에 간섭했다. 기원전 450년대에는 델로스 동맹에 가입한 폴리스의 수가 대략 150개 정도에 이르렀지만, 본래의 군사 동맹으로서 군선과 병사를 제공하고 있었던 폴리스는 아주 소수에 불과했다. 아테네의 번영은 물론이고 완전한 민주정이라는 정체도 델로스 동맹을 통한 다른 폴리스에 대한 지배 위에 구축되었다.

이미 페르시아 전쟁 이전부터 그리스 세계에서 지도적 지위에 있었던 스파르타가 아테네의 발전에 불안을 느끼게 되는 것은 시간 문제였다. 기원전 431년 스파르타 왕 아르키다모스가 거느리는 군대가 '그리스 세계의 해방'이라는 강령으로 아테네 전역을 침입하기 시작한다. 이때부터 27년이라는 오랜 기간에 걸쳐서 그리스 전역을 거의 양분해서 싸운 대규모 전쟁이 시작되었다. 이 펠로폰네소스 전쟁과 더불어 '폴리스의 쇠퇴'가 시작된다.

펠로폰네소스 전쟁이 일어나자 페리클레스가 세웠던 전략은 아테네 측의 해군력의 우위를 살리는 농성책이었다. 하지만 이미 전쟁 직후부터 역병이 유행하고, 아테네는 지도자 페리클레스를 잃는다. 그의 뒤를 계승했던 정치가들은 어느 누구도 페리클레스 정도로 강력한 지도력을 발휘하지 못했다. 게다가 군사적 관점으로만 보더라도 반드시 효율적으로 뛰어난 시스템이라고는 말하기 어려운 완전 민주정이라는 정치체제의 부담스런 측면들이 속속들이 드러났다. 특히 시칠리아 원정의 실패는 아테네인에게는 커다란 타격이 되었고, 페르시아로부터 자금 지원을 받고 해군력을 정비했던 스파르타 앞에서 마침내 아테네는 해상에서도 패하고 말았다. 기원전 404년 아테네는 전면적으로 항복해야 할 지경에 이르러 얼마 안 되는 군선을 남긴 채 해군력을 포기했으며, 델로스 동맹도 해산되었다. 이로써 아테네는 스파르타가 거느리는 펠로폰네소스 동맹의 일원으로서 다시 출발하게 된다.

그런데 펠로폰네소스 전쟁 이후 잠깐 동안은 스파르타가 그리스 세계의 패자로 군림했지만, 스파르타의 통치가 반드시 성공했다는 뜻은 아니다. 펠로폰네소스 전쟁이 종결되고 10년도 지나기 전에 다시 그리스 세계에는 전쟁의 재앙이 불어닥쳤다. 이렇게 발생한 코린토스 전쟁을 종결시켰던 기원전 386년의 '대왕의 화약(和約)'은 그리스 세계에 대한 페르시아 왕의 영향력이 증대되었음을 여실히 보여 준다. 그 후 기원전 371년 레욱트라 전투 이후 10년 정도는 테베가, 그리고 기원전 377년 제2차 해상 동맹 결성 이후에는 다시 아테네가 바다에서 그리스 세계의 패권을 장악하려고 시도했다. 하지만 이것은 부질없는 싸움을 되풀이하고 피폐를 심화시키기만 하였다. 한편 이 사이에 그리스 세계에는 전쟁에 용병을 사용하는 풍조가 점차 확대되고, 폴리스 사회의 중요한 특징 중 하나였던 시민개병의 원칙이 무너져 갔다. 여기에 더하여 기원전 4세기 이래로 사료가 풍부해 비교적 상황을 잘 보여주는 아테네에서는 이제까지 폴리스 사회의 특징이었던 시민단의 배타성, 혹은 시민권과 밀접하게 결부되었던 토지 소유 측면에서의 배타성에 약간이나마 변화의 조짐이 보이기 시작한다. 그리고 그것과 동시에 경제적으로는 시민단의 틀 바깥쪽에서 새로운 발전의 움직임이 발견된다. 필립포스 2세의 군대가 그리스 세계를 제패하기 시작할 무렵에는 기원전 5세기의 그리스 세계를 이끌었던 유력 폴리스들이 이제 모두 전성기를 지나 사회적 모순에 시달리게 된다.

• 아크로폴리스와 파르테논

29. 헤로도토스와 『역사』

'역사의 아버지' 헤로도토스는 할리카르나소스(현재의 보드룸)의 명문 가문에서 태어났다. 젊어서 정쟁에 휘말려 사모스 섬으로 망명하고, 그 후 지중해 주변 지역을 차례로 방문했던 것으로 보인다. 이야기 형태의 서술로 평가되는 『역사』에는 그의 경력의 산물로 보이는 민족지학적 기술이 많이 포함되고, 그 점이 『역사』의 말투에 풍부함을 더해 주고 있다. 여기에서는 이후 서구 세계에 역사를 의미하는 말로 정착한 히스토리아(Historia)라는 말을 낳았던 『역사』의 서론 부분을, 그리고 페르시아의 왕 다리우스가 이오니아 반란 진압 후에 보냈던 징벌군을 아테네인들이 중장보병의 밀집대로 격퇴했던 페르시아 전쟁사의 최고 명장면 중 하나인 마라톤 전투를 기술한다.

본서는 할리카르나소스 출신의 헤로도토스가 인간들이 이룬 일들이 시간이 흐르면서 잊히지 않도록 하고, 또 헬라스인(그리스인)들과 이방인들이 보여 준 위대하고 놀라운 행적들과 특히 그들이 서로 전쟁을 벌인 원인이 세상에 널리 알려지도록 직접 연구 조사했던 바를 글로 쓴 것이다. (중략)

그런데 아티카 지방에서는 마라톤이 기병이 행동하기에 가장 적합하고, 또한 에레트리아에도 가장 가까운 위치에 있기 때문에 페이시스트라토스의 아들 히피아스는 페르시아군을 이 장소로 유도했던 것이다.

이것을 알았던 아테네인들은 그들 자신도 구원하기 위해 마라톤으로 출동했다. 사령관 10명이 지휘를 맡았고, 밀티아데스는 그 중 10번째였다. (중략)

그런데 아테네의 사령관들 사이에서는 견해가 둘로 나뉘었다. 한편에서는 페르시아군과 싸우기에는 병력의 수가 적다는 이유로 교전하는 것이 불가하다고 말하고, 밀티아데스를 포함한 다른 한편에서는 교전해야 한다고 주장했다. 사령관들의 견해가 둘로 나뉘었는데, 더구나 좋지 않은 쪽의 말이 승리를 얻는 분위기가 되어 버렸다. 그런데 이때 사령관 10명 외에 투표권을 가진 다른 한 명은 추첨으로 아테네의 군사장관(軍事長官, 폴레마르코스)에 선출된 자인데, 바로 지난날 아테네에서 군사장관이 사령관과 동일한 투표권을 가진다고 결정되었기 때문이다. (중략)

밀티아데스는 (…) 칼리마코스를 자기편에 끌어들임으로써 군사장관의 찬성 의견이 더해졌기 때문에 교전이 결정되었다. 그 후 교전을 주장했던 사령관들은 자신들의 지휘 차례가 돌아올 때마다 그 권한을 밀티아데스에게 이양했다. 밀티아데스는 그 제의를 받아들였지만, 자기 자신의 지휘 차례가 올 때까지는 무슨 일이 있어도 전투를 시작하려고 하지 않았다. (중략)

병력 배치를 끝내고 희생제의 점괘도 길조를 나타냈으므로 아테네군은 진격의 신호와 함께 페르시아군을 향해 돌격했다. 양군의 간격은 적어도 8스타디온[1스타디온은 약 190미터]은 되었다. 페르시아군은 아테네군이 뛰어서 다가오는 것을 보고 맞서 싸우는 태세를 갖추었지만, 수도 적고 거기에다가 기병도 궁수도 없이 뛰어서 공격해 오는 아테네 병사를 바라보고, 전적으로 자살 같은 미친 짓이라고 떠들어 댔다. 페르시아 측은 아테네군의 행동을 이와 같이 이해했지만, 한 무리를 지어 페르시아 진영에 돌입했던 때부터 아테네군은 정말 이야기로 전할 만한 눈부신 전투 태도를 보여 주었다. 실제 우리가 아는 한 뛰어가서 적에게 공격을 시도했던 것은 아테네인이 최초이고, 또한 페르시아풍의 복장과 그 복장을 입은 사람을 보았던 적이 없었던 것도 아테네인이 최초였다. 이제까지 그리스인에게는 페르시아인이라는 이름을 듣는 것만으로도 공포의 원인이 되었

기 때문이다. (중략)

이 마라톤 전투에서 전사자의 수는 페르시아 측이 6400명, 아테네 측이 192명이었다.

〔Herod. I. 1, 102-117〕

30. 테미스토클레스의 결의

페르시아의 왕 크세르크세스는 아버지 다리우스의 실패(제1차 페르시아 전쟁)에서 배우고 만전의 준비를 다해서 육해군연합으로 그리스에 침입했다. 하지만 테미스토클레스의 계략에 빠져, 살라미스 해전에서 패하게 된다(기원전 480년). 테살리아에서 겨울을 보냈던 마르도니우스의 잔류 병사도 다음 해에 플라타이아 전투에서 패하게 되면서, 페르시아의 그리스 정복 계획은 실패했다. 페르시아 전쟁은 그리스의 정치적 독립을 지키는 중요한 전쟁이고, 이후 70년 가까이 폴리스 세계에서 페르시아의 영향력이 거의 완전히 배제되었다. 한편 그러한 승리는 '자유로운 그리스인', '예속된 바르바로이'라는 노예제를 정당화하는 이론으로 발전하게 된다.

아래 사료는 트로이젠의 마을 카페의 건축 자재로 사용되고 있던 것이 1958년에 발견된 것이다. 새겨진 글의 연대는 글자체로 보아 기원전 3세기로 판단된다. 그래서 이 「테미스토클레스의 결의」가 기원전 480년 당시의 것이라고 보고, 비문의 신빙성을 인정하는 주장도 강하지만, 다른 한편 후대의 문헌 자료를 근거로 재구성되었다고 보고 신빙성을 부정하는 설명도 있다. 하지만 신빙성을 인정하는 학설에 따라 비문을 읽게 되면, 아르테미시온-테르모필레의 방어선 설정 이전에 아테네가 아티카 전체를 버리고 해전을 준비했다는 것을 알 수 있어서 매우 흥미로운 기록이다.

신들. 협의회와 민회의 결의. 프레아로이에 거주하는 네오클레스의 아들 테미스토클레스가 제안했다. 아테네의 수호신 아테나와 다른 모든 신들에게 폴리스를 바르바로이로부터 지켜서 방어해 주도록 맡겨야 한다. 아테네인은 모두, 그리고 아테네에 거주하는 외국인은 부녀자를 국토의 창설자[피테우스가 수호자이기 때문에]인 트로이젠으로 옮겨야 한다. 노인과 동산(動産)은 살라미스로 옮긴다. 재무관들과 여신관들은 아크로폴리스에 남아서, 신들의 재산과 보물을 지킨다. 나머지 모든 아테네인과 병역 연령의 외국인은 항해나 전투를 할 수 있도록 여러 가지 장비를 갖춘 함선 200척에 태우고, 그들 자신과 다른 헬라스인의 자유를 위해 라케다이몬인, 코린토스인, 아이기나인, 그리고 위험을 같이 하고자 원하는 다른 사람들과 함께 바르바로이를 막아야 한다. 장군들은 다음 날 아침부터 시작해서 아테네에 토지와 가옥을 소유하고, 본처 소생의 아들이 있고, 50세를 넘기지 않은 자들 중에서 각 함선에 한 사람씩, 200명을 삼단 노선 함장으로 임명하고, 그들을 함선에 추첨으로 할당한다. 장군들은 20세부터 30세까지에 해당하는 자들 중에서 각 함선에 전투원 10명과 궁수 4명을 선발해야 한다. 삼단 노선 함장을 추첨으로 할당할 때 각 함선의 장교를 추첨으로 할당해야 한다. 다른 자들도 함선마다 장군들이 흰 널빤지에 기재해야 하고, 아테네인은 데메스 명부로부터, 외국인은 폴레마르크스의 명부로부터 기재해야 한다. 100명으로 나누어서 200개의 부대로 편성하고, 각자의 이름을 기록하고, 각 부대가 어떤 삼단 노선에 편성될 것인가를 알 수 있도록 각 부대를 위해 삼단 노선과 함장과 장교의 이름을 기재해야 한다. 모든 부대가 편성되고 삼단 노선에 추첨으로 할당되었다면,

협의회와 장군들은 만능의 제우스, 아테나, 니케, 그리고 안전한 항해의 신 포세이돈을 달래기 위한 희생 제물을 바치는 것으로 함선 200척에 전부 승선해야 한다. 군선이 승선을 완료하면 100척으로 에우보이아의 아르테미시온을 구하러 가고, 100척은 살라미스와 다른 아티카 주변에 정박해서 국토를 지켜야 한다. 모든 아테네인이 일치해서 바르바로이를 막아 내자. 10년간 추방에 처해진 자들은 살라미스로 가고, 그들은 민회가 무언가를 결정할 때까지 그곳에서 머물러야 한다. 시민권 상실자들은 (…)

〔Meiggs-Lewis 23〕

31. 아케메네스 왕조의 정치체제 논쟁

아케메네스왕조의 두 번째 왕 캄비세스 2세 사후에 일어난 내란을 수습했던 페르시아의 귀족 7명이 앞으로 어떤 정치체제로 페르시아 제국을 통치해야 하는가를 논의하는 장면이 헤로도토스의 『역사』에 등장한다. 민주정을 좋다고 생각하는 오타네스(Othanes), 과두정의 이점을 말하는 메가비주스(Megabyzus) 그리고 독재정을 주장하는 다리우스(Darius) 3인의 논의는 헤로도토스시대의 기원전 5세기 중엽의 아테네에서의 정체논쟁을 방불케 하는 흥미로운 사료이다. 기원전 6세기의 페르시아에서 실제로 이와 같은 정치체제논쟁이 벌어졌었는 지에 대해서는 의문이 있지만, 픽션이 아닐 것이라고 생각하는 역사가도 적지 않다.

오타네스는 국사(國事)를 페르시아인 전체의 처리에 맡겨야 한다고 다음과 같이 말했다. "우리들 중에 한 사람만이 독재자가 되는 것은 바람직한 것도 좋은 것도 아니므로 그와 같은 것은 더 이상 있어선 안 된다는 것이 내 생각이다. 여러분은 캄비세스 왕이 어떻게 온갖 포악한 짓을 다했는가를 봐 왔고, 또한 마구스(Magus)의 포악한 태도는 알려진 대로이기 때문이다. 무언가 책임을 지지 않고 제멋대로 행하는 것이 가능한 독재정을 어떻게 질서 있는 국제(國制)라고 할 수 있을까. 이러한 정체에는 이 세상에서 가장 뛰어난 인물도 일단 군주의 지위에 앉으면 예전의 마음을 잊어버리고 만다. 현재의 영예로움에 교만한 마음이 생기기 때문이고, 게다가 인간에게 타고난 질투심이라는 것이 있기 때문이다. 이 두 개의 약점을 지니는 것으로 독재자는 모든 악덕을 갖추게 되는 것이다. 그가 무수히 많은 무도한 행위를 저지르는 것은 첫 번째로 영예로움에 취해 교만한 마음이 생기기 때문이고, 두 번째로 질투의 마음 때문이다. (중략)

하지만 가장 중대한 것은 내가 이로부터 말하는 것으로 그것은 독재자라는 것은 조상 전래의 풍습을 파괴하고, 여성을 범하고, 재판을 통하지 않고 사람 목숨을 빼앗는 것이다. 그것에 대해 대중에 의한 통치는 먼저 첫 번째로 만민평등권(이소노미아, Isonomia)이라는 대단히 훌륭한 명목을 구현하는 것이고, 두 번째로 독재자가 행하는 것은 일절 행하지 않는 것이다. 직무의 관장은 추첨을 통해, 관리는 책임 있는 직무를 맡고, 모든 국가 시책은 공론을 통해 결정된다. 그러므로 나로서는 독재정을 단념하고 대중의 주권을 확립해야 한다는 의견을 여기에 제출한다. 모든 일은 다수자에게 달려 있기 때문이다."

오타네스가 이러한 견해를 주장하고 있는 것에 대해 메가비주스는 국사(國事)를 소수자의 통치(과두정치)에 맡겨야 한다고 주장하고, 다음과 같이 말했다. "오타네스가 독재정을 폐지한다고 말했던 것에는 나도 전적으로 동의하지만, 주권을 민중에게 맡기자고 말하는 것이 최선의 견해라고는 말하지 않을 것이다. 아무 쓸모도 없는 대중만큼 어리석고 게다가 과격한 존재는 없다. 따라서 독재자의 포악함을 벗어나서 광포한 민중의 포악한 수중에 빠져들 때는 결코 인내할 수 없다. 한쪽은 일을 행하는 경우에 행하는 이유를 스스로 알고 행하는 것이지만, 다른 한쪽에 이르러서는 그런 자각조차 않는다. 원래 무엇이 정당한 것인가를 배우지도 않고 스스로 깨달을 능력도 없는 자가 그런 자각을 할 수 없지 않은가? 마치 거세게 흐르는 물과도 비슷하게 생각 없이 단지 무작정 달려가 오로지 국사를 추진해 갈 뿐이다. 그 때문에 페르시아에 해로운 마음을 품는 자는 민주정치를 취하는 것이 좋다. 가장 뛰어난 일단의 인재를 선발해서 주권을 부여하자. 원래 우리들 자신도 거기에 들어갈 수 있을 것이고, 가장 뛰어난 정책이 가장 뛰어난 인간에 의해 행해지는 것은 당연한 이치다."

메가비주스가 이렇게 말하자 세 번째로 다리우스가 다음과 같이 말했다. "나는 메가비주스가 대중에 대해 말했던 것이 당연하다고 생각하지만 과두정치에 대한 발언은 옳지 않다고 생각한다. 즉 여기에서 제기된 세 개의 체제인 민주정, 과두정, 독재정이 각각 최선의 상태에 있다고 가정하는 경우, 나는 독재정이 다른 두 체제보다 훨씬 뛰어나다고 단언한다. 가장 뛰어난 단 한 명의 인물에 의한 통치보다 뛰어난 체제가 출현한다는 것은 생각할 수 없으므로, 그러한 인물이라면 탁월한 식견을 발휘해서 민중을 훌륭하게 다스릴 수 있을 것이고, 게다가 적에 대한 모략에서도 이러한 체제하에서 그 비밀이 가장 잘 유지될 것이다. 하지만 과두제에서는 공익을 위해 공적을 올리려고 노력하는 몇 명의 인간 사이에 걸핏하면 개인적인 격렬한 적대관계가 생기기 쉽다. 각각은 누구나 자신이 우두머리가 되어 자신의 의견을 통과시키려 하면서 서로 격렬하게 으르렁거리게 되고,

그로부터 내분이 발생하며, 내분은 유혈을 초래하고, 유혈을 거쳐 독재정으로 귀착한다. 이렇게 보아도 독재정이 최선의 체제라고 판단된다. 한편 민주정의 경우에는 악이 널리 퍼지는 것을 피하기 어렵다. 그런데 공공의 것에 악이 널리 퍼질 때에는 악인들 사이에 생겨나는 것은 적대관계가 아니고 오히려 강고한 우애감으로, 그도 그럴 것이 국가에 악한 일을 행하는 자들은 결탁해서 이것을 행하기 때문이다. 이런 사태가 일어나서 결국은 어떤 자가 국민의 선두에 서서 악인들의 생사를 좌우하게 된다. 그 결과 이 자가 국민의 찬미를 받게 되고 찬미 후에 독재자로 숭배되는 것이다. 이 사례로 보아도 독재정이 최고의 정체라는 것이 분명해지는 것은 아닐까."

〔Herod. III. 80-82〕

32. 델로스 동맹의 성립

델로스 동맹은 살라미스 해전 직후에 페르시아에 대항한 공수동맹(攻守同盟)으로 발족했다. 페르시아 전쟁 시에 반(反)페르시아 연합의 맹주 같은 존재였던 스파르타에 대신해서 아테네가 델로스 동맹의 맹주 지위를 차지했던 것에 대해서는 투기디데스도 아리스토텔레스도 그리스 연합을 지휘했던 스파르타인 파우사니아스의 태도가 거만해서 생겼던 나쁜 평판을 이유로 들고 있다. 여하튼 델로스 동맹 맹주의 입장을 내세운 아테네인의 대두는 이후의 그리스 역사에 커다란 영향을 주게 된다.

[A]

아테네인은 이와 같이 파우사니아스에 대해 혐오 때문에 동맹국들이 아테네 측에 요청했으므로 지휘권을 획득한다. 제1단계로 페르시아인을 뒤쫓아 무찌르기 위해 어떤 가맹국은 군자금을, 어떤 가맹국은 군선을 제공해야 하는가를 결정했다. 그렇게 공언한 이유는 페르시아 왕의 영토를 파괴해서 보복하기 위해서였다. 이를 위해 처음으로 그리스 동맹 재무관이라는 아테네인을 위한 관직이 신설되고, 이 관직에 임명된 자들이 동맹이 매년 내는 기부금을 수납하게 되었다. 매년 내는 기부금이라는 것은 동맹 수입 중에 화폐로 납입되는 부분을 일컫는다. 최초 연도(年度)에 조사해서 결정된 기부금은 460탤런트가 되었다. 동맹 재무국은 델로스 섬에 설치되고, 가맹국 대표회의는 델로스 섬의 신전에서 개최되었다.

〔Thucydides I, 96〕

[B]

이 무렵 민중 지도자는 리시마쿠스의 아들 아리스테이데스와 네오클레스의 아들 테미스토클레스였다. 테미스토클레스는 군사(軍事)에 정진한다는 점에서 이해가 되고, 아리스테이데스는 정치에 숙달되고 정의에 대해서 동시대인들보다 뛰어나다고 생각되고 있었다. 그래서 아테네인도 한 사람은 장군으로 사용하고, 한 사람은 조언자로 사용하고 있다. 그런데 두 사람은 정적이었지만 협력해서 성벽 재건을 감독했고, 이오니아인을 재촉해서 라케다이몬인과의 동맹에서 이탈시키려 했던 것은 아리스테이데스였다. 그는 파우사니아스 때문에 라코니아인의 평판이 떨어졌던 기회를 붙잡았다. 그래서 살라미스 해전 이후 3년째에 티모스테네스가 아르콘이었던 해(478~7년)에 동맹 시에 최초로 매년 기부금을 부과하고, 이오니아인에 대해 그들과 동일한 적과 친구를 가진다는 서약을 했던 것도 아리스테이데스였다. 그 무렵 사람들은 쇠뭉치를 바다에 던져 바닥에 가라앉게 했다.

〔Aristoteles, Athenaion Politeia 23, 3-5〕

33. 키몬과 페리클레스

마라톤의 용사 밀티아데스를 부친으로 두고, 트라키아에 영지를 가진 키몬은 전통적 유형의 정치가의 전형이라고 말하는 것이 마땅하다. 똑같이 명문가 출신이었지만, 극히 합리적인 정신의 지주이기도 했다. 아테네는 막대한 기부금을 모아 델로스 동맹의 맹주가 되었다. 델로스 동맹으로 에게 해 전역에서 아테네의 지배를 지탱했던 것은 다름 아닌 해군이었다. 아테네에서는 하층 시민도 군선의 노잡이로서 중요한 역할을 담당하고 있었다. 이런 새로운 상황에 대응하기 위해 페리클레스는 관직 수당을 지급하는 새로운 정치 수법을 고안해 냈다. 그가 개척했던 새로운 정치 수법은 나중에 과격한 민주파 정치가들이 답습하게 된다.

또한 페리클레스는 처음으로 배심원에게 급료를 지급했지만, 이것은 키몬의 부에 대항해 민심을 얻기 위한 것이었다. 왜냐하면 키몬은 제왕과 같은 부로 먼저 공공 봉사를 훌륭하게 이행했을 뿐만 아니라 자신의 데메(deme) 사람들을 여럿 부양했다. 즉 라키아다이 데메의 사람들은 누구라도 원한다면 매일 그의 허락으로 적당한 식량을 공급받을 수 있었다. 더욱이 키몬의 소유지는 모두 울타리가 없고, 누구라도 희망하는 사람은 과실을 향유할 수 있었다. 이렇게 아낌없이 주는 것을 좋아하기에는 페리클레스의 재력이 충분하지 않았으므로 오이에 데메(deme)에 거주하는 다모니데스의 조언에 따랐다[이 사람은 페리클레스의 많은 정책을 발안한 것으로 생각되었고, 사실 그 이유로 나중에 도편추방되었다]. 즉 사재(私財)라는 점에서는 페리클레스가 패배했으므로 대중에게 대중 자신의 것을 주라고 가르칠 수 있었고 배심원에게 수당을 지급하기로 결정했다. 그 결과 항상 합당한 사람들보다도 오히려 평범한 인간이 배심원에 선발되기 위해 열심히 추첨을 했으므로 타락하게 되었다고 비난하는 사람도 있다.

〔Aristoteles, Athenaion Politeia 27, 3-4〕

34. 에피알테스의 개혁

기원전 462년 에피알테스는 아마도 페리클레스의 협력을 얻어 귀족 세력의 아성인 아레오파고스 회의의 실권을 박탈했다. 이것으로 민회가 실질적인 국정의 최고기관으로 기능하게 되어 이른바 아테네의 완전 민주정이 실현되었다고 한다. 하지만 이 개혁에 대해서는 그것을 언급하는 사료가 극히 적고, 개혁의 내용 역시 상세하지 않다. 이 사건을 기회로 친스파르타파의 키몬이 실각하고, 아테네와 스파르타의 대립이 피할 수 없게 되었다. 하지만 그런 아테네 대외정책의 전환기로서의 의미를 중시하는 주장도 역시 유력하다.

그래서 민중에 대한 식량 공급은 이상과 같은 방식으로 이루어졌다. 페르시아 전쟁 이후 대략 17년간은 점점 변형되었다고 하지만 아레오파고스 회원을 지도자로 하는 국제는 존속했다. 그런데 대중의 규모가 커져 갔을 때, 청렴하고 정치에 공정하다는 평판을 가졌던 소포니데스의 아들 에피알테스가 민중의 지도자가 되어 아레오파고스를 공격했다. 그래서 그는 먼저 아레오파고스의 정책 행위에 소송을 제기하고, 아레오파고스 회원 다수를 제명했다. 그다음 코논이 아르콘으로 있었던 해〔462/1년〕에 아레오파고스에게서 국제(國制)를 유지하게 만들었던 부가적 기능을 모두 박탈해서, 그것의 일부는 500인 협의회에, 다른 일부는 민회와 배심 법정에 부여했다. (중략) 그리고 (…) 에피알테스도 얼마 후 타나그라의 아들 아리스토디쿠스에게 암살당했다.

〔Aristoteles, Athenaion Politeia 25, 1-2, 4〕

35. 페리클레스의 시민권법

기원전 451년 이래로 아테네에서는 시민권 취득에 대해서 아버지 쪽뿐만 아니라 어머니 쪽도 아테네 시민이어야 한다는 조건이 요구되었다. 이 입법의 직접적 목적에 대해서는 해석의 차이가 있어서 확실하지 않지만, 폴리스 시민단의 폐쇄적인 성격을 나타내는 것이라는 사실은 분명하다. 아테네가 제국으로 불리는 델로스 동맹의 수도로서 번영을 구가했던 바로 그 시기에, 이 법이 아테네 민회를 통과했다는 점에 주목해야 한다.

또한 이후 3년째인〔451/0년〕에 안티도투스가 아르콘이었을 때, 시민의 증가를 감안해서 페리클레스의 제안으로 시민인 부모에게서 태어나지 않으면 시민권을 줄 수 없다고 결의했다.

〔Aristoteles, Athenaion Politeia 26, 4〕

36. 아테네 민주정의 이상

기원전 431~0년 겨울 아테네에서는 펠로폰네소스 전쟁의 전몰자에 대한 최초의 국장(國葬)이 집행되었다. 아래에 인용한 것은 국장을 위해 쓴 페리클레스 추도문 일부이다. 이것은 에피알테스의 개혁 이래로 다양한 시책을 통해 아테네의 민주화를 추진하고, 특히 기원전 443년에 정적 멜레시아스의 아들 투키디데스가 아테네를 떠난 이후에는 사실상 정계의 일인자로서 아테네 시민을 이끌고, 파르테논 신전의 건립을 시작으로 아테네 번영을 과시하는 것에도 게을리하지 않았던 페리클레스의 자신감이 드러나는 연설이라고 말할 수 있을 것이다. 흔하게 볼 수 없는 정치가 페리클레스의 정치이념을 엿볼 수도 있는 중요한 사료이다.

「나는 우리의 정부 조직이 이웃 국가들의 제도들을 모방하지 않았음을 말하고자 합니다. 우리가 다른 사람들을 본받은 것이라기보다는 다른 사람들에게 본보기가 된 것입니다. 우리의 정치체제는 민주주의(demokratia)라고 부르는데, 이는 권력이 소수의 손이 아니라 전 국민의 손에서 나오기 때문입니다. 사적인 분쟁을 해결하는 문제에서 모든 사람은 법 앞에서 평등합니다. 그러나 어떤 사람을 공적인 책임 있는 자리에 다른 사람보다 위에 둘 때 중요하게 고려되는 것은 그의 출신 성분이 아니라 그의 실제적인 능력입니다. 어떤 사람에게 국가에 봉사할 능력이 있다면, 가난 때문에 정치적으로 빛을 못 보는 일은 없습니다. 그리고 우리의 정치 생활이 자유롭고 개방적이듯이 다른 사람들과의 관계에서 일상생활 또한 개방적입니다. 만일 우리 이웃이 자기 방식대로 즐긴다 해서 그 사람에게 화를 내지 않으며, 또는 실제적인 해를 입히는 것은 아니나 감정을 상하게 할 수 있는 불쾌한 표정조차 내보이지 않습니다. 우리는 우리의 사생활에서 대해서 자유롭고 관용적입니다. 그러나 공적인 문제에서 우리는 법을 준수합니다. 그 이유는 법은 우리가 존중할 만큼 가치가 있기 때문입니다. 우리는 우리가 권위 있는 자리에 앉힌 사람에게 복종하고 또한 법들 자체에, 특히 압제받는 자들을 보호하는 법과 불문법들을 복종하고 그것을 어기면 누구나 수치스럽게 생각합니다.」

「그리고 여기에 또 다른 점이 있습니다. 일이 끝났을 때 우리는 우리의 정신을 새롭게 하는 모든 종류의 여가를 선용합니다. 시, 희극, 음악, 운동 경기에서의 다양한 경연대회들과 제사들이 1년 내내 정기적으로 벌어집니다. 우리의 가정들에서 우리는 미와 취미를 발견하는데, 이것들은 우리에게 매일매일 즐거움을 가져다주고 우리를 염려에서 벗어나게 합니다. 그리고 우리 도시가 위대하기 때문에 모든 좋은 것들이 전 세계에서 우리에게로 흘러들어오고, 그 결과 우리에게는 우리 자신의 상품들처럼 외국의 상품들을 즐기는 것이 아주 자연스러운 듯합니다.」

「또한 전투 훈련으로 눈을 돌리면 우리와 우리의 적들 사이에는 큰 차이가 있습니다. 여기에 몇 가지 실례가 있습니다. 우리 도시는 세계에 개방되어 있고, 우리에게는 적에게 군사적으로 유리할지도 모르는 비밀 정탐을 사전에 막기 위해서 주기적으로 외국인들을 추방하는 제도가 없습니다. 이는 우리가 국가를 비밀스런 무기가 아니라 우리 자신의 진정한 용기와 충성심으로 수호하기 때문입니다. 또한 자식의 교육에 대해서도 우리와 저들의 차이가 큽니다. 스파르타인들은 아주 어려서부터 용기를 기르기 위한 힘든 훈련을 받게 되지만 우리는 이런 훈련을 받지 않고 일생을 살아갑니다. 그러나 비록 자유롭게 산다고 해도 우리는 그들과 마찬가지로 어떤 위험도 헤치고 나갈 준비가 되어 있습니다. 이에 대한 증거가 여기 있습니다. 스파르타인들이 우리나라를 침입할 때에 그들은 단독으로 오지 않고 모든 동맹국들과 함께 옵니다. 그러나 우리가 해외 원정에 나설 때에도 우리는 혼자의 힘으로 그 일을 수행하며, 외국 땅에서 싸울지라도 자기들의 국가와 가정을 위해서 싸우는 적들을 패배시키는 경우가 적지 않습니다. 사실 지금까지 우리의 적들 중에는 아무도 우리의 전 병력과 대전한 적이 없는데, 그 이유는 우리는 병력을 특수한 임무에 따라 육군과 해군으로 분산시켜야 하기 때문입니다. 그런데도 우리의 적이 우리 군대의 일부와 접전하고 승리를 거두면 우리의 전체 군대를 격파했다고 스스로 생각하고 만일 패하면 우리의 전체 군대 때문에 패했다고 주장합니다. 나는, 혹독한 훈련에 의해서가 아니라 느긋한 마음으로, 그리고 국가가 주입한 용기보다는 자연스러운 용기로서 위험에 자발적으로 대처하는 우리의 방식이 확실히 더 많은 장점을 가지고 있다고 생각합니다. 우리는 미래의 고난을 위해서 현재의 우리의 시간을 쓸 필요가 없습니다. 그러면서도 실제로 고난이 우리에게 닥치면, 언제나 엄격한 훈련을 받는 적들과 마찬가지로 우리 스스로 용기를 보여 줍니다. 이것이 바로 우리 폴리스가 당연히 칭찬받아야 할 점이라고 나는 생각합니다. 하지만 우리의 자랑거리는 이것으로 국한되지 않습니다.」

「우리는 소박한 아름다움을 사랑합니다. 정신적인 일들에 대한 사랑이 우리를 유약하게 만들지도 않습니다. 우리는 부를 자랑해야 할 것으로 보기보다는 적절히 사용해야 할 것으로 여깁니다. 가난에 관해서 말하자면 아무도 가난을 인정하는 것을 부끄러워할 필요가 없습니다. 진짜 수치스러운 것은 그것으로부터 벗어나기 위해서 실제적인 노력을 하지 않는 것입니다. 각 개인은 자신의 개인적인 일뿐만 아니라 국가의 일에도 관심을 가집니다. 대체로 자신의 사업에 몰두하고 있는 사람들조차 전반적인 정치문제에 대해서 잘 알고 있는데, 이 점이 바로 우리의 특징입니다. 우리는 정치에 무관심한 사람을 자신의 일에만 몰두한다고 말하지 않고 우리와는 전혀 무관한 사람이라고 말합니다. 우리 아테네인들은 우리 자신의 시민단에서 정책을 위한 결정을 내리거나 정책들을 적절한 토론에 회부합니다. 왜냐하면 우리는 말과 행동 사이에 불일치는 없다고 생각하기 때문입니다. 가장 나쁜 것은 적절한 토론을 거쳐 결론을 내기 전에 성급하게 행동하는 것입니다. 그리고 이 점이 다른 나라 사람들과 우리와 또 다른 점입니다. 우리는 모험을 하는 동시에 그것들을 미리 평가할 수 있습니다. 다른 사람들은 무지로 인해 용감하고 생각하기 위해서 멈추었을 때 그들은 두려워하기 시작합니다. 그러나 참으로 용감한 사람은 인생에서 감미로운 것과 고통스러운 것의 의미를 가장 잘 알고, 그러고 나서 앞에 올 일들을 맞으러 아무 거리낌 없이 나아가는 자입니다. 또한 일반적으로 호감의 문제에서 우리와 대다수의 다른 국민들 사이에 큰 차이가 있습니다. 우리는 다른 사람들로부터 선행을 받으면서가 아니라 다른 사람들에게 선행을 함으로써 친구를 만듭니다. 이 점이 우리의 우정을 더욱더 신뢰 있게 만드는데, 왜냐하면 계속적인 호의를 다른 사람들에게 보임으로써 우리의 호의를 받은 사람들의 감사가 계속 되기를 원하기 때문입니다. 반면에 우리에게 어떤 빚을 진 사람의 감정은 우리와 동일한 열정을 가질 수가 없는데 이는 그가 우리의 호의에 보답할 때에 어떤 것을 자발적으로 주려하기보다는 빚을 갚으려는 의무감이 앞선다는 사실 때문입니다. 우리는 이 점에서 유일무이합니다. 우리가 다른 사람에게 친절을 베풀 때에 어떤 이익이나 손해를 계산해서 행하지 않습니다. 우리는 뒷일을 생각하지 않고 우리의 자유로운 관대성에 입각해서 행합니다.」

「이 모든 점들을 고려해서 말하자면 우리의 폴리스 전체가 그리스가 추구해야 할 이상을 구현하고, 우리 시민들 각자가 인생의 모든 다양한 측면들에서 자신을 자기 인격의 정당한 주인이자 소유주로 보일 수 있고, 더 나아가 이 점을 아주 품위 있고 다재다능하게 행할 수 있다고 생각합니다. 그리고 이 말이 이 특별한 때(추도식)를 위한 공허한 자랑이 아니라 참으로 객관적인 사실임을 보이기 위해서 여러분들은 우리 국가가 내가 앞에서 언급한 자질들에 힘입어 보유했었고, 현재 우리가 보유하고 있는 힘을 생각해 보면 됩니다. 아테네인들은, 내가 아는 국가들 중에 아테네인들이 혼자서 지금까지 우리의 특성으로 간주되던 위대성을 시험해 보는 최대의 시련기를 맞고 있습니다. 아테네의 경우에는, 그리고 아테네의 경우에만, 침입하는 적이 패배 당해도 부끄러워하지 않으며, 어떤 종속민도 위상에 걸맞지 않는 사람들에게 지배받고 있다고 불평할 수 없는 국가입니다. 실로 위대함이야말로 우리가 남긴 제국의 표적이자 기념비입니다. 현재의 세대가 지금 우리에게 놀라듯이 미래의 세대도 우리에게 놀랄 것입니다.」

〔Thucydides II, 37-41〕

37. 투키디데스의 페리클레스 평가

역사가 투키디데스는 페리클레스를 대단히 높게 평가한다. 예를 들면 민주정에 비판적이었던 플라톤과 아리스토텔레스가 페리클레스를 높게 평가하지 않았던 점과 비교해 보면 이것을 의외라고 말할 수 있다. 하지만 아래의 사료를 주의 깊게 읽으면, 투키디데스가 정치가 페리클레스의 어떤 측면을 높게 평가했는지 알 수 있다. 그리고 펠로폰네소스 전쟁에서 아테네의 패인에 대해 역사가의 관점을 살필 수 있다는 점도 흥미롭다.

페리클레스는 이와 같이 말하면서 가능한 한 자신에 대한 아테네인의 분노를 풀고, 그들의 심정을 임박한 곤경에서 멀어지게 하려고 시도했다. 시민들은 국가의 일을 처리하는 데 그의 지시를 따랐다. 이제는 다시 라케다이몬에 사절을 보내려 하지 않고, 이전에도 뛰어났던 전쟁 수행의 마음가짐을 왕성하게 했다. 그렇지만 개인적으로 시민들은 전쟁의 피해로 괴로워하고 있었다. 일반 민중은 본래 소유했던 얼마 안 되는 재산조차 빼앗기고 부자는 소유지의 저택과 값비싼 가재도구와 건물 등 귀중한 자산을 잃었다. 빈자이건 부자이건 누구라도 한결같이 평화가 무너져 전쟁 중에 있다는 것을 점점 더 고통으로 생각했다. 그 때문에 그들 전체가 각각 페리클레스에게 품고 있었던 원망은 쉽사리 거두어지지 않았다. 마침내 페리클레스에게 벌금형을 부과하는 것으로 비로소 원망이 가라앉았다. 하지만 이것을 군중 심리라고 해야 할까? 그 후 곧 아테네인은 재차 페리클레스를 지휘관으로 선출해서 모든 지휘를 그에게 맡겼다. 왜냐하면 그들이 일찍이 개인적인 고통에 대해서는 무감각해지고 있었다는 것도 하나의 이유였지만, 한편으로는 하나의 폴리스로서 당파를 초월할 필요가 있다는 것을 충족시키는 데는 페리클레스야말로 최고의 적임자라고 생각되었기 때문이다. 사실 평화 시에 페리클레스는 항상 온건한 정책으로 폴리스를 이끌어 갔고, 방어에 만전을 기했다. 그런 이유로 페리클레스 시대에 아테네는 최대의 세력을 자랑하게 되었다. 그리고 마침내 전쟁 상태에 들어가서도 페리클레스는 아테네인의 전쟁 역량을 정확히 파악하고 있었던 것으로 보인다. 그는 개전 이후 2년 6개월간 살아남았다. 그의 사후 전쟁 경과에 대한 그의 예견은 대단히 높게 평가되었다. 페리클레스는 만약 아테네인이 침착하게 때를 기다리면서 해군력을 집중하고, 동시에 전시 중에는 지배권을 확대하지 않고 폴리스의 위험을 초래하지 않으려고 애쓴다면, 전쟁은 승리로 끝날 것이라고 말했다. 그런데 그들은 그의 모든 충고에 역행하기만 했다. 전쟁 수행과는 전혀 관계없다고 생각되어도 개인적인 명예와 이익을 만족시켜 주는 것으로 보이면 일을 시작했다. 성공하면 개인적인 명예 내지는 이득을 얻지만, 실패하면 폴리스의 전력을 파괴하는 것과 다름없는 정책을 부르짖는 것은 아테네인뿐만 아니라 동맹국들의 진로를 심각하게 저해했다. 그 원인들을 찾기란 그다지 어렵지 않다. 페리클레스는 세상 사람들의 높은 평가를 받고 뛰어난 식견을 갖춘 실력자였으며 금전적인 결백은 세상의 의심이 끼어들 여지가 없었던 사람이었다. 어떤 두려움도 없이 일반 민중을 거느리면서 지배했으며, 민중의 의향에 따르기보다는 항상 자신의 지침을 가지고 민중을 이끌어 갔다. 이것은 페리클레스가 듣기 좋은 말 하나로 권력을 얻을 수 있다고 하는 사람에게 아첨하지 않았기 때문이고, 세상 사람들이 맡긴 권력의 자리에 앉는 것은 청중의 뜻에 거슬려도 자신이 옳다고 생각하는 것을 한다고 주장했기 때문이다. 예를 들어 시민이 분별을 잊고 방약무인한 태도를 보인다면, 페리클레스는 한마디로 그들이 두려워할 때까지 꾸짖어 대곤 했다. 반대로 이

유도 없이 불안으로 두려워하는 군중의 사기를 북돋아 주고, 다시 자신감을 갖게 할 수 있었다. 이렇게 해서 그것은 명목상 민주주의라고 불렸고, 실제로는 유일무이한 제1시민에 의한 지배가 행해졌다. 이것에 비해서 페리클레스 이후에 등장한 자들은 능력에서 서로 거의 우열의 차이가 없었으므로, 모두 자신이 일인자가 되려고 민중에게 아부하고 정책의 주도권을 민중의 자의에 맡겼다. 이것은 아테네인처럼 커다란 폴리스를 운영하면서 지배권을 가진 나라에게는 재앙이 되어 많은 정치적 과실(過失)이 되풀이되었다. 그 중 가장 큰 과실이 시칠리아 원정이었다. 시칠리아 원정이 실패한 주요 원인은 그들이 적에 대해 치명적으로 오산했기 때문이 아니라 본국의 책임자들이 원정군에게 필요한 지원을 계속하지 않았기 때문이다. 그들은 민중 지도권을 둘러싸고 개인적인 중상(中傷)에 몰두함으로써 원정군의 공격력을 현저하게 둔화시켰을 뿐만 아니라 국내의 정치적 질서를 뒤엎는 최초의 계기를 만들었다. 시칠리아 원정이 좌절되고 아테네인은 해군력의 대부분을 포함해 모든 군비(軍備)를 상실했다. 그러나 이제 내정이 내란 상태로 빠져 들었는데도 여전히 3년간 아테네인의 저항력은 약해지지 않았다. 종래의 적들에 시칠리아 여러 지역의 세력들이 가세하고, 더욱이 아테네 측 동맹의 과반이 이반해서 적의 편에 달라붙었다. 그리고 마침내 페르시아 왕자 키루스가 펠로폰네소스 측에 해군 건조를 위한 군자금을 제공하기에 이르렀다. 결국 시민 간에 내분이 고조되어 내부적으로 붕괴되기 전까지는 항복하지 않았다. 페리클레스는 이 정도로 남아도는 국력을 개전과 동시에 이미 알고 있었으므로 펠로폰네소스 동맹만을 상대로 싸운다면 아테네 측의 승리는 대단히 손쉬워질 것이라고 예언하는데 주저하지 않았다.*

* 이 부분의 사료는 『펠레폰네소스 전쟁사』의 발췌 요약이므로 출전을 생략한다.

38. 델로스 동맹의 변질

델로스 동맹은 성립 당시 페르시아의 재침략에 대비하는 군사 동맹이었으나 점점 그 성격이 바뀌어 결국에는 아테네의 해상 지배의 도구가 된다. 일반적으로 델로스 동맹의 금고가 아테네로 이전되었던 기원전 454년이 이른바 델로스 동맹이 제국으로 전환되는 해이지만, 물론 그 해에 갑자기 아테네의 정책이 변화했다는 의미는 아니다. 투키디데스의 글은 동맹에 가맹한 도시들이 점차 아테네의 지배에 굴복하게 되었던 상황을 냉철히 분석하고 있다. 사료 [B]는 아테네의 완전 민주정에 비판적이었던 한 역사가가 직접 쓴 책에서 인용했지만, 아테네의 모든 동맹 도시에 대한 지배의 본질을 보여 주고 있어서 흥미롭다.

[A]

(…) 이 사건들 이후 동맹에서 이탈했던 낙소스인에 대해 아테네는 병력을 진군시키고, 결국 포위 공격해서 항복시켰다. 이것은 전에 동맹국이었던 곳이 권한을 박탈당해 아테네의 예속국이 되었던 최초의 사례이지만, 이것과 동일한 운명이 남아 있는 모든 동맹국들에게도 점차 들이닥치게 되었다.

이반(離叛)에 이르게 했던 원인은 여러 가지가 있을 수 있지만, 그 중에서도 매년 납부하는 기부금과 군선의 체납, 게다가 때로는 전면적인 참전 거부 등이 주된 계기가 되었다. 왜냐하면 아테네인은 모든 동맹국이 의무를 수행하는 것을 융통성 없는 방식으로 요구하고, 이러한 무거운 짐을 부담했던 것도 아니고 게다가 부담할 의지도 없는 자들에게는 가혹한 강제를 부과함으로써 모든 동맹국을 고통스럽게 했기 때문이다. 또한 아테네인은 아무렇지 않게도 예전과는 달리 맹주로서 평판이 현저하게 나쁘게 될 수 있었다. 아테네인은 동맹군을 인솔하고 원정할 때에도 특권을 행사하게 되었으므로, 더욱더 쉽게 동맹에서 이반한 나라에게 강압적인 힘을 가할 수 있게 되었다. 하지만 사태를 여기까지 이르게 했던 책임을 동맹국 자신에게 돌린다. 왜냐하면 고국에서 떠나는 것을 싫어했던 많은 동맹국 시민들은 원정군에 참가하는 것을 주저하고, 부과된 군선을 공급하는 대신에 이에 상응해서 매년 납부하도록 결정된 비용을 분담했다. 그래서 그들이 제공하는 자금을 바탕으로 아테네인은 더욱더 해군을 증강했지만, 동맹국 측은 정작 아테네로부터 이반하려고 해도 준비가 부족하고 전투 훈련도 해 본 적 없는 상태에 빠져들었기 때문이다.

[B]

동맹한 모든 폴리스에 대해 말하자면, 아테네인은 함선을 타고 그곳으로 가고, 그들이 믿고 있는 대로 고발한다. 그들은 보수파들을 싫어한다. 지배자는 필연적으로 지배받는 자의 증오를 초래하고, 오히려 부유한 보수파들은 모든 폴리스에서 강력하므로 아테네의 지배가 장기간 지속되지 않는다는 것을 알고 있기 때문이다. 이러한 이유로 아테네인은 보수파들의 시민권을 박탈하고 재산을 몰수했으며 국외로 추방하거나 처형했다. 반면에 열등한 사람들의 세력을 증대시키고 있었다. 아테네의 보수파들은 동맹 폴리스들에서 보수파들을 보호한다. 그들에게 모든 폴리스에 있는 보수파들을 보호하는 것이 언제나 옳은 일이라는 것을 잘 알고 있기 때문이다. 혹자는 말한다. 모든 동맹 폴리스가 공납을 지불할 수 있는 것이야말로 아테네가 강력한 것이라고. 하지만 민주파들은 아테네 시민 한 사람

한 사람이 모든 동맹 폴리스의 부를 소유하고, 모든 동맹 폴리스 사람들은 생존할 수 있는 만큼만 얻고, 이반을 기도할 여력도 없이 일하는 편이 더 좋다고 생각한다.

〔Pseudo Xenophon, Athenaion Politeia 1, 14-15〕

39. 해상 지배와 아테네인의 생활

폴리스의 시민은 본래 기본적으로 독립 자영농이었다. 그리고 폴리스 그 자체도 역시 자급자족을 이상으로 하고 본래 이렇다 할 국고자금을 갖지 않은 조직이었다. 하지만 해상의 패자로 군림하게 되자 아테네 국고에는 막대한 자금이 쌓이고, 아테네인의 살림살이도 크게 변화한다. 아테네는 해상 지배라는 사업에서 많은 수익이 남는 것을 찾아냈다. 이것은 하층 시민에게도 수익이 남는 사업이었다. 아래 사료가 그런 정황을 보여준다.

[A]

이후 국가가 이미 자신감을 얻고, 또한 많은 돈이 모였으므로, 아리스테이데스는 사람들에게 패권에 참여해 전원을 떠나 시내에 거주하도록 권고했다. 즉 전쟁에 나가든, 수비를 하든, 공공 의무를 수행하든, 요컨대 모든 생활 방식이 부여되고, 이렇게 해서 패권이 유지될 수 있다고 주장했던 것이다. 사람들은 이 권고에 따라 동맹의 지배권을 장악했고, 그 결과 키오스인과 레스보스인과 사모스인을 제외한 동맹자들에 대해 이제까지보다 더 전제적(專制的)으로 행동했다. 이들〔키오스인 이하〕은 이른바 아테네의 패권을 옹호했던 자들로 아테네 〔현재의〕 국제와 지배의 존속을 허용했다. 아테네인은 아리스테이데스가 제안했던 대로 많은 자에게 어렵지 않게 생계를 꾸려 나갈 수 있도록 해 주었다. 즉 매년 내는 기부금과 조세와 동맹자들에게 2만 명 이상의 사람들이 부양되고 있었다. 왜냐하면 배심원은 6000명, 궁수는 1600명, 이것에 더해 기사는 1200명, 협의회는 500명, 부두 수비병은 500명, 게다가 아크로폴리스의 수비병 50명이 있고, 관리는 국내에 약 700명에 달하고, 국외에는 약 700명이 있었기 때문이다. 게다가 나중에 전쟁이 발생했을 때, 중장보병은 2500명, 수비 함선은 20척, 그 외에 추첨으로 뽑힌 2000명을 〔배에 태워〕 매년 내는 기부금을 운반해 오는 배가 있었다. 이것 말고도 프리타네이온과 고아 그리고 죄수의 간수가 있었다. 이들은 모두 국고에서 지급받았다.

〔Aristoteles, Athenaion Politeia 24, 1–3〕

[B]

덜 중요한 문제에 대해 말하자면 우선 처음으로 아테네인은 해상 지배 덕분에 다양한 사람들과 교제하고, 각종 사치와 마주쳤다. 시칠리아, 이탈리아, 키프로스, 이집트, 리디아, 폰토스, 펠로폰네소스 혹은 다른 어디에서든 그곳의 쾌락이 어떤 것일지라도 모든 것들이 해상 지배 덕분에 한곳으로 모여들었다. 게다가 그들은 모든 종류의 방언을 듣고 그들 각각으로부터 무언가를 받아들였다. 그리스인은 그들 자신의 방언, 생활방식, 지역에 적합한 유형의 옷을 사용하는 경향이 있지만, 아테네인은 모든 그리스인에게서 받아들인 것과 그리스인이 아닌 사람들에게서도 받아들인 것을 혼합해 사용하고 있다. 아테네의 대중은 빈민들 각자가 희생 제물을 봉헌하고 성대한 축제를 열고, 신전을 세우고, 화려하고 장대한 폴리스를 운영한다는 것은 불가능하다고 알고 있다. 그럼에도 불구하고 대중은 그 일을 할 수 있는 방법을 찾아냈다. 폴리스는 공공의 비용으로 많은 희생동물을 희생제에 봉헌한다. 하지만 축제를 즐기고 희생동물을 할당받은 것은 다름 아닌 시민들이다. 일부 부자들은 개인용 체육관, 욕장, 탈의실을 가지고 있다. 하지만 아테네의 시민들은 그들 자신이 사용하기 위한 공공체육관과 탈의실과 공공욕장을 많이 건설했다. 상층 시민보다 하층민들이 이런 것들을 더 많이 누리고 있었다.

게다가 그리스인 및 비그리스인 중에서 아테네인들만이 부를 소유할 수 있다. 만약 어떤 폴리스에 선박용 목재가 풍부하게 있다면, 바다의 지배자가 동의하지 않는 한 그것을 어디로 가지고 들어올 수 있을까? 또한 만약 어떤 폴리스가 철과 동 또는 아마(亞麻)를 풍부하게 생산하고 있다면, 바다의 지배자 동의 없이 그것을 어디로 팔러 갈 수 있을까? 하지만 이것들은 틀림없이 배에는 필수품들이다. 어떤 곳에서는 목재를, 어떤 곳에서는 철을, 어떤 곳에서는 동을, 어떤 곳에서는 아마를, 그리고 어떤 곳에서는 밀랍을 모으지 않으면 안 되는 식이다. 게다가 적국으로 수출하는 것을 금지하고 있다. 이것을 지키지 않을 경우 바다를 이용할 수 없다. 그리고 나*는 어떤 것도 하지 않은 채 여러 곳에서 생산된 이 모든 것을 바다 덕분에 손에 넣을 수 있다. 그럼에도 불구하고 다른 폴리스는 이것들 가운데 어떤 것이든 두 개까지는 손에 넣을 수 없다. 동일한 폴리스가 선박용 목재와 아마를 동시에 손에 넣을 수 없다. 아마가 풍부하게 있는 곳은 토지가 평탄해서 목재를 얻지 못한다. 동과 철조차도 동일한 폴리스에서는 산출되지 않는다. 단일한 폴리스에서 동시에 두 개 내지 세 개의 산물을 산출할 수 없고, 어떤 것은 여기에 그리고 어떤 것은 저기에 있는 식이다.

〔Pseudo Xenophon, Athenaion Politeia 2, 7–12〕

* 여기서는 글을 쓴 이를 가리킴.

40. 아테네의 화폐와 도량형 통일

아래 비문은 델로스 동맹국에 아테네의 화폐와 도량형의 사용을 강제했던 아테네 민회의 결의이다. 비문에 새겨진 글은 아테네가 지배하는 각지에서 출토된 것으로, 판독이 불가능한 구절도 적지 않고, 교정자(校訂者)가 다르게 해독한 것도 많다. 여기에서는 Meiggs-Lewis의 텍스트에 따르고, 〈 〉안에 번역했던 구절은 ATL에 따랐다. 가장 어려운 문제는 이 결의의 연대를 결정하는 것으로, 아테네의 제국 지배 진전 상태를 알기 위해서 중요하다. 하지만 학설은 기원전 440년대 초에서부터 기원전 420년대 마지막까지 다양하게 나누어져 있다. 여하튼 화폐 주조권은 폴리스의 독립을 상징하는 것이므로 화폐 주조의 금지는 동맹구성국의 주권을 약화시켜 아테네의 지배를 강화하는 것을 의미한다. 다른 한편 아테네의 경제적 이익이라는 동기를 지나치게 강조해서는 안 된다.

(1)(…) 도시의 관리들 혹은 (…) 의 관리들 (…) (2)헬라스 재무관들은 모든 도시의 화폐주조소를 기록해야 한다. 만약 모든 도시의 화폐주조소가 정확히 기록되지 않으면, 원하는 것은 바로 테스모테타이가 〔주재하는〕 민중법정으로 위법자들을 고발해야 한다. 테스모테타이는 5일 이내에 고발인을 위해서 피고발인 각각을 제소해야 한다. (3)만약 도시의 관리 이외의 자가 시민이든 외국인이든 결의에 따라서 행동하지 않으면, 그 자는 시민권을 상실하고 그의 재산은 몰수되며, 1/10은 아테나 여신의 것이 되어야 한다. (4)만약 아테네인 관리가 없다면, 결의에 〔규정된 대로〕 모든 것을 각 시의 관리가 수행해야 한다. 만약 그들이 결의에 기초해서 행동하지 않으면, 이 관리들에 대해서는 시민권 상실에 대해 아테네에서 고발해야 할 것이다. (5)〔아테네의〕 화폐주조소에 대해 은을 수취해서 절반 이상

을 〔아테네 화폐로〕 주조하고 〈도시가 충분히 주화를 갖도록 인도해야 한다〉. 주조소의 감독들은 반드시 1미나(mina)당 3드라크마를 〔교환 비용으로〕 징수해야 한다. 그렇지 않으면 그들은 (…) 처벌받아야 한다. (6)교환하고 남은 절반의 은을 주조해서 장군들 혹은 〈징수 임무를 맡았던 관리들에게 바로〉 인도해야 한다. (7)인도되었다면, 〈아테나〉와 헤파이스토스에 대한 〈부채에 대해서 결의가 이루어져야 한다〉. (8)이상의 사항에 대해서 외국 주화를 사용하거나 빌릴 수 있도록 제안하거나 투표에 붙일 경우에, 그 자는 바로 11인 역(役)에게 고발되어야 한다. 11인 역은 사형으로 판결을 내려야 한다. 그 자가 이의 신청을 하면 11인 역은 그를 배심법정으로 회부해야 한다. (9)전령관들을 〈민회는〉 선출하고, 결의〈에 기초해 모든 도시로 파견해야 하는데〉, 한 사람은 도서 지역(島嶼地域)으로, 한 사람은 이오니아 지역으로, 한 사람은 헬레스폰투스 지역으로, 한 사람은 트라키아 지역으로 파견해야 한다. 장군들은 이 자들에게 각각 그 〔전령의〕 코스를 기록하고 체류하도록 파견해야 한다. 그렇지 않으면 전령사(傳令使) 한 사람당 각 장군에게 1000드라크마의 벌금이 부과되어야 한다. (10)모든 도시의 관리들은 이 결의를 석비에 기록해서 각 도시의 아고라에 세워야 하고, 〔화폐주조소의〕 감독들은 주조소 앞에 세워야 한다. 만약 이러한 것들을 실행에 옮기지 않으려 한다면, 아테네인이 수행해야 한다. (11)순회하는 전령사는 그들에게 아테네인이 요구하고 있는 것을 〔하도록〕 요구해야 한다. 만약 누군가가 모든 도시에서 은화를 주조하고, 아테네인의 주화 혹은 중량 혹은 용량이 아니라 외국의 주화 혹은 용량 혹은 중량을 사용한다면, 나는 클레아르코스(Klearchos)가 제안했던 이전의 결의에 기초해서 그 자에게 벌금을 부과해서 처벌할 것이다. (13)외국 화폐를 가진 자는 누구라도 원할 때는 언제나 그것을 인도해서 이와 동일한 조건으로 교환

할 수 있어야 한다. 〔아테네〕시는 그에게 아테네의 화폐를 대신해서 줄 수 있어야 한다. 각자가 자신의 화폐를 아테네로 옮겨서, 화폐주조소에 맡겨야 한다. (14)〔화폐주조소의〕 감독들은 개인이 인도했던 화폐를 모두 기록하고, 원하는 사람이 볼 수 있도록 석비를 화폐주조소 앞에 세워야 한다. 그들은 외국 화폐의 총액도 기록해야 하고, 은화와 금화를 따로따로, 아테네의 은화의 총액을 (…)

〔Meiggs-Lewis 45〕

41. 역사가 투키디데스

투키디데스는 아마도 기원전 460년경에 태어나서 펠로폰네소스 전쟁이 끝난 직후에 죽었던 것으로 보이는 아테네의 역사가이다. 그가 남긴 펠로폰네소스 전쟁에 관한 기술, 즉 『역사』 전체 8권은 유감스럽게도 미완성작으로, 엄밀한 사료 비판, 사실에 입각한 합리적 해석 등의 이유로 매우 가치 있는 사료로서 높게 평가받고 있다. 하지만 무엇보다도 정확함을 우선하는 태도 때문에, 예를 들어 1년을 여름과 겨울로 나누었던 연대기 식의 기술이 기록으로서의 정확함이라는 점에서는 뛰어남에도 불구하고, 헤로도토스에게서 발견되는 이야기로서의 재미를 해치고 있다는 점은 부정할 수 없다. 페르시아 전쟁사를 남긴 동시대의 역사가 헤로도토스와 비교하면 투키디데스의 서술 방식은 대단히 「근대적」이라고 말해야 할 것이다.

아테네인 투키디데스는 펠로폰네소스인과 아테네인이 서로 싸웠던 전쟁의 양상을 기술했다. 필자는 전쟁이 발발했던 순간 이래로 이 전쟁이 사상 유례 없는 대사건으로 전개될 것이라고 예측하고 즉각 기술하기 시작했다. 처음에는 양 진영이 동시에 만반의 전쟁 준비를 하고 전투 상태에 돌입했을 뿐만 아니라 남아 있는 그리스 세계도 즉각적으로 또는 참전 시기를 살피면서 적과 아군으로 나누어지고 있다고 보았다. 이 두 가지 이유 때문에 필자의 예측이 강화되었다. 사실 이 전쟁은 그리스 세계에는 전례가 없는 가장 거대한 움직임이었고, 광범위한 지역에 걸쳐 있는 모든 이민족 국가들, 극단적으로 말하자면 거의 모든 인간사회를 재앙의 한가운데로 빠져들게까지 했던 것이다.

(중략)

다른 한편 정치적 견해에 대한 기록은 약간 사정이 다르다. 이미 전투 상태에 돌입해 있는 사람과 이제 막 전쟁 상태에 돌입하려는 사람이 각각의 입장을 근거로 발언했던 것에 대해서 필자 자신이 그곳에서 들었던 연설조차도 한 자, 한 구절을 정확히 생각해 낸다는 것은 불가능했다. 또한 다른 곳에서 했던 연설의 내용을 나에게 전했던 사람들에게도 정확한 기억을 기대할 수 없다. 따라서 정치적 견해에 대한 기록은 사실로 표명된 정치적 견해의 전체적 중심 논점을 가능한 한 충실하게 필자의 눈으로 더듬어 가면서, 각각의 발언자가 그곳에서 직면했던 상황에 대해 가장 적절하게 판단해서 서술했다고 생각되는 정치적 견해를 기술했다. 하지만 전쟁을 통해 실제로 이루어진 공적에 대해서는 단순히 지나가는 목격자에게서 얻은 정보를 무비판적으로 기술하는 것을 단호하게 삼갔다. 또한 이것에 주관적 유추를 가미하는 것을 삼갔다. 나 자신이 목격자였던 경우에도 또한 사람들의 정보에 의했던 경우에도 개개 사건에 대한 검증은 가능한 한 정확성을 기했다. 하지만 이 조작(操作)을 끝까지 밝히는 것은 대단한 고심(苦心)을 동반했다. 사건이 일어날 때마다 마침 그 자리에 있었던 사람들은 하나의 사건에 대해서도 적과 아군의 감정에 지배되어 사건의 반쪽밖에 기억에 남아 있지 않은 경우가 많다. 그런 이유로 그들의 진술은 결국 엇갈렸기 때문이다. 또한 나의 기록에서는 전설적인 요소가 빠져 있으므로 이것을 읽고 재미있다고 생각하는 사람이 적을지도 모른다. 그렇지만 얼마 안 있어 앞으로 전개되는 역사가 결국에는 예전과는 상이한 과정을 더듬어 가는 것은 아닐까라고 생각하는 사람들이 과거를 돌이켜 보며 과거의 진상(眞相)을 파악하려고 할 때, 나의 역사에서 가치를 발견한다면 그것으로 충분할 것이다. 이 기술은 지금의 독자에게 아첨해서 칭찬을 받기 위한 것이 아니고, 대대로 이어져 유산이 될 수 있도록 기술했다.

(중략)

이 사건들에 대해서도 같은 저자 아테네인 투키디데스는 여름과 겨울의 연대기적 순서에 따라서 개개 사건의 경과를 추적해서, 마침내 라케다이몬과 그 동맹국들이 아테네 지배권을 궤멸하고, 아테네의 장성(長城)과 피레우스 항구를 점령할 때까지의 진행 과정을 기록했다. 전쟁은 총 27년 동안 지속되었다. 그 사이에 평화조약 기간도 끼어 있다. 이 기간이 전쟁의 이름에는 가치가 없다고 생각되는 바가 있다면 그것은 정당한 근거를 결여한 것이다. 왜냐하면 그 기간이 과연 그 전후의 시기와 다른지 어떤지는 사실을 잘 관찰해 보는 것이 좋을 것이기 때문이다. 이것을 도저히 평화 기간으로 간주할 수 없을 것이라고 바로 깨달을 것이다. 왜냐하면 평화조약에서 규정했던 영토 물품이 두 나라 사이에서 막힘없이 전부 주고받았다는 것도 아니고, 또한 그것 말고도 만티네아 전투와 에피타우로스 전쟁을 시작으로 양 진영이 서로 수많은 조약 침해 행위를 범했고, 더욱더 트라키아 지방의 동맹국들은 여전히 적대관계를 지속했으며, 보이오티아에 대해서는 10일마다 갱신한다는 휴전협정을 체결했기 때문이다. 이와 같은 사정으로 제1기의 10년 전쟁, 그것에 뒤이었던 시기와 질투로 가득했던 휴전 기간, 게다가 그 후에 일어난 제2기의 전쟁을 통한 전체 기간을 여름과 겨울의 순서로 계산한다면, 앞에 기록한 것과 같이 27년의 기간을 며칠 조금 상회하는 것으로 판단된다. 신탁에 어느 정도 믿음을 가지고 있는 사람들도 적어도 이 사실만은 예언에 정확히 일치하고 있는 것으로 깨달을 것이다. 사실 나 자신은 전쟁이 대체로 마지막 세 차례 9년간, 즉 27년의 세월을 필요로 할 것이라고 개전부터 끝날 때까지 주장되고 있었다는 것을 기억하고 있다. 나는 이 기간을 통해 성년에 도달했으므로 분별도 있고, 게다가 정확히 사실을 아는 것에 주의를 기울이고, 체험을 중시해 왔다. 게다가 암피폴리스 방면에서 작전을 지휘한 뒤에 20년의 생애를 망명 생활로 보내게 된다. 그 사이에 양 진영의 움직임을 관찰하고 특히 망명자가 된다는 것이 운 좋게도 펠로폰네소스 측의 실상에도 접할 수 있고 사건의 진행 과정 하나하나를 한층 더 냉정하게 분석할 수 있는 기회를 가져다주었다. 그래서 다음에는 10년 전쟁 이후 계속 일어난 분쟁과 평화조약의 파기, 그리고 그 이후의 전쟁의 경과를 기술하고 싶다.

〔Thucydides I, 1; 22; V, 26〕

42. 펠로폰네소스 전쟁에서 아테네의 전략

페리클레스가 투병으로 죽기 대략 2년 전인 기원전 431년에 펠로폰네소스 전쟁이 일어났다. 개전에 즈음하여 페리클레스가 의도했던 전략은 한마디로 말하자면 농성책이었다. 그리스 세계 최고의 육군을 가지고 있는 스파르타 측과 육상에서의 대결을 피하고, 해상에서의 우위를 이용해서 펠로폰네소스 반도 각지를 폐허로 만드는 것이다. 적어도 기원전 425년 아테네에 의한 피로스 공략 사건 부근까지 페리클레스 사후에도 잠깐 사이에는 이 전략이 유효했다. 그런데 그리스 세계에서 전쟁이라고 말하면 우선 중무장보병 밀집대의 전투를 떠올려야 하는 것이 보통이다. 페리클레스의 전략은 폴리스의 정치 질서와도 밀접하게 결합되었던 이런 전통적인 전투 방식을 방치하는 사실이라는 점에 주목해야 한다.

다음에 전쟁과 이쪽과 저쪽 양쪽의 자원에 대해서는, 다음의 구체적인 설명으로부터 우리는 적에게 승리하더라도 적지 않은 준비를 해야 한다는 것을 이해해 주기 바란다. 그들은 자작농이고, 그들은 개인도 국가도 재화를 축적해서는 안 된다. 더욱이 국경을 접하는 인근 국가와의 분쟁 경험이 있지만, 자금을 가지지 않았으므로 장기전과 해전을 경험했던 적이 없다. 따라서 그들은 군선에 승조원을 갖추는 것도 육로를 통해 빈번히 원정군을 국외로 파견하는 것도 가능하지 않다. 이렇게 하려면 경작을 소홀히 하고 저축한 돈을 쓰지 않으면 안 된다. 게다가 바다를 건너는 편의(便宜)마저 부족하기 때문이다. 전쟁을 지탱하는 것은 매년 강제로 거두어들이는 세수(稅收)에 의해서가 아니라 잉여 저축에 의해 충당된다. 자작농들은 어리석게도 자금보다 군대의 병사 숫자에 의지해 싸우고자 한다. 왜냐하면 육체는 전쟁의 위험에서도 살아남을 가능성이 충분하지만, 자금은 전쟁이 끝나는 것보다 먼저 없어지게 된다는 두려움이 많이 있기 때문이다. 특히 이번 전쟁은 다분히 그렇게 되겠지만, 예기치 않게 장기전이 되면 점점 더 두려움은 커진다. 이와 관련하여 펠로폰네소스 세력과 모든 동맹국 병사들은 단 한 차례만 전투한다면, 전체 그리스인을 적으로 상대해도 뛰어나게 대항할 수 있다. 하지만 그들과 전혀 다른 종류의 장비로 적에게 맞선다는 것은 단지 무능하다고 말할 수밖에 없다. 왜냐하면 그들의 현재 조직이 계속되는 한 임기응변과 동시에 민첩하게 일을 추진하는 데 필요한 통합적인 작전 장소 없이, 각 가맹국이 동등한 표결권을 갖고 더욱이 단일 종족으로 편성되지 않기 때문에 각국은 자신의 이익을 놓고 갈등하게 된다. 그 결과 어느 누구도 결실을 맺지 못하는 것으로 끝나기 쉽다. 사실 하나의 실례를 들자면, 누군가가 어떤 것을 구원하고 싶어도 다른 누군가는 가능한 것만으로 자신의 부담을 경감하기를 바란다. 그리고 겨우 모든 국가의 대표가 같은 장소에 모이면. 각자 자신들의 이익을 추구하는 것에 급급한 모양새로 전체와 관계된 문제는 명목상으로 취급하는 것에 불과하다. 게다가 어느 쪽 대표도 자신의 무책임 때문에 전체가 해를 입는 것에는 생각이 미치지 못하고, 오히려 역으로 타인이라고 하더라도 자신의 이익을 먼저 고려해야 한다고 생각한다. 결국에는 누구나 모두 자기중심의 관점을 지나치게 고집하고, 동맹 전체가 약화되는 길로 가는 것도 깨닫지 못한다.

그들에게서 최대의 장애는 지지부진하게 조달되고 있는 군자금의 부족이고 그들의 행동은 한없이 지체되고 있음에 틀림없다. 전쟁의 기회는 사람을 기다려 주지 않을 것이다. 더욱이 그들이 여기에 요새를 세우고, 해군을 갖춘다고 떵떵거려도 두려움에는 충분하지 않다. 왜냐하면 평시에조차 상대방의 폴리스에 대해서 공격 목적으로 성벽을 축조하는 것이 대단히 어렵고, 하물며 적지에 있어서야 말할 나위가 없다. 성벽을 축조한다고 해도 이것보다 우세하게 대항할 수 있는 성벽이 우리의 폴리스를 지키고 있다. 또한 만약 침입군이 주둔지를 세우고 있다고 해도, 그들은 습격하고 탈주를 방조함으로써 경지에 다소 해를 가할지도 모른다. 그러나 단지 그것만으로는 우리가 적지에 배를 타고 가서 공격의 거점을 세운 뒤에 우리의 우세를 자랑하는 군선으로 거점을 계속 유지해도 그들은 우리를 저지할 수 없다. 왜냐하면 그들이 육지에서 해군을 상대로 싸웠던 경험에 비교해서 우리가 해군을 육상 전투로 돌려서 사용하는 기술적 경험이 훨씬 많기 때문이다. 또한 그들에게는 해군에 정통해지는 것이 쉬운 일이 아니다. 여러분이라 할지라도 페르시아 전쟁 이래로 군사 훈련에 태만하지 않고 노력하기는 했지만 더없이 심오한 경지에 들어갔던 것은 아니다. 그런데 그들은 바다에 친숙해 보이지 않은 농부라고 하더라도, 더욱이 우리의 함대가 뱃머리를 늘어 세워 적의 항구를 봉쇄하고 그들에게 군사 훈련할 틈을 주지 않는다면, 그들의 행동은 어느 정도 결실을 얻을 수 있을 것인가. 항구를 봉쇄하는 함대가 적다면, 그들은 아무도 모르게 숫자에만 매달려 감히 해전의 위험을 감행할지도 모른다. 그렇지만 많은 군선으로 가는 방향을 저지하면 그들은 움직이지 않을 것이다. 그리고 군사 훈련 부족 때문에 더욱더 숙달의 기회를 잃는다. 그렇기 때문에 또한 한층 더 겁을 내게 되는 것이 틀림없다. 해군은 기술에 의존한다는 점에서 다른 모든 것 이상이다. 그리고 해군은 계획 없이, 다시 말하자면 전문성을 요하지 않는 기술로 훈련의 영역에 도달하는 것을 허용하지 않는다. 이 기술을 연마하는 것은 전문성을 필요로 하지 않는 모든 기술을 배제하는 것마저 필요하게 된다. (중략)

나는 펠로폰네소스 세력의 전투 조건이 위에서 말했던 상태 내지는 이것에 가깝다고 판단한다. 이것에 대해서 우리의 경우는 내가 적의 결점으로 지적했던 사항을 완전히 극복하고 있다. 그뿐만 아니라 우리에게도 이것 말고도 적의 추종을 불허하는 유리한 조건이 많이 있다. 예를 들면 적이 육상 부대를 인솔해서 우리를 침략하고 우리가 군선을 적지에 보낸다면, 펠로폰네소스 측은 일부 경지를 잃게 되고 우리는 아티카 전역이 파괴되는 이상의 손해를 입게 된다. 왜냐하면 대체지(代替地)를 얻고자 한다면 그들은 새로운 전투를 하지 않으면 안 되기 때문이다. 하지만 그들은 도서(島嶼)와 대륙 연안에 있는 광대한 농경지에 의존할 수 있다. 해양 제패는 막강한 힘을 필요로 한다. 여러분, 생각해 보라. 만약 우리가 도서에 살았다면, 우리 편에서 붙잡고 싶었던 세력을 도왔던 예가 예전에 있었을까? 그들의 이번 전략적인 목표는 정확히 여기에 있다고 생각하고 싶다. 경지와 마을은 적에게 주는 것이 좋다. 단지 바다를 지키고 성벽을 지키는 것을 강화해라. 집과 경작지 때문에 분노에 휩싸여 우리 군대보다 분명히 세력이 더 강한 펠로폰네소스 군을 상대로 싸움을 걸어서는 안 된다[왜냐하면 승리하더라도 이보다 뛰어난 새로운 적과 싸우게 된다. 만약 패배하면, 패배는 우리 편인 동맹국에게도 미치고, 우리에게 파탄을 초래한다. 모든 나라에 징벌군을 보낼 수 없다고 판단되면, 동맹국들은 반란을 일으키기 때문이다]. 집과 토지의 손실을 한탄하지 말고, 인명의 손실에 억울해하면 안 된다. 집과 경작지에서 인명(人命)은 만들어지지 않지만, 사람만 있으면 물질은 손에 들어온다. (이하 생략)

〔Thucydides I, 141–143〕

43. 시칠리아 원정의 목적

아래 인용된 사료는 헤르메스 상 훼손 사건 및 엘레우시스 비의 모독 사건과 관련해서 아테네에서 쫓겨난 알키비아데스가, 도망 전에 시칠리아 원정의 제안자로서 이 원정의 목적을 설명했던 부분이다. 시칠리아 원정은 무모한 시도라는 해석이다. 하지만 기원전 424년에 스파르타의 장군 브라시다스가 아테네의 식량 공급원이었던 흑해 연안 지방으로 육로를 이용한 공격이 가능하다는 것을 말 한 이상, 아테네 측도 안일하게 페리클레스의 농성책에만 의존할 수 없는 상황에 처해 있다는 점도 고려하게 되면, 반드시 무모하다고만은 할 수 없을 것이다.

(…) 우리 아테네 세력이 시칠리아로 원정한 목적은 우선 시칠리아의 모든 그리스 국가를 공격해서 진압하고, 그것에 뒤이어 이탈리아의 모든 나라를 정복하고, 마지막으로는 카르타고인과 그들의 지배권에 도전하는 것이었다. 그리고 이 모든 지역의 전부 또는 대부분이 우리 수중에 들어오면, 그 후에 펠로폰네소스를 공격하려고 계획하고 있다. 결국 새롭게 정복한 지방으로부터 그리스인 병력 전체를 아군 방향에 뒤따라 이쪽으로 옮기고, 또한 이베리아인을 시작으로 현재 그 지방의 이민족 중, 세상에서 가장 호전적으로 간주되고 있는 다른 민족들까지도 용병으로서 뒤따른다. 이탈리아에 많이 있는 목재를 사용해서 여러 척의 갤리선을 건조해 우리가 현재 소유하고 있는 함대에 추가한다. 이 대규모 함대로 펠로폰네소스 둘레의 전체 지역을 해상으로부터 포위함과 동시에 육상 부대를 사용해 여러 도시들을 육상 연안으로 습격해서 일부는 전투로 중도에서 빼앗고 일부는 그 영내에 성채를 축조해서 항복시킨다. 그렇게 하면 펠로폰네소스도 아주 쉽게 전투로 파괴할 수 있다. 그리고 그때에는 얼마 안 있

어 그리스 전체를 호령하는 지배권까지도 구축할 수 있을 것으로 기대하고 있다. 따라서 필요한 군자금도 식량도 새롭게 정복했던 서방 국가들이 그 토지로부터 수요를 많이 충족시키고, 본국으로부터 수송을 필요로 하지 않을 예정이었으므로 이런 대규모 계획 하나하나가 더욱더 쉽게 실현될 수 있다고 생각되었다.

〔Thucydides VI, 90〕

44. 헤르메스 신상 훼손 사건

아테네의 길모퉁이 혹은 부유한 집의 입구 등에는 자주 제우스의 사자(使者)로 알려진 여행자의 신 헤르메스의 석상이 위치해 있었다. 기원전 415년 아테네가 국운을 걸고 대대적으로 준비했던 시칠리아 원정함대의 출항 전야에 헤르메스 상이 하룻밤에 다수 손상을 입는 기묘한 사건이 발생했다. 이 사건의 범인과 목적 등에 대해서는 불분명한 것으로 생각되고 있다. 알키비아데스를 소추하는 데 이르렀던 사건의 전개 자체는 태양을 새빨갛게 탄 돌이라고 분명하게 말했던 자연철학자 아낙사고라스에 맞서서, 기원전 450년 무렵 신 모독죄에 대한 의심으로 소크라테스가 처형되는 사건에 이르기까지의 일련의 사건 가운데 위치시킬 수 있다. 일부 지식인 사이에서는 무신론조차 거론되고 있던 그리스 세계의 다른 일면을 살짝 엿보게 하는 사건이라고 말할 수 있을 것 같다.

그렇지만 그때 아테네 시내에 있던 돌기둥 상(헤르메스 상)이 [이것은 사각

기둥에 세공을 했던 상이고, 지방의 관습에 따라 시민의 집 입구와 성역에 다수 건립되어 있었다] 대부분 하룻밤 중에 모두 안면부가 파괴되는 사건이 발생했다. 범인 일당에 대해서는 누구도 아는 자가 없었지만, 범인을 검거하기 위해 국가에서 많은 액수의 현상금이 걸리고 수사가 진행되었다. 더욱더 이것에 한정하지 않고 그밖에 누군가에 의해 신에 대한 불경모독 행위가 행해진 사실을 알고 있는 자는 시민, 외국인, 노예를 불문하고 자진해서 밀고하는 경우에는 처벌받지 않는다는 취지의 결의가 추가적으로 이루어졌다. 시민들은 이 사건에 대해서 평소와 다르게 심각한 감정에 휩싸였다. 왜냐하면 이것은 시칠리아 원정군의 앞길에 불길한 전조로 생각되었을 뿐만 아니라 정변(政變), 결국에는 민주정치의 파괴를 겨냥한 음모가 이면에 자리 잡고 있다고 알려졌기 때문이다.

결국 일부 거류민과 측근 종복들 사이에서 정보가 샜다. 그렇다고 하더라도 헤르메스 상 한 건에 대해서는 여전히 불분명하지만, 이보다 먼저 다른 신상(神像) 등이 술에 취한 젊은이들의 못된 장난으로 파손되었던 일, 동시에 그들이 개인 저택에서 불경스럽게도 비밀스런 제례를 흉내 내며 장난치고 있는 일이 분명히 밝혀지고, 책임의 일부가 알키비아데스에게도 귀속된다고 알려졌다. 알키비아데스에게는 전부터 정적이 많고, 특히 민중파의 우두머리가 되려고 하는 자들은 알키비아데스 때문에 자신들의 지위가 위협받고 있다고 생각하고 증오심을 강하게 가지고 있었다. 따라서 이런 상황에서 밀고자의 정보를 실제로 입수해서 알키비아데스마저 추락시킬 수 있다면 자신들이 최대의 유력자가 될 수 있다고 믿어 의심치 않았다. 그래서 그들은 정보를 과장했을 뿐만 아니라 비밀스런 제례 사건도 헤르메스 상 파손으로 간주하고, 민주정치 파괴를 겨냥하는 일파의 소행과 다르지 않다고 떠들어 댔다. 이런 일련의 행위에는 모두 알키비아데스가 개입되어 있으며 그 증거로그의 일상생활 모든 측면에서 비민주적인 난폭한 행동 따위를 특별히 강조했던 것이다.

〔Thucydides VI, 27–28〕

45. 공공봉사(liturgia)

고전기의 아테네에는 부유한 시민 및 재류외인(메토이코이)에게 공공봉사(liturgia)의 의무가 부과되었다. 그 주요 내용은 아래 사료에서 보이는 바와 같다. 공공봉사를 부과받은 시민은 자신 이외에 공공봉사를 해야 하는 인물이 있다고 생각되면, 그 인물과 교대할 수 있었다. 지명된 사람은 즉시 공공봉사를 하든지, 자신을 지명한 인물과 재산을 교환하든지, 혹은 소송을 제기할 수 있었다. 어느 쪽이든 공공봉사의 의무는 부유한 자들에게는 커다란 부담이었다.

[A]

나는 테오폼포스가 아르콘인 해(기원전 411~10년)에 성인의 심사(審査)(도키마시아)를 받았다. 그리고 비극을 위한 합창대 봉사자에 선발되어 30무나를 지출했다. 2개월 후에는 타르게리아 제전에 2000드라크마를 지출하고, 남성 합창에서 우승을 거두었다. 그라우키포스가 아르콘인 해(기원전 410~9년)에는 대규모 판 아테나이아 제전에서 무용수에게 800드라크마를 지불했다. 게다가 같은 아르콘의 해에 디오니소스 제전에서도 남성 합창에서 우승을 거두었다. 그 즈음에는 다리가 세 개 달린 항아리의 봉헌을 포함해서 5000드라크마를 지출했다. 디오클레스가 아르콘인 해(기원전 409~8년)에는 대제전이 아닌 판 아테나이아 제전에서 서사시의 합창에 300드라크마를 지불했다. 나는 이처럼 지출한 뒤에 조국을 떠나서 여러분들을 위해 매일 위험에 몸을 드러냈다. 그렇지만 한 번은 30무나를, 그리고 또 한 번은 40000드라크마의 임시 재산세를 되돌려 주었다. 아레크시아스가 아르콘인 해(기원전 405~4년)에 귀국한 즉시 나는 프로메테우스 제전을 위해 경기 봉사의 의무를 이행하고, 12무나를 지출해서 우승을 거두었다. 그 후 나는 소년 합창단을 위한 합창대 봉사자로 임명되어, 15무나 이상을 지출했다. 에우클레이데스가 아르콘인 해(기원전 403~2년)에는 희극 경연에서 케피소드로스의 희극을 위해 합창대 봉사자의 의무를 수행하고, 의장 봉헌을 포함해서 16무나를 지출하고, 대제전이 아닌 판 아테나이아 제전에서는 피릭 댄스의 수염이 없는 무용수를 위한 합창대 봉사자의 의무를 수행하고, 7무나를 지출했다. 나는 또한 15무나를 지출해서 수니온 곶에서 멀리 떨어진 바다 위에서 행해진 삼단 노선 경주에서 우승했다. 게다가 성지로 사자의 임무라든가 아테나 여신의 옷 등을 옮기는 소녀들을 위한 봉사라든가 하는 다른 이런 종류의 임무를 수행해서 30무나 이상을 지출했다. 만약 내가 법에 명기된 대로 공공봉사의 의무를 수행하고자 했다면, 이제까지 열거했던 금액의 1/4의 지출로 끝날 일이었을 것이다.

〔Lysias XXI, 1–5〕

[B]

"그러면, 거기까지 알고 있으면서도, 당신에게는 재산이 부족함이 없다고 생각하고, 나야말로 빈곤 때문에 동정 받아야 한다는 것입니까" 하고 크리토볼루스(Critobulus)가 물었다. 그〔소크라테스〕는 대답했다. "왜냐하면 나의 재산은 내가 필요로 하는 것을 공급하는 것으로 충분한 것에 비해서, 당신이 그것에 맛이 들어 버린 살림살이와 당신의 명성 때문에 가령 지금 당신이 가지고 있는 것의 세 배가 있다고 해도 충분하다고 생각되지 않기 때문이다."

"도대체 어떻게 그런 말을 할 수 있습니까"라고 크리토볼루스가 묻자, 소크라테스는 다음과 같이 설명했다. "왜냐하면 무엇보다도 첫 번째로 나의 생각으로는 당신은 신들에게 횟수를 거듭해서 그것도 성대한 희생제를 봉헌하지 않으면 안 되기 때문이겠죠. 생각건대 그렇지 않으면 신들도 인간들도 당신을 용서하지 않을 것이기 때문이겠죠. 더욱더 많은 다른 나라 사람을 환영해서 성대하게 대접하는 것도 당신의 의무입니다. 또한 시민을 식사에 초대해서 그들에게 선행을 베풀지 않으면 안 됩니다. 그렇게 하지 않으면 당신의 지지자를 잃을 수 있을 것입니다. 게다가 국가도 역시 당신에게 많은 부담을 지우고 있다는 것을 나는 알고 있습니다. 말의 사육, 합창대 봉사, 경기 봉사, 더욱이 보증인을 맡아 하는 것 등입니다. 또한 만약 전쟁이라도 발생하면 당신이 부담하기 쉽지 않은 삼단 노선 봉사와 임시 재산세도 당신에게 부과된다는 것도 알고 있습니다. 이 중에 어느 것도 충분히 달성되지 않았다고 판단된다면, 당신은 아테네 사람들이 그들의 것을 훔쳤던 사람을 붙잡았던 때와 같은 방식으로 처벌받을 것입니다. 이상의 일에 덧붙여서 당신은 자신이 유복하다고 생각하고 재산을 늘리는 것에는 무관심합니다. 게다가 자신만큼 유복하다면 용서받는다고 생각하고 어린애 같은 행동에 마음을 쏟고 있다. 그래서 나는 어떤 돌이킬 수 없는 손해가 당신을 압도하지 않도록 그리고 당신이 절망적인 곤경에 빠지지 않도록 걱정하면서 당신을 동정하고 가엾게 여깁니다"라고.

〔Xenophon, Oikonomikos 2, 4-7〕

46. 여성과 결혼

결혼은 자신의 자식을 낳고, 자신의 아들을 씨족과 데메의 구성원이 되도록 하고, 자신의 딸을 결혼시키기는 일로 인정된다. 창녀들은 쾌락을 위해서, 첩은 일상의 사소한 보살핌을 위해서, 아내는 합법적인 후손과 가정의 충실한 파수꾼으로 선택된다.

〔Demosthenes, 122.〕

47. 이상적인 시민상

아래에 인용하는 사료는 기원전 4세기 전반에 쓰인 것으로 보이는 아테네인 크세노폰이 쓴 농업서의 일부이다. 소크라테스의 대화 상대인 이스코마코스는 아마도 크세노폰이 염두에 둔 이상적 시민으로 보인다. 온건한 생각의 지주였던 크세노폰의 이상을 아는 것은 당시 그리스인의 사고방식을 엿보기 위한 좋은 실마리가 된다.

나〔소크라테스〕는 말한다. 이스코마코스여, 거기까지는 나는 당신을 따른다. 결국 그대가 말하는 것은 노동과 진실한 배려와 단련이 사람에 따라 좋은 것을 얻게 한다는 뜻이다. 하지만 조금 더 자세하게 들어주길 바란다. 자네는 어떤 노동으로 건강과 강함을 유지하고자 하는가? 어떻게 군사 훈련을 하는가? 친구를 도와 폴리스를 강하게 하기 위해 잉여의 부를 만들어 내려면 어떤 배려를 해야 좋을까?

이스코마코스가 대답했다. 소크라테스 선생님, 나는 사람을 방문

할 경우에는 그가 아직 집에 있을 시각에 일어납니다. 시내 중심가에 용무가 있는 경우에는 산보도 함께 해 버립니다. 시내 중심가에서 해야 할 일이 없는 때에는 노예에게 말을 밭에 끌고 가게 합니다. 그리고 나는 걸어서 밭으로 갑니다. 소크라테스 선생님, 이것은 다분히 도회지에서 주랑을 걷는 것보다는 유익하겠죠. 밭에 도착하면 말이에요, 만약 사람들이 그때 나를 위해 무언가를 심고 있다고 한다면, 혹은 땅을 경작하고 있고, 씨를 뿌리고 있고, 농작물을 수확하고 있다고 한다면 나는 각각 그것이 어떻게 행해지고 있는가를 감독하고, 현 상태보다 좋은 것을 무언가 알고 있는 경우에는 개선하려고 합니다. 그 후에 나는 대부분 승마 연습을 합니다. 그것도 가능한 한 실전에 필요하게 될 상황에 가까운 형태로 연습을 합니다. 결국 비탈면도 가파른 언덕도 도랑도 어지간한 작은 시내도 피하지 않습니다. 하지만 그때에는 말의 발을 아프게 하지 않도록 주의를 기울입니다. 이것이 끝나면 노예가 말에게 뒹구는 동작을 하게 하면서 집으로 줄지어 갑니다. 도회지에서 필요한 것이 있으면, 그때는 함께 운반합니다. 나는 달리기도 하고 걷기도 해서 집으로 돌아가면서 땀을 흘립니다. 소크라테스 선생님, 그리고 나는 하루를 소비하는 일이 많이 없고, 적지 않을 정도의 아침 식사를 합니다.

〔Xenophon, Oikonomikos 11, 13-18〕

48. 훌륭한 시민

선량한 사람은 그의 생활 기반으로 농업보다 나은 일이 없다고 여긴다. 농업은 배우기에 가장 쉽고, 행하기에 가장 기분 좋은 일이다. 농업은 우리의 육체를 가장 아름답게 만들어 주고, 힘이 솟아나게 한다. 농업에 종사하면 친구와 도시를 돌볼 수 있는 정신적 여유가 생긴다. 농업은 또한 도시 성벽 밖에서 농산물을 키우고 가꾸는 사람들에게도 용기를 준다. 그래서 이런 삶은 도시에서 가장 명예로운 삶으로 추앙된다. 이런 삶이 도시에서 가장 훌륭하고 충실한 시민을 길러내는 것이다.

〔Xenophon, Oikonomicos, Ⅵ, 8-10.〕

49. 아리스토텔레스의 노예론

여기에서 인용한 아리스토텔레스의 노예론은 현대인의 눈으로 보면 꽤 충격적이라고 말하지 않을 수 없다. 이 노예론, 특히 '자연의 이치에 따른 노예'라는 사고방식이 신대륙 발견 이래로 종래 아메리카 대륙으로부터 현지 주민에게 심각한 재앙을 가져다주었다는 것도 잊어서는 안 된다. 게다가 관찰 혹은 조사를 기반으로 한 아리스토텔레스의 연구 방법을 감안한다면, 아리스토텔레스 자신의 사상은 그가 살았던 기원전 4세기의 그리스인들의 노예관을 규명하기 위한 귀중한 소재를 제공한다.

먼저 노예와 주인의 관계에 대해서 서술해 보려 한다. 그것은 생활에 불가결한 수요에 관련된 사항을 보기 위해서지만, 동시에 또한 그 관계를 알기 위해서는 현재 사람들의 판단보다도 더 적절한 파악 방식이 있을까 어떤가를 알아보기 위해서 이다. 왜냐하면 어떤 사람들의 생각에 의하면 주인에 관한 기술은 일종의 지식이고, 처음에 우리가 언급했던 것처럼 가정의 기술과, 주인의 기술과, 국가 지도자의 기술과, 왕의 기술은 모두 같은 것이기 때문이다. 또한 다른 사람들의 생각에 의하면 주인으로서 지배하는 것은 자연에 반한 것이라고 한다. 결국 한편이 노예이고 다른 한편이 자유인이라는 것은 단지 관습에 의한 것뿐이고, 자연에 의해서는 그들에게 어떤 차별도 없다. 그러므로 그것은 옳지도 않다. 왜냐하면 그것은 강제적이기 때문이라는 것이다. (중략)

그러므로 주인은 노예의 주인일 뿐으로 〔완전한 의미의〕 노예의 무엇은 아니다. 그것에 대해서 노예는 주인의 노예일 뿐만 아니라 완전한 의미에서 주인의 무엇이기도 하다. 이리하여 노예의 자연본성이라는 것은 무엇인가, 그의 기능이라는 것은 무엇인가가 이상으로부터 명백해진다. 즉 인간이면서 자연에 의해 자기 자신의 무엇이 아니고, 다른 무엇의 무엇인 자, 이것이 바로 자연에 의한 노예이다. (중략)

그래서 혼과 신체라는 것이, 인간과 동물이라는 것이 구별되므로, 바로 그 정도 〔자유민으로부터〕 떨어져 있는 자들−대체로 육체의 사용이 곧 그 기능인 것 같은 자들은 이러한 상태에 있고, 그들로부터 끌어낼 수 있는 최선의 것은 이런 종류의 사용이지만−, 이런 자들이 자연에 의한 노예이다. 그들에게서는 앞서 서술했던 신체와 동물이 바로 그러하기 때문에 당연히 주인에게 지배되는 것이 한층 좋은 것이다. 왜냐하면 다른 무엇의 무엇인 것이 가능한 자−이 때문에 사실 그는 다른 무엇의 무엇이지만−, 이성과 지혜를 〔그 자신이〕 지니고 있는 것은 아니지만, 그것을 이해할 만큼 이성과 지혜를 받은 자, 이것이 자연에 의한 노예이기 때문이다. 왜냐하면 인간 이외의 다른 동물은 이성과 지혜가 없이 정념에 종속될 뿐이기 때문이다. 다만 사용되어진다는 점에서는 노예와 동물은 그다지 차이가 없다. 왜냐하면 쌍방으로부터-노예로부터와 가축으로부터-얻을 수 있는 것은 생활에 필요한 것을 공급하기 위한 육체의 조력이기 때문이다. (중략)

따라서 분명한 점은 다음과 같다. 의견의 대립에는 얼마간의 이유가 있다. 그리고 한쪽의 사람이 항상 자연에 의한 노예라고만은 할 수 없고, 다른 한쪽의 사람이 항상 자연에 의한 자유인이라고만은 할 수 없다. 하지만 또한 분명한 점은 다음과 같은 사람의 경우에는 그러한 구별이 존재한다는 것이다. 즉, 한쪽에서는 노예라는 것이, 다른 한쪽에서는 주인이라는 것이 유익하고 올바르기조차 하다. 게다가 한쪽이 지배되는 것에 대해서 다른 한쪽이 지배하고, 따라서 주인으로서 행동하는 것은 자연 본래적인 지배 방식에 의하지 않으면 안 된다. 그것에 반해서 지배가 나쁜 방식으로 행해지면 그것은 쌍방에게 불리하게 작용한다. 왜냐하면 부분과 전체의 경우에, 또한 신체와 혼의 경우에 이익이 되는 것은 동일하고, 노예는 주인의 한 부분이기 때문이다. 그러므로 노예와 주인이 자연에 의해 그들에게 어울리는 존재 방식을 따른다면, 거기에는 상호 간에 유익한 것뿐만 아니라 친밀히 사랑하는 정도 생겨날 수 있는 것이다. 그것에 대해 그런 존재 방식이 아니라 법률상의 힘의 관계에 있다면 거기에는 그들에게 반대의 사실이 나타나는 것이다. (중략)

요컨대 한랭지에 사는 민족들, 특히 유럽 지방에 사는 민족들은 기백이 넘치지만 사고와 기술이 모자라는 아쉬움이 있다. 그러므로 그들은 민족 가운데에서도 비교적 자유롭게 남아 있는 한편 국가를 조직할 수 없고, 인근 민족을 지배할 수 없다. 다른 한편 아시아 지방의 민족들은 사고와 기술의 정신은 있지만 기백이 부족하다. 그러므로 그들은 항상 지배당하고, 예속화되고 있다. 하지만 그리스 민족은 지리상 양자의 중간을 차지하고 있는 것처럼 기질로도 양자의 요소-기백과 사고-를 나누어 갖고 있다. 그러므로 그들은 자유롭게 남아 있고, 가장 뛰어난 국가조직을 갖고 있는 것이다. 그리고 만약 그들이 국제(國制)의 통일을 달성한다면, 모든 민족을 지배할 능력이 있다.

〔Arist, Politica I, 3~5; VII, 7〕

50. 스파르타 사회의 변질

스파르타의 정치적 안정은 스파르타 국내 경제를 화폐 경제의 영향으로부터 차단하고, 토지 소유의 이동과 집중을 막고, 그것으로 스파르타 시민의 감소를 막고, 일정 수의 중무장 보병을 확보하는 것이었다. 하지만 시민 수의 감소가 펠로폰네소스 전쟁 중에 징후를 보이고, 그 후 스파르타의 그리스 지배 기간에 현저해졌다. 사료 [A]는 스파르타의 국외 지배 자체가 리쿠르고스 체제를 붕괴하게 한 원인이었다는 것을 보여 주고 있다. 스파르타인 총독(하르모스타이)이 지위를 개인적 치부에 이용하고, 스파르타에 종속된 모든 폴리스를 수탈하고 있기 때문이다. 이것은 얼마 안 있어 스파르타 국내의 신분제도인 호모이오이(Homoioi) 체제를 붕괴해 간다. 스파르타는 토지 매매를 금지 혹은 사회적으로 억제하고 있었지만, 이것도 무너지면서 토지의 집중이 진행된다. 사료 [B]와 [C]는 그것에 관한 것이다. 사료 [B]와 [C]가 동일한 사태를 언급했던 것인가 어떤가는 논의가 분분하고, 에피타데우스 법의 신빙성을 부정하는 논의도 있다. 하지만 [B]와 [C]는 동일한 사태에 대해 언급했던 것으로, 펠로폰네소스 전쟁 이후에 다양한 의제적(擬制的) 방법으로 진행하고 있던 토지의 이동을 추인하고 가속화했던 것으로 생각하고 싶다.

[A]

누군가가 나에게 지금까지도 리쿠르고스의 모든 법이 변경되지 않은 채로 남아 있다고 생각하느냐고 묻는다면, 대담하게도 그렇다고 답할 수 있는 것은 분명히 아닐 것이다. 이전에는 라케다이몬인이 〔종속된〕 모든 폴리스에서 총독으로서 다스리고, 아첨하고 뇌물을 받는 것보다 오히려 국내에서 적당한 재산을 가지고 함께 살아가는 것을 택했다고 알고 있다. 예전에 그들은 돈을 갖는 것이 알려지는 것을 두려워했다는 것도 알고 있다. 지금은 돈을 획득했다는 것에 자만하는 자가 있다. 예전에는 이런 이유로 외국인을 배제했고, 외국에 가는 것도 금지되었다. 그 목적이 시민이 외국인과 접촉해서 나태해지는 일이 없도록 하려는 것이었다는 점도 잘 알고 있다. 하지만 이제 지도자로 생각되는 사람들이 평생 외국에서 총독으로 다스리는 것을 갈망하고 있다는 것을 알고 있다. 예전에 그들은 지도자에 어울리는 마음을 썼던 때도 있다. 이제 그들은 지배에 어울릴 것 같은 것을 하는 것보다 지배를 하기 위해 노력하고 있다. 그러므로 전에는 그리스인이 라케다이몬인 앞에 가서 부정한 짓을 하고 있다고 생각되는 자들에 대해 자신들을 이끌도록 청했다. 이제는 많은 사람들이 라케다이몬인이 다시 지배하는 것을 막자고 서로 말을 주고받는다. 그렇지만 이런 비난을 그들이 뒤집어쓰게 되는 것에 놀랄 것까지는 없다. 왜냐하면 분명히 그들은 신도 리쿠르고스 법도 따르고 있지 않기 때문이다.

〔Xenophon, Lakedaimonion Politeia 14〕

[B]

사람은 재산의 불평등에 관해서도 그들을 비난할 것이다. 왜냐하면 그들 중 어떤 자는 너무 많은 것을 소유하지만, 어떤 사람은 그저 명색뿐으로 조금밖에 소유하고 있지 않기 때문이다. 이 때문에 토지는 소수자의 수중에 있다. 이에 관해서도 법률에 의해 서투르게 규정되어 있다. 왜냐하면 그렇게 하는 것이 맞지만 〔입법자는〕 현존 토지를 매매하는 것은 명예롭지 못하다고 했기 때문이다. 하지만 원하는 사람은 증여하거나 유증할 수 있었다. 같은 결과가 매매에 의해서도 증여와 유증에 의해서도 필연적으로 생기는 것인데도 말이다. 그런데 토지 전체의 거의 2/5가 여자들의 소유로 되어 있다. 이것은 많은 여자가 상속인(에피클레로스)으로 되어 있기 때문이고, 많은 지참금을 주기 때문이기도 하다. 하지만 지참금을 전부 〔불허하든지〕, 혹은 약간만 혹은 적당한 정도〔를 허용한다〕든지 규정되어 있는 편이 한층 더 좋았다. 그런데 지금은 여자 상속인을 〔후견인이〕 그가 바라는 것은 누구에게라도 줄 수 있고, 만약 유언을 남기지 않고 죽게 된 경우, 만약 상속인을 남겼다면, 그 상속인이 〔여자 상속인을〕 자신이 원하는 사람에게 준다. 그 때문에 국토는 1500명의 기병과 3만 명의 중장보병을 부양할 수 있는데도 전부해서 1000명에도 미치지 못했다. 그리고 사실 그 자체가 이 제도의 기초에 결함이 있다는 것을 드러내고 있다. 그 때문에 이 나라는 한 번의 공격을 견뎌 내지 못하고 인구 부족으로 멸망했던 것이다.

〔Aristoteles, Politica 1270a 15–34〕

[C]

파멸과 병적 상태의 징후를 라케다이몬인의 정치제도가 보여 주게 된 것은 그들이 아테네인의 패권을 해체시키고, 금과 은으로 자신들을 만족시킨 지 얼마 지나지 않아서였다. 그렇지만 사람들은 리쿠르고스가 규정했던 집의 수를 상속 때 유지하고, 부친은 자식에게 세습 토지를 남기고 있었으므로 그 한에서 정치제도 자체와 평등은 유지되고, 다른 분야에서의 많은 실패에도 불구하고 국가를 지탱하고 있다. 그런데 유력자로서 비뚤어진 성격 때문에 걸핏하면 화를 내는 에피타데우스라는 사람이 에포로스였던 때에 자식과 말다툼을 벌인다. 그는 자신의 가산(오이코스)과 세습 토지를 자신이 원하는 자에게 생존 중에 증여하는 것도 유언으로 상속하는 것도 가능하다는 법안을 만들었다. 그는 이 법을 제안해서 자신의 개인적인 원한을 만족시켰던 것이다. 다른 사람들은 탐욕 때문에 법안을 수용하기로 가결함으로써 최선의 제도를 파괴했다. 왜냐하면 이제 유력자들은 정당한 자격을 가진 사람들〔혈연자들〕을 상속에서 배제하고, 양심의 가책 없이 타인의 재산을 획득했다. 금세 소수의 수중으로 부가 흘러 들어가고 빈곤이 나라를 전복시켰다. 그리고 훌륭한 행위를 하는 데 필요한 여가의 상실과 자유의 상실이 이어지고 가진 자들에 대해 질투와 적의가 수반되었다.

〔Plutarchos, Agis 5, 1–13〕

51. 용병의 활약

그리스에서 용병이 대대적으로 사용되기 시작한 것은 코린토스 전쟁(기원전 395~386년) 때부터였다고 전한다. 아래에서 인용된 것은 코린트 지협을 장악했던 스파르타 군과 아테네 군 사이에서 기원전 390년에 일어난 전투를 묘사한 것이다. 아테네 측은 펠타스타이로 불리는 작은 둥근 방패와 투창으로 무장하고 있었던 경무장 보병을 용병으로 사용하고 있다. 경무장보병은 원래 그리스의 전통적인 전투 방식 중에서 그다지 주목받지 못했지만, 펠로폰네소스 전쟁 이래로 기동성이 뛰어나 주목받기 시작했다. 아래 사료에서도 싸움에 지고 달아나면서 싸우는 경무장 보병의 특징적인 전투 방식이 잘 표현되고 있다.

코린토스인들과 아테네의 중무장 보병대 장군이었던 히포니쿠스(Hipponicus)의 아들 칼리아스(Callias)와 작은 둥근 방패와 투창을 갖추고 있었던 병사들(peltastai)의 지휘관이었던 이피크라테스(Iphicrates)는 스파르타군을 발견했다. 그들은 스파르타군의 수가 많지 않고 가볍고 작은 방패를 든 병사들이나 기병들이 동행하고 있지 않다는 것을 보고 가볍고 작은 방패를 든 병사들로 공격하는 것이 안전하다고 생각했다. 왜냐하면 만약 그들이 길을 따라서 전진한다면, 무방비 상태인 측면에 투창 공격을 받아 궤멸할 수 있고, 추격을 시도한다고 해도 민첩한 펠타스타이는 쉽게 중장보병의 추격을 벗어날 수 있을 것이기 때문이다. 이상과 같이 결론 내리고 그들은 군대를 전진시켰다. 그리고 칼리아스는 코린토스 시에서 멀지 않은 곳에 진을 치고, 한편 이피크라테스는 펠타스타이를 인솔해서 스파르타 측의 부대를 습격했다. 그래서 스파르타 측은 투창을 뒤집어쓰게 되고 여러 사람이 부상당하고 게다가 여러 명은 전사했다. 따라서 방패를 들고 있는 노예에게 부상자를 일으켜 레카이움(Lechaeum)으로 옮기도록 명령했다. 실제로 구출되었던 것은 부대 안에서 그들만이 아니었다. 그다음에 스파르타의 지휘관은 가장 어린 병사들에게 적을 뒤쫓아 물리칠 것을 명령했다. 그들은 추격했지만 투창의 사정거리에서 벗어난 곳에서 중장보병이 펠타스타이를 추격할 경우에는 한 사람도 붙잡을 수 없었다. 왜냐하면 〔이피크라테스가〕 펠타스타이에게 중장보병이 근접할 때까지 퇴각할 것을 명령했기 때문이다. 그리고 스파르타 병사들이 각각 가능한 한 빠르게 추격하려고 해서 산산조각 나 버렸기 때문에 본대로 돌아가려 해도 이피크라테스의 바로 옆 병사들이 방향을 바꿔서 재차 정면에서 창을 뒤집어쓰게 되고, 측면의 다른 병사들은 적이 방어하지 않는 측면으로 달려갔다. 그리고 곧 최초의 공격으로 스파르타 병사 9명 내지 10명을 쓰러뜨렸다. 그 후 그들은 더욱더 공격을 강화했다. 스파르타 병사가 계속 패배하는 동안에 스파르타의 지휘관은 다시 어린 병사들에게 추격을 명령했다. 하지만 퇴각할 때에는 처음 추격 때보다도 많은 병사들이 쓰러졌다. 이미 최정예 병사들이 죽었으므로 이번에는 기병이 가세하고, 기병과 함께 스파르타 측은 다시 추격했다. 하지만 펠타스타이가 도주했을 때 기병은 공격을 잘못 판단했다. 왜냐하면 그들은 적을 누군가가 쓰러질 때까지 추격하지 않고, 추격도 돌아가는 것도 중장보병의 추격군과 합치는 수밖에 없었기 때문이다. 이런 식으로 몇 번이나 추격을 시도하는 것은 스파르타 측에 손실을 입혀 병사 수도 줄고 사기도 떨어질 수 있었다. 따라서 아테네 측은 더욱더 대담해지고, 공격하는 병사들의 수도 계속 증강되었다. 그래서 스파르타 측은 낙담하고 작은 언덕 위에 집결했다. 그곳은 바다에서 2스타디아(stadia) 정도, 레카이움에서는 16~17스타이아 정도 떨어진 곳에 있었다. 그들을 알아보자마자 레카이움 사람들이 작은 배에 타고 언덕의 반대쪽으로 빙 돌았다. 손실을 입고 전사자도 나오면서 아무런 소득도 얻지 못한 채 아테네 측의 중장보병이 진군해 오는 것을 그저 바라볼 수밖에 없었다. 전의를 상실했던 스파르타 병사들은 도주했다. 그들 중에 일부는 바다로 뛰어들고, 얼마 안 되는 자들만이 기병과 함께 레카이움으로 도주했다. 이런 일련의 전투 및 패주(敗走) 사이에 스파르타 측은 약 250명이 전사했다.

〔Xenophon, Hellenica 4, 5, 13-18〕

52. 제2차 아테네 해상 동맹

펠로폰네소스 전쟁 이후 페르시아는 이오니아의 모든 도시에 대한 지배를 둘러싸고 스파르타와 대립하고, 아테네, 코린토스, 테베 등에 자금을 원조하면서 스파르타를 견제했다. 아테네는 이로 인해 국력을 회복했다. 하지만 스파르타는 기원전 386년 페르시아와 「대왕의 화약(和約)」을 체결하는 데 성공하고, 화약 중에 아우토노미아(autonomia) 조항을 자의적으로 운용해서 그리스 지배를 유지하고자 계획했다. 이것에 대한 반감과 적의(敵意) 가운데에서 아테네의 세력 회복은 한층 더 진전되었다. 기원전 384년 여름에는 키오스와 영구 동맹을 체결하고, 제2차 해상 동맹을 결성하기 전에 테베, 미틸레네, 메티무나, 비잔티움 등과 동맹을 체결했다. 제2차 해상 동맹 규약(기원전 377년)은 제국 지배에 관계된 행위를 하지 않는 것을 신중하게 명기하고 있다. 하지만 기원전 360년대에 들어가면 가맹국의 자치는 존중되지 않고, 동맹은 제국 지배로 전환되고 있었다.

나우시니코스가 아르콘인 해에 파이아니아 데메(deme)에 사는 케피소폰의 아들 칼리피오스가 서기였다. 히포톤티스의 부족의 제7프리타네이아 때 협의회와 민회의 결의. 아토모논 데메에 사는 칼리노스가 의장으로, 아리스토텔레스의 토의 안건 제의. 아테네인과 그 동맹국에 신의 뜻을 축하. 헬라스인이 자유롭게 자치로써 평화롭게 살아가고, 안전하게 그들 자신의 모든 토지를 갖는 것을 라케다이몬인이 인정하기를, 그리고 헬라스인과 〔페르시아〕왕이 조약〔대왕의 화약〕에 기초해 서약했던 공통의 평화가 영원히 효력 있기를 민회에 의해 투표해야 한다. 헬라스인과 본토에 거주하는 바르바로이와 도서(島嶼) 지역 사람들은 왕의 것이 아닌 모든 것은 아테네인과 그 동맹자의 동맹자이기를 원한다면, 그가 그렇게 하도록 허락해야 하고, 그 역시 자유롭게 자치를 하고, 그가 원하는 정체를 보유하고, 주둔병을 수용하고 관리를 맞아들일 필요도 없고, 공납을 지불할 필요도 없고, 키오스인과 테베인과 다른 동맹자에게서와 동일한 조건으로 받아들여진다. 아테네인가 그 동맹자와 동맹을 맺었던 동맹자에 대해서 민회는 동맹을 맺었던 자들의 나라에 있고 아테네인의 수중에 있는, 사적으로 공적으로 소유되고 있는 것을 포기하고 이것에 대해 보증해 주어야 한다. 만약 아테네인과 동맹을 맺은 어딘가의 폴리스에 적합하지 않은 석비가 아테네에 있다면, 그 경우에 처해 있는 협의회가 〔그 석비를〕 파괴하는 권한을 가져야 한다. 나우시니코스가 아르콘인 해 이래로 사적으로든 공적으로든 어떠한 아테네인도 동맹자의 국토에서 집과 땅을 구입하는 것이든 담보로 잡는 것이든 다른 어떠한 수단에 의해서든 소유하는 것은 허용되지 않는다. 만약 누군가가 〔그와 같은 재산을〕 사거나 어떤 이유가 있더라도 온갖 수단을 사용해서 획득하거나 얻거나 한다면 동맹자가 원하는 것이 무엇이든 동맹자의 평의원에게 소송할 수 있어야 한다. 만약 누군가가 동맹을 맺었던 자에 대해서 전쟁을 하려는 의도로 해로이든 육로이든 다가온다면, 아테네인과 동맹자는 그들을 해상과 육상에서 전력을 기울여 힘껏 지원해야 한다. 만약 누군가가 관리이든 개인이든 이 결의에 반대해서 이 결의에서 언급하고 있는 어떤 항목을 파기해야 한다고 제안하거나 투표에 부친다면, 그 자의 시민권을 박탈해야 하고 그 자의 재산은 공적인 것으로 해야 하고, 1/10은 〔아테나〕여신의 것으로 해야 한다. 그리고 동맹을 깼던 일로 그 자는 아테네인과 동맹자 사이에서 재판에 회부되고, 그 자를 사형에 처하든지 아테네인과 동맹자가 지배하는 곳에서 추방하는 것으로 처벌해야 한다. 사형을 판결받았다면 아티카에서도 동맹자의 땅에서도 그 자를 매장해서는 안 된다. 협의회의 서기는 이 결의를 석비에 새겨서 제우스 〔상(像)〕의 곁에 세워야 한다. 석비를 새기기 위한 비용으로 60드라크마를 여신의 재무관이 10탤런트〔의 기금〕에서 지출해야 한다. 이 석비에 이미 동맹을 맺고 있는 폴리스와 이후에 동맹자가 된 폴리스의 이름을 재무관이 새겨야 한다. 이상에서 열거한 것을 새겨야 하고 민회는 테베로 파견할 사절 세 명을 즉시 선발해야 한다. 사절들은 그들이 이룰 수 있는 올바른 것을 이룰 것이라고 테베인을 설득해야 한다. 다음 사람들이 선출되었다. 그들은 마라톤 데메에 사는 아리스토텔레스, 아나프리스토스, 데메에 사는 피란드로스, 콜린토스 데메에 사는 트라시부로스이다.

다음에 열거하는 모든 폴리스는 아테네의 동맹국이다.

키오스인, 테네도스인, 미틸리네인, 칼키디케인, 메테무나인, 에레트리아인, 로도스인, 포이에사인, 아레토사인, 비잔티움인, 칼리스토스인, 이코스인, 페페레토스인, Pall (…) , 스키아토스인, (…) , 마로네이아인, (…) , 디온인, 파로스인, O (…) , (…) , 아테나이=디아데스인, P (…) . (이하 생략)

(본문의 왼쪽)

케르키라의 민회, 아부데라인, 타소스인, 트라키아 출신의 칼키디케인, 아에노스인, 사모트라케인, 디카이오폴리스인, 아카르나니아인, 케파레니아의 플로니이인, 아르케타스, 네오프톨레모스, 이아손, 안드로스인, 테노스인, 헤스티아이아인, 미코노스인, 안티사인, 에레소스인, 아스트라이우스인, 케오스인, 이울리스인, 카르타이아인, 코레시아인, 에라이우스인, 아모르고스인, 세리무부리아인, 시푸노스인, 시키노스인, 트라키아 출신의 디온인, 네오폴리스인, 넬로스의 자킨토스인의 민회

〔Tod 123〕

53. 플라톤의 이상 도시

우선 전체 시민 수가 어느 정도여야 할지를 정해야 한다. 그리고는 전체 시민을 배치하는 데에 동의해야 한다. 계층의 수와 성질에 따라 시민을 분산·배치하는 데에 합의해야 한다. 계층 간에 가능한 한 공평하게 토지를 분배하고, 주민을 배치해야 한다. 적정한 주민 수는 토지의 크기에 따라, 그리고 이웃 주민과의 관계를 고려하여 정해야 한다. 토지의 크기는 정해진 수의 주민을 부양하는 데 적당해야 하며, 그 이상으로 커서는 안 된다. 하지만 주민의 수는 그들에게 피해를 주는 이웃을 물리칠 수 있을 정도는 되어야 하고, 또 그들에게 도움을 청하는 이웃이 있을 경우 도움을 줄 수 있을 정도가 되어야 한다…. 우리의 법은 지향하는 목표가 있다. 시민들에게 최선의 행복을 누리고, 시민들 사이에 가능한 한 우애를 갖도록 하는

것이 바로 그것이다. 그러나 그들 사이에 잦은 소송과 차별 대우가 있는 한, 절대로 그들 사이에 우애가 생길 수 없다. 이런 일은 가능한 한 경미하게, 가능한 일어나지 않게 하는 수밖에 없다. 그리고 이 도시에서는 돈이나 금 따위는 필요가 없다. 그뿐만 아니라 수공업, 고리대금업, 수치스럽게 행해지는 목축업이 만들어 내는 상업 활동 역시 필요 없다. 단지 농업적 생산만이 있을 뿐이다. 그리고 이 생산물의 거래도 화폐라는 것이 생겨나도록 만든 '그것'을 경시하도록 하지 않는 정도에서만 필요할 뿐이다. 그것이란 훈련이나 그 밖의 교육을 받지 않았다면 언급할 가치가 없는 정신과 육체를 뜻한다.

〔Platon, Laws, V 737c-d; 743c-d.〕

54. 아리스토텔레스의 교육론

헌정 질서의 안정을 확보하기 위해 우리가 강구한 모든 수단 중에서 가장 훌륭하지만 오늘날 일반적으로 등한시되고 있는 것, 그것은 바로 헌정 질서에 부합하는 교육제도이다. 시민들이 교육과 습관에 의해 그 헌정 질서에 맞는 성향을 갖도록 조정되지 않았다면, 시민들의 만장일치에 의해 정해진 최선의 법률들도 아무런 의미가 없다. 즉 민주적인 법률이 있다면 민주적인 성향을, 과두적인 법률이 있다면 과두정의 성향을 가져야 한다. 개인이 그러하듯 도시도 자제력을 상실할 수 있다. 시민들을 그들의 헌정 질서 정신으로 교육한다는 것은, 과두 정치를 지지하는 사람들을 자신들 마음대로 하게 하는 것이 아니라 과두정 체제가 존속할 수 있게 하는 것을 가르치는 것이고, 민주정을 주장하는 사람들을 민주정 신봉자가 되게 하는 것이 아니라 민주적으로 통치할 수 있도록 가르치는 것이다.

〔Aristoteles, Politics, , V, 1310a 12-22.〕

헬레니즘 시대

(Hellenistic Age)

헬레니즘 시대는 대체로 알렉산드로스 대왕의 시대(기원전 336~323년 재위)부터 로마의 이집트 병합(기원전 30년)까지의 대략 300년간을 가리킨다. '헬레니즘'이라는 말은 '헤브라이즘'과 대치되는 용어로 원래는 그리스어를 사용하고 그리스적으로 사고한다는, 이른바 그리스 정신과 그 문화에 관한 말이었다. 하지만 독일 역사가 J.G. 드로이젠(1808~1884)에 의해 그리스 고전기다음에 나타나는 하나의 새로운 시대를 가르키는 말로 역사적 의미가 부여되었다.

그 지역은 주로 그리스 본토, 마케도니아, 트라키아, 에게 해의 섬들, 소아시아, 페르시아, 시리아, 메소포타미아, 이집트 등 동부 지중해 세계 전역이고, 초기에는 멀리 인도까지 미친다. 이들 지역에는 알렉산드로스 사후 계승전쟁을 경과하면서 성립한 안티고노스 왕조의 마케도니아, 셀레우코스 왕조의 시리아, 프톨레마이오스 왕조의 이집트가 포함된다. 그 중에서도 시리아 왕국이 최대의 판도를 과시했지만, 기원전 3세기 중반에는 이란계의 파르티아, 그리스계의 박트리아가 독립하고, 소아시아에서도 기원전 3세기 중반에 아타로스 왕조의 페르가몬, 게다가 기원전 2세기 중반에는 유대 왕국이 독립했다.

이들 지역 중 특히 연안 지역에는 예전부터 그리스인이 식민 도시를 건설했고, 또한 헬레니즘 군주들은 알렉산드로스를 비롯해서 내륙 지역에 많은 그리스식의 도시를 건설했다. 이렇게 해서 도시에는 그리스어가 사용되고, 그리스식 문화가 개화했다. 하지만 광범위한 부분을 차지하는 현지 주민은 고유의 언어를 사용했고 예전부터 이어 온 농촌공동체 생활을 영위했으며 그리스적인 문화와는 그다지 관계없는 생활을 하고 있었다. 이러한 농촌이야말로 생산의 거점이고, 도시의 문화를 지탱했던 것이다.

헬레니즘 국가들에서는 농업, 수공업, 광산업 등에 걸쳐서 활발한 생산 활동이 영위되고 있었지만, 도시의 경제를 활성화했던 것은 이런 생산물들의 거래였다. 이미 알렉산드로스에 의해 아티카 기준의 화폐가 대량으로 제조되어 화폐 경제의 광범한 진전이 보이고, 물자의 유통은 각지에서 성행했다. 알렉산드리아, 안티오키아, 페르가몬, 로도스, 델로스 등은 당시 두드러진 교역의 중심지로서 특히 알려져 있다. 통상 범위도 광범위해서 멀리 인도 방면까지 교역이 이루어지고, 남해 무역로도 개척되었다.

이와 같은 '거주세계'가 종래의 광대한 그리스 특유의 폴리스 사회에도 영향을 주었다. 도시에서는 그리스적 요소가 주류였다고 하지만 외국인과의 교류가 성행하게 되고, 비그리스적 요소가 도입되어-예를 들어 세파피스 신-이국 문화와 융합했던 일종의 국제적 문화가 형성되고 있었다. 철학사상에서도 폴리스의 틀을 넘어섰던 '코스모폴리스'적인 사상이 새롭게 중심이 되었다.

전체로서 공통의 문화적 틀 안에 있었다고 하지만 헬레니즘 국가들사이의 정치적 대립과 항쟁은 너무 많아서 일일이 셀 수가 없다. 하지만 뭐라고 해도 헬레니즘 세계에 커다란 충격을 주었던 것은 로마의 개입과 진출이었다. 우선 마케도니아가 로마와 싸우지 않으면 안 되었다. 초기에 로마는 그리스 본토의 직접 지배를 바라지 않고, '그리스인의 자유'를 선언해서 간접 통치를 행했던 것에 불과하지만, 기원전 146년 마케도니아는 로마의 속주로 전락했다. 뒤이어 기원전 133년 페르가몬 왕국이 로마에 유증되어 소아시아의 한 구역에도 로마의 직접 지배가 미치게 된다. 이후 미트리다테스 전쟁을 거치면서 소아시아 전역 및 시리아까지 속주화되고, 기원전 30년 이집트도 로마군에 항복하게 되자, 로마의 동방 정복이 완료된다.

헬레니즘 국가들에서는 각 군주가 예외 없이 그리스 문화를 장려하고, 친 그리스 문화정책을 취했다. 이집트의 왕도(王都) 알렉산드리아에는 학술연구소(무세이온)와 대규모 도서관이 세워지고, 그리스 고전의 수집과 교정 그리고 연구가 행해졌다. 또한 의학, 천문학, 기하학 등 자연과학의 연구도 커다란 진보를 성취했다. 이와 같은 그리스 문화애호의 경향은 주변 국가들–예를 들어 폰토스–에서도 정도의 차는 있지만 광범위하게 발견되었다. 헬레니즘 문화는 그리스 고전 문화의 모방이라고 말할 수 있겠지만, 동방 국가들의 토착 및 재래 문화와 정교하게 융합되어 새로운 단계에 이르렀다고 할 수 있고, 우리는 그것에서 새로운 생명력을 발견할 수 있다.

이상에서 살펴본 것처럼 헬레니즘 세계는 시간적으로나 공간적으로나 광범위해서 한정된 사료로는 도저히 그 내용 전체를 다 말할 수 없고, 게다가 한두 개의 사료만으로는 특징을 정확히 전달하기도 어렵다. 따라서 아래에서는 번역자의 관심이 비교적 높은 분야, 즉 로마와 헬레니즘 세계의 관계를 중심으로 했던 정치, 외교 분야와 그 주변을 포함했던 극히 일부 사료를 번역할 수 밖에 없었음을 밝혀둔다.

55. 필립포스 2세와 그리스

기원전 359년 마케도니아 왕으로 즉위했던 필립포스 2세는 아테네와 제2차 해상 동맹 가맹국들 사이에서 벌어졌던 동맹시 전쟁과 테베와 포키스 사이에서 벌어졌던 신성전쟁 등과 같은 그리스 본토의 폴리스들 사이의 싸움을 이용하면서 착착 그리스 세계 제패 사업을 진행하고 있었다. 아래 사료 [A]는 아테네의 변론가 데모스테네스에 의한, 이른바 필립포스 공격 연설에서 인용했다. 마케도니아의 위협을 설명하고, 폴리스 세계의 불일치에 격분하는 모습을 읽고 이해할 수 있다. 사료 [B]는 기원전 2세기의 역사가 폴리비오스가 배반 행위에 대해 고찰했던 부분에서 인용했다. 어떤 의미에서는 때를 지난 냉정한 고찰이라고 말할 수 있다.

[A]

현재 폴리스를 안심시킬 것이라고 하는 사람들에 의해 터무니없는 주장이 이루어지고 있다. 그런 곳에서는 필립포스는 아직 예전의 스파르타 정도는 되지 않는다. 스파르타는 해상과 육상 도처에서 군림하고 페르시아 왕과 동맹관계에 있었고, 그들을 거스르는 것은 없었다. 하지만 아테네는 그들로부터 자신을 지키고 굴복하지 않았다고 말하려든다. 하지만 내가 보건대 많은 것이 진보를 이루고, 어떤 것도 이전과 지금이 동일하지는 않다. 그 중에서도 특히 전술만큼 진보하고 개선되었던 것은 없다. 우선 첫 번째로 당시는 스파르타인도 다른 사람들도 시민으로 구성된 중장보병군으로 적합한 시절로 4~5개월간 침공해 토지를 약탈하고, 다시 집으로 되돌아갔다고 듣고 있다. 그들은 이와 같이 예스럽게 또는 오히려 폴리스 시민다웠으므로 금전을 사용하는 일을 유리하게 추진하려고 하지 않고,

공정하고 단순명쾌하게 싸웠다. 하지만 이제 익히 아는 바로 파멸이 많은 것은 배반자 때문이고 전투 대형을 가진 군대에 의한 전쟁에서 발생하는 것은 아니다. 그 때문에 필립포스가 중장보병의 밀집대가 아니라 경무장 보병과 기병, 궁수병, 용병 또는 그것에 유사한 병사를 데리고 가고, 어디든지 좋아하는 곳으로 인솔해 간다는 것은 이미 들어서 알고 있다. 이런 군대와 함께 필립포스는 무언가 틈을 가진 나라를 습격하고, 불신 때문에 누구도 국가를 지키려고 적을 치려고 나가지 않는다면, 공성장치(攻城裝置)를 설치해서 포위 공격한다. 그에게는 여름과 겨울의 구분도 없고, 일부러 특히 〔전쟁을 하지 않는 시기로〕 남겨 두어야 할 시절도 없다는 것은 말할 것도 없다. 그래서 이런 것을 모두 안 바에는 그것을 충분히 고려해서 자국에게 전쟁의 재앙이 미치지 못하게 하지 않으면 안 된다. 모든 아테네인들이여, 만약 우리가 해야 할 것을 할 생각만 하면, 전쟁에 관해서 우리에게는 많은 이점이 있다. 예를 들면 그들의 국토 대부분은 우리가 약탈하고, 황폐하게 할 수 있는 땅이다. 그 외에도 이점은 대단히 많다. 하지만 얼굴을 마주 대하고 전쟁하는 것은 우리보다 그〔의 군대〕가 보다 잘 단련되어 있다고 보아야 한다.

〔Demosthenes IX, 47-52〕

[B]

데모스테네스는 많은 점에서 칭찬받아야 하는 인물이지만, 다음의 점에서 비난받지 않으면 안 된다. 결국 그는 그리스인 중에서도 가장 저명한 사람들에게 몰인정하게 이유 없이 엄격하고 가차 없이 비난을 던지고 있는 것이다. 데모스테네스는 아르카디아의 케르키다스와 히에로니무스와 에우칸피다스가 필립포스의 편이므로 그리스의 배반자라고 말하고 있다. 메세니아의 필리아다스의 자식들인 네온과 트라시로코스, 아르고스의 미르티스와 텔레다모스와 무나세아스, 테살리아의 다오쿠스와 키네아스, 보이오티아의 테오케이톤과 티모라스 등에 대해서도 마찬가지이다. 하지만 이런 사람들에게는 그 나름의 이유가 있고, 분명히 올바르게 행동했던 것이다. 아르카디아와 메세니아의 사람들은 특히 그렇다. 왜냐하면 그들은 필립포스에게 펠로폰네소스로 침공하도록 유인하지 않고, 스파르타의 힘을 떨어뜨리는 것으로 우선 맨 먼저 펠로폰네소스의 모든 주민을 해방하고, 자유 의식을 갖게 했다. 그리고 다음으로 스파르타인의 세력이 융성한 시절에 메세니아인, 메갈로폴리스인, 테게아인, 아르고스인에게서 빼앗았던 토지와 폴리스를 되찾고, 무조건 각자의 조국이 융성하는 데 공헌했기 때문이다. 필립포스가 인솔하는 마케도니아인과 싸우는 것을 의무로 하는 대신에 가능한 한 명예와 영광을 향해 나아가는 것이 옳았다는 것이다. 만약 그들이 필립포스와 싸우고 있었다면, 조국에 필립포스의 주둔군을 받아들여 조국의 법을 짓밟게 되고 부를 늘려 힘을 얻은 시민의 자유와 권리를 박탈하게 되었을 것이다. 그때야말로 그들은 배반자로 불리는 것이 어울린다. 만약 그들이 조국의 권리를 지키고자 하고 정세를 다르게 판단했다고 해도, 아테네인에게 유리한 것이 그들의 폴리스에게도 유리하다고는 생각할 수 없다고 해도, 그런 이유로 데모스테네스가 그들을 배반자와 결부시키는 것은 좋지 않다. 모든 것을 자신의 폴리스에 대해서 유리한 척도로 판단하고, 그리스 전체가 아테네로 눈을 돌려야 한다고 생각하고, 그렇지 않으면 배반자로 취급한다. 이런 데모스테네스의 방법은 나에게는 잘못된 것으로 생각되고, 분명히 진실에서도 떨어져 있는 것으로 보인다. 특히 그때 그리스에 일어났던 일은 앞을 잘 내다보았던 것으로 여겨지는 데모스테네스보다는 오히려 에피알테스와 히에로니무스, 케르키다스와 필리아다스의 자식들이 옳았다는 것을 증명하고 있는 것처럼 생각된다. 아테네인은 필립포스와 대립한 결과 카이로네이아 전투에서 패하는 최대의 재난에 휩쓸렸다. 그리고 필립포스 왕의 커다란 도량과 영광에 대한 사랑이 없었다면, 그 재난은 한층 더 무서웠던 것이었다고 여겨진다. 그것도 모두 데모스테네스의 정책 때문이다. 하지만 마케도니아와 메세니아에 라케다이몬인으로부터 안전과 평화가 주어지고, 조국 사람들에게 많은 이익이 주어졌던 것은 내가 이름을 열거했던 사람들 덕분이다.

〔Polybios, XVIII, 14, 1-15〕

56. 반(反)필립포스 연설

아테네인들이여, 당신들에게 몇 가지 진실을 솔직히 말하겠다. 당신들이 이 점에 대해 화를 낼 이유는 없다고 생각한다. 잠시 생각해 보라. 당신들은 전혀 아무런 상관이 없는 문제에 대해 솔직히 말하는 것이 이 도시에 사는 모든 사람들의 권리가 되기를 바란다. 그런 권리를 이방인들에게도 준다. 심지어 노예들에게까지도. 그렇게 해서 당신들 집안의 하인들까지도 다른 도시의 시민들보다도 더 자유롭게 하고 싶은 모든 말을 다한다. 그런데 당신들은 민회 연단에서는 그렇게 솔직하게 말하는 방식을 없애 버렸다. 그래서 무엇이 남았는가? 민회에서 당신들은 아첨하는 말만 듣고 흡족한 듯 착각한다. 당신들은 지금도 그런 말을 듣고 싶어 하는 것은 아닌가. 그렇다면 나는 당신들에게 아무 말도 해 줄 것이 없다. 만약 당신들이 아첨하는 말이 아닌 제대로 된 말을 듣고 싶어 한다면, 나는 당신들에게 말할 준비가 되어 있다.

〔Demosthenes, Anti-Philic, III, 3-4.〕

57. 알렉산드로스 대왕의 동방원정

기원전 336년 아버지 필립포스 2세가 암살되면서 뒤를 이어 마케도니아 지배자가 되었던 알렉산드로스는 아버지의 사후 각지에서 발생했던 반란을 진압하지 않으면 안 되었다. 전쟁으로 물든 그의 치세는 이렇게 시작되었다. 그에 대한 주요 사료로 아리아누스의 『알렉산드로스 동방원정기』가 알려져있지만, 여기에서는 디오도루스를 소개한다.

[A]

아테네에서는 크테시클레스(Ctesicles)가 아르콘이었고, 로마인이 가이우 스 술피키우스(Gaius Sulpicius)와 루키우스 파피리우스(Lucius Papirius)를 집정관으로 선출했던 해(기원전 334~3년)의 일이다. 알렉산드로스는 군대와 함께 헬레스폰토스를 향해 진군하고, 유럽에서 아시아로 자신의 군대를 건너가게 했다. 그는 군선 60척으로 트로이아로 항해하고, 배에서 창을 던져 땅에 꽂았고 마케도니아인 중에서 가장 먼저 배에서 내렸다. 이것은 창던지기에서 승리해 받은 것으로 신들에게서 받았다고 아시아에 과시하려는 것이었다. 그리고 아킬레우스와 아이아스(아약스), 그 외 영웅들의 묘소를 방문해서 제물과 그 밖의 어울리는 존경의 표식들로 그들에게 경의를 표했다. 계속해서 그는 뒤따라오고 있는 병력의 수를 정확히 셌다.

마케도니아인 보병 1만 2천 명, 동맹군 병사 7천 명, 용병 5천 명이 보인다. 이들 전원에 대해 파르메니온이 지휘권을 갖고 있었다. 오드리사이인, 트리발로이인, 일리리아인이 7천 명으로 여기에 가세했다. 궁수들과 아그리아네스인으로 불리는 사람들이 1000명이었다. 이렇게 해서 보병 전체가 3만 2천 명으로 구성되었다. 기병은 마케도니아인이 1800명으로

파르메니온의 아들 필로타스의 지휘를 받았다. 테살리아인도 1800명의 기병으로 하르팔루스의 아들 칼라스의 지휘를 받았다. 그리스의 다른 지역에서 온 기병 600명은 에리기우스의 지휘를 받았고, 트라키아인과 파이오네스인의 전위부대는 900명의 기병으로 카산드로스의 지휘를 받았다. 이렇게 해서 기병은 모두 4500명이 되었다. 이들이 알렉산드로스와 함께 아시아로 건너갔던 대군(大軍)이다. 유럽에 남아 있던 자들은 안티파트로스의 지휘를 받았던 보병 1만 2천 명, 기병 1500명이었다.

〔Diodoros, XVII, 17, 1-5〕

[B]
알렉산드로스는 페르시아 왕국의 수도인 페르세폴리스를 아시아의 도시 중에서 마케도니아인들에게 가장 적대적인 곳이라고 지적하고, 약탈하도록 왕궁 바깥을 병사들에게 주었다. 이 도시는 세상에서 가장 풍요롭고 개개인의 집에는 아주 옛날부터 모든 종류의 부가 넘쳐나고 있었다. 마케도니아인들은 모든 주민을 학살하면서, 또한 가지각색의 가구와 모든 종류의 장식품으로 차고 넘쳤던 민중의 집들을 많이 약탈하면서 진격했다. 그곳에서 많은 은이 반출되고, 황금도 적지 않게 약탈되었다. 또한 바다의 자색으로 염색하고 황금의 자수 모양을 입혔던 대단히 고가의 많은 의상은 승리자들에게 포상으로 돌아갔다. 전 세계에 큰 규모로 알려져 있던 왕궁이 모욕당한 채 완전히 파괴되었다.

마케도니아인들은 이런 약탈에 하루 반나절을 보내도 대부분은 지칠 줄 모르고 욕망을 충족할 수 없었다. 약탈에 관한 그들의 탐욕은 너무나도 두드러졌으므로 그들은 서로 싸우기도 하고 많은 약탈품을 착복했던 자들을 많이 살해하기도 했다. 발견된 물건들 중 가장 가치가 높은 몇 개는 일도양단(一刀兩斷)되기 때문에 각자가 자신의 몫을 수중에 넣을 수 있다. 어떤 자는 분노에 사로잡혀 획득물을 다투어 장악한 자의 손을 베어 떨어뜨렸다. 그들은 여자들을 장신구와 함께 폭력적으로 낚아채서 포로로 데려가 노예로 삼았다.

페르세폴리스의 가장 높은 성채에 다가왔던 알렉산드로스는 그 보물 창고에 있던 것을 손에 넣었다. 그곳은 페르시아인을 최초로 다스렸던 키루스 왕으로부터 시작해 뒤이은 이 시대까지 세입(歲入)으로 모은 재물들로 흘러넘치고 있었다. 이것들은 금과 은으로 환산해 보면 12000탤런트의 가치가 발견된다. 그는 이 재물의 일부를 전쟁 비용으로 쓰기 위해 자신과 함께 운반해 가기를 바라고, 또한 다른 일부를 수사에 쌓아 두고 망을 보게 하려고 생각했다. 알렉산드로스는 바빌론과 메소포타미아로부터 게다가 수사로부터도 대량으로 화물용으로 쓰기 위해 멍에로 연결한 〔운반용〕의 노새를 보내게 했다. 화물용의 낙타 3000마리를 이것에 추가했다. 그리고 이들을 모두 사용해서 자신이 선택한 장소로 운반해 갔다. 알렉산드로스는 주민들에 대해 엄청난 적의(敵意)를 품고 그들에게 신뢰를 보내지 않고, 결국에는 페르세폴리스를 파괴하고자 했다.

〔Diodoros XVII, 70, 1-71, 3〕

58. 동방 지역 출토의 그리스어 사료

알렉산드로스 대왕의 동방원정이 그리스인을 중앙아시아까지 들어가게 하고, 이것에 수반해서 그리스 문화를 동방 세계에 전파하는 역할을 했다. 1966년 아무다리야(고대 명칭 옥소스) 강과 콕차 강의 합류 지점인 아이하눔의 그리스계 도시 유적으로부터, 5,000킬로미터나 떨어졌던 델포이의 유적과 관련 있는 그리스어 비문이 출토되었다(사료 A). 이 유적의 고대 명칭은 불분명하지만, 기원전 3세기 중엽 아프가니스탄 북부에 그리스인에 의해 건설되었던 박트리아 왕국의 도시라고 여겨지고 있다. 이 도시에는 대규모 극장과 체육관(김나지움)이 있었다는 것이 알려지게 되었고, 그리스 문화가 뿌리내리고 있음을 알 수 있다. 사료 [B]는 불교 보호 정책으로 유명한 마우리아 왕조의 아소카 왕과 관련된 그리스어 비문이다. 간다하르 근교에서 발견되었던 이 비문은 거의 동일한 내용을 기록했던 아람어(페르시아 제국의 공용어)와 두 개의 언어로 된 비문으로, 아소카 왕의 덕을 찬양하고 있다. 마우리아 왕국이 페르시아인, 그리스인 쌍방을 포함하고 있었음을 보여주는 증거이다. 번역은 그리스어 부분에 대한 것이다.

[A] 아이하눔 유적(아프가니스탄)에서 출토된 그리스어 잠언(기원전 3세기 전반부)

옛 사람의 지혜로운 말, 유명한 사람들의 말이 신성한 피토의 신전에 바쳐지고 있다. 이것들을 클레아르코스가 주의 깊게 베껴 써서, 매우 먼 키네아스 신전에서 빛나도록 게재한 것이다.

> 아이일 때는 규칙을 배우고
> 젊은이일 때는 감정의 절제를 배우고
> 중년일 때는 공정해야 하고

노년일 때는 현명한 충고를 할 수 있어야 하고
그러면 후회 없이 죽을 수 있으리

〔I'Institut Fernand-Courby, Nouveau choix d'inscriptions grecques, Paris, 1971, 37〕

[B] 아소카 왕의 두 언어로 된 비문(기원전 258년)

10년이 지나서 피야다시 왕[마우리아 왕조의 제3대 왕인 아소카(재위 기원전 268년경~기원전 232년경)를 지칭한다]은 신앙심을 사람들에게 나타냈다. 이때부터 왕은 사람들의 신앙심을 더 두텁게 하고 모두를 이 지역에서 번영하게 했다. 왕은 육식을 끊고, 다른 사람들과 사냥꾼, 왕의 어부들은 사냥과 물고기잡이를 그만두었다. 자제심 없는 무리들이 있다면, 할 수 있는 한 스스로 무절제를 그만두게 했다. 아버지, 어머니, 연장자가 말하는 것을 옛날과는 다르게 잘 듣게 되었다. 모든 것에서 이것들을 행하는 자는 장차 더 뜻있게 잘 보낼 수 있을 것이다.

〔D. S. Achlumberger et al., "Une Bilingue greco-arameenne d'Asoka", Journal Asiatique, 1958〕

59. 아카이아 동맹

그리스 고전기의 전형적 국가 형태는 폴리스였다. 하지만 이것과 나란히 명확한 도시적 중심을 갖지 않고 부족제적 제도들을 강하게 남겼던 에트노스(ethnos) 형태의 국가도 존재했다. 폴리스가 그 공간적 협소함을 극복하지 못하고 마케도니아가 새로운 영역 국가를 형성해서 등장하고, 헬레니즘 국가들이 그 세력을 확대했을 때, 여기에 대항할 수 있는 가능성을 가졌던 것은 에트노스 형태의 국가에 뿌리를 둔 연방이었다. 아이트리아 동맹과 아카이아 동맹이 대표적인 것이었다. 인용 사료는 폴리비오스가 기술한 아카이아 동맹의 확대 과정이다. 그는 아카이아 동맹의 정치가로서 그의 기술은 아카이아 동맹을 이상화하고, 동맹과 대립했던 스파르타와 아이트리아 동맹 등에 대해서는 편견이 있다.

아카이아 민족(에트노스)과 마케도니아의 왕가에 관해서는 간략하게 시간을 거슬러 올라가서 보는 것도 좋을 것이다. 그것은 마케도니아 왕가에게는 완전한 파멸이, 아카이아인에게는 전술한 바와 같이 우리 시대에 잠에서 깨어나 세력의 신장과 정치적 통일을 보았기 때문이다. 과거에는 많은 사람들이 펠로폰네소스인을 같은 이익으로 인도하려고 시도했지만, 어느 한 사람도 예외 없이 목적을 달성하지 못했다. 그 이유는 각자가 공통의 자유를 위해서가 아니라 그들의 권력을 위해서 노력했기 때문이다. 이 시도는 우리 시대에 크게 진전해서 완성되었으므로, 우호적인 동맹이 아카이아인의 문제들을 처리하게 되었을 뿐만 아니라 동일한 법과 도량형과 화폐를 사용하고, 거기에다가 동일한 관리와 평의원과 재판관을 사용했다. 일반적으로 말하면 거의 펠로폰네소스 전체가 단일 국가 상태로 되지 않은 것은 주민이 동일한 성벽 안에 둘러싸여 있지 않다는 점뿐이다. 다른 점에서는 동맹에 관해서도 국가에 관해서도 각자에게 같은 제도가 있다.
(중략)

나의 생각으론 그 이유는 이렇다. 평등이라든가 언론의 자유라든가 결국 참된 민주정이라는 제도와 원리에서 아카이아인이 가지고 있는 것 이상으로 순수한 것을 본 사람은 없을 것이다. 그 제도는 펠로폰네소스인 사이에 자발적으로 참여하는 일을 선택해서 사람들을 발탁하고, 많은 사람들을 설득과 말로 우리 편에 끌어들였다. 좋은 기회에 직접 무리하게 가입당했던 사람들에 관해서는 역으로 가입을 강요당한 사람들이 동맹에 만족하도록 했다. 그 이유는 최초의 구성원이 누구라도 어떠한 특권도 보존하지 않고, 매번 참여하는 자들을 완전히 평등하게 취급했기 때문이다. 동맹이 최초에 내걸었던 목적을 더할 나위 없는 강력한 두 개의 조력자인 평등과 관용을 매개로 재빨리 달성했다. 그러므로 이것을 펠로폰네소스인이 통일을 달성하고 현재 그들의 번영을 일으켰던 최초의 원인이고 이유라고 생각하지 않으면 안 된다. 그런데 지금 내가 기술했던 이런 원칙과 국제(國制)의 특징은 이전부터 아카이아인 사이에 있었다. (중략)

당시 그 정치 원칙은 아카이아인의 토대에 있었던 것에 불과하다. 아카이아인의 세력 증대로 통하는 것 같다고 족히 이야기할 만한 달성도 성공도 없었던 것은 아카이아인이 그 원칙에 어울리는 정치가를 배출하지 않았기 때문이다. 그와 같이 대처하는 것은 항상 라케다이몬인의 힘과 특히 마케도니아의 힘에 가려져 방해받았다. 하지만 때가 와서 어울리는 정치가를 발탁했던 때에는 그 힘을 직접 발휘해서 더할 나위 없이 훌륭한 사업인 펠로폰네소스의 화합을 달성했다. 시키온의 아라투스를 창시자이자 동시에 계획 전체의 입안자로 봐야 하고, 메갈로폴리스의 필로포이메는 그 계획을 옹호해서 완성했던 사람으로 적어도 일정 정도의 영속성을 보증했던 것은 리쿠르고스와 그 동료들이었다. (중략)

위에서 기술한 것처럼 제124회 올림피아드(기원전 284~280년) 무렵에 그들은 〔분열을〕 후회하고 새로운 통일의 형성을 시작하려고 했다. 이것은 피루스가 이탈리아로 건너왔던 무렵이었다. 그리고 일단 데메, 파트라이, 트리타이아 그리고 파라이가 연합했다. 그러므로 이들 폴리스의 동맹에 관한 석비는 존재하지 않는다. 거의 5년 후 아이기온인이 주둔군을 내쫓고 동맹에 참가했다. 다음은 부라인(?)으로 그들은 참주를 살해했다. 거의 동시에 칼리네이아인이 다시 가맹했다. 그것은 당시 칼리네이아의 참주였던 이세아스가 아이기온에서 주둔군이 추방되고 마르고스와 아카이아인에게 부라의 참주가 처형되는 것을 보고, 지금이라도 사방에서 전쟁을 걸어올 수 있다는 것을 깨닫고 자신이 지배하는 것을 포기하고 아카이아인에게 신변 보장을 받는 조건으로 폴리스를 아카이아 동맹에 가입시켰기 때문이었다. (중략)

그런데 최초 25년간 이미 언급했던 나라들은 동맹을 계속했고 동맹의 서기 한 명과 장군 두 명을 순서대로 선출했다. 그 후 그들은 장군 한 사람을 선출하고 그에게 전권을 위임했다. 그리고 이 명예로운 지위에 최초로 오른 사람은 칼리네이아의 마르고스였다(기원전 255~4년). 마르고스가 장군직에 있었던 4년째에 시키온의 아라투스는 당시 불과 20살이었지만 참주정으로부터 조국을 스스로의 용기와 대담함으로 해방하고, 아카이아 동맹에 가입시켰다(기원전 251/0년). 왜냐하면 그는 처음부터 아카이아 동맹의 정치제도에 대한 열성적인 찬미자였기 때문이다. 8년 후 두 번째로 장군에 선출되었을 때 아라투스는 안티고노스가 지배하고 있던 아크로코린토스를 급습해서 빼앗았다. 그리고 커다란 위협으로부터 펠로폰네소스의 주민을 해방하고, 코린토스인을 자유롭게 해서 아카이아 동맹에 가입시켰다(기원전 243~2년). 동일한 재임 기간에 책략으로 메가라인의 나라를 손에 넣어 아카이아인에게 가입시켰다. 이런 일들은 카르타고인이 패배하기 바로 전 해에 일어났지만 이 패배로 그들은 시칠리아에서 완전히 물러나고 처음으로 로마인에게 공납을 지불할 수밖에 없었다. 아라투스는 단기간에 그 계획을 크게 진전시키고 이후 계속해서 아카이아 민족의 지도자로서 모든 계획과 행동을 유일한 목적으로 향하게 했다. 그것은 마케도니아의 펠로폰네소스 격퇴, 참주정의 해체, 각 폴리스에 공통된 조상 전래의 자유를 확보하는 것이었다. 안티고노스 고나투스가 생존해 있는 동안 아라투스는 그의 간섭과 아이트리아인의 약탈 욕구에 계속 저항하고, 쌍방과도 부정하게 그리고 무모하게 한 단계 전진해서 아카이아 민족의 분할에 대해 상호조약을 체결했다. 하지만 그는 정치가답게 각각의 사태에 대처했다. 안티고노스가 사망하자 아카이아인은 아이트리아인과 동맹을 체결하고 그들과 함께 데메트리우스와 당당하게 싸웠다. 그들은 서먹서먹함과 적의(敵意)는 일단 없애고 연대와 우호적인 상태에 들어갔다. 데메트리우스는 불과 10년간 왕위에 있었을 뿐으로 로마인가 일리리아인가로 최초로 건너갔을 무렵에 사망했기 때문에 당초부터 아카이아인이 추구했던 목적에 잘 부합되는 상황이 발생했다. 즉 펠로폰네소스의 참주들은 이른바 그들에게는 합창대장(合唱隊長)으로 전주(錢主)였던 데메트리우스의 사망에 의기소침해졌기 때문이다. 게다가 아라투스가 그들에게 압력을 가했기 때문이다. 그는 그들이 참주정을 폐지해야 한다고 생각하고 설득에 응했던 자에게는 막대한 선물과 명예를 약속하고, 마음을 바꾸지 않은 자에게는 아카이아인에 의한 한층 더 커다란 위험으로 위협했다. 따라서 그들은 급하게 그의 요구를 받아들여서 참주정을 폐지하고 자신의 조국을 해방하고 아카이아 동맹에 가입했다. 이리하여 데메트리우스가 생존해 있는 동안에 메갈로폴리스의 리디아다스는 실제로 정치가답게 현명하게 사태의 추이를 예견하고 자신의 고려에 따라 참주정을 폐지하고 아카이아 동맹에 가입했다(기원전 235년). 그 후 아르고스의 참주 아리스토마고스(기원전 229~8년), 헤르미오네의 참주 크세논, 그리고 피레이우스의 참주 크레오니무스가 참주정을 폐지하고 아카이아의 민주정에 참가했다.

〔Polybios, II, 37, 7-11; 38, 5-10; 41, 11-15; 43, 1-44, 6〕

60. 기원전 3세기 후반 스파르타의 개혁

기원전 371년 레욱트라 전투에 패하고 다음 해 메세니아를 독립시킨 이래로 스파르타는 그리스에서 고립되고, 리쿠르고 체제도 붕괴하면서 일개의 약소한 폴리스 상태로 전락했다. 사료 [A]의 최초 부분은 기원전 240년대 아기스 퇴위 시의 스파르타를 언급하고, 완전한 시민의 총수는 불과 700명으로 토지 소유자는 그 중에 100명으로 집중되어 있었다는 것을 보여 준다. 아기스 4세(기원전 244~241년 재위), 클레오메네스 3세(기원전 235~222년 재위), 나비스(기원전 207~192년 재위)의 세 명의 왕이 시도한 스파르타의 개혁은 스파르타를 군사적으로 강화시키고 스파르타를 예전의 강대한 폴리스로 재건하려는 것이었다. 구체적인 대책은 토지를 재분배하고 부족한 시민 수를 페리오이코이와 스파르타에 거주하는 외국인, 나비스의 경우에 헤일로타이로 보충하려는 것이었다. 게다가 스파르타적 생활양식의 부흥이 계획되었다. 클레오메네스와 나비스는 국내 개혁에는 성공했지만 국제관계 속에서 패배하고 있었다. 사료 [A]와 [B] 그리고 [C]와 [D]에서는 개혁에 대한 평가가 전적으로 다르다. 그 하나의 원인은 [A]와 [B]가 아기스와 클레오메네스의 찬미자인 필라르코스의 저작을 기초로 하고 있는 것에 비해서 [C]와 [D]의 저자 폴리비오스는 그 시기의 스파르타와 적대적이었던 아카이아 동맹의 일원인 메갈로폴리스의 정치가 리코르타스의 자식으로 자신도 메갈로폴리스의 정치가였기 때문이다.

[A]

그곳에서 스파르타 시민은 700명 이상은 남아 있지 않고, 그 중 100명은 토지와 세습 토지를 소유하고 있는 사람들이었다. 다른 자산도 없이 시민 자격을 상실했던 대중은 마을에 모여서 국외로부터 걸어올 수 있는 전쟁을 물리칠 열의도 용의도 없이 끊임없이 현상의 변혁과 혁명의 시기를 엿보고 있었다. 그런 이유로 아기스는 시민단을 평등하게 하고, 시민단의 인구를 회복할 수 있다면 근사할 것으로 생각하고 사람들의 마음을 물어보았다. (중략)

아기스는 리산드로스를 에피로이로 만드는 것에 성공하자 직접 그를 개입시켜 장로회 구성원들에게 급히 법안을 제출하게 했다. 법안의 요점은 다음과 같았다. 채무가 있는 자들을 채무에서 해방시켜야 하고, 토지는 분할되고 펠레네스의 계곡으로부터 타이게토스 산맥과 마레아와 셀라시아까지 범위에 있는 토지를 4500개의 분할지(클레로스)로 만들고, 그 범위의 바깥쪽에 대해서는 15000개의 분할지로 만들어야 한다는 것이다. 그리고 후자는 페리오이코이 중에서 스스로 무장할 수 있는 자들에게, 그 범위의 안쪽에 대해서는 스파르타 시민에게 분배해야 한다. 스파르타 시민〔의 부족한 숫자〕은 페리오이코이와 외국인(크세노이)으로부터, 자유민에 어울리는 교육을 받고, 특히 신체가 강건하고 연령은 성년에 이르고 있는 자들로 충족해야 한다. 그들로부터 400명마다 또는 200명마다 15개조로 공동 식사단이 편성되어야 한다. 게다가 그들은 선조들이 행했던 생활 습관에 따라 생활해야 한다.

〔Plutarchos, Agis 5, 4–6, 1; 8〕

[B]

이후 먼저 클레오메네스가 재산을 중심으로 두고, 그의 장인 메기스토누스와 그의 친구들 각각이, 다음으로 나머지 시민도 모두 다 이것을 따랐으므로 토지가 분배되었다. 그에 의해서 분할지가 망명자로 되었던 사람들 각각에게도 할당되고, 정정(政情)이 평온해지면 전원 귀국시키겠다고 약속했다. 시민단을 페리오이코이 중에 가장 우수한 자들로 증강하고,

4000명의 중장보병을 만들었다. 그리고 그들에게 짧은 투창 대신에 양손으로 기다란 찌르는 창을 사용하여 방패를 안쪽 손잡이가 아닌 혁대로 지탱하는 것을 가르치고, 스스로 젊은이의 교육이라는 이른바 전통적 생활양식에 전념했다. 그 대부분은 그의 곁에 있었던 스파이로스가 그에게 협력해서 확립했다. 신속하게 사람들은 체육 훈련과 공동식사 본래의 적절한 방식을 부흥시키고, 소수의 사람들은 어쩔 수 없이 하지만 대다수의 사람들은 자발적으로 검소한 라코니아식 생활양식에 따랐다. 또한 단독 지배라는 명칭을 완화하기 위해 자신과 함께 동생 에우클레이다스를 왕으로 임명했다. 그래서 이때만은 스파르타 시민의 토대로 가끔 한 집에서 두 명의 왕이 나왔던 것이다.

〔Plutarchos, Klemenes 11〕

[C]

라케다이몬인의 참주 나비스는 이미 지배 3년째(기원전 205년)이지만 아카이아인에 의한 마카니다스의 최근 패배로 중요한 시도를 감행하지 않고 장기간 억압적인 참주정의 기초에 의존하는 것에 전념했다. 나비스는 스파르타에 남아 있는 〔왕가(王家)〕 사람들을 모두 살해하고 부와 조상의 명성 때문에 저명한 사람들을 추방하고, 그 사람들의 재산과 아내들을 다른 〔지지자 중〕 가장 걸출한 자들과 용병들에게 나누어 주었다. 용병들은 대부분 살인자, 노상강도, 가택침입 강도였다. 그것은 일반적으로 신에 대한 모독과 범죄 때문에 조국에 발을 들여놓을 수 없는 유형의 무리가 그의 밑에 주도면밀하게 도처에서 모집되었기 때문이다. 그는 스스로 그들의 보호자이자 왕이 되고 종자(從者)와 호위 목적으로 그들을 사용했으므로 그의 지배가 사악함 때문에 장기간 명성을 얻을 수 있었을 것이라는 점은 분명했다. 나비스는 위에서 기술했던 것 말고도 시민을 추방하는 것만으로 만족하지 않았다. 망명자에게는 안전한 장소도 안전한 피난처도 전혀 없었다. 왜냐하면 어떤 자에게는 추적자를 파견해 노상에서 살해하고 어떤 자는 〔망명 전부터〕 귀국했던 때에 살해했다. 마지막으로 마을마다 망명자가 거주하고 있는 집의 바로 이웃집을 의심을 받고 있지 않는 인물을 통해서 빌리고, 그곳으로 크레타인〔용병〕을 보냈다. 그들은 집의 벽을 파괴해서 이미 있는 창에서 화살을 쏘아 넣고 망명자들을 서 있는 자도 누워 있는 자도 자신들의 집 안에서 살해했다. 이렇게 해서 가엾은 라케다이몬인에게는 피난처도 없고 안전한 때도 역시 없었다. 이와 같이 나비스는 그들 대다수를 살해했다.

〔Polybios, XIII, 6〕

[D]

펠로폰네소스에서 라케다이몬인의 참주 나비스가 어떤 정책을 최초부터 시작했는가는 〔이미 기술했다〕, 그리고 왜 그가 시민을 추방하고 노예들을 해방하고, 그들을 주인의 아내와 딸들과 결혼시켰는가를 (이하 생략)

〔Polybios, XVI, 13, 1〕

61. 이집트 초기 외교와 프톨레마이오스 4세

기원전 304년에 시작한 프톨레마이오스 왕조는 초기부터 외교에도 적극적인 자세를 보였다. 아래 사료는 그 개요를 전하는 유명한 구절이다. 일반적으로는 프톨레마이오스 왕조가 지배 영역을 넓혔던 것은 자국의 지배를 평안하고 무사하게 하기 위해서였다고 전하고 있고, 실제로 이 시기에 왕국은 전성기를 맞이했다. 여전히 팜필리아 및 아이노스, 마로네이아가 이집트 령(領)이 되었다는 기술에 대해서는 다른 주장도 있다.

필로파토르(Philopator)로 불렸던 프톨레마이오스(프톨레마이오스 4세 피로파트르, 기원전 221~205년 재위)는 부친이 죽자 형제 마가스 및 그를 따르는 자들을 내쫓고 곧 이집트의 지배권을 수중에 장악했다. 그리고 국내의 재난으로부터 위에서 기술한 배반 행위 때문에 해방되고, 또한 국외에서는 안티고노스(안티고노스 3세, 마케도니아 왕, 기원전 227~221년 재위)와 셀레우코스(셀레우코스 3세, 시리아 왕, 기원전 225~223년 재위)가 죽자 지배권의 후계자인 안티오코스(안티오코스 3세, 시리아 왕, 기원전 223~187년 재위)와 필립포스(필립포스 5세, 마케도니아 왕, 기원전 221~179년 재위)는 매우 어린 자식이기도 하다는 행운으로 위험에서 벗어났다고 생각한다. 이런 이유로 통치에 관한 사항에는 현상을 신뢰하고 왕국 안에서 제전을 거행할 뿐이었다. 그리고 궁정인과 이집트에 관한 것을 관리하고 있는 다른 자들에게는 퉁명스럽게 신경질적으로 대했다. 또한 외교를 담당하고 있는 자들에게도 무관심하고 무시해 버렸다. 이전 국왕들은 이러한 것〔외교〕에 이집트 자체의 지배보다 훨씬 더 관심을 기울였다. 그 결과 그들은 코엘레-시리아(Coele-Syria)와 키프로스를 지배하고 있었기 때문에 시리아의 왕에게 바다와 육상 양 방향에서 압력을 가했다. 그들은 섬들과 소아시아의 더 작은 왕국들에도 지배 영역을 확대해 나갔다. 왜냐하면 주요한 도시와 지역 그리고 항구를 팜필리아에서 헬레스폰투스까지의 연안 지대 전체와 리시마키아 일대를 압도하고 있기 때문이다. 또한 아이누스와 마로네이아 그리고 그 밖의 훨씬 더 멀리 떨어진 지역의 도시들을 수중에 넣고 트라키아와 마케도니아에서의 사건에도 감시를 게을리하지 않았다. 이렇게 해서 멀리 떨어진 지역에까지 손을 뻗고 훨씬 먼 곳에서부터 자신의 나라까지 지배하려고 했으므로 그들은 이집트를 지배하는 일에서도 시달리는 일이 전혀 없었다. 이 때문에 당연하게도 그들은 외국의 사건에 매우 열심히 대처했다. 하지만 이 새로운 왕은 저속한 애욕(愛欲)과 무분별하게 과도한 음주벽 때문에 이런 지배 지역들 각각에 거의 관심을 보이지 않았다. 당연한 일이지만, 극히 단기간 안에 그의 목숨도 지배권도 몇 번인가 음모로 위협받았다. 그것들 중 최초는 스파르타의 클레오메네스에 의한 음모였다.

〔Polybios V, 34, 1-10〕

62. 그리스인의 자유

기원전 3세기 말 동부 지중해 세계에서는 마케도니아 왕 필립포스 5세, 시리아 왕 안티고노스 3세가 서로 제휴하고, 주변 국가들로 세력을 확대하고 있었다. 이에 위협을 파악한 공화국 로도스와 페르가몬은 로마 원로원에 조력을 구했다. 로마가 이에 부응해서 시작된 전쟁이 제2차 마케도니아 전쟁이다. 기원전 197년 키노스파라이 전투에서 로마군은 승리를 거두고, 기원전 196년에 아래의 평화조약을 체결했다.

마침 그때[기원전 196년 6월 초 무렵] 로마에서 사절 10명이 필립포스와의 화약(和約)에 대해서 원로원 결의를 가지고 찾아왔다. 그리스에 관한 것은 그들에 의해 처리될 예정이라는 것이다. 이 원로원 결의는 다음과 같은 내용이다. 즉 아시아와 유럽에 있는 모든 그리스인은 자유롭고 그 고유의 법에 복종하는 것이다. 필립포스에 의해 지배되고 있는 사람들과 〔그의〕 수비대를 배치하고 있는 도시를 이스트미아 제전 이전에 필립포스는 로마인에게 인도한다. 에우로모스, 페다사, 바르킬리아, 이아소스와 마찬가지로 아비도스, 타소스, 미리나, 페리소투스의 각 도시로부터 수비대를 철수시키고 자유를 인정한다. 키오스의 해방에 관해서 플라미누스는 원로원 결의에 따라 풀루시아스에게 편지를 쓰고, 모든 포로와 도망자들을 필립포스는 동시에 로마인에게 돌려보낸다. 마찬가지로 경무장 배 5척과 노 젓는 자리가 16개 있는 큰 배를 제외하고 군선(軍船)도 인도한다. 또한 1000탤런트를 지불한다. 그 중에 반액은 즉각, 나머지 반액은 세금으로 10년간 지불한다.

이 원로원 결의가 그리스에 퍼지면서 모든 사람이 용기를 갖게 되고 기뻐한다. 다만 아이트리아인만은 바라고 있던 것을 손에 넣지 못했으므로 이 결의에 불만이다. 이 결의는 사건의 해결이 아닌 단지 말뿐인 해결에 불과하다고 말하며 깎아내렸다. 그들은 이 편지 내용이 들은 사람을 혼란에 빠지게 할 수 있다고 파악하고 있다. 왜냐하면 그들이 말하는 바로는 이 원로원 결의에는 필립포스에 의해 수비대를 두고 있는 도시에 대해서 두 통의 결정이 있다고 말한 것이다. 즉 그 중 하나는 필립포스가 수비대를 철수시킨 뒤에 자유롭게 해 준다는 것이었다. 자유롭게 되는 도시는 이름을 꼽을 수 있고 모두 아시아에 있다. 로마인에게 반환되는 도시는 분명히 유럽에 있다. 그것들은 오레온, 에레트리아, 칼키스, 데메트리아스, 코린토스이다. 이런 것들로 모두 쉽게 알 수 있는 것은 로마인이 필립포스로부터 그리스가 요구하고 있는 바를 손에 넣었고 이것은 지배자가 새롭게 바뀐 것이지 그리스의 해방은 아니었다는 것이다.

이것이 아이트리아인에 의해 끈질기게 말해졌던 것이다. 플라미누스는 에라테이아에서 사절 10명과 함께 출발해서 안티키라로 가는 길을 택하고 여기에서 곧바로 코린토스를 향해 출항했다. 이곳에서 그들 〔사절〕과 함께 회의에 출석하고, 모든 것에 대해서 결정했다. 아이트리아인의 비방이 더욱 심해지고, 몇몇 사람들 사이에서 이것을 믿을 수 있게 된다면 플라미누스는 회의에서 다음과 같이 지적하면서 다양하게 발언해야만 했다. 만약 로마인 자신이 진정으로 그리스 사이에 널리 명성을 바란다면, 또한 애초 처음부터 자신들이 바다를 건너왔던 것은 〔자신의〕 이익을 위해서가 아니라 그리스의 해방을 위한 것이었다고 일반적으로 그리스인 사이에 믿음을 주려고 한다면, 모든 장소에서 철수하고, 현재 필립포스에 의해 수비대가 배치되어 있는 모든 도시를 해방시키지 않으면 안 된다고 말했다. 그 회의를 당혹스럽게 만든 것은 그 외의 것에 관해서 로마에서 이미 사전에 결정되어 있었기 때문이고, 또한 사절 10명은 원로원으로부터 특별한 명령을 받고 있기 때문이다. 하지만 칼키스, 코린토스, 데메트리아스에 관한 통치는 안티오코스 때문에 그들에게 맡겨졌다. 그때그때의 사건에 관심을 돌려서 스스로 자신의 정책에 따라 전술한 도시에 대해서 결정할 수 있도록 하는 것이다. 왜냐하면 위에서 기술한 왕〔안티오코스〕가 예전부터 유럽에서의 사건에 개입하고자 했던 것이 분명했기 때문이다. 그럼에도 불구하고 플라미누스는 코린토스를 처음부터 합의에 따라 아카이아인에게 맡기고 즉시 자유를 주자고 회의를 설득했다. 그리고 자신은 계속해서 아크로코린토스, 데메트리아스, 칼키스를 점령했다.

이런 것들을 결정하자 이스트미아 제전이 코앞에 다가왔다. 세계에서 저명한 사람들이 거의 모두 이제부터 일어날 일을 기대하고 모여 들었다. 많은 다양한 소문이 제전 사이에 만연하고 있었다. 즉 로마인이 몇 개의 지역과 도시에서 손을 뗄 수 없을 것이라고 생각하는 사람도 있고, 또한 그들은 유명하다고 생각되는 지역은 손을 떼고, 그다지 알려지지 않는 곳에서 똑같이 쓸모가 있을 수 있는 장소를 지배하려 한다고 생각하는 사람도 있다. 그들은 즉시 서로 제각각의 생각으로 자기 자신이 이런 장소들을 예로 들었다. 사람들 사이에서 일어났던 동요는 이상과 같았다. 많은 사람들이 경기를 위해 스타디움에 모이자 전령이 앞으로 나와 라파의 신호로 군중을 조용하게 하고 포고를 읽어 내려갔다. 「로마의 원로원과 프로 콘술(전집정관)인 티투스 퀸크티우스 〔플라미니누스〕(Titus Quinctius Flamininus)는 필립포스 왕과 마케도니아인과의 전쟁을 격파하고, 코린토스인, 포키스인, 로크리스인, 에우보이아인, 피티오티스의 아카이아인, 마그네시아인, 테살리아인, 페라이보이인은 자유롭게 한다. 〔로마의〕 수비대도 배치하지 않고, 세금도 부과하지 않고, 자국의 법에 따르는 것이 좋다고 했다.」 곧 다시 처음부터 엄청난 환성이 울렸고, 어떤 사람들은 전령의 포고를 들을 수 없었고, 또한 어떤 사람들은 한 번 더 듣기를 바랐다. 대부분 사람들은 전혀 믿지 못하고 사태가 예상과는 반대여서 마치 꿈속에서 이 포고를 듣고 있다고 생각했다. 모든 사람은 다양한 충동에 사로잡혀 전령과 라파가 경기장 중앙으로 나아가자 한 번 더 지금 전달했던 것을 반복해 달라고 큰 소리로 촉구했다. 이것은 단지 한 번 더 듣기 위해서만은 아니고 전달된 내용이 믿기 어려웠으므로 전달하고 있는 사람을 눈으로 확인하기 위해서였을 것으로 나는 생각한다. 그래서 전령이 중앙으로 나와서 다시 라파의 신호로 소란스러움을 잠재우고 조금 전과 마찬가지로 동일한 내용을 다시 공표하자 커다란 박수와 환성이 더욱더 울려 퍼졌다. 이제 이 상황을 듣는 사람들에게는 쉽게 그 광경을 상상할 수 없는 정도였다. 이런 소란이 조용해지자 어느새 누구도 선수에 대한 이야기는 하지 않고 모든 사람이 근처에 있는 사람에게 혹은 자기 자신에게 이야기하면서 마치 평정한 사고를 유지할 수 없게 된 것 같았다. 경기대회가 끝나자 너무 기쁜 나머지 그들은 플라미니누스에게 감사의 말을 하려고 〔몰려들어〕 자칫하면 그를 압사시킬 뻔했다. 왜냐하면 어떤 사람들은 그와 얼굴을 마주 대하고, 〔그를〕 해방자로 부르려고 했기 때문이고 또한 어떤 사람들은 그와 악수하고 싶어 했기 때문이다. 또한 많은 사람들이 화관(花冠)과 리본을 던지고 거의 이 남자 〔플라미니누스〕를 박살낼 뿐이었다. 아무리 감사의 마음이 극도로 컸다고 해도 일의 중대함에 비교하면 이상과 같은 행동은 아주 사소한 것이라고 자신 있게 말할 수 있을 것이다. 왜냐하면 로마인과 로마인을 지휘하는 플라미니누스가 그리스인에게 자유를 준다고 하는 은혜 때문에 모든 희생과 인내를 견디고 그 목적의 실현을 꾀했다는 것은 훌륭했기 때문이다. 또한 이 목적을 위해 적극적인 방법을 사용했던 것도 중요했다. 모든 것 중에서 가장 중요한 것은 운명적으로 발생한 어떤 것도 이 기획에는 장애가 되지 않았고, 모든 것을 이 시기에 행할 수 있었다는 점이다. 즉 약간의 편지들에 의해 아시아 및 유럽에 거주하는 모든 그리스인이 자유롭게 되고 〔로마의〕 수비대도 없고 세금도 부과되지 않으면서 자국의 법에 따르는 방식으로 살아간다.

〔Polybios, XVIII, 44, 1-7; 45, 1-12; 46, 1-15〕

63. 아파메니아 화약(和約)

'그리스인의 자유'가 선언되어 제2차 마케도니아 전쟁이 종결되었지만 아이트리아인을 중심으로 한 로마 세력은 여전히 커다란 힘을 가지고 있었다. 한편에서 셀레우코스 왕조 시리아의 안티오코스 3세는 당시 동방에서 가장 강력한 왕이었다. 이후 반(反) 로마파는 그를 의지했지만 기원전 192년에 시작된 안티오코스와 로마의 전쟁은 아파메니아 화약(기원전 188년)으로 로마의 승리로 끝났다.

사절 10명과 에우메네스 왕은 그때(기원전 188년) 에페수스에 배를 타고 도착했다. 이미 여름이 시작되고 있었다. 이 여행 후 이틀간 원기를 회복하고 아파메니아를 향해 출발했다. 그나에우스〔만리우스 우르소〕는 그들의 도착을 알고 형제 루키우스에게 4000명을 붙여서 오로안다로 파견했다. 그들이 지불에 동의했던 금액 중에 아직 지불하지 않은 것을 설득해서 최후에는 강제적으로 지불하게 하려는 이유에서였다.

그나에우스는 진지(陣地)를 떠나는 에우메네스와 그의 일행을 만나기 위해 군대와 함께 급히 떠났다. 아파메이아에 도착해서 왕〔에우메네스〕와 사절 10명을 만나고 정세에 대해서 〔논의하려고 그들과 함께〕 탁자에 둘러앉았다. 먼저 안티오코스(시리아 왕 안티오코스 3세, 기원전 223~187년 재위)와 조약과 합의를 정하는 것이 결정되었다. 합의 사항에 대해서 더 이상 말을 늘어놓을 필요는 없고, 기록된 것에서 발췌해 보려고 한다.

조약 하나하나는 다음과 같다. 안티오코스와 로마인에게는 그가 합의 사항을 실행하는 한 항상 우호 관계에 있어야 한다. 안티오코스 왕과 그를 따르고 있는 자들은 로마인 및 그 동맹자의 적에게 자신들의 국토를 통과하게 해서는 안 될 뿐만 아니라 그들에게 어떤 것도 공급해서는 안 된다. 로마인과 그 동맹자들은 안티오코스와 그를 따르고 있는 자들에게 같은 방식으로 하지 않으면 안 된다. 안티오코스는 섬들의 주인과 유럽 전역의 사람들에게 전쟁을 시도해서는 안 된다. 그는 (…) 의 도시, 토지에서 철수한다. 〔그의〕 병사들이 휴대하고 왔던 전투 장비를 제외하고 어떤 것도 가지고 나가서는 안 된다. 만약 무엇인가를 가져갔다면 같은 도시에 도로 제자리에 반환한다. 에우메네스 왕이 있는 곳에서 병사와 다른 무엇도 받아서는 안 된다. 만약 로마인이 점령했던 도시의 출신들이 안티오코스의 군대 안에 있다면, 아파메니아에서 이들을 돌려보낸다. 만약 안티오코스 왕국에서 왔던 자가 로마인과 그 동맹자들이 있는 곳에 있다면, 원하는 대로 머물러도 좋고 떠나도 좋다. 로마인과 그 동맹자들의 노예를 안티오코스 및 그를 따르는 자들은 넘겨준다. 붙잡힌 자이든 탈주했던 자이든 또한 어디선가 붙잡혀 왔던 포로가 있다면 그 자들도 마찬가지이다. 만약 가능하다면 안티오코스는 카르타고인 하밀카르의 아들 한니발[기원전 195년 한니발은 고국 카르타고를 떠나 시리아에 몸을 의탁하고 있었다. 전쟁 후 비티니아로 도망갔다] 및 아카르나니아인 무나시로코스, 아이트리아인 토아스, 칼키스인 에우부리다스와 퓌로, 공개적으로 정무관을 받들고 있는 모든 아이트리아인을 인도하고, 또한 아파메니아에 있는 모든 군상(軍像)을 인도하고, 더 이상 다른 군상을 보충하지 않는다. 군선을 여러 가지 장비를 갖추고 장비와 함께 인도하고, 10척 이상의 갑판을 깐 배를 소유하는 것은 안 된다. 또한 30개 이상의 노로 항행하는 배를 가져서는 안 되고 전쟁-도화선에 불을 당기는 것이지만-을 위한 경장비선(輕裝備船)도 가져서는 안 된다. 세금과 사절과 인질을 운반하는 것 말고는 카르카도노스 강의 하구와 사르페돈의 갑(岬)을 향해 항해해서는 안 된다.

안티오코스에게는 로마인에 의해 지배되고 있는 곳에서 용병을 모으는 것과 도망자를 맞이하는 것은 허용되지 않는다. 안티오코스 왕에 의해 지배되고 있는 지역의 로도스인의 집 혹은 그 동맹자의 집은 전쟁 전처럼 모두 그들의 것이다. 만약 안티오코스가 그들에게 얼마간 빌린 돈이 있다면 마찬가지로 그에게 징수해야 한다. 또한 만약 그들이 무엇인가를 빼앗긴다면, 조사 후에 되돌려 주어야 한다. 전쟁 전과 마찬가지로 로도스로 운반되는 물품은 세금이 면제되어야 한다. 안티오코스가 인도해야 하는 몇 개의 도시를 안티오코스가 누군가에게 주고 있다면, 그는 수비대와 이 사람을 이 도시들에서 철수시켜야 한다. 나중에 이 도시들이 〔안티오코스가 있는 곳으로〕 이탈을 결정해도 그는 〔이 도시들을〕 받아들여서는 안 된다. 안티오코스는 최상의 아티카 주화로 12000탤런트를 1년에 1000탤런트를 지불하면서 앞으로 12년간 로마인에게 지불해야 한다. 1탤런트는 로마의 80리브라보다 적어서는 안 된다. 또한 곡물 54만 모디우스도 지불해야 한다. 에우메네스 왕에게 1년에 70탤런트씩 지불하면서 앞으로 5년간에 350탤런트를 지불해야 한다. (…) 로마인에게 지불하는 것과 같은 때에. 안티오코스 왕이 견적한 대로 곡물 대금 127탤런트와 1208드라크마도 지불해야 한다. 에우메네스는 이것을 자신의 국고에 수취하는 것으로 빚을 갚기에 충분하다고 한다. 안티오코스는 3년마다 다른 사람으로 바꿔 인질 20명을 바친다. 이 인질들은 18세 이하여서는 안 되고, 45세 이상이어서는 안 된다. 만약 지불된 금액이 위에서 기술한 것과 일치하지 않으면, 다음 해에 지불되어야 한다. 안티오코스가 전쟁을 시작해서는 안 된다고 명기된 도시와 부족 중 몇 개가 선수를 쳐서 〔그에게〕 전쟁을 걸어온다면, 안티오코스에게는 응전하는 것이 허용된다. 동맹국이라고 하더라도 이들 도시와 부족에게 안티오코스가 지배권을 갖지는 않는다. 서로 동료에게 일어났던 부정행위에 관해서는 소송을 제기해야 한다. 만약 양 당사자가 공통의 포고에 의해 이런 합의 사항에 대해서 무언가를 더하거나 빼는 것을 바란다면, 그렇게 할 수 있다.

(중략)

로마의 사절 10명과 프로(pro) 콘술인 그나에우스는 아파메이아에서 모든 소송인의 이의(異議)를 경청했다. 그리고 영토 또는 금전, 그 밖의 것에 관한 분쟁에는 도시가 당사자 쌍방의 동의를 얻어 도시 안에서 분쟁 사건을 해결하도록 했다. 그들이 취했던 모든 조치는 다음과 같다. 자치도시는 예전에 안티오코스에게 세금을 납부했지만, 그 후 로마에 신의를 보인 바 모두 세금을 면제한다. 아탈루스에게 기부를 했던 도시 모두에게는 같은 세금을 에우메네스에게 납부하도록 명령한다. 만약 어떤 도시가 로마의 우호(友好)를 배반하고 안티오코스와 동맹해서 전쟁을 일으킨다면, 안티오코스에 의해 부과된 세금을 에우메네스에게 지불하도록 이들 도시에 명령했다. 노티움에 거주하는 콜로폰인(Colophonians)과 키메와 미라사의 사람들에게 면세 조치를 취하고, 클라조메나이의 사람들에게 드리무사로 불리는 섬을 주고, 밀레투스 사람들에게는 신성한 구역을 복원해 주었다. 그들은 전쟁 때문에 이전에 여기에서 떠났기 때문이다. 그들은 키오스, 스미르나, 그리고 에리트라이라는 다른 곳으로 떠났다. 전쟁이 한창인 때 그들이 보여 준 성의와 열의에 주목해서 각각[의 도시]가 그때 갈망하고 있었던 토지와 자신들의 것이었다고 생각하고 있는 토지를 주었다. 포카이아인들에게 선조의 국제와 이전에 소유하고 있었던 영토를 복원해 주었다. 그 후 로도스인들의 소송에 귀를 기울여 텔메수스를 제외하고 마이안드로스 강까지 리키아와 카리아를 주었다. 에우메네스 왕과 그 형제에 관해서는 안티오코스와의 합의 사항에서 가능한 한 배려했다. 즉 유럽의 케로소네스와 리시마케이아, 이것들에 부속된 성채와 영토를 주었다. 이것들을 안티오코스가 침략했기 때문이다. 아시아에서는 헬레스폰투스 근처의 프리기아, 대 프리기아, 이전에 프루시아스가 그들에게서 빼앗았던 미시아, 리카오니아, 밀리아스, 리디아, 트랄레스, 에페수스, 그리고 텔메수스를 주었다. 이것들이 에우메네스에게 주었던 선물이다. 팜필리아에 관해서 에우메네스는 타우루스의 이쪽 편을 주장하고 안티오코스가 보낸 사자는 저쪽 편이라고 말했다. 그들〔사절〕은 어느 쪽이라고도 결정을 내리지 못하고 이 문제에 대해서는 원로원의 결정에 맡기기로 했다. 거의 가장 중요한 과제를 해결한 그들은 진지(아파메이아)를 떠나 헬레스폰투스로 향했다. 도중에 갈라티아 사태 또한 안전하게 마무리했다.

〔Polybios, XXI, 42, 6–10; 43, 1–27; 46, 1–12〕

64. 아테네 4드라크마 은화의 교환 비율

폴리스 독립의 증거로서 그리스에서는 각 폴리스가 독자적으로 통화를 발행했다. 이 사료는 아테네의 4드라크마 은화를 은 4드라크마의 중량(대략 17그램)과 동일한 가치로 취급해야 한다는 공정 교환 비율을 재확인했던 것으로 보인다. 하지만 이 시기(기원전 2세기 후반)에 왜 다시 이런 고시가 나왔는가에 대해서는 역사가들 사이에서 의견이 일치되지는 않는다.

델포이에서 폴리온이 아르콘이었던 해의 다이다폴리오스 달(11월) 13일에 델포이로 모였던 암픽티오니아[인보동맹 또는 종교연합이다. 유력한 신전을 중심으로 폴리스와 여러 종족들이 결성한 동맹이다. 여기에서는 델포이의 아폴론 신전을 중심으로 결성했던 정치, 경제, 사회 등에 커다란 영향력을 가졌다]는 결의했다. 즉 모든 그리스인은 아테네의 4드라크마 은화를 은 4드라크마(의 중량)으로 받아들여야 한다. 도시들에 거주하는 자들 중에 누군가가 외인(外人, 크세노스)이든, 시민이든, 노예든, 또한 남자든, 여자든, 만약 위에서 말한 대로 받아들이지 않고 또한 지불하지도 않는다면, 노예는 아르콘에게 채찍으로 맞고 자유인은 은 200드라크마를 지불해야 한다. 도시들의 아르콘과 아고라노모이(市場監督官)는 이 결의에 따르지 않는 자들로부터 공개적으로 규정된 액수의 현금을 징수할 수 있도록 협력한다. 그리고 징수된 현금 중에 반액은 위반자를 정무관에까지 데려갔던 사람의 소유로, 나머지 반액은 도시의 소유로 한다. 만약 도시와 제전의 임무를 맡고 있는 아르콘들이 이 결정을 위반한 자를 자신이 있는 곳으로 데려왔던 사람들에게 협력하지 않는다면, 그들에 대해서는 암픽티오니아에서 재판해야 한다. 암픽티오니아의 법에 따라 개개인에게 상세한 조사가 이루어진다. 마찬가지로 도시와 제정에서 영업하고 있는 금융업자들이 이 결의에 따르지 않는다면, 원하는 사람은 누구든지 이런 자들을 아르콘들이 있는 곳으로 연행할 수 있는 권한이 있다. 만약 어떤 아르콘이 연행해 왔던 자에게 협력하려 하지 않는다면, 그 밖의 아르콘들에 대해서 명기된 것과 마찬가지로 그들에 대해서 재판이 이루어져야 한다. 각 히에로무네모노스[각 폴리스에서 암픽티오니아 회의에 파견되고 있는 대표자]는 이 결의의 봉인된 사본을 각각의 고국으로 가지고 간다. 서기는 이 사본을 전체 그리스인에게 보낸다. 또한 (이 내용을) 델포이의 신성한 구역 내에 있는 아테네인의 보물 창고에 새겨 둔다. 마찬가지로 아테네의 아크로폴리스에도 새겨 둔다. 암픽티오니아가 이런 것들에 관해 행했던 조치를 모든 사람들이 알 수 있도록 하기 위함이다.

〔SIG³ 729〕

65. 델로스에서의 교역 활동과 국제화

기원전 166년 로마에 의해 자유항이 되고 아테네의 관리하에 들어간 델로스 섬은 상업교역의 중요한 중심지가 되었다. 사료 [A]는 로도스에서의 노예무역의 융성을 말하고 있다. 사료 [B]는 프톨레마이오스 1세에 의해 이집트에 창시되고 국가 신으로 되었던 세라리스 신앙이 델로스에 도입된 상황을 알리고 있다. 사료 [B]로부터는 이집트인의 정주(定住)라는 델로스 '국제화'의 한쪽측면을 엿볼 수 있다.

[A] 델로스에서의 노예무역(기원전 2~1세기)

압도적 다수가 노예의 수출이라는 이 저주받은 업무에 쇄도했다. 막대한 이익이 되었기 때문이다. 왜냐하면 노예들은 간단하게 붙잡혔을 뿐이지만 대규모로 늘어난 시장이 그다지 멀지 않은 곳에 있었기 때문이다. 그것은 델로스 섬으로 여기에서는 하루에 만여 명의 노예를 받아들이고 또한 내보낼 수 있다. 이리하여 이곳에서 격언이 생겨났다.「상인이여, 입항해서 적재된 화물을 내리십시오. 모두 품절될 것입니다.」이 원인은 카르타고와 코린토스의 파괴 후에 로마인이 늘어나고 많은 노예를 사용하게 된다. 이러한 일이 용이하다는 것을 알면 해적들이 무리를 지어 번창하게 된다. 그들은 약탈만이 아니라 노예무역에도 종사하게 되었다. 키프로스의 왕도 이집트의 왕도 그들과 이 일〔노예무역〕에 협력하고 있고, 시리아인에게는 적으로 되고 있다. 로도스인도 그들〔시리아인〕에게 호의적이지 않아서 어떤 구원도 하지 않았다. 동시에 해적들은 노예상인을 가장하고 늘 그 못된 짓을 하고 있었다.

〔Strabon XIV, 5, 2〕

[B] 세라피스 신앙의 도입(기원전 200년 무렵)

신관인 아폴로니우스는 신의 명령에 따라 이 비(碑)를 새겼다. 이집트인 신관 출신이었던 나의 조부 아폴로니우스가 이집트에서 이 신〔세라피스〕를 손에 들고 와서 조상 전래의 방식대로 계속 신에 봉사하고 97세까지 살았다고 한다. 나의 부친 데메트리우스가 뒤를 이어 잇달아 신들에 봉사했다. 그 신앙 때문에 그는 이 신〔의 신탁〕에 따라 청동상(青銅像)으로 공적이 알려지고, 〔이 상은〕 그 신의 신전에 안치되었다. 그는 61세까지 살았다. 내가 성스러운 기구(器具)를 이어받아 주의 깊게 신에 대한 제례에 헌신해 왔으므로 신이 꿈속에서 내게 나타나 자신에게는 전용(專用) 세라페이온 신전이 봉헌되어야 한다고 말했다. 이것은 이제까지와 같은 임대 가옥이 아니라 자신이 건설해야 할 장소를 보여 주고 그 장소를 제시한다고 계시했다. 그리고 다음과 같이 되었다. 그 장소는 오물로 넘쳐 나고 아고라의 골목에 게시해서 매물로 나와 있었다. 신이 바랐던 장소여서 구입하고 6개월 후에 빠르게도 신전이 건립되었다. 여러 명의 사람들이 우리와 신들에 대해서 음모를 꾀하고 성스러운 구역과 나에 대해서 벌금과 과태료를 지불해야 한다는 소송을 공개적으로 꺼냈을 때, 신은 꿈속에서 우리가 승리할 것이라고 나에게 약속했다. 재판이 끝나자 우리는 이 신에게 어울리는 승리를 얻었다. 우리는 신들을 찬양하고 신들에게 어울리는 영예를 바친다. 마이이스타스가 성스러운 구역에 이 소송을 위해 〔종교시를〕 쓰고 있다.

〔SIG³ 663〕

66. 로마에 대한 페르가몬 왕국의 유증

기원전 133년 페르가몬 왕국의 아탈로스 3세가 급사했다. 그에게는 자식이 없고 왕국 및 국민 그리고 재산은 왕의 유언에 따라 로마 시민에게 유증되고 도시 페르가몬은 자유롭게 되었다. 왕의 이복동생 아리스토니코스는 왕위를 요구하고 하층 자유민과 노예를 중심으로 동지를 모아서 로마에 반기를 들었다. 이것이 '아리스토니코스의 봉기'이다. 로마는 이 전쟁에 승리를 거두고 기원전 129년 이 지역에 속주 아시아를 설치했다. 이후 이 지역은 로마의 국고를 풍족하게 하는 더없이 중요한 속주가 되었다.

[A] 아탈로스 3세의 서거에 따른 도시 페르가몬의 결의(기원전 133년)

아폴로드로스의 아들 메네스트라투스가 신관일 때인 에우메네이오스 달[어느 달이 맞는지는 알 수 없다]의 19일. 스트라테고스들의 제안에 따라 민회는 다음과 같이 결의했다. 국왕 아탈루스 필로메토르 에우에르게테스(아탈루스 3세, 기원전 138~133년 재위)가 서거하고, 우리의 도시를 자유롭게 했다. 이 도시에 왕이 시민의 토지로 인정했던 영토도 덧붙여서. 이 유언은 로마인에 의해 비준되지 않으면 안 된다. 공공의 안전을 위해 다음 사람들은 민회에 보여 준 모든 종류의 친선 때문에 우리와 같이 시민권을 가져야 한다. 민회에서는 다음과 같이 결의했다. 즉 다음에 말하는 사람들, 즉 재류외인(在留外人)(바로이코이)의 등록부뿐만 아니라 도시와 그 주변 영토에 거주하는 병사의 등록부에 기재된 자들에게 시민권을 주어야 한다. 마찬가지로 마케도니아인과 미시아인에게도 성채와 구 도시에 등록된 식민병들에게도 마스데에노이인[이들 외국인은 왕국 내에 거주하고 있던 식민자로 생각된다]에게도 (…) 에게도, 성채의 수비병들에게도, 그리고 도시 또는 그 영토에 거주하고 있거나 재산을 갖고 있는 다른 용병들에게도 시민권을 주어야 한다. 마찬가지로 그들의 아내와 자식들에게도 시민권을 주어야 한다. 해방노예 출신자들 및 왕의 노예들은 장년(壯年)도 청년도 재류외인 신분으로 바뀌어야 한다. 여자 노예들도 마찬가지이다. 다만 필라델푸스(아탈루스 2세, 기원전 159~138년 재위) 또는 필로메토르 두 국왕 시대에 시장에서 구입된 자, 그리고 재산을 몰수당해 왕의 노예로 된 자들을 제외한다. 마찬가지로 공공노예도 제외한다. 주민 중 왕의 최후에 있었던 도시와 영토를 돌보지 않고 거기서 떠나간 자들은 남자도 여자도 모두 시민으로서의 권리를 박탈해야 한다. 또한 그들 각각의 재산은 도시가 소유해야 한다. (이하 생략)

〔Dittenberger, OGIS 338〕

[B] 아탈루스 3세의 죽음에 관한 원로원 결의(기원전 133년 후반, 기원전 132년이라는 주장도 있다)

(…) 원로원 결의

가이우스의 아들인 프라이토르(praetor) 가이우스 포필리우스는 (…) 월 (…) 일에 원로원에 조언을 구했다. 그는 페르가몬에서 일어났던 사건에 대해 발언하고 아시아로 향해 가는 프라이토르들에게 내릴 어떤 명령이 있는가를 제안했다. 즉 아시아에서 아탈루스의 서거까지는 역대 모든 왕들에 의해 변경되고, 인정되고, 박탈되고, 벌을 부과했던 모든 것이 합법적이라는 것이다. 이것에 대해서 원로원에서는 다음과 같이 결의했다. 가이우스의 아들인 프라이토르, 가이우스 포필리우스가 발언했던 것에 관해서, 이것에 대해서는 다음과 같이 결의했다. 아탈루스 왕과 그 밖의 모든 왕이 변경하고, 벌을 부과하고, 박탈하고, 인정한 모든 것, 즉 아탈루스가 서거한 전날까지 행해졌던 모든 것은 합법적이다. 또한 아시아로 향해 가는 프라이토르들은 유언을 깨뜨리는 일 없이 합법적으로 남겨 두어라. 원로원은 모두 이와 같이 결의했다. (이하 생략)

〔R. K. Sherk, RDGE 11〕

[C] 아리스토니코스의 봉기(기원전 133~129년)

스미르나 다음은 소도시 레우카이이다. 이 도시는 아리스토니코스가 아탈루스 필로메토르가 사망한 후 봉기를 일으킨 곳이다. 그는 왕가의 일족으로 자신이 왕국을 지배해야 한다는 것이었다. 하지만 그는 이 도시에서 추방되고 퀴메 근처의 해전에서 에페수스인에게 패해 내륙으로 향한다. 많은 무산자와 해방을 위해 불러 모인 노예를 신속하게 모아서 그들을 태양의 시민(헬리오폴리테스)이라고 불렀다. 그리고 먼저 티아테이아로 침입하고 계속해서 포로니스를 손에 넣었다. 그다음 다른 성채를 목표로 정했다. 하지만 오래 버틸 수 없었다. 곧 많은 도시가 이들 도시에 지원군을 보내고, 비티니아의 니코메데스 왕, 카파도키아의 여러 왕도 원조했기 때문이다. 나중에 로마 사절 5명이 오고 그 후 콘술인 푸블리우스 크라수스(기원전 131년의 콘술)와 그의 군대가, 다시 그 후에 마르루스 페르페르나(기원전 130년)가 이 전쟁을 종결했다. 그는 아리스토니코스를 생포해서 로마로 보냈다. 아리스토니코스는 옥중에서 생애를 마친다. 페르페르나는 질병으로 사망하고, 크라수스는 레우카이 근교에서 누군가의 공격을 받고 전투 중에 쓰러졌다. 콘술인 마니우스 아키리우스(기원전 129년)가 사절 10명과 함께 도착해서 현재까지도 계속되고 있는 형태로 속주의 정부를 정돈했다.

〔Strabon XIV, 1, 38〕

67. 로마인 상인의 광범한 활동

지중해 세계에서는 일반적으로 바다는 육지를 멀리하지 않고 오히려 연결되었다. 특히 키크라데스 군도를 중심으로 많은 섬들이 여기저기 흩어져 있는 에게 해는 그런 경향이 강하고, 이미 오래전부터 활발한 상업 활동의 무대를 제공했다. 헬레니즘 시기에도 각지에 페니키아, 이집트, 이탈리아, 그리스 등 다양한 출신의 상인이 왕래했지만, 여기에서는 로마 이탈리아계 상인의 존재를 보여 주는 사료를 델로스 섬의 비문에서 소개한다. 모두 동상의 받침대에 새겨진 명문(銘文)이다.

[A] 로마인 상인에 의한 프톨레마이오스 8세의 일족에 대한 공적 알리기(기원전 127년 무렵)

알렉산드리아가 점령되었을 때 프톨레마이오스 에우에르게테스 파라오에게 은혜를 입은 로마인 선주(船主)와 상인들은 프톨레마이오스 왕과 왕비 클레오파트라의 일족으로 칼리메데스의 아들 로코스의 상(像)을 그의 덕과 자신들에 대한 은혜 때문에 아폴론 신에게 봉헌한다.

〔Durrbach, Choix 105〕

[B] 다른 지역 출신의 상인에 의한 테오프라스토스의 공적 알리기(기원전 133~88년)

아카르나이 데메의 헤라클레이오스의 아들 테오프라스토스. 델로스 출신의 에피메레테스. 아고라를 정비하고 항구에 부두로 둘러쌓는다. 델로스에 거주하는 아테네인과 상인, 선주, 로마인, 그 밖의 거주 외인들이 그의 덕과 선행 때문에 또한 자신들에게 베푼 그의 은혜 때문에 〔상을〕 봉헌한다.

〔Durrbach, Choix 95〕

[C] 어떤 로마인 은행가의 공적 알리기(기원전 1세기 초반)

상인들과 테트라고노스[사각형의 아고라로도 해석되고 있지만 다른 주장도 있다]에서 장사를 하는 사람들은 마라이우스의 아들 마라이우스 겔리라누스의 상을 자신들에 대한 그의 선행 때문에 아폴론 신과 아르테미스 신 그리고 레토 신에게 봉헌한다. 그는 로마인으로 델로스에서 은행업에 종사하고 있다. 에페수스의 메노피로스의 아들 아가시아스가 이 상을 만들었다.

〔Durrbach, Choix 138〕

[D] 가이우스 마리우스의 공적 알리기(기원전 1세기 초반)

가이우스의 아들로 레가투스(legatus, 강화와 기타 외교 교섭 등의 특명을 띠고 외국을 방문하는 원로원 신분의 사절)인 가이우스 마리우스를 알렉산드리아의 이탈리아인들이 그의 덕과 선행 때문에 공적을 알린다. 에페수스의 메노피로스의 아들 아가시아스가 이 상을 만들었다.

〔Durrbach, Choix 343〕

68. 징세청부인의 활동

공화정 로마는 극히 소수의 정무관을 제외하고 관료기구가 결여되어 있어 해외 영토에서 징세를 징세(공공사업)청부인으로 불리는 민간인에게 위탁하지 않을 수 없었다. 그들의 활동은 특히 속주 아시아에서 두드러진다. 그들은 부유한 로마 시민을 대상으로 출자자(出資者)를 모집해서 조합을 조직하고 서기와 회계 등의 실무 담당자를 거느리고 징세하는 임무를 맡았다. 조합은 이익을 올려 출자자에게 배당하지 않으면 안 되고, 거의 항상 적정한 세액 이상을 속주민에게 징수했다. 때로는 속주총독도 청부인과 손을 잡는 일이 있었다. 사료 [C]는 기원전 61년의 아시아 총독으로서 임지(任地)에 있었던 동생 킨투스에게 형 마르쿠스가 보낸 서한 형식을 띤 소책자의 한 구절이다. 사료 [D] 이하에서 볼 수 있는 사례는 오히려 예외였다.

[A] 일리온의 신전 영역과 징세청부인(기원전 89~87년)

민회는 루키우스의 아들 루키우스 율리우스 카이사르의 공적을 알린다. 그는 켄소르가 되어(기원전 89년) 아테나 일리아스 신에게 성스런 토지를 다시 부여하고 이 토지를 징세계약에서 제외했다.

〔OGIS 440〕

[B] 에페수스의 아르테미스 신전에 속하는 호수의 어업권에 대해서(기원전 2세기 말)

카이스테르 강 하구의 뒤쪽에 셀리누시아 호수로 불리는 호수가 바다에서 내륙으로 펼쳐져 있다. 또한 다른 호수가 여기에 합류하고 막대한 수입을 가져다주고 있다. 국왕들은 이 수입을 신성한 구역에 속하는 것이었지만 신에게서 거둬들였다. 하지만 로마인이 원래대로 신에게 되돌렸다. 하지만 다시 징세청부인이 세금을 자신들에게 지불할 수 있도록 강제적으로 변경했다. 그래서 아르테미도로스가 사용하고 그가 호수〔로부터의 수입〕를 신에게 되돌려 주었다고 말하고 있다 (…)

〔Strabon XIV, 1, 26〕

[C] 속주총독과 징세청부인

당신의 선의와 열의의 경우에는 징세청부인이 중대한 장애를 초래한다. 만약 그들과 적대한다면, 우리에게는 최상의 경우이고 우리를 통해서 국가와 관련이 있는 질서를 우리와 국가로부터 분리시키려는 것이다. 다른 한편 모든 것에 그들의 개입을 인정해 버리면 우리가 지키지 않으면 안 되는 사람들이 안전뿐만 아니라 이익까지도 잃고 완전히 파멸하는 것을 허용해 버리는 것이 될 것이다.

〔Cicero, ad Quintum Fratrem I, 1, 32〕

[D] 선정을 베풀었던 속주총독(기원전 94년, 기원전 97년이라는 주장도 있다)

퀸투스 스카에볼라는 영예가 추락하는 것을 자신의 덕으로 바로 잡으려고 대단히 노력했다. 그렇다고 해도 속주 아시아에 총독으로 파견될 때에 친구들 중에서 가장 신뢰할 수 있는 퀸투스 루틸리우스〔루푸스〕(푸블리우스 루틸리우스의 오류)를 부관으로 뽑고, 속주통치에 대해서 그와 같이 협력하고 모든 것을 조치하고 결정했기 때문이다. 또한 수행원과 자신에게 들어간 지출 모두를 자신의 재산으로 지불하기로 결정했다. 계속해서 소박하고 검소함에 힘쓰고 정의롭게 일찍이 겪었던 재난에서 속주를 부흥시켰다. 왜냐하면 그의 전임 총독들이 아시아 전역에서 로마에서 공개적인 재판으로 〔유죄〕판결이 내려졌던 징세청부인과 결탁해서 속주를 불법 행위로 괴롭히고 있기 때문이다.

무키우스 스카에볼라는 건전하고 동시에 공정하게 정의로운 정치를 하고 속주 전역의 사람들을 모든 거짓 고발로부터 해방했을 뿐만 아니라 징세청부인의 불법 행동을 바로잡았다. 즉 그는 모든 피해자에게 공정한 재판을 보장하고 그들 모두에 대해서 징세청부인을 유죄로 하고, 피해자에게 은으로 손해를 보상하도록 징세청부인에게 명령했다. 또한 스카에볼라는 예전에 〔다른 사람에게〕 사형 판결을 내렸다고 해서 고발했던 자들에게 사형을 요구했다. 실제로 징세청부인 조직을 책임지고 관리하는 사람은 〔노예이고〕, 해방되기 위해 많은 액수의 돈을 지불하고 주인들과 〔해방에 대해〕 합의에 이르렀지만 〔스카에볼라는〕 이 남자가 해방되지 않은 사이에 사형을 선고하고 책형(磔刑)에 처했다.

〔Diodoros XXXVII, 5, 2-3〕

[E] 부관(副官) 루푸스

매우 고결한 사람인 푸블리우스 루틸리우스는 프로 콘술인 가이우스 무키우스(퀸투스 무키우스의 오류)의 부관으로서 아시아를 징세청부인들의 부정으로부터 지켰기 때문에 기사 신분으로부터 혐오의 대상이 되고, 〔로마에서의〕 재판이 징세청부인들의 뜻대로 되었기 때문에 부당 취득의 판결을 받고 추방형에 처해졌다.

〔Livius, Periocae 70〕

[F] 추방된 퀸투스 루틸리우스 루푸스

고결한 사람이었던 루틸리우스에게 그들〔기사 계급〕은 부당하게도 유죄판결을 받았다. 왜냐하면 그는 퀸투스 무키우스〔의 부관으로서 아시아에 있던 때〕 뇌물을 받았다는 기사 계급의 음모 때문에 법정으로 연행되었기 때문이다. 그들에 의해 그는 벌금형에 처해졌다. 루틸리우스는 징세청부인의 악행에 대해서 그 대부분을 중지시켰으므로 그들은 격분한 나머지 이런 일을 계획했던 것이다.

루틸리우스는 당당하게 자신을 변호했다. 고결한 사람이라면 누구라도 말하는 것처럼 자신은 모함받았기 때문이고 자기 자신을 위해서보다 국가를 위해 대단히 걱정하고 있다고 분명하게 말했다. 하지만 루틸리우스는 유죄 판결을 받고 곧바로 재산을 몰수당했다. 이 사건에서 특히 분명해진 것은 그에게 내려진 유죄 판결에 대해서 루틸리우스는 벌금을 지불할 의무는 전혀 없었다. 왜냐하면 그가 아시아에서 갖고 돌아왔다고 고발자들이 비난했던 것보다 훨씬 조금밖에 〔재산을〕 소유하고 있지 않은 것으로 보였기 때문이다. 또한 이런 모든 것이 정당하게 합법적인 임기 중에 획득한 것이라고 확인되었기 때문이다. 이와 같이 루틸리우스는 악의에 찬 고발을 당했다. 마리우스도 그의 유죄에 대해 고발했다. 왜냐하면 이렇게 고결하다고 잘 알려진 사람은 고민거리였기 때문이다. 그러므로 로마 안에서 사건의 과정을 지켜보고 그〔루틸리우스〕는 이러한 사람들과 사는 것을 거부하고 강제되었던 것은 아니지만 거주하는 곳을 떠나 아시아로 되돌아가서 한때 미틸레네에 거주했다. 후에 이 도시는 미트리다테스 전쟁에서 피해를 입었기 때문에 스미르나로 거처를 옮기고 고국으로의 귀환을 바라지도 않으면서 이곳에서 생을 마쳤다. 적어도 결과적으로 루틸리우스는 명예뿐만 아니라 부에서도 나쁘게 작용하지 않았다. 왜냐하면 그에게 무키우스가 많은 것을 또한 예전에 그와 친분이 있었던 모든 민중과 왕들이 막대한 것을 유증했기 때문이다. 그 때문에 그는 원래의 재산보다 훨씬 많은 거액의 부를 손에 넣었다.

〔Cassius Dio, 28, frag. 97〕

69. 미트리다테스 전쟁

아시아 속주가 건설되자 소아시아 여러 나라와 로마의 긴장이 고조되었다.

[A]

(…) 로마인들은〔미트리다테스〕의 최초 공격과 아시아〔속주〕로의 침입을 알았던 이래로 로마에서 일어난 지칠 줄 모르는 당파 싸움과 쓰라린 내전에 관련되어 있기는 했지만 그와 싸우는 것을 표결했다. 이탈리아 거의 모두가 번갈아 가며 반항하고 있었다. 콘술이 추첨으로 코르넬리우스 술라가 아시아를 통치하고 미트리다테스와 싸우도록 결정했다. 하지만 로마인들은 그에게 줄 자금이 없어서 누마 폼필리우스 왕이 신들에게 바칠 제물을 위해 따로 남겨 두었던 모든 것을 매각하기고 결정했다. 당시에는 모든 것에 걸쳐 있는 결핍은 그 정도이고 다른 한편 모든 방면에 야망이 존재했다. 그〔술라〕는 그것들 일부를 급하게 매도해서 황금 9000리토라[리토라는 라틴어로 리브라(별칭이 아스)와 동일하다]를 끌어모았지만 이런 대규모 전쟁을 위해서는 이것만 주어졌던 것은 아니다.

내〔저자 아피아누스〕가 『내란기』에 썼던 것처럼 술라는 장기간의 당파 싸움 때문에 〔이탈리아에〕 붙들려 있었다. 그 사이에 미트리다테스는 로도스에 맞서 많은 배를 건조하고 총독(satrap) 전원과 모든 도시의 아르콘들에게 국가 기밀로 다음과 같이 써서 보냈다. 즉 30일간을 기다려 모든 사람들이 근처에 사는 로마인과 이탈리아인들의 처, 자녀 그리고 이탈리아 출신의 모든 해방노예를 함께 공격한다. 그리고 살해해서 〔사체를〕 매장하지 말고 버리고 재산을 미트리다테스 왕과 그들 자신에게 분배한다는 내용이었다. 그들을 매장한 자들과 숨긴 자들에게 벌금을 부과한다.

밀고한 자들과 숨은 사람들을 살해한 자들에게는 보수를, 그리고 주인을 살해한 노예에게는 자유를 주고 대금업자를 살해한 채무자에게 빌린 재산을 반액으로 해 준다고 미트리다테스는 선언했다. 이상과 같이 미트리다테스는 국가 기밀로 모든 곳에 동시에 사자(使者)를 보냈다. 그날이 다가오자 불행한 사건이 아시아 안에서 가지각색으로 발생했다. 그 사건들 중 몇몇은 다음과 같다.

에페수스 사람들은 아르테미스 신전으로 도망해서 그 신상에 매달리고 있는 자들을 끌어내려 살해했다. 페르가몬 사람들은 아스클레피오스 신전으로 도망해서 반항하지 않고 신상에 매달리고 있는 자들을 쏘아 맞혔다. 아드라메티온(?) 사람들은 헤엄쳐 도망간 자들을 바다 가운데까지 쫓아가서 살해하고, 유아를 바다에 던졌다. 카우노스 사람들은 안티오코스 전쟁 후 로도스에 공납 의무를 부담하게 하고 최근 로마인에 의해 해방됐는데도 베스타 여신상이 있는 평의회장으로 도망간 이탈리아인들을 베스타 여신으로부터 잡아 뗀다. 그리고 먼저 유아를 엄마가 보는 앞에서 죽이고 이어서 엄마를 죽인 다음에 남자들을 죽였다. 트랄레스 사람들은 끔찍한 살육자가 되지 않으려고 파프라고니아의 시골 사람인 테오피로스를 고용했다. 테오피로스는 콘코르디아 신전에 그들을 데리고 가서 살해하고 신상에 매달려 있는 자들을 손을 끊어 떨어뜨렸다. 아시아 주변에 거주하고 있던 이탈리아인과 로마인은 남자도 유아도 여자도 해방노예도 노예도 이탈리아 혈통인 한에서 이상과 같은 운명에 마주쳤다. 이것들로부터 극히 명백한 것은 아시아 사람들이 로마인에 대한 증오에 못지않게 미트리다테스에 대한 공포 때문에 이상과 같이 했던 것이다. (중략)

미트리다테스 전쟁의 지휘관으로서 로마인에 의해 선택되었던 술라는 그때 맨 먼저 이탈리아에서 5개 군단과 몇 개의 대대, 그것에 기병을 인솔하고 그리스로 건너갔다. 곧 자금과 동맹군〔원군(援軍)〕과 화물을 아이트리아와 테살리아에서 모집했다. 이들로 충분하다고 생각하고 아르케라오스(미트리다테스의 장군)를 향해 아티카로 건너갔다. 그가 지나가자 보이오티아가 소수를 제외하고 한데 모여 술라 측에 합류했다. 대도시 테베도 경솔하게 로마인에 대항하는 미트리다테스 측에 서 있었지만 전쟁 전에 아르케라오스로부터 술라에게 재빠르게 옮겨갔다. 술라는 아시아를 향해 진군하고 아테네로 아리스티온(이때 아테네를 지배하고 있던 미트리다테스 측의 참주)을 포위 공격하기 위해 군대의 일부를 나누고 자신은 아르케라오스가 있던 페이라이에우스로 향했다. 적은 성벽 안에 틀어박혀 있었다. 성벽은 높이가 대략 40페키스[1페키스는 약 45센티미터에서 조금 모자란다]이고 커다란 사각형 돌로 축조되어 있었다. 이것은 페리클레스의 지시로 만들어진 것이었다. 페리클레스가 펠로폰네소스인과 싸우는 아테네인의 장군(스트라테고스)이었던 때, 승리의 기대를 페이라이에우스에 두었으므로 성벽을 보다 견고하게 했다. 성벽이 그 정도로 높았지만 술라는 곧바로 성벽에 사다리를 걸쳐서 대대적인 공격을 감행했다. 하지만 엄청난 손실을 입었다. 왜냐하면 카파도키아인[폰토스 왕국은 카파도키아 왕국의 일부였다]도 전력을 다해서 술라에 맞서 방어했기 때문이다. 그 결과 술라는 몹시 지쳐서 엘레우시스와 메가라로 후퇴하고 페이라에우스 공격에 사용하는 공성기구를 건조해서 페이라이에우스에 제방을 쌓을 준비를 하게 되었다. (중략)

〔술라는〕 아시아를 평정하고는 일리오스인과 키오스인, 리키아인, 로도스인, 마그네시아인 그리고 그 밖의 사람들에게 〔로마인과의〕 동맹〔유지〕에 보답하기 위해 또는 로마 측에 가담했다는 이유로 시달리게 되었던 고통에 대한 보답으로 자유를 허용했다고 기록했다. 그 밖의 곳에

는 전 군(全軍)을 나누어 파견했다. 그리고 미트리다테스가 자유를 주었던 노예들에게 즉시 주인에게 되돌아가도록 명령했다. 많은 노예들이 이 명령에 따르지 않고 몇몇 도시가 반항했으므로 다양한 구실로 자유민과 노예를 대량으로 살해하는 일이 일어났다. 많은 성벽이 무너져 아시아가 광범하게 파괴되고 〔주민은〕 노예로 팔렸다. 카파도키아에 가담했던 사람과 도시는 엄하게 처벌받고 그 중에서도 〔미트리다테스에게〕 아첨해서 로마인의 봉헌물을 모욕하면서 다루었던 에페수스인이 가장 엄하게 다루어졌다. 이 중에서 도시의 중심적 인물들이 정해진 날에 에페수스에 있는 술라 곁으로 모이라고 포고했다. 그리고 모인 사람들에게 술라는 다음과 같이 연설했다.

「우리는 시리아 왕 안티오코스가 너희를 약탈했던 때에 처음으로 군대를 인솔하고 아시아로 건너왔다. 그를 내쫓고 하리스 강과 타우루스 산맥이 지배 영역의 경계라고 그에게 전달했다. 그때 이래로 우리를 따르고 있는 너희를 정복하지 않고 자치를 허용했던 것이다. 공납 의무를 부담하지 않고 피호민으로서 우리와 동맹을 맺은 에우메네스와 로도스인에게 주었던 얼마간의 영토를 제외한다. 확실한 증거는 로도스인을 고발했던 리키아인을 우리가 〔그 로도스인으로부터〕 해방해 주었다는 것이다. 우리는 실제로 너희에 대해 이와 같이 했다. 그런데도 너희는 아탈로스 필로메토르가 지배권을 우리에게 유언으로 양도했던 때에 아리스토니코스와 손을 잡았던 우리에 맞서 4년간 싸웠다(사료 52 참조). 마침내 아리스토니코스가 사로잡히고 너희 중에 많은 자들이 필요에 이끌려서 또한 무서워서 〔우리 측으로〕 되돌아올 때까지 싸웠다. 이와 같았음에도 불구하고 24년에 걸쳐서 공과 사의 상당한 부와 영예를 쌓아 올리고 평화와 사치를 위해 다시 방만해졌다. 우리가 이탈리아 주변의 사건에만 매달려 바쁘다는 것을 이용해 어떤 자는 미트리다테스에게 도움을 구하고 또한 어떤 자는 찾아와서 그〔의 전열(戰列)〕에 가담했다. 모든 것 중에 가장 추악한 것은 하루에 모든 이탈리아인을 자식도 어머니도 함께 살해하라는 미트리다테스의 명령에 따라 너희의 신들에게 의지하기 위해 신전으로 도망쳐 안전한 곳으로 들어간 자 중에 누구도 돕지 않았다는 것이다. 이런 것들에 대해 너희는 어떤 보답을 미트리다테스에게서 받았다. 그는 너희에게 불신감을 품게 하고 너희의 살해와 재산 몰수에 광분한다. 토지를 재분배하고, 부채를 소멸시키고, 노예를 해방하고, 참주를 사람들 위에 앉히고, 가는 곳마다 육상과 바다에서 약탈을 했다. 그래서 곧 바로 너희는 경험을 통한 비교에서 어떤 주인 대신에 이런 주인을 선택하고 말았는가를 깨달았던 것이다. 이런 주인이 우리로부터 어떤 처벌을 받게 되었다. 하지만 너희, 즉 이상과 같은 것을 행했던 자들에게도 똑같은 처벌을 부과할 필요가 있다. 이 처벌은 너희가 행했던 죄에 상응하는 것이 이치에 맞다. 하지만 로마인은 신을 욕되게 하는 학살과 무분별한 몰수, 노예에게 주인을 살해하게 하는 것, 그 밖의 모든 야만적 행위를 생각하지도 않는다. 지금도 역시 그리스 민족과 그 이름, 그리고 아시아에서의 영광을 애석히 여기고 로마인에게 가장 마음에 드는 공명정대함 때문에 너희에게 기껏해야 5년간의 세금과 전쟁 비용, 즉 지금까지 나에게 필요했던 금액과 앞으로 남은 것을 처리하는 데 필요한 금액 모두를 직접 지불할 것을 명령하는 것이다. 내가 이것을 도시마다 너희들 한 명 한 명에게 할당하고 세금의 〔납입〕기한을 정한다. 이것을 지키지 않았던 자들은 적으로 간주하고 처벌로서 보복하는 것이다.」 이와 같이 말하면서 장로들에게 벌금을 할당하고 수금(收金)하기 위해 사람을 파견했다.

도시들은 물자 부족으로 몹시 곤란을 겪고 높은 이자율로 돈을 빌린다. 어떤 도시는 극장을 담보로 채권자에게 내놓고, 또한 어떤 도시는 체육관 또는 성벽, 항구, 그 밖의 공공 소유물을 강압적인 군대의 힘 밑에 담보로 내놓았다. 이와 같이 술라에게 돈이 모이고, 아시아는 비참하기 짝이 없게 되었다. (이하 생략)

〔Appianus, Mithridateios 22; 23; 30; 61; 62; 63〕

[B]

「사실 이 전쟁은 그때 이미 로마인에 의해 미트리다테스에 맞서 시작되었다. 고아인 그[이 사료는 미트리다테스 6세의 연설이지만 저자 유스티누스는 간접화법(따라서 3인칭)으로 기록하고 있다]에게서 대(大)프리기아를 빼앗았던 때이다. 이 대(大)프리기아는 아리스토니코스에 적대해서 〔로마에〕 원군을 보냈던 보수로서 그의 부친에게 로마인이 주었던 것이다. 또한 셀레우코스 카리니코스(셀레우코스2세 카리니코스, 기원전 265년 무렵~225년)가 그의 증조부인 미트리다테스에게 지참금으로서 인정했던 것이다. 파프라고니아에서 철수하라고 로마인이 명령했을 때, 이것이 어느 정도 전쟁의 원인으로 되는 것은 아니었을까? 왜냐하면 폭력과 무력으로가 아니라 유언에 의한 양자 결연에 의해 그〔미트리다테스 6세〕의 부친에게 상속권이 생겼기 때문이다.」

「이 엄중한 명령으로도 그들의 마음을 누그러뜨릴 수 없고, 그들이 날마다 더욱더 강하게 몰아치는 것을 저지할 수 없었다. 그〔미트리다테스 6세〕에게서는 그들에게 어떤 복종의 모습도 나타나지 않았을까? 프리기아도 파프라고니아도 그가 단념하지 않았다고 말할 수 있을까? (중략)」

「실제로 이하 국왕들의 죄 때문이 아닌 그들〔로마인〕이 권력과 존엄을 추구한 나머지 그〔미트리다테스 6세〕 한 사람에 대해서가 아닌 다른 모든 〔왕〕에 대해서도 그들은 자주 이런 방식으로 대처해 왔다. 이와 같이 그의 조부 파르나케스(파르나케스 1세, 기원전 185년 무렵~159년 무렵 재위)를 조사한 후 중개해서 페르가몬 왕 에우메네스(에우메네스 2세, 기원전 197~159년 재위)의 후계자로 했다. 게다가 또한 에우메네스라고는 하지만 그의 함대에 의해 로마인은 처음으로 아시아로 건너갈 수 있었고, 로마군보다 더 많은 에우메네스의 군대 덕분에 안티오코스 대왕과 아시아의 갈리아인을, 또한 그 후에는 마케도니아에서 페르세우스(마케도니아 왕 페르세우스, 기원전 179~168년 재위)를 그들이 격파했다 [이 싸움을 제3차 마케도니아 전쟁(기원전 171~168년)이다. 역시 안티오코스와의 전쟁은 사료 49를 참조하시오]. 하지만 바로 그 에우메네스를 적으로 간주하고 그에게 이탈리아로 건너오지 못하게 했다. 이런 에우메네스와 전쟁을 하는 것 역시 부끄러운 것이라고 생각하고 있었지만 그의 자식 아리스토니코스와는 그들이 전쟁을 했다. 이들 왕 중에서 누미디아 왕 마시니사보다 더 큰 공헌을 했던 사람은 아무도 없다. 한니발에 대한 〔로마인의〕 승리는 마시니사 도움 때문이고 시팍스의 점령도 카르타고의 파괴도 마찬가지이다. 마시니사는 다른 두 명의 아프리카누스[대(大)스키피오(기원전 236년부터 184~3년까지)와 소(小)스키피오(기원전 185~4년부터 129년까지)를 가리킨다]와 함께 세 번째로 로마를 구원한 사람으로 기록되어야 한다. 그렇지만 그의 손자(유구르타, ?~기원전 104년)에 대한 전쟁이 아프리카에서 행해졌다. 그것은 너무 무자비했으므로 실제로 패자인 유구르타를 조부인 마시니사에 대한 기억 때문에 용서하는 것이 아니라 수감되어 더욱이 개선식에서 구경거리로 삼으려 했던 것이다.」

「이리하여 그들〔로마인〕은 모든 국왕에 적대하는 법을 정하고 있다. 이것은 분명히 로마인들 자신에게는 이름을 듣고 부끄러운 나머지 낯을 붉힐 만한 국왕들이 있기 때문이다. 아보리기네스인의 목자(牧者)[전설상의 초대 국왕 로물루스라고 불리는], 사비니인 점쟁이[전설상의 두 번째 국왕

누마 폼필리우스], 코린토스인의 망명자[전설상의 다섯 번째 국왕 타르퀴니우스 프리스쿠스의 아버지 데마라투스는 코린토스에서 에트루리아로 망명했던 인물로 전해진다], 에트루리아 혈통의 출생에 의한 노예[전설상의 여섯 번째 국왕 세르비우스 툴리우스], 또는 이들의 이름 중에서는 가장 저명한 수페르부스〔거만〕이라는 이름을 가졌던 자들처럼[로마 최후의 왕 타르퀴니우스 수페르부스가 가장 저명하다]. 게다가 로마 자체의 건설자는 늑대의 젖을 먹고 자랐다[늑대가 로물루스와 레무스 형제를 길렀다는 로마의 건국에 얽힌 전설을 근거로 하고 있다].

〔Justinus XXXVIII, 5, 3-6, 7〕

70. 디오니소스 예술인의 특권

디오니소스의 예술인이란 도시의 제전에 참가해서 연극을 상연했던 배우, 가수, 음악가, 시인들 모두를 일컫는다. 그들은 점차 무리 안에서 고유의 법과 규정을 갖게 되고, 일종의 직능 단체가 되었다. 기원전 3세기 초에는 아테네, 코린토스, 페르가몬 등에 독자적인 예술인 집단이 존재했다. 그들은 또한 다양한 특권을 인정받고 신분이 보장되었다. 다음 술라의 편지에는 그들이 옛날처럼 특권을 인정받고, 그 취지를 기록했던 석비를 건립하는 것을 허락했다는 사실이 나타난다. 사료 [A]는 기원전 81년, [B]는 기원전 84년 무렵으로 알려지고 있다.

[A] 신의 뜻으로 축하

루키우스의 자식으로 딕타토르(dictator)인 루키우스 술라 페리쿠스는 코스의 아르콘들과 평의회, 민회에 인사말을 보낸다. 나는 우리의 선량하면서 고귀한 친애하는 인물인 이오니아와 헬레스폰토스의 디오니소스의 예술인들과 카테게모나 디오니소스의 예술인 연합단체의 사절이기도 한 라오디케이아의 키타라 연주자 알렉산드로스에게 너희들의 장소에서 가장 눈에 띄는 장소에 돌기둥을 건립하는 것을 인정했다. 그 돌기둥에는 내가 예술인들에게 주었던 특권이 새겨져야 한다. 이제 그가 로마에 사절로 파견되고 이것에 대해서 원로원에서 결의했으므로 나는 너희에게 너희들 장소에서 가장 눈에 띄는 장소가 제공되어 거기에 예술인들에 대한 돌기둥이 서기를 고려하고자 한다. 아래에서 나의 편지와 원로원 결의를 적어 둔다〔(…)

[B]

(…) 너희는 우리를 호의적으로 대하고 있고 〔있으므로〕 나는 너희에게 다음 사항을 알아 두고 싶다. 즉 나는 자문회의 의견에 따라 디오니소스 신과 무사 여신에 대한 숭배와 너희 단체의 영광을 위해 우리의 원로원, 콘술, 프로 콘술이 주어서 인정하고 있는 특권과 명예 그리고 공공사업 봉사 의무의 면제를 그대로 유지해야 한다고 결정했다. 그리고 바로 옛날대로 너희는 모든 공공사업 봉사 의무과 병역을 면제받는다. 어떠한 전시특별세와 〔그 밖의〕 지출을 지불하는 일도 없고, 〔관리에 대한〕 모든 물품 공급 때문에 그리고 병사의 숙소 제공 때문에 시달릴 것도 없고, 〔로마인 정무관의〕 여행자를 강제적으로 받아들여야 하는 것도 아니다. (…)

〔R. K. Sherk, RDGE 49〕

71. 동부 지중해 해적에 대하여

상거래가 발달한 지중해는 해적이 활동하는 곳이기도 했다. 동부 지중해의 치안 유지에 커다란 힘을 발휘했던 로도스의 힘이 기원전 168년 이래로 쇠퇴하고 해적들의 활동이 한층 더 활발해진다. 기원전 1세기에는 로마로의 곡물 수입조차 위협받자 원로원은 해적 토벌을 결의하지만 해군력이 약해서 눈에 띄는 효과는 거두지 못했다. 결국 이탈리아 반도 연안까지 황폐해지자 폼페이우스가 기용된다.

(…) 그들〔해적〕은 생계 수단과 조국을 전쟁 때문에 박탈당하고 모두 빈곤에 빠져들면서 땅 대신에 바다에서 수입을 얻게 되었다. 처음에는 작은 배와 헤미오리오스로(작은 배의 한 종류), 결국에는 순차적으로 이단 노선과 삼단 노선으로 항행하고 전시와 같이 해적의 두목이 이것을 인솔했다. 그들은 방어 시설이 마련되어 있지 않은 도시를 공격하고, 다른 도시의 성벽에 구멍을 뚫고, 때려 부수고, 포위 공격해서 점령하고, 약탈했다. 또한 부유한 사람을 몸값 획득을 위해 정박지에서 포로로 잡았다. (중략)

(…) 그들은 이제는 왕처럼 거드름 피우고 자신들을 절대적인 지배자와 대규모 군대에도 닮아 가고 있고, 모두가 하나로 힘을 합치면 무적이 된다고 생각하고 있다. 배와 모든 무기도 제조하고 대부분은 킬리키아 주변 크라케이아로 불리는 곳에 있다. 이곳을 그들은 자신들의 공동 계류지 혹은 진지로 하고 있다. 그들은 망보는 장소와 산꼭대기, 작은 외딴 섬, 정박지를 많은 장소에 가지고 있다. 또한 주요한 출격 지점을 킬리키아 주변으로 했다. 이곳은 험준한 항구도 없고 높은 산의 정상에 있다. 이곳에서 그들은 총칭해서 킬리키아인이라고 불리고 있다. 그들의 악행의 시

작은 아마도 트라케이아 킬리키아의 사람들 사이에서였을 것이다. 그들에게 시리아인과 키프로스인, 팜필리아인, 폰토스인, 게다가 거의 모든 동방 민족이 가세했다. 그들은 미트리다테스 전쟁이 매우 장기간 지속되었으므로 그것에 괴로워하기보다는 무언가를 행하는 편을 좋아하고 땅 대신에 바다를 선택했던 것이다.

이리하여 깜짝할 사이에 그들은 수만 명이라는 많은 수에 도달하고 동부 지중해뿐만 아니라 「헤라클레스의 기둥(현재의 지브롤터 해협)」까지 모든 해역을 지배했다. 왜냐하면 이미 그들은 로마인의 장군 몇 사람을 해전에서 무찌르기조차 했기 때문이다. 그밖에 시칠리아의 총독도 시칠리아 섬 그 자체 근처에서 패배하고 말았다. 이미 해역 전체는 〔해적 때문에〕 항행하기 불가능하고, 육지는 상업교역이 없어서 경작되지 않았다. 도시 로마는 해적들의 악행을 가장 우려하고 있었다. 〔로마에〕 종속된 사람들도 해적에 괴로워하고 그들〔로마인〕도 인구가 많았으므로 몹시 굶주리고 있었다. 하지만 모든 바다와 육지 주변에 흩어져 있었던 해적들의 근거지를 타파하는 일은 로마인에 의해 대단히 어렵다고 생각되었다. (중략)

로마인은 〔이것 이상의〕 손해와 불명예를 참지 못하고 당시 그들 중에서 가장 명성이 높았던 그나에우스 폼페이우스를 법으로 3년간 「헤라클레스의 기둥」보다 안쪽의 전체 해역과 바다로부터 400스타디온 안쪽으로 들어갔던 육지에 대해 전권을 갖는 사령관으로 선출되었다. 그들〔로마인〕은 이미 왕과 지배자, 민족, 도시에게 모든 면에서 폼페이우스의 원조를 제공하겠다고 써서 보냈다. 그리고 그에게 병사를 소집하고 자금을 조달하도록 허가했다. 동시에 그들은 자신들의 병사 명부에서 대규모 군대와 가지고 있는 한도에서의 배를, 또한 6000아티카 탤런트의 자금을 보냈다. 이처럼 이 정도의 대군을 정복하기란 대단히 어렵기 짝이 없는 일이라고 생각하고 있었다. 광대한 바다에 흩어져 후미진 토지에 쉽게 숨어 버리고, 신속하게 퇴각하고, 게다가 예상 외로 역습해 오기 때문이다. 폼페이우스 이전에 로마인에게서 받은 이 정도의 권력을 바다로 내놓았던 사람은 누구도 없었다. 이때 폼페이우스에게는 보병 12만 명과 기병 4000명의 군대와 헤미오리오스도 포함해서 배 270척이 있고, 또한 부관(legatus)이라고 불렸던 사람들이 원로원에 25명 있었다. 폼페이우스는 그들 각각에게 해역을 분담시키고 배와 기병, 보병을 주고 각자가 자신이 분담하는 해역에 완전한 권력을 행사할 수 있도록 프라이토르(praetor)의 표지를 달도록 했다. 폼페이우스 자신은 왕 중의 왕처럼 그들을 순시하고 임명된 해역에 그들이 있는지 살펴보았다. (…)

폼페이우스는 다음과 같이 모든 것을 집행했다. 먼저 스페인과 「헤라클레스의 기둥」에 티베리우스 네로와 만리우스 토르카투스를 배치했다. 또한 리구리아와 켈트〔갈리아〕의 해역은 마르쿠스 폼포니우스에게, 리비아와 사르디니아, 코르시카 그리고 이들 근처 섬들은 렌툴루스 마르케리누스와 푸블리우스 아틸리우스에게, 이탈리아 근해는 루키우스 게리우스와 그나에우스 렌툴루스에게 맡겼다. 시칠리아와 이오니아 연안을 아카르나니아까지 프로티우스 바루스와 테렌티우스 바로에게 지켜보게 했다. 펠로폰네소스와 아티카, 그리고 그 위의 에우보이아, 테살리아, 마케도니아, 보이오티아 지방을 루키우스 시센나에게 지켜보게 했다. 섬들과 에게 해 전역 및 여기에 덧붙여서 헬레스폰토스를 루키우스 로리우스에게, 비티니아와 트라키아, 키프로스, 페니키아를 메텔루스 네포스에게 위임했다. 이와 같이 프라이토르들이 위임되었다. 즉 공격하고 지키고 망보는 것이 가능하도록 준비되었다. 그들은 다른 프라이토르〔의 해역〕에서 도망했던 자를 멀리까지 추적해서 〔담당한 장소를〕 떠나는 일 없이 또한 경쟁하듯이 빙빙 돌지 않아도 사로잡을 수 있었다. 소탕 작전은 오래 걸리는 일이었다. 그〔폼페이우스〕는 모든 부서를 항행했다. 먼저 서방으로는 40일간 시찰하고 로마에 도착했다. 뒤이어 부룬디시움에, 다시 부룬디시움에서 동일한 기간을 사용해 동방으로 항행했다. 빠른 항해와 방대한 장비 그리고 두려워할 만한 명성으로 모두를 경악시켰다. 그 결과 해적들은 그에게 제일 먼저 공격을 하거나 적어도 자신들에 대한 작전이 쉽지 않을 것임을 보여 주고 싶었다. 하지만 그들은 이미 겁에 질려 공격으로 포위당한 도시에서 바다로 도망하고, 상황을 충분히 인식하고 산과 정박지로 도망해서 들어갔다. 바다는 곧 폼페이우스에 의해 저항 없이 평정되고 해적은 프라이토르들에 의해 도처에서 정복되었다.

그〔폼페이우스〕는 다양한 종류의 군대와 많은 공성용 무기를 가지고 킬리키아로 서둘러 갔다. 험준한 산에서 그에게 필요한 것이나 다름없는 모든 종류의 전투와 포위 공격을 예상했기 때문이다. 하지만 그는 어떤 것도 필요하지 않았다. 왜냐하면 그의 명성과 장비로 해적들이 공포에 전율하고, 해적들은 싸우지 않으면 그가 온정을 베풀어 줄 것으로 생각했기 때문이다. 그래서 우선 크라고스와 안티크라고스라는 최대의 성채에 있었던 무리들이 그리고 이런 무리들과 함께 산악에 있었던 킬리키아인과 모든 사람들이 잇따라 무기–일부는 이미 제조되었고 다른 일부는 제조 중인–를 대량으로 한데 모아서 인도했다. 또한 일부 무기는 아직 건조 중이었고, 다른 일부는 이미 바다에 떠 있었던 배와 이들 배에서 사용하기 위해 모아 두었던 동, 철, 삼베, 밧줄, 각종 목재, 게다가 몸값을 획득하려고 쇠사슬에 묶어 움직이지 못하도록 했던 많은 포로들을 인도했다. (중략)

거의 생각하지 어렵지만 이리하여 해적들과의 전쟁은 폼페이우스의 손에 걸리면 대수롭지 않은 것으로 되었다. 폼페이우스는 나포한 배

71척, 해척으로부터 인도된 배 306척, 도시의 성채, 그 밖의 군사적 거점 120곳을 손에 넣고 전투로 대략 1만 명이 해적이 살해되었다.

〔Appianus, Mithridateios 92–96〕

Ⅲ.

로마

공화정 시대

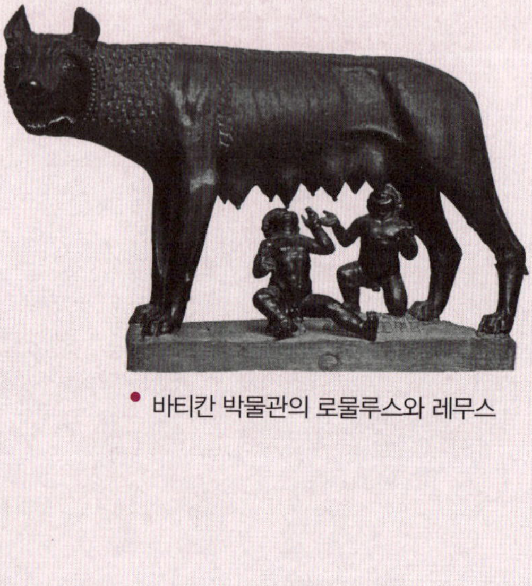

바티칸 박물관의 로물루스와 레무스

고대의 전승에 따르면, 로마는 트로이의 영웅 아이네이아스의 혈통을 이어받은 쌍둥이 형제 로물루스와 레무스에 의해 건설되었다. 공화정 말기의 고대학자 바로는 이것을 기원전 753년으로 보고 있다. 더욱이 전승은 로마가 로물루스를 포함해서 일곱 명의 왕에게 지배되고, 그들에 의해 국가제도의 기초가 세워졌다고 전한다. 하지만 근대의 비판적 역사학은 이런 전설의 신빙성을 의심하고 로마가 기원전 8세기나 7세기 초에 에트루리아의 영향을 받아 건설되었던 것은 아닌가 하고 생각하고 있다.

로마에서 본격적인 역사 서술이 시작된 것은 비교적 늦은 기원전 3세기가 끝나가는 무렵이다. 그 이전에는 대신관이 매년 왕궁 앞에 걸어서 그날그날의 사건을 기록한 판자, 비석, 구전 등으로 겨우 역사적 지식이 전달되었던 것에 불과했다. 따라서 공화정 초기의 역사를 재구성하는 일은 대단히 어려운 일이다. 그러나 기원전 3세기 후반부터 기원전 2세기 초의 일은 고대에도 매우 뛰어나다고 평가되었던 폴리비오스의 역사, 또는 이것에 의거한 리비우스의 기록이 남아 있어서 비교적 잘 알려져 있다. 공화정의 마지막 반세기는 키케로, 카이사르, 살루스티우스라는 라틴 산문의 거장이 배출된 시기로 고대사에서도 가장 사료가 풍부했던 시대 중 하나이다.

왕정 시대 로마에는 귀족(파트리키) 말고도 그들에게 예속된 피보호민(클리엔테스)과 그 밖의 사람들을 통틀었던 평민(플레브스)이 있다. 평민은 귀족과의 통혼이 인정되지 않았고, 공화정이 되어도 정무관직과 신관직 및 사법과 군사지휘권으로부터 배제되어 있었다. 그들이 이런 권리들을 요구하면서 귀족을 상대로 싸웠던 투쟁을 '신분투쟁'이라고 한다. 이것이 공화정 초기의 국제 개혁을 추진했던 원동력이었다. 이리하여 호민관의 선출이 시작되고, 성문법도 제정되었다. 정무관직과 신관직도 순차적으로 평민에게 개방되었다.

'신분투쟁'은 기원전 4세기 초에 막을 내린다. 그 결과 일부 부유한 평민이 종래의 귀족과 한 패가 되어 '노빌레스'로 불리는 새로운 지배 계층을 형성했다. 신분투쟁으로 성립된 로마 사회는 민주적인 겉모습에도 불구하고 과두적이고 귀족주의적인 본질이 남아 있었다.

기원전 3세기 초는 외교적으로 본다면 로마가 이탈리아 반도의 통일을 거의 완료했던 시기에 해당한다. 로마는 이탈리아 반도에 흩어져있는 도시국가와 부족들을 정복하는 과정에서 일부 경우에는 그 영토를 병합하고 주민을 로마 시민으로 받아들였다. 또 많은 경우에는 상대방의 독립을 인정하고 그들과 개별적으로 동맹을 체결하는 방식을 선택했다. 그때 내정(內政)에서의 자치를 인정하는 대신에 군대를 제공하는 의무를 부과하고, 독자적 외교활동을 금지하는 것이 일반적이었다. 상대에 따라서는 다시 갖가지 권리를 인정하는 경우도 있었다.

기원전 3세기에 두 차례의 전쟁(포에니 전쟁)에서 카르타고를 격파하고 서부 지중해를 제압했던 로마는 기원전 2세기에 들어서면 공격의 화살을 동방으로 돌려 마케도니아, 시리아를 항복시킨다. 그리고 기원전 2세기 중엽에는 지중해 전역에 걸친 대제국을 구축했다. 하지만 연이은 전쟁은 국방의 주체였던 농민층의 몰락을 초래하고, 그 대신 노예를 사용하는 대토지 경영(라틴푼디움)이 이탈리아 반도에 확산되었다. 또한 헬레니즘 문화와 오리엔트의 종교가 유입되어 로마인의 사고방식에 영향을 미치고, 지중해 세계로부터 축적해 온 부와 더불어 그들의 소박하고 진지한 생활 습관도 사라졌다. 로마인의 지위가 높아지면서 그것에 반비례해서 이탈리아의 동맹시민 지위는 열악해졌다. 그리고 둘 사이에 알력이 나타나게 되었다. 게다가 도시국가적인 로마의 국제는 광대한 제국을 통치하기에는 적합하지 않았다. 이런 모순이 다양한 형태로 왜곡되면서 드러나기 시작했다.

자영농민층의 재건을 겨냥했던 티베리우스 그락쿠스의 개혁과 속주 지배 방식을 재정립해서 이탈리아인의 문제 해결을 시도했던 동생 가이우스 그락쿠스의 개혁이 반대파의 폭력으로 좌절되면서 로마는 피를 부르는 내란의 시대로 접어들었다. 이 사이에 마리우스의 병제 개혁으로 국방과 토지 문제의 해결에 일정한 방향이 세워진다. 하지만 그것은 동시에 군대가 유력한 장군의 사병(私兵)으로 되는 길을 열어놓았다. 이리하여 마리우스와 술라, 폼페이우스와 카이사르가 제1인자의 자리를 추구하면서 로마의 군대와 지중해 원주민의 무력을 규합해서 서로 싸웠다. 여기에 전통적인 원로원 지배를 유지하려는 세력의 움직임이 얽혀서 로마의 정국이 복잡하게 전개된다. 그리고 내란의 최후 승리자로서 군대와 지중해 세계의 전사들을 자신의 피보호민(clientes)으로 만들었던 인물, 바로 그가 로마의 초대 황제로 불리는 아우구스투스(옥타비아누스)였다.

1. 도시 로마의 건설

아에네아스 사후, 그의 아들 아스카니우스는 알바누스 산의 중턱에 알바롱가라는 도시를 세우고 왕이 되었다. 아스카니우스의 자손은 대대로 알바롱가의 왕위를 계승했지만, 누미토르의 시대에 내분이 발생한다. 누미토르의 동생 아물리우스가 형을 폐위시키고 직접 왕위에 오르게 되자, 형의 혈통을 단절시키려고 그의 딸 레아 실비아를 베스타 여신의 무녀가 되게 해서 결혼할 수 없게 만들었다. 하지만 레아 실비아는 마르스 신에 의해 임신하게 되고 쌍둥이 로물루스와 레무스를 낳는다. 격노한 아물리우스는 쌍둥이의 살해를 명령했지만, 쌍둥이는 살해를 면하고 '늑대의 젖을 먹고' 자라게 되었다. 장성해서 자신들의 정체성을 알게 된 두 사람은 아물리우스를 죽이고 조부에게 알바롱가의 왕위를 돌려주고, 자신들은 유아 시절 버려졌던 장소에 새로운 도시(로마)를 건설했다고 한다. 로물루스와 레무스의 유기와 도시 건설의 이야기는 리비우스 외에 아우구스투스 시대의 수사학 교사 할리카르나소스의 디오니시오스가 썼던 『로마 고대사』와 플루타르코스의 『영웅전』 중의 「로물루스와 레무스 전(傳)」에서 상세하게 전하고 있다.

이리하여 누미토르에게 알바롱가의 국가를 맡기고, 자신들이 유기되었던 장소, 양육되었던 장소에 도시를 건설하고 싶다는 감정이 로물루스와 레무스의 마음을 붙들었다. 그리고 실제로 알바롱가인과 라틴인이 많이 있었다. 거기에 목자들도 가세하고 있었다. 그들이 모두 집결하면 이렇게 건설된 도시에 비해 알바롱가는 작을 것이고, 라비니움[아에네아스가 건설하고 부인 라비니아를 관련시켜 이름이 붙여진 도시]은 작을 것으로 쉽게 예상할 수 있을 정도였다. 여기에서 이렇게 생각하지 못하게 하는 사건이 일어났다. 유전적으로 병적인 버릇이라고 말할 수 있는 지배욕이다. 그리고 그것 때문에 추악한 싸움이 벌어진다. 그것은 사소한 일에서 시작했다. 〔자신들은〕 쌍둥이 형제이고 연장자를 공경하는 마음으로 구별되지 않으므로 이 땅을 수호하는 신들이 아우구리움(augurium, 전조)[로마인은 신들이 자연현상과 동물의 움직임을 통해서 인간에게 의사를 전한다고 생각하고 있었다. 이러한 것의 관찰을 통해서 신들의 의사를 읽고 이해하는 것을 아우구리움이라고 말한다. 또한 이러한 인간에게 나타낸 신들의 의사도 아우구리움이라고 불린다]에 의해, 새로운 도시에 이름을 주는 인물, 건설된 도시를 지배하는 인물을 선택하는 것이라고, 아우구리움을 행하기 위해 로물루스는 팔라티누스 언덕에 레무스는 아벤티누스 템플름(신전)을 설정한다. 먼저 레무스에게 아우구리움이 나타났다고 전해지고 있다. 그것은 여섯 마리의 독수리였다. 이미 아우구리움이 보고된 후에 로물루스 앞에 두 배에 달하는 독수리가 나타났으므로 〔로물루스와 레무스의〕 각각을, 각각에게 따르는 사람들이 왕으로 환호했다. 한쪽의 사람들은 시간에서 앞섰다는 이유로, 다른 한쪽의 사람들은 새의 숫자가 더 많았다는 이유로 왕위는 〔자신들의 우두머리 측에〕 있다고 주장했던 것이다. 언쟁으로 인한 분노로 살해에 이르게 된다. 그때 레무스는 혼란 중에 습격을 받아 죽었다. 레무스가 형을 비웃고 새롭게 축조된 도시 성벽을 날아 넘어갔다는 이야기는 잘 알려져 있다. 이렇게 해서 로물루스는 단독으로 지배권을 획득한다. 건설된 도시는 건설자의 이름을 따서 〔로마라고〕 불렀다.

〔Livius, I, 6, 3-7, 3〕

2. 루크레티아 이야기

루크레티아 이야기는 아마도 애국적인 전설일 것이다. 그러나 기원전 509년경 로마 정치체제에서 왕정이 종식되고 공화정이 들어서는 변화가 있었던 것은 사실이다. 이 전승은 리비우스가 편찬한 기원전 1세기 후반의 「로마사」에 전한다. 현존하는 리비우스의 논고는 대부분 로마 초기 역사에 관한 것이다. 그가 다룬 로마 초기의 사건들은 역사학적 견지에서 진실성에 의문이 있지만, 로마인이 오랫동안 소중하게 생각한 이상과 가치관을 이해하는 데 도움을 준다. 에트루리아 귀족에게 능욕당한 루크레티아와 이 사건에 뒤이은 혁명[전통적으로 기원전 509년에 발생한 것으로 간주됨]이 그 대표적인 예라고 할 수 있다.

젊은 귀족들은 여가 시간의 대부분을 분별없는 쾌락에 탐닉하는 데 허비했다. 하루는 그들이 섹스투스 타르퀴니우스의 거처–콜라티누스도 그 자리에 있었다–에서 술을 마시다가 우연히 아내들을 주제로 이야기꽃을 피웠다. 그들은 자신의 아내에 대한 찬양을 늘어놓았다. 그러던 중 콜라티누스가 외쳤다. "멈춰! 무슨 말이 필요 있겠나? 몇 시간 내로 내 아내 루크레티아의 비할 데 없는 우월성을 명백하게 입증할 수 있는데 말이야. 우리는 모두 젊고 튼튼하잖나. 로마로 말을 달려서 우리 눈으로 우리의 아내가 어떤 여자인지 직접 확인하면 되지." (…) 어두워질 무렵 그들은 로마 시에 도착했다. 귀부인들이 한 무리의 어린 친구들과 함께 사치스러운 저녁을 즐기고 있었다. 그러자 그들은 말을 달려 콜라티아로 갔다. 그들은 거기에서 루크레티아가 전혀 다른 일을 하고 있는 것을 보았다. 이미 밤늦은 시간이었지만 그녀는 자택 거실에서 분주한 하녀들에게 둘러싸인 채 등불을 켜고 열심히 실을 짓고 있었다. 여성의 미덕을 겨룬 콘테스트에서 어떤 아내가 승리를 거두었는지는 자명해졌다. (…)

며칠 뒤 섹스투스는 콜라티누스 몰래 자신에게 후한 대접을 베풀었던 루크레티아의 집으로 갔다. (…) 그는 온 집안이 조용해질 때까지 기다렸다가, 사방이 고요해지자 칼을 뽑아 들고 루크레티아의 방으로 향했다. (…) 섹스투스는 자신의 사랑을 강요하고 위협했다. (…) 그러나 죽음의 두려움도 그녀의 의지를 꺾을 수 없었다. 섹스투스는 소리쳤다. “죽음마저도 그대를 움직일 수 없다면, 수치는 그대를 움직일 수 있겠지요. 나는 먼저 그대를 죽인 다음 노예 한 명의 목을 따서 그의 벌거벗은 몸을 그대 곁에 뉘어 놓겠소.” (…) 아무리 결연한 의지를 지닌 숙녀일지라도 이런 무서운 위협에는 저항할 수 없었다. 루크레티아는 포기하고 말았다. 섹스투스는 그녀를 겁탈하고 성공을 자랑스러워하면서 도망쳤다.

〔자신의 아버지와 남편에게 사건의 전말을 밝힌 후〕 그녀는 말했다. “섹스투스에게 합당한 일이 무엇인지 두 분께서 결정하세요. 물론 내게는 아무런 잘못이 없습니다. 하지만 나는 기꺼이 내 몫의 벌을 달게 받겠습니다. 루크레티아는 부정한 여자가 마땅히 져야 할 책임을 회피하는 선례를 만들지 않겠습니다.” 이 말을 마친 그녀는 옷 안에서 칼을 꺼내더니 가슴을 찌르고는 앞으로 쓰러졌다. 그녀의 아버지와 남편은 커다란 슬픔에 휩싸였다. 그들이 하염없이 비통하게 울고 있을 때 브루투스(친척)가 루크레티아의 몸에서 피 묻은 칼을 뽑아 들면서 외쳤다. “이 여인의 피와 신들의 이름을 걸고 맹세하노니, 칼이든 불이든 무슨 수단을 써서라도 루키우스 타르퀴니우스 수페르부스와 그의 사악한 아내와 모든 자녀를 끝까지 찾아가 복수하겠다. 그리고 그들은 물론 어느 누구라도 로마에서 다시는 왕이 되지 못하게 하리라!”

[Livius, Ab Urbe Condita]

3. 로마와 카르타고 조약

로마가 공화정 초에 카르타고와 체결했던 조약은 동판에 새겨지고 카피톨리움의 보물창고에 보관되어 있었다. 그 후 이 동판은 분실되었지만, 실제로 이것을 보았다는 폴리비오스 덕분에 그 내용을 지금까지도 대략 알 수 있다. 폴리비오스는 이 조약이 공화정 원년에 체결되었다고 전하고 있지만 리비우스는 기원전 348년 초에서 시작하여 로마와 카르타고 사이의 우호 조약을 기록하고 있다.

그러므로 말하자면 로마인과 카르타고인 사이의 최초 조약[폴리비오스에 의하면 로마는 이후 두 차례 카르타고와의 조약을 갱신했다. 첫 번째 연대는 알 수 없고, 두 번째 연대는 피로스가 〔이탈리아에〕 건너왔던 때, 카르타고인이 시칠리아를 에워싸는 전쟁을 시작하기 전(기원전 279년)이다]은 루키우스 유니우스 브루투스와 마르쿠스 호라티우스 때에 체결된다. 이 두 사람은 왕의 추방 후에 뽑힌 초대 콘술로서 카피톨리움의 유피테르 신전을 봉헌했던 것도 그들이었다. 크세르크세스가 그리스에 들어온 때부터 거슬러 올라가면 30년에 2년 부족한 해의 일이다. 이 조약을 가능한 한 정확히 해석해서 아래에 기록해 둔다. 왜냐하면 로마인 사이에서도 지금의 말이 옛날의 그것과 비교해서 차이가 대단히 크기 때문에 가장 총명한 사람들이 주의를 집중해서 겨우 판독할 수 있을 뿐이기 때문이다. 조약은 거의 다음과 같은 내용이다. 「이하 조건으로 로마인 및 로마인의 동맹자와 카르타고인 및 카르타고인의 동맹자에 우호적이어야 한다. 로마인도 로마인의 동맹자도 아름다운 곶의 저편으로 〔군선을〕 진군시키지 않는다. 다만 폭풍이나 적에 의해 강제된 경우에는 그렇지 않다. 만약 누군가가 자신의 의지에 반해서 부득이하게 상륙했던 경우에는 배의 수선이나 제의에 필요한 범위에서의 물건을 제외하고 어떤 물건도 사거나 받거나 할 수 없다[그리고 5일 안에 떠나야 한다]. 교역하러 온 사람은 사자(使者) 또는 서기가 있지 않는 한 목적을 달성해서는 안 된다. 사자 또는 서기가 있는 데서 판매된 물건은 리비아 또는 사르디니아에서 판매되는 한에서 판매자에게 지불하는 금액은 국가가 보증해야 한다. 만약 로마인 누군가가 시칠리아에 찾아온다면, 그곳이 카르타고인의 통치에 복종하는 한에서 로마인은 모든 권리를 동등하게 누린다. 카르타고인은 아르데아, 안티움, 라우렌티움, 키르케이, 타라키나의 사람들에 대해서, 또 〔로마에〕 복속하는 한에서 다른 라틴인 중 누구에 대해서도 부정한 행위를 해서는 안 된다. 만약 어떤 사람이 〔로마에〕 복속해 있지 않은 경우에는 이들 〔라틴인의〕 도시에 손을 대서는 안 된다. 만약 탈취한 경우는 로마인에게 손상되지 않은 상태 그대로 인도한다. 라티움에 성채를 축조하지 않는다. 만약 적으로서 그 곳에 침입해 올 경우는 그곳에서 밤을 새워서는 안 된다.」

그런데 '아름다운 곶'이란 카르타고 전방에서 북쪽을 향해 가로질러 있는 곶을 말한다. 카르타고인은 로마인이 반드시 이 곶을 넘어 남쪽으로 군선을 진출하게 해서는 안 된다고 생각하고 있었다. 내가 생각하기로는 카르타고인들은 비사티스(Byssatis) 지방과 엠포리아(Emporia, 교역소)로 불리고 있는 소(小)시르티스(Syrtis) 지방이 비옥하다는 이유로 로마인들이 알게 되는 것을 원치 않았기 때문이다. 그리고 만약 누군가가 폭풍 또는 적에 의해 의사에 반해서 어쩔 수 없이 상륙을 하게 되어 누군가에게 제의와 배의 수선에 필요한 물건을 부탁한다면, 〔그들은〕 이것들을 〔수취하고〕 그 밖의 어떤 것도 수취해서는 안 된다. 그리고 상륙했던 자는 5일 안에 떠나지 않으면 안 된다고 생각하고 있다. 로마인은 카르타고와 리비아 사이

아름다운 곳의 이쪽 전역(全域), 사르디니아, 카르타고인이 통치하는 〔범위의〕 시칠리아에서는 교역 목적으로 배를 보내는 것을 인정하고 있고, 카르타고인은 공정한 국가의 이름으로 보증하는 것을 약속하고 있다. 이 조약에서 〔카르타고인〕은 사르디니아와 리비아에 대해서 자신의 것에 대해 〔말하는〕 것처럼 말하고 있는 것으로 이해할 수 있다. 시칠리아에 대해서는 반대로 시칠리아 중에서 카르타고인의 지배에 복종하는 범위의 지역에 대해서〔만〕 조약을 체결하는 것으로 명확하게 구별하고 있다. 마찬가지로 로마인도 역시 라티움 지역에 대해서만 조약을 체결하고, 이탈리아의 나머지 지역을 언급하지 않은 것은 그곳이 그들의 권력에 복종하지 않았기 때문이다.

〔Polybios III, 22, 1-23, 6〕

4. 로마의 12표법

12표법은 기원전 449년에 12개의 표에 기록되어 공시되었기 때문에 붙여진 이름인데, 흔히 초기 로마 사회의 귀족과 평민사이에서 일어나는 '신분투쟁'에서 얻은 타협의 산물로 알려져 있다. 그러나 여기에는 이 법이 제정된 시기 이전의 관습법이 담겨 있고, 또한 "로마의 어린이들은 12표법을 외워야 했다"라는 키케로의 말이 보여 주듯이 공화정 역사의 전 기간에 걸쳐, 그리고 로마 제국이 정치적으로 해체될 때까지 로마법의 기본 골격이 되었다. 또한 이 법의 특징은 공법이 아니라 사법을 중심으로 구성되었다는 점을 들 수 있는데, 이것은 곧 이 법을 통해 당시 로마인의 생활상을 어느 정도 들여다볼 수 있다는 이야기가 된다.

제1표

1. 〔원고가 피고를〕 법정에 소환하면 〔피고는〕 출두하여야 한다. 출두하지 않으면 (원고는) 증인을 소환하여야 하며, 그 후에 피고를 〔원고가 직접〕 손으로 잡아 와야 한다.

2. 〔피고가〕 속이거나 도주하려고 하면 〔원고는〕 그를 나포한다.

3. 병이나 노령이 장애 사유일 때에는 원고는 〔피고에게〕 지붕이 없는 마차를 제공한다. 피고가 이것을 거절할 시에는 〔원고는〕 다른 마차를 준비한다.

4. 정주자를 위한 소송 담보인은 정주자이어야 한다. 하급 시민을 위해서는 원하는 자가 소송 담보인이 된다.

6. 양 당사자가 사건에 관하여 화해하면 법무관은 〔이를〕 선언한다.

7. 화해하지 않는 경우에는 원고와 피고는 법정에서 오전 중에 사건의 개요를 진술한다. 쌍방은 출석하여 함께 변론을 다한다.

8. 오후에 법무관이 출석한 당사자에게 판결을 선언한다.

9. 쌍방이 출석하고 있으면 일몰이 법정 개정의 최종 시점이 된다.

제2표

1. a. 그런데 신성도금의 벌금은 500아스였거나 50아스였다. 〔소송물의 가액이〕 1,000아스 내지 그 이상인 사안에 대해서는 500아스의, 1,000아스 미만의 사안에 대해서는 50아스의 신성도금을 걸고 쟁송을 했다. 그러나 어떤 자의 자유에 관하여 소송이 있을 경우에는 비록 인신이 매우 고가라 하여도 50아스의 신성도금을 걸고 쟁송을 한다[고 12표법에 규정되어 있다].

3. 증언을 얻지 못한 자는 3일째마다 (증인의) 집 앞에서 큰소리로 소리를 지른다.

제3표

1. (…) 사건에 관한 판결이 내려진 때에는 30일이 적법한 〔유예/이행〕 기간이다.
2. 그 후에 비로소 나포를 행한다. 〔그리고 원고는 피고를〕 법정으로 연행한다.
3. 피고가 판결한 채무를 이행하지 않거나, 혹은 아무도 그를 위하여 법정에서 담보를 제공하지 않으면 〔원고는〕 그를 자신과 함께 연행하고, 포승이나 보다 가벼운 것이 아니면 6.8㎏ 정도의 족쇄로 포박한다.
4. 〔채무자는〕 원하는 경우에는 자신의 음식으로 생활한다. 그렇지 않을 경우에는 그를 구금하려는 자가 매일 0.45㎏의 밀을 제공한다. 〔채권자는〕 원하는 경우에는 더 많이 줄 수 있다.
5. 그런데 그 사이에 화해를 하는 권리가 존재했다. 그리고 화해가 되지 않은 경우에는 〔채무자들은〕 60일간 구금되었다. 그들은 이 기간 중에 3차에 걸친 3회의 연이은 개시일에 법무관 앞에 출두해야 했으며, 〔거기서〕 그들은 얼마 정도의 금액으로 유책 판결을 받았는가가 공표되었다. 그리고는 제3의 개시일에 극형을 받든가, 아니면 티베르 강 건너 '외국'으로 매각되었다.
6. 제3의 개방일에 〔채권자들은〕 배분으로 분해한다. 그들이 넘치거나 모자라게 분해했더라도 탈법이 되지 않는다.

제4표

1. 마치 12표법에 의하여 특히 기형인 아이가 신속히 살해되었듯이.

2. a. 아버지에게 동 법률은 (…) 아들에 대한 생사여탈권을 주었다.

2. b. 아버지가 아들을 3차에 걸쳐서 매각한 경우에는 아들은 부권으로부터 해방된다.

3. 그녀[그의 처]에게 그는 12표법에 따라서 그녀의 물건을 가지고 가라고 명하였고 열쇠를 빼앗고, 〔집에서〕 축출했다.

4. 나는 그 여자가 (…) 남편의 사망 후 11개월째에 출산을 했는데, 이 사실은 그녀가 남편의 사망 후에 임신한 법률관계에 해당한다는 것을 알게 되었다. 왜냐하면 법률[12표법]제정 10인 위원회에서는 사람이 10개월에 출생하며 11개월에 출생하는 것이 아니라고 정했기 때문이다.

제5표

1. 옛 사람들은 (…) 여자는 비록 나이가 들어 성숙하게 되더라도 지력박약으로 인해 후견받기를 원했다. (…) 자유롭기를 바랐던 베스타 여신의 여사제는 예외였다. [이와 같이 또한 12표법에 규정되어 있다.]

3. 어떤 자가 자신의 금원과 자신의 재물에 관한 후견에 관하여 최종적으로 처분한 바가 있으면 그대로 따른다.

4. 무유언으로 사망하는 자에게 가내상속인이 없을 경우, 최근의 친족이 가산을 상속한다.

5. 〔그러한〕 친족이 없을 경우, 씨족원이 가산을 상속한다.

6. 유언으로 (…) 후견인이 지정되지 않은 자에 대해서는 12표법에 의하여 부족원이 후견인이다.

7. a. 어떤 자가 정신착란자일 경우, 부족원과 씨족원이 그 자신과 그의 재산에 관한 결정권을 가진다.

7. c. 12표법에 의하여 낭비벽이 있는 자에게는 자기 재산의 관리가 금지된다. (…) 12표법은 (…) 재산의 관리가 금지되는 낭비벽이 있는 자는 종친들의 후견을 받도록 명한다.

8. 로마 시민인 해방노예의 상속재산에 관하여 12표법은, 해방노예가 무유언으로 가내상속인 없이 사망한 경우, 보호자와 해방노예에 관하여 이야기하면서 "이 집에서", "이 집으로"라고 말한다.

9. 채권으로 존재하는 권리는 (…) 12표법에 의하여 법률상 당연히 상속분에 응하여 분해된 것이다.

제6표

3. 토지의 경우에는 시효 취득이 2년이고 (…) 다른 모든 물건의 경우에는 (…) 1년이다.

5. 12표법에는 아내가 이 방식으로 〔즉 실행에 의해서〕 남편의 수권에 귀속되기를 원하지 않을 경우, 매년 3일 밤을 〔연속하여 남편의 집으로부터〕 벗어나 있어야 하는데, 이런 방식으로 매년 〔남편의 권한을〕 중지시킬 수 있다고 규정되어 있다.

제7표

1. 12표법의 해석자들은 ambitus는 건물벽의 주회로라고 설명한다. (…) Ambitus는 (…) 2½ 보폭의 너비를 (…) 가진 건물들의 주회로를 말한다. (…) Sestertius는 2½ 아스에 해당한다 (…) 12표법이 그 증거인데, 거기에

서 2½ 보폭이 "Sestertius 보"로 규정되어 있다.

2. 경계 획정의 소송에 있어서는, 말하자면 아테네에서 솔론이 제정했다고 이야기되는 저 법률의 모범을 좇아서 (12표법에) 규정된 바를 준수해야 됨을 알지 않으면 안 된다. 그런데 그 법률에는 다음과 같이 규정되어 있다.: 타인의 토지 옆에 울타리를 세우는 경우에는 경계를 넘어서는 안 된다. 벽의 경우에는 1보의 거리를 두어야 하고, 건물의 경우에는 2보의 거리를 유지하지 않으면 안 된다. 구덩이나 굴을 파는 경우에는 그 공작물의 깊이만큼 거리를 두어야 한다. 그러나 우물의 경우에는 거리가 6보이다. 올리브나무와 무화과나무는 인접지의 경계로부터 9보를 떨어져서, 그 밖의 나무는 5보를 떨어져서 심어야 한다.

3. b. 농민의 변변찮은 주거들은 tectum(지붕)으로부터 tuguria(작은 방)라고 불리는데 (…) 이 명칭으로 또한 (…) (이) 표현된다고 매쌀라는 12표법을 설명하면서 이야기하고 있다.

4. 12표법은 〔경계로부터〕 5보 내에서는 사용 취득이 행해지는 것을 원하지 않았다.

5. b. 경계에 관하여 분쟁이 발생하였는바, 이 경우 (…) 12표법에 의하여 우리 세 사람이 재정인으로서 경계를 획정할 것이다.

6. 〔연통행역권이 인정되는〕 도로의 폭은 12표법에 의하면 직선인 곳에서는 8보, 굴곡진 곳에서는 16보이다.

7. 그들은 도로를 정비하여야 한다.: 도로를 돌로 포장하여 정비하지 않을 경우에는 그 〔권리자〕는 원하는 곳으로 가축을 몰 수 있다.

8. a. 빗물이 손해를 입히는 경우에는 (…)

8. b. 공유지를 경유하는 상수도가 사인에게 손해를 입힐 경우에는 소유자에

게 손해가 전보되도록 12표법에 의거한 소송권이 피해자에게 부여될 것이다.

9. a. 12표법은 높이가 15보 이상인 나뭇가지는 절단하기를 원했다.

9. b. 나무가 바람에 의하여 이웃의 땅으로 기운 경우에는 토지 소유자는 12표법에 의하여 그것을 제거하도록 정당하게 요구할 수 있다.

10. 12표법에는 도토리가 타인의 토지에 떨어지는 경우 이것을 회수하는 것이 허용된다고 (…) 규정되었다.

12. "10,000세스테르케스를 상속인에게 지급하는 경우"라는 조건하에 해방되도록 명을 받은 노예는, 비록 상속인에 의하여 양도되더라도, 매수인에게 그 금액을 지급함으로써 자유를 얻을 수 있다. 그리고 이것은 12표법이 규정하는 바이다.

제8표

1. b. 12표법은 극히 적은 경우만을 극형으로 제재하였음에도 불구하고 다음의 경우에는 역시 극형에 처해야만 한다고 생각된다: 어떤 자가 타인에게 치욕이나 오명을 줄 풍속가를 부르거나 작사한 경우.

2. 어떤 자가 〔타인의〕 지체를 불구로 만드는 경우에는 그(피해자)와 화해하지 않으면 동일한 보복을 가한다.

3. 어떤 자가 손이나 곤봉으로 뼈를 부러뜨린 경우에는 자유인이면 300아스의, 노예이면 150아스의 벌금을 문다.

4. 어떤 자가 타인에게 〔기타의〕 신체 상해를 가한 경우에는 25아스를 벌금으로 한다.

5. (…) 가해한 (자는) (…) 배상한다.

6. 네발짐승이 손해를 가했다고 주장되는 경우에는 소권이 12표법에서 나온다. 12표법은 가해를 한 동물이 위부되든지 (…) 아니면 손해의 평가액이 제공될 것을 규정했다.

7. 당신 나무의 도토리가 내 토지에 떨어지고 내가 가축을 몰아넣어 그것을 먹게 했을 경우, 당신 토지에서 방목되는 것이 아니므로 12표법에 의하여 가축 방목에 관한 소권으로도 소송을 제기할 수 없고, 네발짐승이 가한 손해에 관한 소권으로도 (…) 소송할 수 없다.

9. 쟁기로 수확한 (…) 농작물을 야밤에 〔가축에게〕 먹인 행위와 훔친 행위는 12표법에 의하면 성숙자에게는 극형이었고, 케레스 신단에 효수하여 사형에 처하도록 명했다. (…) 미성숙자는 법무관의 재량으로 태형이나 1배액 혹은 2배액의 배상이 명해졌다.

10. 건물을 소실시키거나 집 옆에 쌓아 놓은 노적가리에 불을 지른 자는 〔12표법에 의하면〕 알면서 고의적으로 이를 범한 것이면, 포박하여 태에 처한 후 화형에 처해지도록 명해진다. 그러나 우연히, 즉 과실로 범한 경우에는 손해를 배상하도록 명하거나, 혹은 재력이 없을 경우에는 보다 약하게 처벌한다.

11. 12표법에는 불법으로 타인의 나무를 벌채한 자는 그루당 25아스의 배상을 한다고 규정되었다.

12. 〔어떤 자가〕 야밤에 절도를 한 경우, 그를 〔어떤 자가〕 살해하더라도 그는 적법하게 살해된 것으로 본다.

13. (…) 도둑이 무기를 가지고 공격하는 경우 (…) 〔절도 피해자는〕 큰 소리로 원조를 구해야 한다.

14. 여타의 것들로 말하자면, (…) (법률제정) 10인 위원회는 현행 절도범의 경우, 절도를 했지만 무기를 가지고 공격하지 않은 경우, 자유인이라면 태에 처하고 절도 피해자에게 〔노예로서〕 부여된다.: 노예는 (…) 태에 처하고 〔타르페이우스〕 암벽에서 밀어 떨어뜨린다고 명했다. 그러나 미성숙 소년의 경우에는 법무관의 재량으로 태에 처하고 가한 손해를 배상하도록 규정했다.

15. a. 도품을 숨긴 자와 옮겨 놓은 자에 대한 벌금은 12표법에 의하면 (도품 가액의) 3배액이다.

16. 〔절도 피해자가〕 절도를 이유로 소송하는 경우, 현행범이 아닐 때에는 (…) 〔피고는〕 2배액으로 손해를 배상한다.

17. 도품이 사용·취득되는 것을 12표법은 금지하고 있다.

18. a. 누구라도 (연) 1/12[=8⅓%] 이상의 이자를 취하지 못하도록 처음으로 12표법에서 규정하고 있다.

18. b 선조들은 (…) 12표법에, 절도범은 2배액의, 고리대금업자는 4배액의 패소판결을 받는다고 규정했다.

19. 임치의 경우에는 12표법에 의하여 2배액 청구의 소권이 부여된다.…

20. a. 〔후견인〕부정피의죄는 12표법에서 유래함을 알아야 한다.

20. b. (…) 후견인들이 피후견인의 재산을 횡령한 경우, 12표법에 의하여 후견인을 상대로 2배액의 청구가 정해진 소권이 있는데, (…) .

21. 보호자가 그의 예속민에게 사해를 가한 경우, 그는 저주받는다.

22. 증인으로 응했거나 채택된 자가 증언을 하지 않을 경우, 그는 파렴치하고 증언〔을 하거나 얻을〕 능력을 상실한 것으로 본다.

23. 12표법에 의하여 허위의 증언에 관하여 정해진 처벌을 또한 폐지하지 않았더라면, 그래서 이제 또한 전과 같이 허위의 증언을 한 것으로 책임이 밝혀진 자가 타르페이우스 암벽에서 밀어 떨어뜨려진다면…

24. a. 무기를 던졌다기보다는 무기가 손에서 빠져나간 경우에는 속죄용으로 숫양을 내놓아야 한다.

24. b 농작물을 (…) 은밀히 야밤에 〔가축에게〕 먹인 행위와 훔친 행위는 12표법에 의하면 극형이었고, 케레스 신령이 깃든 나무에 효수하여 사형에 처하도록 명했는바, 살인의 경우보다도 중하게 〔처벌되었다.〕

25. '독물'을 이야기하는 자는 나쁜 것인지 좋은 것인지를 덧붙이지 않으면 안 된다. 왜냐하면 약도 독물이기 때문이다.

26. 우리는 12표법에 누구든지 시내에서 야간 집회를 열어서는 안 된다고 규정되어 있음을 안다.

27. 이들 〔단체 구성원들〕에게 12표법은 그들이 공공의 법률의 어떤 것도 침해하지 않는다면, 그들이 원하는 정관을 제정할 권리를 주고 있다. 그런데 이 규정은 솔론의 법률로부터 계속된 것으로 보인다.

제9표

1. 2. "특정인에 관한 예외법안은 제안하지 못한다.: 시민에 대한 극형에 관해서도 최고민회가 아니면 (…) 결정하지 못한다.": 12표법에서 전해지는 두 훌륭한 법조로서, 이들 중 하나는 특정인에 관한 특별법 제정을 금지하고, 다른 하나는 시민에 대한 극형에 관하여 최고민회 이외에 회부하는 것을 제한한 것이다.

3. 그런데 이 12표법에서 무엇이 가혹한 규정이라고 생각될 수 있는가? 그대

가 합법적으로 선임된 심판관이나 배심원이 재판 사항과 관련하여 금품을 받았을 경우, 극형으로 처벌하는 규정이 가혹하다고 생각하지 않는다면?

4. 극형에 처해질 사안을 지휘하는 (…) 취조를 담당한 관리를 살인 담당 번문관이라고 불렀는데, 이들에 관해서는 12표법도 언급하고 있다.

5. 12표법은 적을 선동한 자나 시민을 적에게 넘겨 준 자는 극형으로 처벌할 것을 명한다.

6. 판결을 선고받지 않은 경우 누구든 (…) 살해하는 것은 12표법의 규정이 금하고 있다.

제10표

1. 죽은 사람을 시내에서 매장하거나 화장해서는 안 된다.

2. (…) 이것 이상은 하지 말라: 화장용 나무는 도끼로 가다듬지 말라.

3. 〔12표법은〕 그러니까 장례의 행렬을 면사포〔착용인〕 3인, 소자금의〔착용인〕 1명, 나팔수 10인으로 제한하여 〔과도한〕 장례식을 제한하고 있다.

4. 부인들은 얼굴을 뜯어 할퀴거나 장례식을 위해 크게 곡하지 말라.

5. a. 사람이 죽으면 나중에 두 번 장례를 하기 위해 뼈를 모으지 말라.

5. b. 〔12표법은〕 전쟁과 이방에서의 죽음은 예외로 하고 있다.

6. a. 그밖에 다음의 것이 12표법에 규정되어 있다.: [〔장례식에서〕 노예가 행하는 올리브유 바르기와 일체의 주연을 폐지한다.] (…) [낭비적인 〔화장용 나무에 포도주〕뿌리기나, 큰 꽃다발, 향 뿌리기도 일체 없앤다.]

7. 화관을 명예나 덕 및 부로 인해 얻은 자에게는 그것이 부장된다. (…)

8. (…) 금은 부장하지 못한다. 그러나 어떤 자가 금으로 치아를 고정한 경우

에는 그 금과 함께 그를 매장하거나 화장하여도 위법이 아니다.

9. 〔12표법은〕 화장용 나무나 새로운 화장터를 타인의 건물에 그 주인의 동의 없이 60보 이내로 가까이 근접시키는 것을 금한다.

10. (12표법은〕 무덤이나 화장터가 사용 취득되는 것을 금한다.

제11표

1. 법률제정 10인 위원회는 10개의 표를 법률이 가질 수 있는 최고의 정의와 지혜를 모은 것으로서 작성하고 나자, 다음 해에는 다른 10인이 그 일을 대신하게 되었는데, (…) 이들은 불공정한 규정 2표를 추가하여 (…) [그 중의 하나가] 통혼권은 (…) 귀족과 평민 사이에 인정되어서는 안 된다고 하는 지극히 비인간적인 법률을 규정했다.

2. 투디타누스는 (…) 10표에 2표를 추가한 10인 위원회가 윤날의 삽입에 관하여 의사를 물었다고 보고한다. 카시우스도 그들이 〔이 규정의〕 장본인이라고 적고 있다.

제12표

2. b. 아들과 노예의 불법행위와 관련하여 (…) 아버지나 주인에게 손실 금액을 보전하든지 아니면 가해자(아들이나 노예)를 위부하든지 선택할 수 있도록 가해자위부 소권이 생겼다. (…) 가해자위부 소권은 (…) 법률에 의해서 혹은 법무관의 고시에 의해서 제정되었다. 법률에 의한 것은 가령 12표법에 의한 절도소권의 경우 (…)

3. 어떤 자가 위법한 잠정 점유를 확보한 경우, 원 소유자가 원하면 〔법무〕관은 3인의 심판관을 선임한다. 이들의 심판에 따라서 (…) 〔패소자는〕 수익

의 2배액으로 피해를 배상한다.

4. 〔12표법에 의하여〕 우리는 소송이 계속 중인 물건은 신전에 바칠 재물로 봉하는 것을 금한다. 위반했을 경우, 2배액의 벌금을 부담한다. (…) 그러나 이 2배액을 국고에 납부해야 하는가 아니면 상대방에게 급부해야 하는가에 관해서는 아무 것도 명시된 바가 없다.

5. 12표법에는 무엇이든지 시민〔populus〕이 최종적으로 명한 것은 법이고 유효하다는 규정이 있다.

이밖에 어느 표에 속하는지 명확하지 않지만, 12표법의 중요한 내용을 담고 있는 단편으로는 다음과 같은 것이 있다.

1. 〔정무관의〕 모든 판결과 모든 형벌의 부과에 대하여 〔민회에〕 상소하는 것이 허용된다고 12표법은 다수의 규정에서 기록하고 있다.

2. 어떠한 (…) 족쇄도 신의를 견고히 하는 데에는 선서보다 강하지 못하다고 우리의 선조들은 생각했다. 이 점은 12표법의 규정들이 기록하고 있다.

3. 12표법에는 8 종류의 벌이 있다고 툴리우스(키케로)는 쓰고 있다.: 손해 배상·구금·태형·동일한 보복·불명예·추방·사형·노예화.

4. 옛적에는 동화만이 사용되었는데, 그것은 1아스, 2아스, 1/2아스, 1/4아스 동화였다. 금화나 은화는 사용되지 않았는데, 이것은 세르비우스(술피키우스)도 지적한 바 있다.

5. '분할해서 통치한다'

라티움 전쟁(기원전 340~338년)에서 승리를 거두었던 로마는 라티움과 캄파니아에서 할거하는 도시국가들을 자신의 패권하에 지배했다. 그때 로마는 기존의 동맹과 국가 연합을 해체하고, 개개 도시의 법적 지위에 대해서 뿐만 아니라, 로마와의 관계에서 이들 도시가 누릴 수 있는 권리 및 의무를 전쟁 중의 공과에 따라서 개별적으로 정했다.

라누비움의 사람들에게는 시민권이 부여되고, 그들의 제의가 복원되었다. 다만 유노 소스피타(Juno Sospita) 여신의 신전과 숲만은 라누비움의 자치도시 주민들과 로마인에게 공동의 소유로 한다는 조건이 달렸다. 아리키아인, 노멘툼인, 페둠인들은 라누비움 사람들과 동일한 조건으로 〔로마〕 시민단에 받아들여졌다. 투스쿨룸인들에게는 그들이 〔이전부터〕 가지고 있던 시민권이 그대로 인정되었다[그들은 이미 완전한 로마 시민권을 얻고 있었다]. 반란의 책임이 시민 전체의 범죄가 아닌 소수의 주모자에게 돌려졌다. 옛날부터 로마 시민인 벨리트레인들에 대해서는 이처럼 자주 반란을 일으켰다는 이유로 엄벌에 처해졌다. 도시 성벽이 파괴되고 원로원〔유력 시민〕은 벨리트레에서 데려가 테베레 강 저편에서 살도록 명령했다. 만약 〔그들 중에〕 누군가가 〔테베레 강의〕 이쪽에서 체포된다면, 그 자에 대해서는 1000아스를 넘지 않는 액수의 해방금이 부과되고, 청동화가 완전히 지불될 때까지 체포한 자는 체포된 자를 족쇄로 구속해 두도록 결정되었다. 원로원 의원들의 토지에는 식민자들이 보내지고, 이들이 등록됨으로써 벨리트레는 예전의 많은 인구의 모습을 갖게 되었다. 안티움에는 새로운 콜로니아(로마가 국토방위를 위해 식민한 로마 시민으로 구성된 수비대)가 보내졌다. 그때 안티움 사람들도 원하면 식민자로 등록될 수 있다는 조건이 붙었다. 군함이 안티움에서 징발되고, 안티움 사람들은 바다 〔항해〕가 금지되었다. 그들에게 시민권이 부여되었다. 티부르와 프라네스테의 사람들은 이번에 다른 라틴인과 같이 반란을 일으켰던 잘못뿐만 아니라 이전에도 로마의 지배를 혐오해서 거친 민족 갈리아인과 군사 행동을 같이 했던 적이 있었으므로 벌로서 토지〔의 일부〕을 몰수당했다. 다른 라틴인들은 상호 간에 무역과 결혼할 권리 그리고 집회를 열 권리를 박탈당했다. 카푸아의 사람들 및 푼디와 포르미에의 사람들에게는 〔로마 시에서의〕 투표권을 수반하지 않은 시민권이 부여되었다. 카푸아의 사람들은 라틴인과 함께 반란을 일으키는 것을 거부했던 기사들 〔카푸아의 귀족층〕을 칭하기 때문이고, 푼디와 포르미에의 사람들은 그들의 영토를 지나가는 길이 항상 안전해서 위협에 노출되지 않았기 때문이다. 쿠마이와 수에술라의 사람들에 대해서도 카푸아와 동일한 법적 지위를 누려야 한다고 결정되었다. 안티움 사람들의 배는 일부는 로마의 선박장에 예항되고 일부는 소각되어야 한다고, 포룸에 연단을 만들고 배의 선수로 장식해야 한다고 결의되었다. 그리고 그 헌정된 장소는 로스트라(Rostra)라고 불렸다.

〔Livius, VIII, 14, 2-12〕

6. 대토지 소유의 기원

서양 고대의 역사 서술이 대부분의 경우 정치사와 전쟁사에 편중되어 있는 가운데 아피아누스의 『내란기』 제1권은 이탈리아의 경제와 사회의 상황을 색다르게 전하고 있다. 아피아누스는 이집트 속주 출신으로 후에 로마 시민권을 획득해서 황제의 관리직도 맡았다. 노년에 안토니우스 피우스 황제의 치하(138~161년)에서 로마 세계의 역사를 편찬했다. 여기에서 그는 로마가 지중해 세계를 통일하는 과정을 민족 및 지역별로 기술했다. 공화정 최후의 100년을 다룬 다섯 권(13~17권)은 독자적인 서문이 있고 『내란기』로 불리고 있다.

로마인은 이탈리아를 전쟁으로 잇달아 정복해 가는 과정에서 〔적대했던 부족의〕 토지 일부를 몰수해서 도시를 세우든가 이전부터 있었던 〔도시〕에 자신들 중에서 식민시 개척자를 모집하든가 했다. 그리고 이들 도시가 수비대를 대신할 수 있을 것으로 생각하기 시작했다. 그런데 토지가 전쟁으로 자신들의 소유가 될 때마다 경지는 즉시 식민시 개척자에게 분할, 매각, 또는 임대했다. 하지만 전쟁 때문에 황폐해진 〔토지〕-더구나 특별히 이것이 많았지만-는 나누어 줄 시간이 없었으므로 매년 수확물에 과세하는 조건으로, 다시 말하면 곡물의 10분의 1, 열매의 5분의 1을 징수하는 조건으로 희망자에게 당분간 경작을 허용한다고 포고했다. 가축을 사육하는 사람에게도 큰 동물과 작은 동물[「큰 동물」은 소 등이고 「작은 동물」은 양 등을 지칭한다]에 대해서 세금이 정해졌다. 그리고 그들은 이것을 이탈리아인-그들은 이탈리아인을 대단히 끈기가 강한 종족으로 보고 있다-의 번영을 위해 신변 가까이 동맹자를 갖고자 갔던 것이다. 하지만 예기치 않은 결과가 나타났다. 결국 부유한 사람이 이렇게 분할되지 않은 토지 대부분을 손에 넣었다. 그리고 한 토막의 토지라고 할지라도 자신에게서 몰수할 수 있는 것은 없을 것이라고 우쭐대고, 빈민의 토지였던 그 밖의 작은 규모의 토지에서 자신의 토지에 인접해 있는 것을 일부는 설복해서 사들이고, 일부는 힘으로 소송을 통해 탈취함으로써 경지가 아닌 광대한 토지를 경영하기 시작했다. 〔국가가〕 그들은 자유민을 농사일로부터 군대로 데려가지 않도록 농부와 목자(牧者)를 사서 사용했다. 이런 〔노예〕 소유 자체도 노예에게 병역 의무가 없기 때문에 확실히 늘어나고 숫자를 자랑하는 것처럼 되었으므로 그들 〔대토지 경영자〕에게 커다란 이익을 가져다주었다. 이상과 같은 것이 원인이 되어 유력자는 매우 부유해지고 이탈리아인은 빈곤, 세금, 게다가 병역으로 지치게 되었다. 인구가 감소해서 부족하게 되었다. 만약 그들이 이들〔의 해악〕으로부터 잠시 유예되었다고 해도, 토지는 부유한 자의 수중에 있고 더욱이 그들은 자유민 대신에 노예를 농부로 사용했으므로 〔이탈리아인은〕 불가피하게 하는 일 없이 시간을 보내게 되었다.

〔Appianus, b. c. 1, 7〕

7. 리키니우스 섹스티우스 법

리비우스는 아우구스투스 시대를 대표하는 역사가이다. 생애 대부분을 로마사의 서술에 바쳤다. 이렇게 해서 기록된 『로마사』 전(全) 142권은 트로이의 영웅 아이네이아스가 이탈리아에 도착했던 때부터 아우구스투스의 양자인 드루수스의 사망(기원전 9년)에 이르기까지의 사건을 기록하고 있다. 현재 전하는 것은 최초의 10권과 21권에서 45권까지 일부에 불과하지만, 로마 시대에 관해 현존하는 유일한 통사(通史)로서 근래 그 가치가 다시 주목받고 있다.

[A]

호민관에 선출된 가이우스 리키니우스와 루키우스 섹스티우스는 법안을 상정했다. 모두 귀족의 권력에 대항해서 평민의 이익을 도모하는 것이었다. 하나는 빚에 관해 원금에서 이자로 〔이미〕 지불된 액수를 공제하고 나머지를 3년간 균등하게 분할해서 모두 변제해야 한다는 것이다. 두 번째는 〔개인이 점유할 수 있는〕 토지의 크기에 관한 것으로 어느 누구도 500유게라 이상의 토지를 점유해서는 안 된다. 세 번째는 집정무관(執政務官) 〔선출을 위해〕 민회를 개최해서는 안 되며 〔콘술 선출을 위한 민회를 개최해야 한다. 그리고〕 콘술 중에서 한 명은 어떠한 경우라도 평민 중에서 선출되어야 한다〔고 명령하고 있다〕. 모두가 터무니없는 내용으로 극렬한 투쟁 없이는 달성될 수 없는 것이었다.

〔Livius, VI, 35, 4-5〕

[B]

같은 호민관 섹스티우스와 리키니우스가 10번째 재선을 달성한다. 그들은 제의를 관장하는 위원 10명을 일부 평민 중에서 선출한다는 법안을 통과시켰다. 귀족이 5명, 평민이 5명 선출되었다. 이런 첫걸음으로 콘술직으로 가는 길이 이미 넓어지는 것으로 보였다. 이 승리에 만족했던 평민은 아버지들(원로원, 파트레스)에게 양보해서 당분간 콘술의 일에는 눈을 감고 집정무관이 선출되는 것을 허락했다. (…)

우에리트라에(?)의 포위 공격은 여전히 계속되고 있다. 하지만 이것은 상황이 확정되지 않았다고 보는 것이 좋고 결말이 늦어지고 있다고 말하는 편이 좋다. 그것을 제외하고 국외 정세는 로마인에게 충분히 평온하지만 갑자기 갈리아인이 침입한다는 소문이 나돌고, 마르쿠스 프리우스〔카밀루스〕를 다섯 번째 딕타토르(독재관)로 지명할 것을 국가에 재촉했다. (…) 갈리아인은 〔로마인에게〕 옛날의 불행을 생각나게 하고[기원전 387년(또는 기원전 390년)에 로마가 갈리아인에게 점령되고 불태워졌던 일을 지칭한다], 커다란 공포를 초래했음에도 승리는 로마인의 경우에 확실하기도 하고 쉽기도 했다. 수천의 만족(蠻族)이 전열에서 수천은 진영이 함락된 후에 살해되었다. 나머지는 사방으로 흩어져 대다수가 아프리카 방면으로 향해 간다. 멀리까지 무사히 도망쳐 피하는 것보다 도착한 장소에서 불안과 공포가 함께 그들을 뿔뿔이 갈라놓았다. 따라서 그들은 적으로부터 몸을 지켰다. 딕타토르에 대해 아버지들(원로원, 파트레스)과 평민의 합의에 따라 개선식이 결정된다.

전쟁을 끝냈을 무렵 한층 더 격렬한 소요가 고국에서 그를 기다리고 있었다. 그리고 큰 싸움 중에 딕타토르와 원로원의 기세가 꺾이고 호민관의 법안이 재가된다. 이리하여 콘술 〔선거를 위한〕 민회가 귀족의 의향에 반해 개최되고, 그곳에서 루키우스 섹스티우스가 평민 중에서 처음으로 선출된다. 그리고 이마저도 분쟁을 끝내지 못했다. 파트리키가 〔선거의 결과에 대해〕 승인을 거부했으므로 사태는 자칫하면 평민(plebs)의 철수(secessio)를 시작으로 하는 내란이 불가피한 두려운 정세가 될 뻔했다. 그때 마침내 딕타토르가 제시했던 조건에 따라 대립이 진화되었다. 즉 귀족은 평민의 콘술에 관해 평민에게 양보하고 평민은 〔로마〕시에서 법을 관장하는 프라이토르를 한 명 원로원에서 선출하는 것으로 귀족에 양보했다.

이리하여 〔귀족과 평민〕 신분은 오랫동안 계속된 적개심을 버리고 마침내 화해했다. 만약 예전 다른 때에 그러했다고 한다면, 원로원이 〔이때야말로〕 불사의 신들에게 어울리는 것〔으로 생각하고〕「최대의 경기가 실시되고, 〔종래의〕 3일간에 〔다시〕 하루를 추가하는 것이 어울린다」고 제언했을 때, 평민의 아이딜리스(조영관)들은 그 부담을 거부했으므로 파트리키의 젊은이들이 〔자신들도〕 아이딜리스에 걸맞는 조건으로, 불사인 신들을 찬양하기 위해 그것을 기쁘게 받아들이겠다」고 목소리를 맞추어 외쳤다. 그들에 대해 모두에게서 감사의 말이 쏟아진 뒤에 '딕타토르는 대중들에게 원로원에서 아이딜리스를 2명 선출케 하고 원로원은 그 해 모든 민회 〔의 결정〕을 승인한다'는 원로원 결의가 내려졌다.

〔Livius, VI, 42, 2-14〕

8. 피로스 전쟁

『피로스(Pyrrhos)전(傳)』의 저자인 플루타르코스는 로마 제정 초기에 태어난 그리스의 지방 도시 카이로네아의 명사이다. 그는 철학을 비롯해 당시의 학문과 문예에 조예가 깊었고, 많은 저작을 남겼다. 이것들 중에 지금 가장 잘 읽히고 있는 것은 유명한 그리스인과 로마인을 대상으로 썼던 전기, 이른바 『플루타르코스 영웅전』이다. 여기서는 주인공의 덕성이 각자의 행위에 입각하여 구체적으로 기술되고 있다. 피로스와 짝을 이루어 다루어지고 있는 로마인은 가이우스 마리우스(G. Marius)이다.

그래서 그〔피로스〕는 앞서 사자를 보내서 〔로마인이〕 조약을 체결할 용의가 있는지 그들의 마음을 시험해 보기로 결정했다. 도시 〔로마〕를 제외하고 완전히 수중에 넣는 것은 쉬운 일이 아니고, 현재 있는 병력으로는 도저히 이길 수 없지만 우호(友好)와 평화라면 승리를 거둔 이후의 자신의 명성에 대단히 큰 도움이 된다고 생각했기 때문이다. 그래서 키네아스가 파견된다. 그는 〔로마의〕 유력자와 회견하고 왕으로부터의 선물을 그들의 자식과 아내에게 보냈다. (…) 실제로 많은 〔유력자〕들이 큰 전투에서 패하고 이탈리아의 주민이 피로스에게 도주했으므로 재차 대규모 군대에 의한 새로운 〔전투〕를 두려워하고 분명히 평화를 기대하고 있었다. 당시 아피우스 클라우디우스라는 저명한 인물은 고령으로 시력 장애 때문에 정치 활동을 그만두고 은퇴한 상태였다. 하지만 그때 왕으로부터의 일이 보고되고 원로원은 평화를 결의할 것이라는 소문이 퍼지면서 가만히 있을 수 없었던 하인에게 자신을 짊어 메도록 명령하고 수레를 탄 채로 중앙광장을 지나 원로원 의사당까지 갔다. 의사당 출입구까지 오자 자식들이 사위들과 함께 그를 겨드랑이를 부둥켜 들어서 주위에서 부축하면서 안으로 데리고 들어갔다. 원로원은 그를 두려워하고 공손히 침묵했다.

그는 그곳에서 앞으로 나가 말했다. 「로마인 여러분, 전에 나는 내 눈에 생긴 불행을 한탄했지만 이제는 눈이 보이지 않은 것에 덧붙여서 귀도 들리기조차 하지 않으면 좋은데도 그렇게는 되지 않은 여러분의 부끄럽게 여겨야 할 권고와 결의가 로마의 명성에 상처를 준다는 말을 듣고 괘씸하게 생각한다. 그렇다면 여러분이 전 인류에 대해 늘 선전하고 있었던 말은 어디로 갔는가? “만약 알렉산드로스 대왕이 이탈리아에 도착해서 청년 시절의 우리랑 나이도 한창인 우리 아버지들과 일전을 벌인다고 하면, 지금쯤 알렉산드로스는 무적이라고 칭송받지 못하고, 패해서 도주하든가 다분히 거기에서 목숨을 잃든가 해서 로마의 명성을 높이는 결과로 끝났을까"라는 말은? 하지만 언제나 마케도니아인의 음식물을 섭취했던 카오니아인과 모로소스인을 두려워하고, 피로스 앞에서 부들부들 떤다는 것은 이것이 호언장담이었다는 것을 여러분이 증명했던 셈이다. 피로스라는 녀석은 알렉산드로스의 보디가드[데메트리우스 폴리오르케테스와 프톨레마이오스 1세를 지칭한다] 따위에게 볼일과 시중드는 일을 해 왔던 녀석으로 지금도 여전히 여기에서 그리스인을 도와주는 것보다 그의 땅에서 적으로부터 도망쳐서 이탈리아 방면까지 떠돌다 온 후에 마케도니아의 작은 땅을 지키기에도 충분하지 않았던 이 군대로 우리에게 패권을 말하고 있는 것이다. 그래서 이 녀석을 친구로 함으로써 성가신 사람을 내쫓으려 한다는 것은 고려할 수 없다. 그렇지 않고 만약 피로스가 자신이 저질렀던 부정(不正)한 짓을 속죄하지 않을 뿐만 아니라 타렌툼인과 삼니움인이 로마인을 우롱했다는 보상까지 받아서 떠난다면, 녀석은 상대가 누구든 여러분을 간단하게 제압할 수 있다고 깔보고 〔조력자를〕 불러 모을 수 있을지도 모른다는 점을 각오하지 않으면 안 된다.」

아피우스가 이렇게 발언하자 전쟁의 열정이 그들의 마음을 사로잡았다. 그래서 그들은「피로스가 이탈리아에서 물러난 뒤에 원한다면 우호 동맹에 대해 교섭하자. 무기를 버리지 않는 한 로마인은 힘이 닿는 한 그와 싸울 것이다. 예를 들어 그가 전쟁에 재차 1만 명의 라에비누스[P, Valerius Laebinus는 기원전 280년 헤라클레이아에서 피로스와 싸워 패했다]를 나가게 하는 것이다」라고 대답하면서 키네아스를 돌려보냈다. 사람들이 이야기하는 바에 따르면 키네아스는 위에서 기술한 일을 행하는 것과 동시에 〔로마인의〕 생활 습관을 관찰하기 위해서일 뿐만 아니라 로마인의 정체(政體)가 지닌 장점을 간파하기 위해서 노력하는 임무를 수행했다. 그리고 최선자(最善者)들(원로원 의원)과 말을 주고받고 나서 피로스에게 이것저것 보고했지만, 특히 다음과 같이 말했다고 전하고 있다. 「원로원은 나에게 많은 왕의 집합소처럼 보였다. 다른 한편 대중들은 레르나의 히드라 같은 자와 싸우는 것은 아닌가 하고 두려워한다. 왜냐하면 전에 전열에 늘어선 병사의 두 배가 이미 콘술에 의해 소집되고 다시 그 몇 배에 달하는 무기를 들 수 있는 로마인이 대기하고 있기 때문이다」라고.

〔Plutarchos, Pyrrhos 18. ; 18. 4-19. 5〕

9. 로마 국가제도의 장점

폴리비오스는 처음에 아카이아 동맹의 정치가로 활약했지만, 피드나 전투(기원전 168년)에서 마케도니아가 로마에 패하면서 심문받고자 아카이아의 다른 유력자들과 함께 이탈리아로 압송된다. 하지만 그는 로마에서 스키피오 아에밀리아누스의 후한 대접을 받고 로마의 귀족층과 친밀하게 어울릴 수 있었다. 그의 『역사』 전(全) 40권은 로마가 지중해 세계에 패권을 구축한 시기인 제2차 포에니 전쟁에서부터 로마에 의한 카르타고 파괴(기원전 146년)까지를 다룬다. 현재 완전하게 남아 있는 것은 이 중에 전사(前史) 두 권을 포함한 최초의 다섯 권뿐이다.

〔로마의〕 정치체제(politeia)를 지배하고 있었던 것은 내가 전에 한 차례 말했던 3가지 요소였다. 이처럼 모든 것이 각각 이들 〔세 가지 요소〕에 의해

공정함과 동시에 적절하게 편성되고 운영되고 있었다. 국제(폴리테우마)가 전체적으로 귀족정인가, 민주정인가 아니면 군주정인가에 대해서는 사는 사람조차 아무도 확신을 갖고 말할 수 없었을 것이다. 그리고 이런 체험은 당연한 것이었다. 만약 콘술의 권한에 주목하면 완전히 군주정이고 왕정처럼 보인다. 하지만 만약 원로원의 〔권한〕에 〔주목하면〕 귀족정〔처럼 보인다〕. 그리고 만약 민중의 권한에 주목하는 사람이 있다면 분명히 민주정처럼 생각할 수 있는 것이다. 〔이런 세 가지의〕 요소가 각각의 형식에 따라 〔로마의〕 국정을 지배하고 있었다는 뜻이지만, 그것은 당시[폴리비오스가 서술을 중단했던 칸네의 전투(기원전 216년) 무렵을 지칭한다]뿐만 아니라 지금에도 역시 몇 가지 점을 제외하고 다음과 같다.

(중략)

〔3가지〕 요소 각각이 서로 견제하기도 협조하기도 하는 힘은 이상과 같지만 그것들의 결합은 어떠한 상황에 대해서도 적절히 기능할 수 있는 것이어서 이것 이상의 뛰어난 국정 방식을 찾아낸다는 것은 불가능하다. 왜냐하면 만약 무언가 공통의 외환(外患)에 이르러 그들에게 마음을 맞춰 협력할 것을 강요하면, 그때마다 국가의 힘은 매우 강력해져 효율적으로 된다. 그 결과 언제나 모두가 직면하는 사태에 관해 경쟁적으로 서로 이리저리 두루 생각하므로 필요한 것은 무엇도 소홀히 하는 일이 없다. 또한 각각이 공사를 묻지 않고 눈앞의 목표를 달성하기 위해 힘을 합치기 때문에 결정된 사항이 좋은 기회를 잃고 실패하는 경우도 없다. 이리하여 이 국가의 독자성은 적을 모르고 결정했던 것은 모두 달성한다. 그래서 다시 외환에서 해방되고 행운과 성공에서 생겨난 풍요로움에 빠져들어 행복을 누릴 때, 그리고 잘 발생하기는 하지만 조금만 흥분해도 우쭐해서 거만하게 바뀔 때, 그런 때는 특별히 이 국가가 자기 자신의 내부에서 교정하려

한다는 것을 볼 수 있다. 결국 〔세 가지〕 요소 중에 어느 것이 팽창해 적개심을 일으키기에 충분할 정도로 힘을 얻고자 하는 경우에도 방금 말했던 것처럼 어떤 〔요소〕도 절대적이지 않다. 각각의 의도는 상호 작용으로 억제되고 방해받을 수 있으므로 어떤 요소도 팽창하지 않고 거만해서는 안 된다는 것이 분명해진다. 결국 어떤 것도 한편에서는 공격적인 충동은 저지되고 다른 한편에서는 처음부터 옆에서 오는 방해를 두려워하고 있으므로 지금 있는 그대로의 상태에 머무는 것이다.

〔Polybios, Historiae VI, 11, 11; 18, 1-8〕

10. 포에니 전쟁

제1차 포에니 전쟁의 사료로는 로마 측과 카르타고 측의 자료를 사용했던 폴리비오스*의 『역사』가 가장 중요하다. 제2차 포에니 전쟁에 관해서도 그의 역사는 불가결한 사료이지만 친로마적 입장에 편중되어 있고 칸네 전투(기원전 216년) 이후로는 단편적으로밖에 전해지지 않고 있다는 게 약점이다. 리비우스는 제2차 포에니 전쟁 부분이 완전하게 남아 있고, 유일하게 상세한 통사로서 중요한 가치가 있지만 그가 사용했던 사료가 반드시 신빙성이 높은 것이 아니라는 점에 주의를 기울여야 한다.

[A]

마메르티니는 위에서 말했던 것처럼 레기움(Rhegium)으로부터 원조가 이전

* 폴리비오스의 라틴식 이름은 Polybius 이다.

부터 가로막혀 있었지만 방금 말했던 이유로 당장 자신들의 일로도 심한 타격을 입었다.[뮈라에 근교 전투에서 시라쿠사의 히에론에게 패했던 것을 말한다.] 그런데 그들 중 일부는 그들 자신과 성채를 카르타고인에게 맡기겠다고 제안하면서 도움을 요청했다. 반면에 다른 일부는 로마인에게 사절을 보내 도시를 넘기겠다고 제안하고 그들과 동족인 자신들을 도우러 와 달라고 부탁했다. 원조가 도리에 어긋난다는 것은 명백한 것처럼 생각되었으므로 로마인은 오랫동안 결심하지 못했다. 결국 조금 전 레기움 사람들에 대해 조약을 위반했다는 혐의로 자국의 시민을 극형에 처했는데도 비슷한 위반 사건을 메시나뿐만이 아니라 레기움에 대해서도 저질렀던 마메르티니를 지체 없이 도와주려고 노력하는 것은 어떤 변명도 할 수 없는 잘못이었다. 하지만 카르타고인이 리비아 지방뿐만 아니라 이베리아 대부분을 지배하고 다시 사르디니아 해(海)와 티레니아 해(海)에 있는 섬 전체에 군림하는 것을 목격함으로써, 만약 그들이 시칠리아도 자신들의 것으로 만든다면 로마인을 포위해서 이탈리아 전체를 위협할 수 있게 되고, 로마인에게는 너무 귀찮고 무서운 이웃이 되는 것은 아닌가라고 염려하고 있다. 만약 마메르티니를 지원하지 않으면, 〔카르타고인이〕 시칠리아를 조속히 자신들의 지배하에 둘 것이라는 점은 명백하다. 왜냐하면 메시나가 그들에게 맡겨지고 그들이 메시나를 손에 넣는다면 거의 시칠리아 전체에 군림하는 것으로 보고 시라쿠사를 머지않아 탈취하게 될 것이다. 로마인은 이것을 예견하고 있었다. 로마인은 메시나를 못 본 채 내버려 두지 않는 것이 자신들에게도 필요하고 카르타고인들이 이탈리아로 넘어오는 다리를 놓는 것을 내버려 두어서는 안 된다고 생각하고 장기간 심의를 되풀이했다. 그리고 원로원은 방금 말했던 이유로 최후까지 제안을 승인하지 않았다. 마메르티니를 도와주는 불합리한 일들이 원조에서 얻을 수 있는 이익에 필적할 수 있는 것으로 생각할 수 있기 때문이다. 다른 한편 대중들은 앞선 전쟁으로 피폐해지고 모든 종류의 구제책을 필요로 함에도 불구하고 콘술이 전쟁이 국가에 가져다주는 이익에 대해서 방금 말했던 것에 덧붙여서 각각 한 사람 한 사람에게도 분명하게 큰 이익[전쟁에 수반된 약탈을 말한다]을 암시하기 때문에 지원군을 보내는 결정을 했다. 이것이 민회에 의해 결의되고 그들은 콘술 중 한 명인 아피우스 클라우디우스를 장군으로 선출해서 메시나로 건너가 〔마메르티니〕를 구원하라는 지시를 내렸다.

〔Polybios, I, 10, 1-11,3〕

[B]

히스파니아에 파견된 한니발은 도착과 동시에 전군(全軍)〔의 주의〕를 자신에게 끌어당겼다. 고참병들은 하밀카르가 젊어져서 자신들에게 되돌아왔다고 생각했다. 그들은 비슷하게 생기가 넘쳤던 얼굴, 비슷하게 강렬한 눈빛, 비슷한 얼굴 표정과 윤곽을 바라보았다. 그 후 곧 한니발은 자신 안에서 아버지〔의 이미지〕가 인기 획득을 위한 최소한의 이유일 수밖에 없도록 했다. 한 사람 인간의 자질이 동시에 정반대의 것, 결국 복종과 지휘에 이 정도로 적합했던 예는 결코 없었다. 그러므로 그가 장군과 병사들 중에 어느 쪽으로부터 사랑받고 있었는가를 판단하기란 쉽지 않았을 것이다. 용맹스러우면서도 정력적으로 행동할 필요가 있었던 경우에는 언제나 하스드루발은 누군가 그 이외의 사람에게 담당케 하는 것을 좋아하지 않았고 병사들이 다른 지휘관 밑에서 이 정도로 확신을 갖고 대담해지는 경우도 없었다. 위험에 직면할 경우에는 더할 나위 없는 대담하고 위험 가운데에서는 가장 신중하게 생각했다. 어떠한 고난에도 몸은 지칠 줄 모르고 정신은 꺾일 수 없었다. 더위와 추위마저도 똑같이 참아 냈다. 〔섭취하는〕

음식물의 양은 쾌락에 따라서가 아니라 자연의 요구에 따라 결정되었다. 망보는 시간과 수면 시간을 낮과 밤에 맞추는 것도 아니었다. 일을 하고 남은 시간에 수면을 취했다. 잠을 유혹하는 것으로 푹신한 침대도 정적도 필요 없었다. 그가 망을 보는 병사들의 초소 사이에서 병사의 외투를 뒤집어쓰고 땅에 누워 있는 것을 많은 사람들이 자주 목격했다. 의복은 같은 신분에 속한 사람들 중에서 전혀 눈에 띄지 않았지만 무구(武具)와 말은 눈에 띄었다. 기병 사이에서도 보병 사이에서도 똑같이 무리를 제치고 뛰어났다. 〔남들보다〕 먼저 싸우러 달려가고 싸움이 시작되면 가장 마지막으로 〔전장을〕 떠났다. 비인간적인 잔인함, 카르타고인의 관례보다 한 수 위였던 불성실, 진실함과 경건함의 부재라는 터무니없는 악덕(惡德)이 이 사내의 이렇게도 커다란 덕과 어울리고 있었다. 신들에 대한 두려움이 전혀 없고, 맹세를 아무렇지도 않게 여기고, 신들을 두려워해서 공경하는 마음가짐이라고는 전혀 없었다. 이런 덕과 악덕의 소질을 가진 한니발은 3년간 하스드루발 장군을 섬겼다. 그때 그는 장차 위대한 장군이 되어야 할 사람이 해야 하거나 보아야 할 그 어떤 것도 놓치지 않았다.

〔Livius, XXI, 4, 1–10〕

11. 그라쿠스 형제의 개혁

그라쿠스 형제의 개혁에 관한 1차 사료는 거의 사라지고 없다. 겨우 농지위원의 활동을 보여 주는 경계석과 그들의 어머니 코르넬리아의 편지가 코르넬리우스 네포스의 전기[이것 자체는 단편(斷片)이 남아 있을 뿐이다]

에 인용된 덕분에 일부 남아 있는 정도이다. 2차 사료 중에서는 플루타르코스의 『티베리우스 가이우스 그라쿠스 전(傳)』과 아피아누스의 『내란기』가 비교적 상세하게 개혁의 내용과 개혁을 둘러싼 정쟁을 전하고 있다.

[A]

티베리우스는 호민관에 선출되고 곧 이 일[라에리우스의 계획만으로 끝난 대토지 점유를 제한하고 농민층을 재건하는 정책]에 착수했다. 대다수 사람이 말하는 바에 따르면 변론가인 디오파네스와 철학자인 브로시우스가 그를 몰아세웠기 때문이라고 한다. 이들 중에 디오파네스는 미틸레네에서 온 망명자이고 다른 한 명인 브로시우스는 이탈리아 자체 출신으로 쿠마이(Cumae) 사람이었다. 티베리우스는 로마에서 타르소스인(人) 안티파테르의 친구가 되고 이 사람으로부터 철학책을 헌정받는 영광스러운 명예를 누리고 있다. 어떤 사람은 어머니인 코르넬리아에게도 책임이 있다고 말한다. 결국 그녀가 '로마인은 나를 아직도 스키피오의 의붓어머니[코르넬리아의 딸은 스키피오 아이밀리아누스의 아내가 되었다]로 부르고, 그라쿠스 형제의 어머니로는 아직 한 번도 부르지 않는다'라고 말하고 자식들을 자주 비난했다고 말하고 있기 때문이다. 다른 사람들은 또한 수푸리우스 포스투미우스라는 사람 탓이라고 말하고 있다. 이 사람은 티베리우스와 동년배로 법정변론에서 그와 명성을 다투고 있었다. 하지만 티베리우스가 군대에서 돌아왔을 때, 그가 명성과 권세에서 〔자신보다〕 뛰어나게 우수하고, 사람들의 경탄을 받고 있는 것을 보았다. 티베리우스는 대담하게 큰 기대를 불러일으키는 정책을 직접 다루기보다 〔포스트미우스를〕 완전히 제압하려고 생각했던 것 같다. 하지만 그의 동생 가이우스는 어떤 책 안에서 다음과 같이 쓰고 있다. 티베리우스가 누만티아로 가기 위해 에트루리아를 여행했을 때, 그곳에 인적이 드물어서 외국에서 데리고 온 만족 출신의 노예들이 경작과 방목을 하고 있는 것을 보았다. 그때 처음으로 자신들에게 많은 불행의 시작이 된 정책을 고려하고 있었다고 쓰고 있다. 하지만 주랑과 벽과 기념비에 쓰여 있는 문자로 부터 빈민을 위해 공유지를 회수하려고 그에게 요구했고, 그런 열정과 야심을 가장 부추겼던 것은 민중 자신이었다.

하지만 티베리우스는 자신 한 사람만으로 법의 초안을 마련했던 것은 아니었다. 시민 중에서도 덕과 명성에서 비할 바가 없는 사람들을 의논 상대로 했다. 그 중에는 대신관 크라수스, 법률가로 당시 콘술이었던 무키우스 스카이볼라, 티베리우스의 장인 아피우스 클라우디우스가 있다. 그리고 이처럼 커다란 부정과 탐욕으로 기울어진 법이 이것 이상으로 평온하게 온건한 내용으로 쓰였던 예는 없는 것으로 생각된다. 왜냐하면 순종하지 않아서 벌을 받고 벌금을 낸 뒤에 위법하게 이용하고 있던 토지를 포기해야 하는 사람들에게 보상을 받은 뒤에는 부정하게 소유하고 있던 토지를 떠나도록 명령하고, 시민 중에서 원조를 필요로 하고 있는 사람에게 〔이 토지를〕 수취하도록 명령했기 때문이다.

〔Plutarchos, Ti. Gracchus 8, 4–9, 2〕

[B]

나는 법에 들어맞는 말로 이렇게 맹세라도 하고 싶은 생각입니다. 티베리우스 그라쿠스를 살해했던 자들을 제외하면 어떠한 적도 당신이 이런 일을 이유로 나에게 가하고 있는 정도로 큰 쓰라린 고통과 고난을 가하지 않았다고. 당신은 나의 이전 자식들 모두의 역할을 감당하지 않으면 안 되었습니다. 그리고 늙은 내가 되도록 심란해하지 않게 해 주십시오. 무얼 하든 그것이 특별히 내 마음에 드는 것을 원하십시오. 그리고 무언가 중요한 것을 나의 의견에 반해서 하는 것을 삼가도록 배려해 주십시오. 특히 여생이 얼마 남지 않은 나를 위해서 그렇게 해 주십시오. 이 정도 짧은 기간도 당신이 나를 거스르거나 국가의 전복을 계획하지 않으려고 〔노력하고 있는 나를〕 도울 수 없다는 것입니까? 결국 어떻게 하면 단념할 것입니까? 도대체 언제쯤 우리 일가는 광기로부터 깨어날 수 있을까요? 도대체 언제쯤 광기를 억제할 수 있을까요? 도대체 언제쯤 우리는 곤란한 상황을 끝낼 수 있을까요? 도대체 언제쯤 국가를 혼란케 하고 동요시키는 것에 크게 부끄러워하게 될까요? 하지만 만약 그것이 전적으로 불가능한 것이라면 내가 죽은 뒤에 호민관직을 찾아 주십시오. 내가 무감각해졌을 때 부디 무엇이든 좋은 것을 해 주십시오. 내가 죽은 뒤에 당신은 나를 위해 공양을 드리고 어버이 신(deus parens)의 이름을 부르십시오. 생전에 눈앞에 계실 때는 돌아보지 않고 방치했던 여기저기를 그때가 되어서 신으로서 중재를 구걸하는 당신을 부끄럽다고 생각하지 않습니까? 당신이 이것을 고집하는 것을, 그리고 그만큼 크나큰 광기가 당신의 마음을 붙잡고 있는 것을 저 유피테르신이 허락하지 않기를. 그리고 만약 당신이 완고하다면, 당신은 잠시라도 마음을 안정시킬 수 없을 만큼 커다란 고생을 자신 탓으로 평생 동안 떠맡게 되는 것은 아닐까 하고 두려워합니다.

〔Nepos, fr. 1, 2〕

12. 스파르타쿠스 반란

'스파르타쿠스 반란'이라고 불리는 고대 이탈리아 최대의 노예 반란은 플루타르코스의 『크라수스 전(傳)』과 아피아누스의 『내란기』를 제외하면 몇몇 고전(古典)에서 단편적으로 언급되고 있는 상황이다. 게다가 이것들은 모두 반란을 진압했던 측의 '반란'이란 시각만을 전하고 있다는 점에 주의할 필요가 있다.

같은 무렵[스페인에서 세루트리우스에 맞서, 동방에서는 미트리다테스에 맞서, 해상에서는 해적에 맞서, 크레타에서는 크레타인에 맞서 전쟁이 벌어졌다] 이탈리아에서는 흥행을 위해 카푸아에서 양성되고 있던 검투사 노예 한 명인 스파르타쿠스라는 트라키아 출신 남성이 구경거리의 흥행을 위해서보다는 자유를 위해서는 위험을 감수해야 한다고 말하고 그들 〔검투사 노예〕 중에 70명만을 설득해서 이들과 함께 감시자를 습격해서 도망했다. 스파르타쿠스는 예전에 병사로서 로마인과 싸웠지만 포로가 되어 팔리고 〔당시〕 검투사 노예들 중에 있었다. 그는 여행자가 갖고 있던 지팡이와 단도로 무장하고 베수비우스 산으로 도망갔다. 거기에서 많은 도망 노예와 시골에서 찾아왔던 자유민을 몇 명 받아들이고 오이노마우스와 크리쿠수스라는 이름을 가진 검투사 노예를 부관으로 임명해서 인근 지역을 약탈하며 돌아다녔다. 획득한 물건은 공평하게 분배되었으므로 머지않아 많은 사람이 그의 밑에 모여들었다.

(…)

이후[발리니우스 그라베르와 푸블리우스 발레리우스가 인솔하는 로마군에게 승리한 이후] 스파르타쿠스 밑에 다시 많은 사람이 달려와서 모였다. 이미 7만의 군대가 있었다. 스파르타쿠스는 〔이들을 위해〕 계속 무기를 제조하고 장비를 모으게 했다. 다른 한편 〔로마〕시의 사람들은 콘술 두 명에게 두 개의 군단을 맡겨 내보내려고 했다. (…) 스파르타쿠스가 아페니누스 산맥을 벗어나서 알프스로, 다시 알프스에서 갈리아인이 있는 곳으로 가려고 서두르는 것을 보았던 콘술 중 한 명은 선수를 쳐서 도망가는 길을 차단하려고 했고, 또 한 명은 〔스파르타쿠스를〕 추적했다. 하지만 그 〔스파르타쿠스〕는 콘술 두 명에게 잇따라 대항하고 완전히 승리했다. (…) 그리고 〔두 명의〕 콘술이 피케눔에서 다시 그에게 저항했을 때, 그것은 한 번 더 대규모 전쟁이 되고 로마인은 이때도 크게 패했다.

이 남성 〔스파르타쿠스〕는 로마로 향하는 도중에 계획을 변경했다. 아직 충분한 전력을 갖추지 않고, 군대도 전체로서 병사에 어울리는 장비를 하고 있지 않다고–왜냐하면 어떤 도시도 그들에게 도움의 손길을 내밀지 않고, 〔그들 자신은〕 노예와 탈영병, 게다가 폭도였으므로–생각했기 때문이다. 그래서 그는 투리 주위의 산과 이 도시 자체를 탈취했다. 그리고 금과 은을 상인이 들여오거나 자신의 부하가 소유하는 것을 막았다. 그들은 철과 동만을 고가로 사고, 〔그것들을〕 가지고 들어오는 자에 대해서는 부정(不正)을 더하지 않았다. 여기서 그들은 물자가 풍부해지고 충분한 무장으로 자주 약탈하러 나갔다. 그리고 다시 로마인과 충돌하는 전투가 되었지만, 이때도 우세했고 많은 약탈품을 가득 갖고 돌아갔다. (중략) [이 사이에 3년이 경과한다. 로마는 새롭게 여섯 군단을 모으고 이것을 크라수스에게 지휘하게 해서 스파르타쿠스군을 추적해서 무찌르도록 파견한다. 크라수스는 로마군의 군기(軍紀)를 바로잡고 이탈리아 반도 서남단의 리키움에서 스파르타쿠스를 포위했다]

이 표결 때문에[스페인에서 돌아왔던 폼페이우스도 스파르타쿠스

군의 추적에 파견한다고 로마에서 결의되었다는 것] 크라수스는 전쟁의 명예가 폼페이우스에게 돌아가지 않도록 모든 수단을 다해서 곧 바로 공격하려고 했다. 다른 한편 스파르타쿠스는 폼페이우스의 기선을 제압할 생각으로 크라수스를 협약으로 유혹했다. 그에게 무시당했으므로 전쟁으로 일을 해결할 각오를 했다. 그리고 기병이 먼저 그의 곁에 〔도착해〕 있었으므로[스파르타쿠스가 도착하기를 기대하고 있던 증원군으로 어디서 왔는지는 알 수 없다], 전군과 함께 포위를 돌파해서 브룬디시움으로 도망갔다. 크라수스는 〔이들을〕 추적했다. 스파르타쿠스는 루쿨루스도-그는 미크리다테스에게 승리해서 돌아오는 길에 있었다-브룬디시움에 도착했다는 것을 알았다. 그는 모든 것을 단념하고 이때도 수가 대단히 많았던 군을 인솔해서 크라수스와 교전하기로 했다. 이처럼 많은 사람이 절망의 문턱에 서게 되었을 때 그렇듯이 전투는 오래 지속되고 동시에 격렬해졌다. 스파르타쿠스는 날아오는 창에 허벅지에 부상을 당한다. 그래서 그는 무릎을 꿇고 방패를 앞으로 향하게 세우고 공격해 오는 적에 맞서 싸웠지만, 마침내 그 자신뿐만 아니라 그를 따르던 많은 사람도 포위되어 죽었다. 남은 그의 군세(軍勢)는 이제 열이 흐트러지고 대량 학살되고 있었다. 그 결과 그들 중 살해당했던 사람은 셀 수 없을 정도였다. 다른 한편 로마인 중 〔살해된 사람〕은 1000명 정도였다. 스파르타쿠스의 유해는 발견되지 않았다. 많은 사람이 전투로부터 도망해서 여전히 산에 틀어박혀 있었다. 그들을 추적했던 크라수스는 〔산으로〕 올라갔다. 그들은 4개의 부대로 나누어 방어하려고 했지만 결국에는 6000명을 제외하고 전원이 사망했다. 살아남은 자들은 포로가 되어 카푸아에서 로마까지 이어지는 도로에 십자가에 매달렸다.

〔Appianos, B.C. 116-120〕

13. 공화정 말기의 로마 사회

이탈리아의 한 지방 도시에서 태어났던 살루스티우스는 기원전 49년에 시작된 카이사르와 폼페이우스의 내란에서 카이사르 측에 가담하고, 신설된 속주 아프리카 노바(새로운 아프리카)의 총독직을 맡기도 했지만 이후 정계를 은퇴해서 역사 서술에 전념했다. 어떤 음모 사건을 소재로 해서 술라의 사망 후에 추락하는 로마 사회를 묘사하고자 했던 『카틸리나의 음모』, 신흥 귀족(노빌레스) 지배의 부패상을 고발하는 『유구르타 전쟁』 등의 작품이 남아 있다.

그 당시 로마 제국은 비참한 상태에 있었던 것으로 생각된다. 해가 뜰 때부터 해가 질 때까지 모두가 무력으로 평정되고, 로마의 지배에 복종하고 있었다. 모시(母市, 로마)에는 세상 사람들이 최상의 것으로 여기는 여가와 부가 몰려들고 있었다. 하지만 자기 자신과 국가를 단호히 파멸시키고자 하는 시민이 있었다. 왜냐하면 두 개의 원로원 결의에도 불구하고 이렇게까지 여러 사람들 중에 〔단 한 사람〕 포상에 이끌려 음모를 폭로한 자가 없었고 카틸리나 진영에서도 이반하는 자가 단 한 사람도 없었기 때문이다. 이처럼 중병이 페스트처럼 대다수 시민의 마음을 잠식해 들어가고 있었다. 그런데도 음모에 관련되어 있었던 자만이 일탈하고자 하는 마음을 가지고 있었던 것은 아니다. 애초에 모든 평민이 혁명을 바라는 마음에서 카틸리나의 계획을 인정하고 있었다. 이제 막 그것을 그들 자신의 습성에 따라 행하려고 했다. 왜냐하면 언제나 시민들 사이에서 전혀 재산을 갖지 않은 사람들은 더 좋은 지위에 있는 사람을 시기하고 당파적인 사람을 칭송한다. 기존 체제에 반감을 갖고 매일 새로운 무언가를 끊임없이 바란다. 자신들의 처지에 불만을 갖고 모든 변혁을 목표로 혼란과 소요의 한 가운데에서 걱정 없이 자신을 지탱해 나갈 수 있다. 왜냐하면 빈곤은 쉽게 잃을 것이 없기 때문이다. 그런데 도시〔로마〕의 평민이야말로 많은 이유에서 불만을 가졌다. 우선 첫 번째로 어디에서나 파렴치함과 뻔뻔함으로 두드러졌던 자들과 마찬가지로 불명예스런 일로 재산을 잃었던 다른 자들 그리고 마지막으로 비열한 행위와 부정한 행위로 집을 쫓겨난 모든 자들, 바로 이런 무리가 마치 〔물이〕 배가 지나간 흔적으로 흘러들어 오듯이 로마로 흘러들어 오고 있었기 때문이다. 다음으로 많은 자들이 술라의 승리를 기억하고 있었다. 혹은 한 명의 병사로부터 〔갑자기 출세해서〕 원로원 의원이 되었던 것을 혹은 왕과 같이 생활하면서 평생을 보낼 정도로 부유하게 되었던 것을 보아 왔으므로, 무기를 들고 있으면 자신들도 승리해서 이런 것들을 획득할 수 있을 것으로 누구나 기대하고 있었다. 다시 시골에서 육체노동을 통해 얻은 수확으로 입에 풀칠을 하고 있었던 젊은이들은 공적 및 사적으로 뇌물을 주고받는 것에 자극받고 귀찮은 노동보다 도시의 한가로운 생활을 좋아하게 되었다. 이런 자들과 다른 자들 모두를 국가에 만연한 악이 부양하고 있었다. 그러니까 악폐에 전염된 빈민들이 당치도 않는 희망에 이끌려서 내가 몸 정도밖에 국가 일을 생각하지 않았다고 해도 전혀 놀랄 만하지 않다. 게다가 술라의 승리로 부모가 추방되고 재산이 박탈되고 자유와 같은 권리를 제한받은 자도 실제로 똑같은 마음으로 전쟁의 결과를 가지고 한탄하고 있는 것이다. 여기에 덧붙여 원로원의 당파 이외의 당파에 속하는 자는 누구라도 자신들의 힘이 뒤떨어지는 것보다 국가가 혼란스러운 편이 좋다고 생각하고 있다. 바로 이런 악이 〔술라의 승리 후〕 몇 해나 후에 다시 시민 사이에 나타나고 있었다. 왜냐하면 그나에우스 폼페이우스와 마르쿠스 크라수스가 콘술이었을 때(기원전 70년) 호민관직의 권력이 회복된 후에 한창 젊은 때여서 매우 난폭한 마음을 가졌던 청년들이 최고의 권력을 손에 넣는다. 그들은 원로원을 근거 없는 말로 헐뜯어 평민을 설득하기 시작하고, 다음으로 한층 뇌물과 감언으로 한층 더 불타오르게 한다. 이렇게 해서 자신이 유명해지고 영향력을 갖게 되었다. 그들에 대해 대부분의 신귀족은 원로원의 이익을 가장하고 〔실제로는〕 자신들의 권세를 위해 저항했다. 왜냐하면 몇 단어로 진실을 말로 표현한다면, 그때 이래로 국가를 혼란스럽게 했던 자들은 충분한 이유로-일부는 마치 민중의 권리를 지키고 있는 것처럼, 일부는 원로원의 권위가 최대라고-공공의 선을 가장하면서 〔사실은〕 누구나 모두 자산의 권력을 위해 싸웠기 때문이다. 그들에게는 절도도 없거니와 싸움에서 한계도 없었다. 양쪽은 서로 가차 없이 승리를 이용하고자 했다. 하지만 그나에우스 폼페이우스가 해적 퇴치와 미트리다테스 전쟁에 파견된 후에 평민의 힘은 약화되고 과두파의 권력이 증대했다. 그들은 관직, 속주 그리고 다른 모든 것을 장악했다. 자신은 안전하게 많은 영예와 어떤 두려움도 없는 인생을 보내고, 다름 사람들을 재판에 회부하겠다고 위협했다. 자신들이 관직에 취임하고 있는 사이 평민들을 그만큼 더욱 평온하게 다룰 수 있게 된 것이다. 하지만 사태가 유동적으로 되고 혁명에 대한 희망이 솟아나자마자 예전의 싸움이 그들의 마음을 긴장시켰다. 만약 카틸리나가 최초의 전투에서 승리하거나 호각지세로 승부가 결정 나지 않았다고 한다면, 국가는 사실 커다란 깊은 상처와 참상으로 괴로워하고 있을 것이다. 그리고 승리를 손에 넣었던 그들도 승리를 오래도록 누릴 수 없었을 것이다. 왜냐하면 더 강한 자가 지쳐서 혈기를 잃었던 그들에게서 패권과 자유를 빼앗았을 것이기 때문이다. 〔음모가〕 시작되자 카틸리나에게 가담하기 위해 급히 달려갔던 몇 사람도 있었다. 그들 중에는 아울루스 풀비우스라는 원로원 의원의 아들이 있었지만 도중에 체포된 그를 아버지는 죽이도록 명령했다.

〔Sallustius, Bellum Catilinae 36, 4-39, 5〕

14. 갈리아 원주민과 로마의 지배

포 강(江) 이북, 라인 강과 피레네 산맥 사이 지역은 켈트인이 살고 있었고, 로마 시대 '갈리아'로 불리고 있었다. 북 이탈리아와 남 프랑스에 걸쳐 있는 지역은 일찍부터 로마인의 지배하에 있었고, 그 북쪽으로 기원전 1세기에 들어서도 켈트인이 독립을 유지하고 있었다. 기원전 58년에 북 이탈리아, 남 프랑스, 유고슬라비아 서해안에 해당하는 지역의 총독이 되었던 카이사르는 군대를 북쪽으로 진군시켜 8년에 걸친 전쟁에서 켈트인 부족들을 정복해서 그 지역을 로마의 속주로 만들었다. 이 사이의 상황은 카이사르 자신이 기록한 『갈리아 전기』[제8권은 부하가 썼다]에 상세히 묘사되어 있다.

하지만 알레시아에서 〔로마군에게〕 포위된 사람들은 자기편의 지원군 〔도착〕을 기대하고 있었던 날짜가 지나가 버리자 모든 곡물을 다 먹어 버렸지만 아에두이(Aedui)족 사이에서 무슨 일이 일어나고 있는가를 알 수 없어서 집회를 열어 자신들의 운명의 행방에 대해 토론하기로 했다. 그리고 다양한 이견이 표명되고 그들 중 일부는 항복을 일부는 힘이 남아 있는 사이에 돌격할 것을 제안했다. 하지만 크리토그나투스(Critognatus)의 연설은 그 특이함으로 인륜에 벗어난 잔인함 때문에 묵과해서는 안 된다고 생각한다. 그는 아르베르니족 사이에서 가장 고귀한 가문에서 태어나고 커다란 영향력을 가지고 있다고 여겨지고 있다. 그는 말하기를 「가장 치욕스러워해야 할 굴종을 "항복"이라는 이름으로 부르는 무리들의 주장에 대해서 나는 아무런 말도 할 생각이 없다. 이들 무리는 시민으로 간주되어서는 안 되고 집회에 참가를 허용해서도 안 된다고 나는 생각한다. 요컨대 나는 돌격을 좋다고 하는 사람들을 문제 삼을 것이다. 그들의 생각 안에 예전부터의 용기 있는 모습이 남아 있는 것 같이 생각된다는 것은 여러분 전원의 일치해서 인정하는 바이다. 〔하지만〕 잠시도 궁핍을 견딜 수 없는 것은 용기가 아니라 소심한 것이다. 스스로 자진해서 결사적으로 몸을 던지는 사람들이 인내심이 강해 고통을 참는 사람들보다 더 쉽게 발견된다. 여하튼 만약 우리의 생명 이외에 어떤 손실도 발생하지 않았다고 본다면, 나는 이 의견을 인정할 것이다. 왜냐하면 〔그들의〕 명예는 나에 대해 이처럼 힘을 갖고 있기 때문이다. 하지만 우리의 방안을 마련하는 데 있어서는 우리를 돕기 위해 불러일으켰던 갈리아 전체를 고려해야 할 것이다. 8만 명이 한 장소에서 살해된 후에 만약 거의 시체 가운데에서 어쩔 수 없이 교전하게 된다면, 우리의 인척과 혈족들의 마음이 어떨 거라고 여러분은 생각하는가? 여러분을 구하기 위해 자신들의 위험을 돌보지 않았던 이런 사람들에게 여러분의 도움을 박탈하지 마라. 또한 여러분의 어리석음과 경솔함 그리고 소심함으로 갈리아 전체를 파괴해서 영원한 예속 상태라는 운명에 처하게 하지 마라. 그들이 정해진 날에 오지 않았다는 이유로 그들의 신의와 의지를 의심하지 마라. 그렇다면 무엇 때문에? 여러분은 로마인이 성채 외곽에서 매일 악착같이 하고 있는 것이 기분 전환용이라고 생각하고 있는가? 만약 길이 막혀 어디로부터도 근접할 수 없기 때문에 어떤 사람들의 보고에 의해서 확신할 수 없다면, 이것을 그들의 접근이 가까워지고 있다는 증거로 생각하라. 이것에 놀라 벌벌 떠는 자들은 밤낮으로 열심히 일한다. 그렇다면 나의 계획은 무엇인가? 우리의 조상이 도저히 비교가 안 되는 킴브리족과 테오토네스족의 전쟁 때 했던 일을 하는 것이다. 그들은 성채에 몰려 같은 궁핍에 강하다고 해도, 나이로 보아 전쟁에 도움이 될 것 같지도 않은 자들의 몸으로 근근이 살아가면서 적에게 항복하지 않았다. 만약 우리에게 이런 일의 선례가 없다고 해도 나는 〔이 선례가〕 자유(libertas)라는 이유로 만들어지고 자손에게 전해지는 것은 극히 아름다운 일이라고 판단할 것이다. 왜냐하면 그 전쟁에서 〔이 로마인에 대한 전쟁과〕 무언가 달랐던 점이 있었을까? 킴브리족은 갈리아 전체를 약탈하는데 전력을 다하고 우리의 국토에 막대한 피해를 초래했지만, 결국은 떠나고 다른 땅을 찾았다. 관습과 법과 토지와 자유를 우리에게 남기고 갔던 것이다. 하지만 로마인은 질투심에 이끌려 소문에 유명하고 전쟁에서 강하다는 것을 알았던 자들의 땅과 국가에 정착해서 그들에게 영원한 예속 상태를 강제하는 것을 별도로 한다면, 달리 무엇을 지향하고 무엇을 바라고 있는 것일까? 가령 여러분이 멀리 살고 있는 민족들에게서 일어나고 있는 일은 알지 못하더라도 인접한 갈리아[갈리아 나르보넨시스(지금의 남 프랑스 근처)를 지칭한다]를 살펴보아라. 갈리아는 속주가 되어 권리와 법을 박탈당하고 로마의 압제에 굴복해서 영구적으로 예속되어 억압받는다.」

〔Caesar, De Bello Gallico VII, 77, 1–16〕

15. 카이사르에게 보낸 서한

살루스티우스의 역사서에서 변론 부분과 거기에 인용된 편지 일부분만을 발췌해서 기록했던 어떤 중세의 사본에, 카이사르에게 보낸 국가에 관한 건의서 2통이 베껴 쓰여 있다. 이 서한이 실제로 살루스티우스가 쓴 것인지, 아니면 제정기에 쓰인 변론술의 습작인지에 대해서 논란이 분분하다. 하지만 역사가들 중에는 그 내용으로 고려해 볼 때 살루스티우스의 진짜 작품으로 보는 사람이 많다. 여기에 일부 번역된 두 번째 편지는 기원전 50년(또는 51년)에 쓰였던 것으로 생각된다.

나는 조상에게서 전해 듣고 있는 것처럼 국가가 두 부분, 즉 귀족과 평민으로 나누어져 있다고 믿는다. 옛날에는 귀족에게 최대의 권위가 있고 평민에게는 압도적으로 많은 인원이 있었다. 그래서 국가(civitas)에 자주 〔평민의〕 분리 운동(secessio)이 일어났고 귀족(노빌리타스)의 힘은 줄곧 약화되었으며 민중의 권리는 확대되었다. 하지만 평민은 다음 이유에서 자유롭게 행동하고 있었다. 요컨대 누구의 권력도 법을 초월하지 않고, 귀족은 부와 방만함에 의해서가 아닌 명성과 용감한 행위에 의해 이름 없는 무리에게 승리하고 있었기 때문이다. 아무리 천한 자도 밭과 전장에서 받지 못하는 영예는 없고 자신에게도 조국에게도 만족하고 있었다.

하지만 게으름과 빈곤 때문에 점점 토지에서 쫓겨나서 어쩔 수 없이 방랑의 생활을 하게 되자 곧 그들은 타인의 부를 탐내고 자신의 자유와 국가(res publica)를 거래의 대상으로 간주하기 시작했다. 이리하여 주권자이면서 모든 민족을 지배하고 있던 대중이 점점 몰락하고, 각자는 공통의 패권(imperium) 대신에 자신을 위해 예속되었다. 그렇기 때문에 이들 대중은 우선 먼저 악습에 오염되고 다음으로 다양한 행동 양식과 생활양식으로 나누어져서 서로 아무리 해도 일치하지 않는다. 따라서 내 생각으로는 국가를 장악하기에는 그다지 어울리지 않을 것 같다. 하지만 새로운 시민을 추가한다면 모두 자유롭게 자각할 수 있을 거라고 나는 크게 기대한다. 왜냐하면 새로운 시민들은 자유를 보존하려 할 것이고 기존의 시민들은 예속의 멍에에서 벗어나기를 갈망할 것이기 때문이다. 따라서 나는 기존의 시민들과 함께 이들 새로운 시민들을 식민시에 정착시킬 것을 제안한다. 왜냐하면 이렇게 함으로써 군사력은 증강되고 유용한 일에 몰두하고 있는 평민은 국가에 해로운 일을 하는 것을 그만둘 것이기 때문이다.

하지만 나는 이 계획이 실행에 옮겨지면 귀족들이 어떻게 격노하고 어떻게 미친 듯이 날뛸지를 아는 것도 또한 알아차리는 것도 아니다. 그들은 「모든 것이 근본으로부터 뒤집히고 있다. 기존의 시민에게 예속이 강요된다. 요컨대 한 사람의 관대함으로 상당히 많은 사람들이 시민권을 획득하게 되면, 자유 국가(libera civitas)가 군주정으로 바뀔 것이다」라고 말하면서 분개할 것이다. 나라면 다음과 같이 마음속으로 믿고 있다. 요컨대 국가(res publica)를 해할 때까지 환심을 사려고 하는 사람은 악행을 저지르고 있는 것이다. 하지만 나는 국가에 충분히 좋은 일이 〔동시에〕 개인에게조차 유익한 경우에도 그것에 착수하기를 주저하는 것을 시야가 좁고 태만한 것으로 평가한다.

〔Sallustius, Epistula ad Caesarem II, 5, 1–6, 2〕

16. 내란과 기사

코르넬리우스 네포스는 공화정 말기의 문인으로 키케로와 폼포니우스 아티쿠스, 그리고 시인 카툴루스와 친교가 있었다. 『편년사(編年史)』를 비롯해서 적지 않은 저작이 있었다고 전해지지만, 현재 남아 있는 것은 대(大)카토와 아티쿠스의 간단한 전기, 『라틴어로 쓴 역사가들에 대하여』라는 제목의 책에서 발췌한 것이 약간 있을 뿐이다. 동일한 사본으로 전승되고 있는 장군들의 전기는 통상적으로 네포스의 저작으로 여겨지지만 유력한 반론도 있다.

〔아티쿠스의〕 아버지는 일찍 죽었다. 그 자신 청년 무렵에 호민관 재임 중에 살해된 푸블리우스 술피키우스와 인척 관계에 있었으므로, 그때의 위험으로부터 벗어나지 못했다. 왜냐하면 폼포니우스 〔아티쿠스〕의 사촌자매 아니키아가 술피키우스의 형제였던 세르비우스에게 시집갔기 때문이다. 이렇게 해서 술피키우스가 살해되면서 킨나의 반란으로 국가가 혼란스러워지고 시민의 마음이 일부는 술라의 당파를, 일부는 킨나의 당파를 지지하는 경우로 분열했다. 명예롭게 살아가기 위해서는 두 당파 중 어느 하나에 반항하지 않을 수 없다고 보면, 자신의 학예에 전념할 좋은 기회라고 생각하고 아테네로 건너갔다. 하지만 그렇더라도 역시 소(小)마리우스가 공적으로 선언되면서 사재를 털어 그를 돕고 돈을 가지고 그가 쉽게 도망가게 해 주었다. 그리고 위에서 말한 외국 생활로 재산이 어떤 손해도 보지 않도록 그곳〔아테네〕로 재산의 많은 부분을 옮겨 놓았다. (이하 생략)

그는 공적인 곳에서는 명실공히 최선자(最善者)들의 편에 서는 것처럼, 하지만 정치라는 거센 파도에는 몸을 맡기는 것처럼 행동했다. 이런 거센 파도에 몸을 맡기는 사람들은 바다의 거센 파도 속을 표류하는 사람들과 마찬가지로 우리가 몸을 자유롭게 못 쓴다고 생각하기 때문이다. 명망으로 보나 명예로 보나 자신에게 열려 있음에도 불구하고 그는 관직을 바라지 않았다. 그 이유는 선거 때 이렇게까지 뇌물 수수가 횡횡하는 가운데 법을 준수하고 조상의 유훈에 따라 〔관직을〕 바라고 손에 넣는 것은 불가능해서, 시민들 사이의 풍기가 문란해진 이상 국가를 위해 〔관직을〕 수행하면 반드시 위험에 빠질 것이라고 생각하기 때문이다. 몰수 재산의 경매에는 결코 접근하지 않았다. 어떤 사업의 보증인도 청부인도 되지 않았다. 누구를 자신의 이름으로 고발하지 않았고 원고 측에 이름을 올리지도 않았다. 자신의 재산 문제로 법정에 갔던 경우는 한 번도 없었고 법정에 기소된 경우도 없었다. 많은 콘술과 프라이토르 밑에서 집사(執事)가 될 것을 요청받고 받아들였지만, 누가 속주에 가더라도 수행하지 않고 그런 영예에 만족할 뿐으로 재산에 도움이 되는 것을 경멸했다. 퀸투스 키케로에 대해서 그의 밑에서 총독대리(legatus)의 지위를 획득할 수 있는데도 아시아로 가는 것조차 바라지 않았다. 그 이유는 자신은 프라이토르직을 바라지 않았는데도 프라이토르의 수행원이 되는 것은 적당하지 않다고 생각했기 때문이다. 이 점에서 그는 범죄 혐의를 받아도 피했기 때문에 단지 명예만이 아니고 마음의 평안도 소중하게 여겼던 것이다. 이렇게 해서 그가 공포심과 속셈이 아닌 의무감에 따르는 것을 보면서 모든 사람이 그의 그런 자세를 한층 더 높이 평가하게 되었다. (이하 생략)

뒤이어서 무티나에서 전쟁이 벌어졌다. 「그때 그는 매우 분별력이 있었다」라고 말하면 필요한 만큼의 찬사를 말하지 않은 것이 될 것이다. 어떤 운명하에서도 동요하거나 줄어들지 않고 변하지 않은 채 자연히 갖춰진 선의(善意)가 영감으로 부를 수 있다면, 그는 오히려 영감에 만족하고 있었기 때문이다. 안토니우스는 역적 선고를 받고 이탈리아를 떠났다. 복권의 희망은 전혀 없었다. 당시 가장 힘이 강하고 수도 많았던 〔안토니우스의〕 적뿐만 아니라 그에게 반대하는 사람들에게 추종하고, 안토니우스를 모욕하는 가운데 무언가 이익을 얻고자 기대하는 무리들까지 안토니우스의 친구를 박해하고, 아내인 풀비아에게서 있는 대로 모든 것을 빼앗아 가기를 바라면서 자식들까지 말살할 준비를 하고 있었다.

안티쿠스는 키케로[마르쿠스 키케로, 퀸투스의 형으로 안티쿠스 앞으로 보냈던 서한집이 남아 있다]와 특별히 친하고, 브루투스의 비할 데 없는 친구였다. 하지만 그는 결코 안토니우스에게 위해를 가했던 그들의 뜻에 따르지 않았을 뿐만 아니라 역으로 그의 친구가 로마 시로부터 탈출하는 것을 가능한 한 비호하고 그들이 필요로 하는 것을 주고 도와주었다. 실제 푸블리우스 보르무니우스(?)에게는 부모로부터라고 하더라도 그 이상으로는 불가능한 정도의 일을 했다. 더욱이 풀비아 자신에게조차 그녀가 법정 싸움으로 바쁘고 커다란 공포에 시달리고 있던 때에 진심으로 있는 힘을 다해 일했다. 그래서 풀비아가 법정에 설 때는 반드시 아티쿠스를 동반하고 아티쿠스는 모든 일마다 〔그녀의〕 보증인이었다. 그것뿐만이 아니다. 그녀는 상황이 좋았을 때 일정 기간까지 대금(代金)을 지불할 조건으로 땅을 샀지만 불행 뒤에 〔대금을 지불하기 위해〕 돈을 빌릴 수 없었을 때 아티쿠스가 도와주었다. 그는 무이자로 게다가 어떤 계약도 없이 돈을 빌려 주었다. 동정심이 있고 고마운 사람이라고 알려지는 것이 가장 큰 이익이라고 생각한다. 또한 자신이 항상 행운이 아니라 사람과 우정을 맺으려 한다는 것을 보여 주기 위한 것이었다.

〔Cornelius Nepos, Atticus 2, 1-3; 6, 1-5; 9, 1-5〕

제정 전기
(원수정)

• 아우구스투스 황제의 평화의 제단(Ara Pacis)

로마 세계를 단독으로 지배하게 되었음에도 불구하고 기원전 27년 옥타비아누스는 공화정의 재건을 위해 비상대권을 원로원과 민회에 반환하는 자세를 보여 주었다. 하지만 원로원의 요청으로 국정의 책임을 원로원과 분담하게 되고 거의 절반의 속주에 대한 총독 명령권이 위임되었다. 옥타비아누스 자신은 군대에 의한 경비가 필요한 속주를 통치했으므로 사실상 로마군 전체의 최고사령관이 되었다. 그리고 아우구스투스(존엄한 자)라는 별칭이 주어진다. 기원전 23년에는 종신 호민관직의 권한과 상급 콘술 대행권이 부여되고, 기원전 19년에는 콘술의 권한과 영예권(榮譽權)이 부여되면서 국가 전체에서 탁월한 실력자의 지위가 확정되었다. 모두를 능가하는 권위에 의한 '프린켑스(princeps)'의 지배체제가 확립되었다. 이 체제는 '피린키파투스', 즉 원수정(Principatus)이라고 불린다. 장수했던 아우구스투스는 다양한 국제와 군사상의 제도들을 정비했으므로 황제 권력의 기반은 대부분 그의 치세 중에 확립되었다고 할 수 있다.

아우구스투스 뒤를 이은 티베리우스는 당초 원로원을 존중해서 재정을 긴축해서 속주를 안정시키려고 노력했지만, 친위대장 세야누스의 살해를 계기로 원로원 의원의 숙청이 잇따르면서 전제화했다. 뒤이은 칼리굴라는 '헬레니즘=오리엔트' 방식의 신왕정(神王政)으로 급격히 경도되었지만 광포한 성격이 화가 되어 암살당했다. 클라우디우스는 관료제를 정비해서 행정의 전통으로 복귀하려고 노력했다. 하지만 측근과 황비 아그리피나의 전횡을 초래하고 암살당했다. 아그리피나가 데려온 아들 네로가 제위에 오르면서 처음에는 세네카와 부루스의 보좌를 받아 선정을 베풀었다. 얼마 안 있어 네로는 서서히 독재자의 성격을 드러내고 어머니와 측근을 암살하고 폭정으로 기울었다. 따라서 반감이 초래되고 자살로 내몰렸다. 이렇게 해서 5대에 걸친 율리우스가와 클라우디우스가의 혈통을 계승한 황제가 단절되고 제위를 둘러싼 내란기를 맞이했다. 제위를 참칭한 4명 중에서 69년 플라비우스가의 베스파시아누스가 이 혼란을 수습했다.

베스파시아누스는 종래의 명문 귀족이 아닌 신흥 세력을 대표하고 있었다. 그는 재정의 복원, 입법권과 황제재판권의 정비 및 강화, 변경 방위 체제의 강화에 진력하고 관료제도 한층 더 발전시켰다. 또한 풍기를 단속하고 속주 출신자의 원로원 등용에 적극적인 자세를 보이고, 속주의 도시화=로마화가 추진되었다. 그를 계승한 맏아들 티투스는 다양한 인도적 시책으로 민중의 인기를 많이 받았지만 선정을 실현하기에는 너무나도 짧은 치세에 불과했다. 이어서 그의 동생 도미티아누스가 제위에 오르자 엄격하고 공정한 태도를 나타내면서도 원로원을 억압하고 원로원 의원의 처형과 재산 몰수가 잇따른 공포정치를 시행했기 때문에 반감을 초래하고 암살당했다. 이렇게 해서 플라비우스 왕조도 단절했다.

기원후 96년 원로원은 네르바를 황제로 추천한다. 이른바 5현제 시대의 맨 처음에 위치한 네르바는 무엇보다도 원로원과의 협조를 가장 중요시하고 재정난 극복에 노력했다. 유능한 군인 트라야누스를 양자로 삼아 후계자로 지명했으므로 이후 최선자의 선발이라는 제위계승의 원칙이 답습되었다. 트라야누스는 속주 출신 최초의 황제였다. 그의 치세에는 다키아 등의 병합으로 로마 제국의 세력 판도가 최대에 달했다. 또한 원로원의 존중, 구빈제도의 확충, 조공의 경감, 공공사업의 진흥 등을 적극적으로 시행했다. 다양한 계층 사람들이 이를 환영했다. 트라야누스의 뒤를 이은 하드리아누스는 치세의 절반을 속주 시찰 여행에 할애했지만, 관료제의 정비와 국경의 안정에 의외의 성과를 거둔다. 안토니우스 피우스는 꾸밈없이 진지하고 온건한 성격의 소유자로 재정의 절약과 대외 평화에 진력했으므로 국민에게 경애의 대상이 되었다. 스토아학파의 철학자 황제 마르쿠스 아우렐리우스는 국경을 넘어 침입하는 이민족과의 전쟁에 많은 시간을 보내면서 관료제의 추진으로 보수적인 통치를 실시했다. 하지만 친아들 콤모두스를 후계자로 선택한 것은 '로마의 평화'에 그늘이 보이기 시작한 사태에 한층 더 박차를 가했다. 콤모두스는 원로원과 적대하고 광신적 성격을 드러냈으므로 암살당했다.

그의 사후 혼란의 와중에서 193년 아프리카 출신의 셉티미우스 세베루스가 황제가 되었다. 그는 이제까지의 전통적 질서를 중요시하지 않고 군인에 대한 우대책을 강화해서 행정관리기구를 군사적으로 통제하려 했다. 친아들 카라칼라는 제국 전역의 자유인에게 로마 시민권을 부여하는 칙령을 발표했다. 황제와 군대의 결속이 강한 가운데 알렉산더 세베루스가 병사에 대한 배려를 게을리했기 때문에 암살당했고, 이로써 세베루스 왕조 역시 막을 내렸다.

그 이후 이른바 '군인황제'의 시대로 불리는 혼란기를 맞이하고, 약 반세기 사이에 26명의 황제들이 잇따라 나타났다. 이들은 거의 단기간 통치한 후에 살해당했다. 현지에서 징집된 병사들이 각자의 군단 지휘자를 황제로 옹립했기 때문이었다. 이 시기는 이민족의 침입과 사회적 혼란, 그리고 경제 위기를 수반하고 있으므로 '3세기의 위기'로 불리고 있다.

17. 타키투스의 아우구스투스 치세 평가

역사가 타키투스의 아우구스투스 치세에 대한 평가를 살펴본다. 2세기 초 원로원 의원이자 역사가로 활동했던 타키투스는 14년의 아우구스투스의 죽음을 계기로 『연대기』를 기록하기 시작했다. 타키투스는 아우구스투스 시대 사람들의 말을 인용해 2가지 상반된 평가를 제시했다. 타키투스는 이런 문학적 장치를 종종 애용했다. 하지만 외관상 공정해 보이기는 하지만 여기에는 타키투스 자신의 견해가 들어가 있다는 점에는 의심의 여지가 없다.

지적인 사람들은 다양한 말로 아우구스투스를 찬양하거나 비판했다. 한쪽 의견은 이렇다. 자식 된 도리와 국가적 위기가 법을 준수할 겨를도 없이 그를 내전으로 몰아넣었다. 이것은 점잖은 방법으로는 시작도 지속도 할 수 없는 일이었다. 그는 부친 살해자들에 대한 복수를 위해 안토니우스와 레피두스에게 많이 양보해야 했다. 레피두스가 늙고 게을러졌을 때, 그리고 안토니우스가 방종에 빠졌을 때 국가의 혼란을 치유할 유일한 방법은 단일 지배체제의 구축뿐이었다. 그러나 아우구스투스는 자신이 왕이나 독재관이 됨으로써가 아니라 원수정을 수립함으로써 국가의 질서를 회복했다. 제국의 변경은 대양에 또는 먼 강들에 이르렀다. 군대, 속주, 함대, 이 모든 체제가 상호 연관되어 있었다. 로마 시민은 법률의 보호를 받았다. 속주민은 관대한 처우를 받았다. 로마 시는 화려하게 치장되었다. 군대는 신중하게 운용되었으며, 절대 다수를 위한 평화 유지만을 목적으로 삼았다.

반대 의견은 이랬다. 자식의 도리와 국가의 위기는 핑계거리에 불과했다. 실제로 옥타비아누스(미래의 아우구스투스)의 동기는 권력에 대한 탐욕이었다. 탐욕에 사로잡힌 그는 금품으로 제대 군인을 움직여 군대를 일으키고[이때 그는 아무런 공직도 없는 성장기 소년에 지나지 않았다], 뇌물로 집정관의 군대를 끌어모아 섹스투스 폼페이우스(폼페이우스의 아들)를 지원한다는 구실을 내걸었고, 원로원 포고령으로 법무관의 지위와 신분을 찬탈했다. (…) 곧이어 집정관 2명은 (…) 정적에 의해 죽임을 당했다. 한 명은 상처에 고의적으로 독을 넣음으로써, 다른 한 명은 옥타비아누스의 사주를 받은 자기 부하 손에 죽었다. 여하튼 두 집정관의 군대를 넘겨받은 것은 옥타비아누스였다. 그런 다음 그는 반항하는 원로원을 압박해 자신을 집정관으로 추대하도록 만들었다. 그러나 안토니우스를 처치하라고 그에게 맡겨진 군대를 그는 국가에 대항하는 용도로 써 먹었다. 그의 사법살인과 토지 배분은 그것을 실행한 사람들에게도 역겨운 일이었다. 사실 카시우스와 브루투스는 옥타비아누스가 그들의 반대파를 승계했기에 죽임을 당한 것이다. 하지만 개인적 원한이 공공의 이익에 우선해서는 안 된다. 다음으로 그는 그럴듯한 평화조약을 앞세워 섹스투스 폼페이우스를 기만했고 레피두스를 거짓 우정으로 속였다. 그러자 일련의 조약 및 옥타비아누스 여동생과의 결혼이란 미끼에 넘어간 안토니우스는, 기만적인 관계에 대한 형벌로 자신의 목숨을 내주었다. 하지만 그것은 피투성이 평화였다. (…) 그의 사생활에서도 잡음이 끊이지 않았다. 그는 티베리우스 클라우디우스 네로의 아내(리비아)를 탈취했고, 터무니없게도 사제들에게 임신 중인 여자와 결혼하는 것이 그녀를 위한 것인지 여부를 질문했다. 그런 다음 그의 친구 푸블리우스 베디우스 폴리오의 방탕이 있었다. 그러나 정녕 리비아는 어머니로서는 국가의 재앙이었고, 계모로서는 카이사르 가문의 재앙이었다.

[Tacitus, Annales, i.9–10]

18. 아우구스투스 업적록

아우구스투스는 선동의 달인으로서 자신의 행동을 화려하게 포장하는 탁월한 능력을 갖고 있었다. 「아우구스투스 업적록」은 후대에 기억되기 바라는 자신의 업적을 아우구스투스가 직접 쓴 것으로 청동 기둥 2개에 새겨졌다. 카이사르의 후계자로 지명된 양자 옥타비아누스는 100년에 걸친 내란('내란의 1세기')을 수습하고 로마를 세계제국으로 재건했다. 아우구스투스라는 존엄한 칭호로 불렸던 그 자신이 썼던 유서의 일부를 구성했던 것으로 보이는 업적록의 존재는 이미 수에토니우스의 『로마 12 황제열전』에서 알려져 있었지만, 원본은 황제의 영묘(靈廟)에 비치되었던 것으로 추정되는데, 현재 사라져 버렸다. 이 원본의 사본이 소아시아 내륙의 안키라(지금의 앙카라)의 신전 유적에 새겨져 있다는 것이 16세기 이래로 서구인들에게 알려져 있었다. 그 후 발견된 그리스어 번역과 라틴어 비문의 단편에 의해 손실된 부분이 보완되었다. 따라서 현재 이 업적록은 거의 완전한 형태로 복원되어 있다. 이 기록의 비교할 수 없는 중요성 때문에 '라틴 비문의 여왕'으로 불리며 사료적 가치가 높다.

I

19세에 나는 스스로의 결의에 기초해서 자기 부담으로 군비(軍備)를 정비하고, 그럼으로써 당파의 전횡에 압박받고 있는 국가에 자유를 회복했다. 이 때문에 원로원은 가이우스 판사와 아울루스 비르티우스가 콘술이던 해(기원전 43년)에 표창 결의로 나를 원로원 의원 신분에 서임했다. 동시에 의견 표명의 경우 콘술 단계의 지위를 인정하고 최고 지휘권도 부여했다. 게다가 국가가 어떤 손상도 입지 않도록 내가 법무관 대행으로서 콘술 두 명과 함께 배려해야 할 일을 명령했다. 하지만 같은 해 콘술 두 명이 전사하면서 국가는 나를 콘술로, 또한 국가재건 3인 위원 중 한 명으로 선정했다.

V

마르쿠스 마르켈루스와 루키우스 아룬티우스가 콘술이던 해(기원전 22년)에 나는 로마를 떠나 있을 때에도 로마에 있을 때에도 국가와 원로원에 의해 주어졌던 독재관직을 받아들이지 않았다. 나는 곡물이 극도로 모자랐을 때에도 곡물 공급의 배려를 꺼리려 했던 것은 아니다. 즉 며칠 이내에 나는 눈앞에 들이닥친 위협과 위험으로부터 모든 자유 시민을 나의 지출과 배려로 구제했다. 그때 매년 갱신되는 경우도 종신에 걸친 콘술직도 나에게 제의되었지만 나는 받아들이지 않았다.

XV

나는 아버지의 유언에 따라 로마 민중에게 각각 300세스테르티우스를, 또한 나의 이름으로 전리품에서 각각 400세스테르티우스를 5번째 콘술 때(기원전 29년)에 증여했다. 게다가 또한 10번째 콘술 때(기원전 24년) 나의 사재(私財)로 각각 400세스테르티우스를 분배하고, 11번째 콘술 때(기원전 23년)에는 사비로 구입해서 모은 곡물로 12차례 곡물을 배급했다. 또한 호민관직 권한 행사 12년째(기원전 12년)에 세 번째 곡물로 각각에게 400세스테르티우스를 분배했다. 내가 이렇게 베푼 것들을 받았던 사람의 수는 25만 명을 하회하지 않는다. 호민관직 권한 행사 18년째, 12번째 콘술 때(기원전 5년) 수도 로마의 민중 32만 명에게 각각 60데나리우스를 나누어 주었다. 또한 나의 병사들의 식민시에 대해서는 5번째 콘술 때(기원전 29년) 전리품으로 각각에게 1000세스테르티우스를 증여했다. 이 개선(凱旋)으로 내가 베푼 것을 받은 자는 식민시에서 대략 12만 명이다. 13번째 콘술 때(기원전 2년) 그 무렵 공공의 곡물 배급을 받았던 민중에게 60데나리우스를 베풀었다. 거기에는 20만 명을 조금 넘는 사람들이 있었다.

XXII

내가 개최했던 검투사 흥행은 나의 이름으로 세 번, 나의 자식 및 손자의 이름으로 다섯 번에 달하고, 대략 1만 명이 싸웠다. 나는 모든 지역에서 불러 모았던 경기자에 의한 구경거리를 나의 이름으로 두 번, 나의 손자의 이름으로 세 번 국민을 위해 제공했다. 내가 개최했던 경기대회는 나의 이름으로 네 번, 다른 공직자의 이름으로 스물세 번이다. 15명의 사제단(司祭團)을 대신하여 나 자신이 주재자가 되고 마르쿠스 아그리파를 동료로 해서 가이우스 브루니우스와 가이우스 시라누스가 콘술인 해(기원전 17년)에 세속의 경기대회를 거행했다. 열세 번째 콘술 때(기원전 2년) 나는 최초로 마르스 경기대회를 개최하고 그때 이후 매년 연속해서 원로원 결의로 법에 따라 콘술이 이것을 개최해 왔다. 나는 아프리카의 맹수와의 격투기를 나의 이름 또는 나의 자식 및 손자의 이름으로 원형경기장, 광장, 또는 원형투기장에서 국민을 위해 스물여섯 번 개최했다. 이때에 대략 3500마리의 맹수가 희생되었다.

XXXIV

6번째(기원전 28년), 그리고 7번째(기원전 27년)의 콘술 때에 나는 이미 내란을 종결시키고 모두의 합의에 기초해 전권을 장악했지만, 국가를 나의 권한으로부터 원로원 및 로마 국민의 결정에 맡겼다. 이와 같은 나의 공적에 대해서 나는 원로원 결의에 의해 아우구스투스라는 칭호를 받고, 내 집의 문기둥은 월계수로 꾸며지는 것이 공인되고, 시민의 영예로운 관(冠)이 내 집의 출입구 위에 부설되고, 게다가 황금 방패가 율리우스 의사당에 안치되었다. 원로원 및 로마 국민이 이것을 나에게 주었던 것은 나의 용기, 자애, 정의, 경건함을 칭송하기 위한 것이다. 이는 방패에 새겨진 글에 의해 분명해진다. 이후 나는 권위(auctoritas)가 누구보다 우월했어도 권력(potestas)에 관해서는 나와 함께 공직에 있는 동료들보다 탁월하지는 않았다.

〔Res Gestae Divi Augusti, 1; 5; 15; 22; 34〕

19. 오비디우스의 세속에 대한 묘사

아우구스투스 황제 시대의 시인 오비디우스(기원전 43~서기 17년)는 틀림없이 천부적 재능이 있었다. 웅대한 국민적 서사시를 읊었던 베르길리우스와 격조 높은 진지한 서사시인 호라티우스에 비해서 민중과 신들의 장난을 소재로 하는 작품이 많았다. 간혹 그는 이류 시인의 평가를 받는다. 하지만 예리한 심리 분석과 적합한 성격 묘사를 하면서 경쾌하고 우아한 필치로 묘사하고 있는 것은 그의 유례가 드문 재능을 보여 주는 것이라고 말할 수 있다. 여기에서 다루는 Ars Amatoria(『사랑의 기술』)는 비교적 초기의 작품이지만, 아우구스투스 치세하의 로마 사회에서 평범한 사람들의 생생한 모습을 반영하고 있다.

법정조차도-도대체 누가 믿을까?-연애하기 좋은 곳이고 정담(情談)이 떠들썩한 법정에서도 자주 발견된다. 대리석으로 만든 베누스 신전 밑에 설치된 아피아스 상이 세차게 물을 뿜어 올려 공중으로 흩뿌리고 있는 곳에는 변호인이 사랑의 신의 포로가 되는 일이 자주 있다. 다른 사람을 비호했던 자가 자기 자신을 지키지 않게 된다. 거기에서는 유창한 사람도 자신의 말이 막히는 것이 드물지 않고, 새로운 연애 사건이 벌어져서 자기 자신을 변호하지 않으면 안 되게 된다. 조금 전쯤까지 보호자(patronus)인데도 이제는 피보호민(clientes)이 되고 싶다고 말하는 이 남자에 대해 옆에 있는 신전 안에서 베누스 신이 웃고 있다.

그런데도 너는 특히 원형극장에서 사냥감을 사냥해 보기로 한다. 이곳이야말로 네가 원하는 경우에는 실제로 한층 더 많은 곳이다. 여기에서라면 사랑을 말하는 상대라도, 가지고 놀 수 있는 상대라도, 단 한 번 감촉을 즐겨 보려는 상대라도, 오래 곁에 두고 싶다고 생각하는 상대라도 너는 만날 수 있을 것이다. (중략) 세련된 여성이 이처럼 사람이 모이는 구경거리에 쇄도한다. 그 수가 대단히 많아서 거듭 나의 안목을 현혹시킬 정도다. 여성들은 구경꾼으로 오는 것이지만 자기 자신이 사람의 눈에 노출되기 위해서도 온다. 저런 장소는 부끄러움을 아는 정숙한 여성에게는 해롭다.

(중략)

너는 날쌘 말의 경주 기회도 놓쳐서는 안 된다. 대규모 군중을 수용할 수 있는 경기장에는 괜찮은 것이 많다. 비밀을 말하기 위해 손가락을 사용할 필요가 없고 고개를 끄덕여 신호를 받을 것까지도 없다. 방해가 되는 사람이 전혀 없으므로 멋진 여성의 바로 옆에 앉아라. 너의 겨드랑이 부분을 상대의 겨드랑이 부분에 가능한 한 밀착하는 것이 좋다. 그것을 기회로 상대가 싫어하더라도 좌석의 줄이 밀착되게 해라. 벌려 앉는 좌석의 규정 때문에 아가씨와 접촉할 수 없기 때문이다.

그리고 너는 여기에서 어울리기 위해 이야깃거리를 찾아라. 그것은 평범한 말로 수다스럽게 말을 시작하는 것이 좋을 것이다. 누구의 말이 들어오는가를 열심히 들어 보아라. 그리고 즉시 그녀가 누구를 응원하고 있다면 그것을 응원해라. 그리고 상아로 만든 신들의 상을 각각 선두에 있던 경기자들의 행렬이 다가올 때, 너는 여신 베누스에게 응원의 박수를 보내라.

그리고 흔한 일이지만 만약 가끔 아가씨의 무릎에 티끌이 떨어졌다면 손가락으로 털어 내라. 가령 티끌 등이 전혀 없더라도, 없는 티끌이라도 털어 내라. 어떤 구실도 좋기 때문에 네가 하는 행동에 괜찮은 구실을 만들어 내라. 만약 외투가 늘어뜨려져서 지면에 붙어 있다면, 늘어져 내려온 외투를 그러 올려서 조심스럽게 더러운 지면에서 들어 올려라. 금세 너의 성의에 대한 보답으로 아가씨는 꾹 참은 채로 그녀의 다리가 너의 눈에 보이게 된다. 그 외에 주위를 둘러본 너희 두 사람 뒤에 누가 앉아 있다면, 그 자가 그녀의 부드러운 등을 무릎으로 누르지 못하도록 주의한다. 사소한 것이 바람기를 붙잡는 것이다. 많은 남성들에게 유효한 것은 방석을 아무렇지도 않은 듯이 약간 밀어 바로잡아 주는 것이다. 게다가 얇은 서판(書板)으로 부채질을 해 주거나 연약한 발밑에 발판을 내미는 것도 효과를 본다.

(중략)

그렇지만 제 것으로 만들려고 하는 부인의 몸종〔여자 노예〕를 먼저 알도록 유념해야 한다. 여자 노예는 네가 접근하는 것을 손쉽게 해 줄 것이다. 그녀가 여주인의 가장 가까운 상담 상대가 되도록, 그리고 은밀한 장난을 잘 알고 적지 않게 신뢰할 수 있는 자가 되도록 마음을 써라. 네가 바라는 것은 여자 노예조차 그럴 마음이 생기면 쉽게 성취될 수 있을 것이다. 여자 노예는 의사가 치료 시기를 고려하듯 여주인의 기분이 좋은 때를 선택할 것이다. (중략) 하지만 만약 여자 노예가 편지의 서판 교환을 중개한 뒤에 그녀의 부지런함뿐만 아니라 용모도 네 마음에 들었다면, 우선 여주인을 먼저 네 것으로 만들고 여자 노예는 나중에 네 것으로 만들어라. 너는 여자 노예와 먼저 육체관계를 맺어서는 안 된다.

〔Ovidius, Ars Amatoria I, 79-100; 135-162; 351-390〕

20. 서기 33년의 금융 위기

로마 황제 권력에 의한 지중해 세계의 재편과 통합은 군사와 정치의 측면에서뿐만 아니라 경제와 사회 및 문화의 측면에서도 진전될 수밖에 없었다. 라인 강과 도나우 강 연안 지역에서 유프라테스 강 유역까지 광대한 토지를 영유했던 로마인에게는 그 이전 여러 지역의 다양한 통화에 대신해서 로마 국가의 공식 통화를 광범한 지역에 걸쳐 유효하게 사용하고 있었다. 이것은 재화의 유통이 잇따라 일어나는 경제에 의한 세계 통합의 전제였다. 그뿐만 아니라 통화제도의 통일은 그 안에 살고 있는 인간 세계의 일원화를 촉구함으로써 인간 교류를 촉진하기도 하였다. 하지만 이 과정도 아우구스투스 황제의 통화 개혁이라는 의식적 노력으로 하루아침에 실현되었던 것은 아니다. 제국 통화로서의 로마의 금화와 은화에 대한 현실의 수요가 이탈리아 이외의 지역에서도 높아지지 않으면 안 되었다. 타키투스의 『연대기』에 기술된 티베리우스 황제 치하의 「금융 위기」는 이런 사태가 어떻게 발생했는가를 말해 주고 있다. 경제적 현상에 대한 분석의 안목을 충분히 갖추고 있지 않은 고대인의 기록으로부터 우리는 어떤 구조를 간파할 수 있을까?

XVI

그러던 중에 큰 무리를 지은 고소인들이 이자를 받고 돈을 증식하고 있던 자들에게 몰려들었다. 그들은 이탈리아 본토 안에서 금융 대부와 토지 소유의 제한을 규정했던 독재관 카이사르의 법을 위반하고 있었지만, 이 법률 자체는 꽤 이전부터 소용없게 되었다. 왜냐하면 공익이 사익에 밀려나고 있기 때문이다. 확실히 이곳(로마)에서 고리대의 해악은 옛날부터 볼 수 있고 여러 차례 폭동과 소요의 원인이 되었다. 이 때문에 심지어 도덕의 퇴폐가 그 정도는 아니었던 오랜 옛날에도 고리대는 규제되었다. 사실 우선 맨 처음에 12표법은「어느 누구라도 1/12을 초과하는 이자를 받고 돈을 빌려주어서는 안 된다」고 규정했다. 왜냐하면 그 이전에는 돈을 가진 자가 원하는 대로 이자를 징수했기 때문이었다. 다음으로는 호민관의 제안으로 이자는 1/24까지 인하된다. 최종적으로는 모든 채무전환(이자가 붙은 대부)이 금지되었다. 그리고 부정에 대항하기 위해 거듭되는 평민회 결의에 호소했다. 하지만 이런 종류의 부정은 짓누르더라도 그때마다 놀랄 만큼 교묘한 장치로 모습을 드러내는 것이었다. 하지만 이 법정을 담당하고 있던 법무관 그라쿠스는 많은 사람들이 심리(審理)에 노출되는 것을 차마 볼 수 없어서 원로원에서 제안할 수밖에 없었다. 원로원 의원들은 놀라서 [왜냐하면 이러한 위법행위에 자신이 모르는 사람은 아무도 없었기 때문이다] 원수에게 자비를 간청했다. 그래서 누구나 법이 정한 바에 따라서 각각의 재산을 회계 처리할 수 있도록 앞으로 1년과 6개월의 유예 기간이 주어졌다.

XVII

그 결과 통화 부족 사태가 발생한다. 모든 부채가 동시에 징수되었기 때문이고 게다가 그 무렵 많은 사람들이 단죄되었지만, 그들의 재산이 경매에 나오면서 은화가 원수가 관할하는 금고로 퇴장된 채로 있었기 때문이다. 이 사태에 대해서 원로원이 사전에 「채권자 각각이 대부 금액의 2/3를 이탈리아의 토지에 투자하도록」 [또한 「채무자는 채무액의 2/3를 즉시 변제하도록」] 결정했다. 하지만 채권자는 전액을 독촉하고 독촉받았던 자의 경우에 신용의 실추는 걸맞지 않는 것으로 생각되었다. 이렇게 해서 채무자는 우선 돈 마련에 동분서주하고 간절히 바란다. 다음으로 법무관의 법정이 대단히 혼잡했다. 그리고 구제책으로 선택된 토지의 매매도 반대의 결과를 낳는다. 왜냐하면 채권자들은 전액을 토지 구매를 위해 쌓아 두고 있었기 때문이다. 파는 자가 많다면 가격은 계속해서 하락하고 채무의 정도가 심한 만큼 매각하는 데 어려움이 따른다. 이리하여 많은 자들이 자산을 거두어들이게 된다. 재산의 파멸은 지위와 명성의 실추도 초래했다. 그런데 마침내 카이사르가 원조를 제공했다. 1억 세스테르티우스가 여러 은행에 할당되고, 3년간 무이자로 차입할 수 있게 되었다. 그 경우 빌려 쓰는 사람은 국고에 두 배의 액수에 상당하는 부동산을 담보로 잡힐 필요가 있었다. 이렇게 해서 신용이 회복된다. 게다가 서서히 개인에게 빌려주는 사람도 보이기 시작했다. 하지만 토지의 매입은 원로원 결의의 규정대로는 이루어지지 않았다. 대략 이렇게 되었지만 처음에는 엄격했어도 결국에는 방치 상태가 된다.

〔Tacitus, Annales VI, 16-17〕

21. 노예 공급원과 양육노예

고대 세계에서 유아 유기를 증언하는 사료는 일일이 열거할 수 없을 정도로 많다. 로마에서도 이미 공화정 초기의 12표법이 기형아의 버림에 대해 규정하고 있고, 후대의 기록들도 이 관습을 당연한 것으로 여기고 있다. 그뿐만 아니라 다양한 이유로 다수의 유기된 유아가 있었다고 추정된다. 이와 같은 유아 유기의 실례는 단지 기이한 풍습으로서 호사가의 관심을 불러일으켰던 것만은 아니다. 고대인의 인간관과 생명관에 관한 문제임과 동시에 인구 동태학적 역사 연구의 중요한 요인으로도 중요한 논점을 포함하고 있다.

[A]

(…) 〔그리스인들은〕 결혼하고 싶어 하지 않고, 결혼하더라도 자식을 기르고 싶어 하지 않는다. 기껏해야 보통 한 명 내지 두 명이다. 왜냐하면 자식들을 부유하게 하고 싶기 때문이고 (…)

〔Polybios, XXXVI, 17, 7〕

[B]

(…) 왜냐하면 가난한 사람들이 자식을 양육하지 않는 경우에, 그들은 적절한 정도보다 훨씬 더 열악한 교육밖에 시킬 수 없어서 자식이 비굴하게 거칠어지고 미덕이라고는 전혀 갖지 못할 것을 두려워하기 때문이다. 그들은 궁핍을 최대의 악으로 생각했으므로 마치 중증의 난치병처럼 자식이 그것에 걸리면 견디기 어려웠던 것이다.

〔Plutarchos, Moralia 497 e〕

[C]

율리우스 마라투스의 증언에 따르면 아우구스투스가 태어나기 수개월 전에 로마의 공공장소에서 기괴한 현상이 일어나고, 이것을 점쟁이는 「천지가 로마 국민을 위해 왕을 잉태하고 있다」라고 경고했다. 원로원은 공황상태에 빠지고, 「어느 누구도 이 해에 태어난 사내아이를 양육해서는 안된다」라고 결의한다. 하지만 자신의 아내가 임신 중이었던 원로원 의원들은 이 예언을 각각 제멋대로 자신의 가족에게 적용하고 앞의 의결을 미해결인 채 다음 상태로 넘기려고 공작했다고 한다.

〔Suetonius, Augustus 94〕

[D]

하지만 게르마니쿠스에 관한 평가는 임종 때와 사후에 분명히 매우 높아지고 확고해졌다. 그가 살아있을 때에는 신전에 돌이 던져지고 신들의 제단은 넘어뜨려진다. 몇몇 집들은 집의 수호신 라레스(Lares)상이 도로에 내던져지고 아내가 낳았던 갓난아이도 밖으로 내버려졌다.

〔Suetonius, Caligura 5〕

[E]

그녀가 결혼했던 남자의 아버지가 가끔 여행갈 때 아내에게, 다시 말하자면 남편의 어머니에게 그렇지 않아도 많은 자식을 안고 고생하고 있으면서, 만약 자신이 부재중에 여자 아이가 생긴다면 곧 바로 죽이도록 당부했다. 곧 그녀는 남편의 부재중에 여자 아이를 낳았지만 어머니로서의 자연스런 모정 때문에 남편의 명령에 복종하고 싶은 기분이 아니었다. 그래서 이웃에게 맡기고 그 아이를 키워서 받기로 했다. 그녀는 남편이 돌아왔을 때 태어난 여자 아이는 죽었다고 알렸다.

〔Apuleius, Metamorphosis X, 23〕

[F]

〔알렉산드리아에서 어떤 남편이 본국의 아내에게 쓴 편지〕

부디 자식을 소중히 다루어 주길 당신에게 바라오. 급여를 받으면 즉시 당신 앞으로 보내겠소. (아폴로나리온이?) 자식을 낳게 될 때 남자 아이면 그대로 두고 여자 아이면 버려 주시오.

〔Oxyrhynchus Papyri, 744〕

[G]

청과시장 안의 젖 기둥〔lactaria columna〕은 그곳에서 젖으로 길러진 유아를 데려왔기 때문에 그렇게 불리고 있다.

〔Festus, De Verborum Significatu〕

[H]

만약 이집트인이 마구간에 쌓인 거름에서 자식을 주워서 양자로 삼을 때는 사망 후에 1/4이 징수된다.

〔BGU*, V. § 41〕

[I]

자유민에게서 태어나서 버려지고 그 후에 어떤 사람이 주워서 노예로 양육했던 자에 대해서 귀하가 제시했던 문제는 여러 차례 다루어져 왔습니다.

〔Plinius Minor, Epistulae X, 66, 1〕

* BGU: Aegyptische Urkunden aus den Museen zu Berlin, Girecher Urkunden.

22. 빵과 서커스

「빵과 서커스」는 '로마의 평화' 시대에 민중 생활의 타락한 모습을 상징하는 말로 널리 알려져 있다. 공화정 말기 이래로 토지를 잃었던 무산 시민들이 대량으로 로마 시에 유입되고, 곡물을 무료로 지급받고 빈둥거리는 나날을 검투사 경기와 전차 경주에 제정신을 잃고 지냈다. 이런 식량, 오락 구경거리, 그리고 공공시설을 제공하는 인물은 부유한 시민, 원로원 귀족, 그리고 황제였다. 특히 제정기에는 황제의 시혜 행위가 중요했다. 이처럼 로마 사회 안에서 조성되었던 관행으로부터 이국적인 정서와 태평한 세상에 대한 경구를 이해하는 것도 가능하지만, 역사 연구의 소재로서는 그런 관심에만 고정되어서는 안 된다. 거기에는 민중의 일상생활에서 신분 질서와 행동 규범이라는 의식과 감성의 한 측면이 반영되고 있음을 알 수 있다.

[A]

그러므로 당신은 진수성찬과 국가의 곡물 지급에 농락된 민중이 공공에 대한 나쁜 짓에 오염되지 않도록 자신들의 일을 가지는 것을 배려하지 않으면 안 된다. (중략)

이전에는 무직(無職)에 대한 보상이었던 곡물을 자치시와 식민시에서 병역을 마치고 귀국했던 자들에게 지급하는 것도 공정할 것이다.

〔Sallustius, Oratio ad Caesarem VII, 2; VIII, 6〕

[B]

예전에 권력과 권위와 군사 등의 모든 것에 힘을 쏟고 있었던 시민들도 이제는 위축되어 단지 두 개의 것, 즉 빵과 서커스만 갈망하고 있다.

〔Juvenalis, 10, 78-81〕

[C]

〔트라야누스 황제라는〕 원수는 확실히 무대, 원형경주장, 투기장의 배우와 그 밖의 연기자들을 등한시하지 않았다. 왜냐하면 그는 로마의 민중이 특히 두 개의 일, 즉 곡물과 구경거리에 압도되었고, 통치란 고지식한 일과 마찬가지로 오락에 의해 인정되고, 고지식한 사태에 주의를 기울이지 않으면 더 중대한 손실을 초래하고 오락을 배려하지 않으면 엄청난 원한을 불러일으키고, 구경거리에 비하면 식량 증여는 그 정도로 열성적으로 요구되지 않기 때문이다. 그리고 식량 증여로는 단지 곡물을 배급받는 민중이 각각 개인별로 만족했던 것에 불과하지만 구경거리로는 민중이 무리지어 회유된다.

〔Fronto, Ad Verum, Principia Historiae 17〕

[D]

로마 시의 주민 명부를 거리마다 재조사하고 평민이 곡물 배급을 위해 빈번하게 일을 중지하고 출두할 필요가 없도록 1년에 세 번, 4개월분의 배급표를 주기로 결정했다. 그런데 예전의 관례를 희망했던 민중에게는 양보해서 매월 1개월분의 표를 받는 것을 재차 인정했다. (중략)

하지만 어떤 해의 경우에는 대흉작 때문에 궁핍을 구제하기 어려워서 팔려고 내놓았던 젊은 노예와 훈련교관을 포함한 검투사와 함께 모든 외국인-다만 의사와 교사를 제외하고-과 가사 노예의 일부를 로마에서 추방해서 겨우 곡물 가격이 안정될 때 아우구스투스는 다음과 같이 쓰고 있다.

「나는 곡물의 무료 배급이라는 공적인 제도를 영구적으로 폐지하고 싶은 충동을 느꼈다. 왜냐하면 이것에 의존해서 경작지가 방치되고 있기 때문이다. 하지만 이 충동을 지속할 수 없었다. 후에 민중의 호의를 얻기 위해 부활하는 것이 옳다고 확신하기 때문이다.」

그 후 아우구스투스는 시민과 마찬가지로 경작자와 곡물 수입업자의 상황도 고려하면서 이 제도를 적절히 운용했다.

〔Suetonius, Augustus 40; 42〕

[E]

검투사 시합을 때로는 타우루스 원형극장에서, 때로는 투표장에서 몇 번 개최했다. 투표장에서는 아프리카와 시리아 두 지역에서 엄선된 권투사(拳鬪士)의 대결도 포함되었다.

이런 구경거리를 칼리굴라가 항상 주재했던 것은 아니다. 가끔 정무관과 친구에게 주재하게 했다. 무대극도 끊임없이 계속되고 다양한 종류를 각지에서 개최했다. 때로는 도시 전체에 불을 켜고 야간에 상연도 했다.

극장 안에 여러 종류의 토산품을 뿌리고 부식물을 한데 섞었던 빵 바구니를 한 사람 한 사람에게 나누어 주었다.

이런 회식의 자리에서 로마 기사(騎士) 한 명이 칼리굴라의 바로 맞은편에서 남다른 왕성함으로 걸신들린 듯이 먹고 있었다. 칼리굴라는 자신의 몫을 보냈다. 그것만이 아니라 한 사람의 원로원 의원에게도 칼리굴라는 같은 이유로 그를 정원 외의 법무관으로 지명했다.

칼리굴라는 대경주장에서의 전차 경주도 아침부터 저녁까지 개최했다. 그 사이에 때로는 맹수 사냥을 때로는 모의 전쟁을 끼어 둔다. 또한 특별한 구경거리로 원로원 계급에 속한 사람이 전차를 몰 때만 경주장에 적색과 녹색의 모래를 전면에 깔았다.

칼리굴라가 갑자기 전차 경주에 출발 신호를 내린 경우도 있다. 그것은 겔로티우스상(像)에서 대경주장의 준비를 바라보고 있는 극히 소수의 사람들이 인근 마에니우스풍(風)의 생기 넘치는 발코니에서 졸라 댔기 때문이다.

〔Suetonius, Caligulra 18〕

23. 브리타니아의 보디카 반란

카이사르의 원정 이후 1세기가 경과해서 브리타니아의 항구적 지배에 착수했던 것은 클라우디우스 황제(41~54년 재위)였다. 로마 군단의 상주에도 불구하고 토착 부족민은 불온한 움직임을 보였다. 그 중에서도 네로 황제 치세에는 이케니족의 여왕 보디카가 반로마 독립 투쟁에 나선다(61년). 많은 로마인 거주지가 약탈 피해를 입었다. 여기에서 인용하고 있는 타키투스의 『연대기』 등을 소재로 해서 이 반란의 성격을 어떻게 파악하더라도 로마 도시 문명의 혜택이 토착 부족민에게 수용되는 과정은 아마 쉽지 않았을 것으로 이해된다.

XXXI

이케니족의 왕 프라스타구스는 오랜 호사스런 생활로 세상에 알려진 사람이다. 유언으로 딸 두 명과 함께 카이사르를 상속인으로 지정했다. 이처럼 겸허한 마음을 표현하면 자신의 왕국과 왕실이 모든 박해를 피할 수 있을 것으로 기대했던 것이다. 사실은 정반대였다. 왕국은 백인대장으로부터 그리고 왕실은 노예에게 마치 정복되기라도 한 것처럼 황폐해졌다. 그들은 제일 먼저 왕비 보디카를 채찍으로 때리고 딸들을 능욕했다. 뒤이어 왕국 전체를 선물로 받은 것처럼 이케니족의 모든 호족으로부터 조상대대로 내려온 땅을 몰수하고 왕의 외척을 노예로 취급했다.

토착민은 이 모욕을 보고 정식으로 속주로 편입되면 엎친 데 덮친 격으로 학대를 받을 것이라고 걱정하고 두려워하면서 마침내 무기를 든다. 이 봉기는 투리노반테스(?)족에게 모반하도록 부추겼다. 그뿐만 아니라 로마에 예속되는 것에 아직 굴하지 않고 은밀하게 연락하면서 자유의 탈환을 노리고 있던 다른 부족들까지 자극한다. 그들의 특히 로마의 노병(老兵)을 심하게 증오했다. 왜냐하면 이보다 얼마 전에 카무로두눔에 식민시를 개척하기 위해 노병을 데려왔을 때 토착민을 포로라든가 노예라고 부르면서 집에서 쫓아내서 밭을 빼앗았다. 노병의 폭압적인 행동은 그들과 평생토록 생활을 하고 비슷하게 제멋대로 날뛰고 싶어 했던 현역병에 의해 더욱더 부추겨졌다.

이것에 더해서 클라우디우스 황제에게 헌정된 신전은 영원한 폭정의 성처럼 보였다. 신전의 사제에게 뽑힌 토착민은 신성한 의식을 구실로 전 재산을 낭비하게 되었다. 하지만 식민시에는 아직 어떤 보루(堡壘)도 세우지 않았으므로 이것을 파괴하는 것은 그다지 곤란하다고는 생각되지 않았다. 우리 장군은 필요한 방비보다 쾌적한 설비를 중요하게 보고 있는 가운데 그 준비를 게을리했던 것이다.

XXXV

보디카는 자신의 앞에 딸들을 태워 수레를 몰고 야만족 한 사람 한 사람에게 다가가서 이렇게 호소한다. 「브리타니아인은 옛날부터 훌륭한 여성의 지휘하에 전쟁을 해 왔다. 하지만 이제는 위대한 왕가의 자손으로서 나의 왕가와 부를 위해 싸우는 것은 아니다. 국민의 한 사람으로서 빼앗긴 자유와 채찍질 당한 몸으로 능욕된 딸의 정절을 위해 복수하려는 것이다. 로마인의 정욕은 이제 우리의 몸은 말할 것도 없고 늙은 여자와 처녀까지도 한 사람도 남김없이 욕보이지 않을 수 없을 때까지 격심해졌다. 하지만 신들의 가호로 우리의 정의의 복수를 한다. 그 증거로는 과감하게 싸움을 걸었던 로마 군단병은 전멸했다. 생존자는 진영에 숨어 있든지 퇴각의 기회를 노리고 있든지, 둘 중 어느 쪽이다. 우리의 막대한 병사들의 소음과 함성에도 맞서 기력도 없을 것이다. 우리의 공격 무기에 대해서는 더더욱 그렇다. 만약 무장한 자의 수를 비교하고 전쟁의 원인을 고려하면, 이 싸움에 아무리 해도 승리하지 않으면 안 된다. 그렇지 않다면 죽어야 한다. 이것이 한 사람의 여자로서의 결심이다. 남자들은 살아남아서 노예가 될 것이다」

XXXVII

처음에 군단병은 자신의 위치에서 움직이지 않고 좁은 입구를 보루로 고수하고 있었다. 적이 더 가까이 공격해 들어와 투창을 확실하게 명중시키려고 던져서 다 써 버렸을 때, 쐐기 모양의 대형을 만들어 적을 돌파한다. 그것과 동시에 지원군도 돌격한다. 기병이 갑자기 창을 치켜들고 대담하게 덤벼드는 적을 한쪽 끝으로부터 쫓아 흩트렸다. 그 밖의 적은 등을 돌린다. 퇴각은 가장 어려웠다. 짐수레가 주위를 두르고 있고 도주로를 막고 있기 때문이다. 여자를 베어 죽이는데도 봐주기는 없었다. 가축에게마저 투창을 던져 시체 무더기가 점점 쌓였다. 이날 아주 옛날의 위대한 승리에 필적하는 빛나는 명예를 가져다주었다. 전하는 바에 의하면 살해된 브린타니아인은 8만을 하회하지 않았다고 한다. 그리고 우리 로마군의 손실은 약 400명, 부상병도 거의 동일한 숫자였다고 한다. 보디카는 독약을 단숨에 들이키고 죽었다.

〔Tacitus, Annales XIV, 31; 35; 37〕

24. 네로 치하의 기독교도 박해와 로마 시 대화재

네로 황제가 기독교도를 박해했던 최초의 황제라는 것은 후대의 교부작가(教父作家)들에 의해 전해지고 있다. 이 박해에 관한 동시대 사료로는 타키투스와 수에토니우스가 인용되지만, 기독교도 박해와 로마 시 대화재를 결부시켰던 기술이 보이는 것은 타키투스뿐이다. 무엇보다도 네로 황제 치세는 타키투스 자신의 유년기에 해당하기 때문에 그가 자신이 직접 체험했다기보다는 무언가 나중의 전언에 의거하면서 그 자신의 관점에서 수사적 효과를 겨냥했던 작위적인 측면이 더해졌던 것으로 보인다. 사본 텍스트에도 혼란이 보이고 다양하게 해석되고 있는 유명한 구절도 있다. 하지만 로마 제국과 신흥 기독교도와의 가장 이른 시기에 관한 것임을 고려할 때, 이 사료는 대단히 중요하다.

하지만 원수의 자비로운 원조도, 아낌없는 시혜도, 신들에게 봉헌했던 속죄의 의식도 불명예스러운 소문을 잠재울 수 없었다. 민중은 「대화재를 명령했다」라고 믿어 의심치 않았다. 그래서 네로는 이 소문을 덮으려고 대신할 피고를 만들어 의도적으로 벌을 가한다. 그것은 평소 꺼림칙한 행위로 세상 사람들로부터 미움 받으며 '크리스투스 신봉자'로 불리고 있던 사람들이다. 기독교도로 불리는 이름의 기원이 되었던 크리스투스라는 사람은 티베리우스 치세에 행정장관(procurator) 폰티우스 필라투스에게 처형되었다. 그 일이 있고 얼마 동안 유해하기 짝이 없는 이 미신도 일시적으로 진압되었다. 하지만 최근에 다시 이 재앙의 발생지인 유대에서뿐만 아니라 온 세계에서 역겨운 파렴치한 것이 유입되어 유행하고 이 도시(로마)에서조차도 창궐하고 있다.

그래서 먼저 신앙을 고백한 자가 심문받고 뒤이어서 그 자들의 정보에 입각해서 매우 많은 사람들이 방화죄보다는 오히려 인류를 적대시하는 죄와 결부되었다. 그들은 살해될 때 놀림감이 되었다. 즉 짐승의 가죽을 뒤집어쓰고 개에게 물려 갈기갈기 찢겨져 죽었다. 〔또는 십자가에 결박되어 또는 불에 태워져〕 그리고 날이 저물 때부터 밤의 등불 대신에 태워졌다. 네로는 이 구경거리를 위해 카이사르 가문의 정원을 제공하고 그 후에는 전차 경주를 개최하고, 그 사이에 전차 기수의 옷차림으로 대중들 사이를 걷거나 혼자서 전차를 몰기도 했다. 그래서 극형과 본보기로서의 처벌을 받아야 했던 죄수들에게조차도 동정심이 일어났다. 왜냐하면 그들이 희생되었던 것은 국가의 공익을 위해서가 아니라 네로 개인의 잔혹성을 충족시키기 위해서였다고 생각되었기 때문이다.

〔Tacitus, Annales XIV, 44〕

25. 폼페이의 도시 생활

서기 79년 8월 24일 베수비오 산의 대분화로 순식간에 화산 자갈과 화산재에 매몰된 고대 도시 폼페이. 18세기 중엽 우연한 기회에 이곳이 발견되고, 지금까지 약 80퍼센트가 발굴되었다. 극장, 신전, 욕장, 바실리카 등의 공공시설이 줄지어 늘어서고 포장도로와 수도(水道)도 정비되어 로마 도시의 생활문화를 충분히 개화시켰다. 로마의 부유한 계층의 휴양지로 번영을 누리고 호화로운 주택에 화려한 벽화와 조각 그리고 모자이크로 장식되어 있는 것으로 유명하다.

그리고 일반 민중의 생생한 삶의 모습을 전하고 있다는 점 역시 매우 중요하다. 왜냐하면 그곳에서는 주택과 상점의 벽에 다양한 낙서가 남아 있고, 그 낙서로 평범한 사람들의 삶의 목소리에 접할 수 있기 때문이다. 이런 낙서는 물감으로 칠해져 긁힌 것이다.

[A] 공직 선거 포스터

(1) 과일 장수는 일치해서 마르쿠스 보르코니우스 프리스쿠스를 재판권을 가진 2인 위원으로 헤르비우스 베스탈레스와 함께 추천한다.

(2) 금세공사는 일치해서 가이우스 쿠스비우스 판사를 조영위원으로 추천한다.

(3) 나는 여러분이 가이우스 율리우스 폴리비우스를 조영위원으로 선출하도록 요청한다. 그는 충분한 빵을 갖고 있다.

(4) 노새를 모는 자들은 가이우스 율리우스 폴리비우스를 2인 위원으로 추천한다.

(5) 이시스 여신 예배자 단체는 일치해서 그나에우스 헤르비우스 사비누스를 조영위원으로 추천한다.

(6) 프로크루스여, 사비누스를 조영위원으로 해 주십시오. 그러면 그는 당신을 위해 도움이 될 것입니다.

(7) 루키우스 스타티우스 레게푸투스를 재판권을 갖는 2인 위원으로 여러분이 선출하도록 그의 이웃들이 요청한다. 그는 어울리는 사람이다. 이웃 아이밀리우스 게레루가 이것을 쓴다. 적의를 품고 이것을 지워 없애는 자는 병이 날 것이다.

(8) 스타티아와 페트로니아는 마르쿠스 가세리우스와 루키우스 아르부키우스를 조영위원으로 여러분이 선출하도록 간절히 바란다. 이런 시민이 언제나 이곳에 있어야 합니다.

(9) 마르쿠스 에피디우스 사비누스를 재판권을 갖는 2인 위원으로 여러분이 선출하도록 요청한다. 그는 이곳의 수호자로 어울리고, 고결한 심판자인 수에디우스 클레멘스의 의견으로도 참사회의 동의로도 그의 공적과 독실함 때문에 이 자치체에 어울리는 사람이다. 이 사람을 뽑아 주십시오.

(10) 만약 수치심이 인간 세계에서 조금이라도 유익하다고 생각된다면, 이 점에서 루크레티우스 프론트야말로 공직에 충분히 어울린다.

(11) 정령숭배자는 부루티우스 바르부스를 2인 위원으로 추천한다. 이 사람은 금고를 지킬 것이다.

(12) 나는 여러분이 마르쿠스 겔리니우스 바티아를 조영위원으로 선출하도록 요청한다. 야간 음주족도 일치해서 그를 추천한다. 프로루스가 프루크투스와 함께 이것을 쓴다.

(13) 진흙 단체는 바티아를 조영위원으로 추천한다.

(14) 나는 여러분이 아울루스 베티우스 비루무스를 조영위원으로 선출하도록 요청한다. 그는 이 자치체에 어울린다. 구기 선수들이여, 나는 그의 선출을 요청한다.

(15) 오 벽이여! 너는 이토록 많은 낙서자의 어리석은 행동을 도왔으므로 무

너져 버리지 않을까.

〔CIL IV, 202; 710; 429; 113; 787; 635; 3775; 3294; 768, 6626, 3702; 581; 576; 1147; 1904〕

[B] 일상생활

(1) 카이사르 아우구스투스의 양아들 네로의 종신신관 데키무스 루크레티우스 사투리우스 발렌스에 의한 스무 개 조(組)의 검투사 싸움과 그의 자식 데키무스 루크레티우스 볼렌스에 의한 열 개 조의 검투사 싸움이 4월 8일, 9일, 10일, 11일, 12일에 폼페이에서 개최된다. 공인된 맹수사냥이 열리고 차양도 쳐져 있을 것이다. 아이밀리우스 게레루가 달빛에서 혼자 이것을 쓴다.

(2) 시장이 열리는 날—폼페이는 토요일, 누겔리아는 일요일, 아테라는 월요일, 노라는 화요일, 쿠마에는 수요일, 푸테올리는 목요일, 로마는 금요일

(3) 6일: 치즈 한 개[아무 것도 표시되지 않은 화폐 단위는 아스], 빵 8개, 올리브유 3통, 포도주 3병
7일: 빵 8개, 올리브유 5통, 양파 5개, 노예용 빵 2개, 포도주 2병
8일: 빵 5개, 노예용 빵 2개, 메귀리 셋
9일: 승리를 위한 포도주 1데나리우스, 빵 8개, 포도주 2병, 치즈 2개
10일: (…) 1데나리우스[1데나리우스 = 4세스테르티우스; 1세스테르티우스 = 4아스이다], 빵 2개, 여성을 위한〔빵〕 여덟 개, 밀 1데나리우스, 오이 1개, 대추야자열매 1개, 유향 하나, 치즈 2개, 소시지 하나, 부드러운 치즈 넷, 올리브유 일곱

(4) 포도주의 신 숭배자가 말하길「이 판매대에서는 1아스로 먹는다. 더 좋 은 거라면 2아스 지불하면, 발레루누스 주(酒)라면 4아스 지불하면 먹는다.」

(5) 청동 항아리가 가게에서 분실되고 있다. 만약 누군가 되찾아 주었다면 65세스테르티우스를 준다. 만약 도둑을 밝혀 현물을 손에 넣을 수 있다면, 20세스테르티우스를 준다.

(6) 직공(織工)인 수게수스는 가게 주인의 여자 노예인 이리스에게 반했다. 그녀는 그 남자에게 관심이 없다. 그럼에도 그 남자는 그녀에게 사랑을 바라고 있는 듯하다. 쓴 사람은 그 남자의 연적이지. 안녕.

(7) 너의 들뜬 얼굴과 교태 부리는 눈길을 타인의 아내에게 주지 마라! 그리고 조금은 부끄러움을 아는 표정을 해라!

(8) 사랑에 빠진 자여, 여기로 오라. 나는 베누스의 갈비를 막대기로 뚫고 여신의 허리를 휘청거리게 하고 싶다. 만약 그녀가 나의 사랑에 넘치는 마음을 푹 찌른다면, 나는 왜 그녀의 머리를 막대기로 부수지 못하는가.

(9) 내가 쓰는 것은 사랑의 신이 지시하는 것과 큐피드의 가르침이다. 그럼에도 네가 있지 않은 신이 되고 싶다면, 될 대로 대라!

(10) (매춘부의 지시) 나는 현금 2아스로 당신의 것이오.

〔CIL IV, 3884; 5380; 1679; 64; 1824; 1928; 5372. 다만 (2)와 (6) 그리고 (7)에 대해서는 H. Geist, Pompeianische Wandinschriften, Muenchen 1936, pp. 98; 58; 74〕

26. 로마인의 삶과 죽음에 대한 태도

현존하는 여러 묘비 중에는 비록 운율을 새긴 시의 형태를 취하고 있더라도 이 세상을 떠난 자의 생사관과 남게 된 자의 비애를 쓴 것도 적지 않다. 평화와 번영의 세상을 누렸던 로마인의 가슴에 임종 때는 어떤 생각이 오고 갔을까. 노고도 쾌락도 기쁨도 슬픔도 눈 깜박할 사이에 지나가 버린다는 것을 느끼면서, 허무함과 함께 인생의 평온함과 유머마저 남겨놓은 묘비도 있다.

[A]
길 가는 사람이여, 내가 말하는 것은 아주 적기 때문에 서서 끝까지 읽어 주십시오.
여기에 있는 것은 아름다운 여성의 거의 아름답지 않은 묘지입니다.
부모님이 그 이름을 클라우디아라고 지었습니다.
그녀는 아버지를 진심으로 사랑했습니다.
두 명의 자식을 낳았습니다. 그 중 한 명은
지상에 남아 있고, 이미 한 명은 지하에 잠들어 있습니다.
즐거운 이야기, 마음에 드는 발자취였습니다.
집안일을 잘 돌보고 양모를 자아냈습니다.
나는 이미 이야기했습니다. 가십시오.

〔CIL I 1007=B. 52〕

[B]
행복은 많은 사람들에게 많은 것을 약속해도
누구에게도 그것을 달성해 주지 않는다.

시시각각 사십시오.

왜냐하면 무엇도 자신의 뜻대로 되는 것은 없기 때문입니다.

〔CIL I 1010=B. 185〕

[C]

만약 미덕과 기개에 어울리는 재산을 내가 가지고 있다면

당신에게 훌륭한 묘비를 여기에 세울 텐데

이제 사자(死者)가 된다면 누구나 똑같은 일을 잘 알기 때문에,

그것으로 충분하다.

〔CIL VI 15225=B. 204〕

[D]

귀여운 여자 아이를 슬퍼하며 탄식하면 안 된다.

이 아이는 이 세상에 태어나지 않으면 안 되었으므로,

결국엔 아무리 해도 아름답게 되지 않는 소녀가

이 세상에 찾아와서, 즉시 되돌아오는 것이

자연이 정하는 것이고, 부모의 비탄이라면.

그녀는 반년하고 8일간 생존했다.

그것과 함께 장미가 화려하게 피고, 곧 지고 말았다.

〔B. 216〕

[E]

길가는 사람이여, 이 무덤에 소변을 보지 말라.

여기에 묻힌 인간의 뼈가 바라고 있습니다.

하지만 만약 당신이 고마운 사람이라면, 〔술을〕 섞어서 내게 마시게 해 주십시오.

〔CIL VI 2357=B. 838〕

27. 베스파시아누스의 황제권에 관한 법률

네로 황제의 죽음으로 율리우스 클라우디우스 가(家)의 뒤를 이어 4 명의 제위를 참칭하는 자들이 등장하는 내란의 시대를 맞이했다. 그러던 중에 베스파시아누스 황제(69~79년 재위)가 최종적으로 제국의 통일에 성공했다. 원수로서 그의 국제상의 권한을 청동판에 기록했던 법률이 로마에서 발견되었던 것은 이미 14세기 중엽으로 거슬러 올라간다.

이 기록에 의해 맨 앞의 결손 부분을 제외하면 원수의 최고 지휘권(imperium)의 내용이 대부분 지금까지 전해지고 있다. 베스파시아누스는 이전의 원수와는 혈통상 연속성을 수반하지 않은 황제의 취임이었으므로, 이전의 원수에게 통상적으로 갖춰져 있는 권능이 인정되고, 그 위에 종래의 법률의 구속을 받지 않는다는 점이 재확인되고 있다.

황제 아우구스투스, 티베리우스 율리우스 카이사르 아우구스투스 및 티베리우스 클라우디우스 카이사르 아우구스투스 게르마니쿠스에 대해 인정되었던 것과 마찬가지로 원하는 바의 사람과 동맹관계를 체결하는 것이 인정되어야 한다는 것이다.

또한 황제 아우구스투스, 티베리우스 율리우스 카이사르 아우구스투스 및 티베리우스 클라우디우스 카이사르 아우구스투스 게르마니쿠스에 대해 인정되었던 것과 마찬가지로 베스파시아누스에게는 원로원을 소집하고, 의안을 자신 또는 위임을 통해 제출하고, 보고와 체결로 원로원 결의를 행하는 것이 인정되어야 한다.

또한 공직, 직권, 최고 지휘권 또는 고급 공무를 위한 후보자로서 원로원 및 로마 국민에게 황제가 추천했던 자에게는 또는 황제가 지지할 거라고 약속받은 자에게는 민회에서 각별히 배려해야 한다.

또한 티베리우스 클라우디우스 카이사르 아우구스투스 게르마니쿠스에게 인정되었던 것과 마찬가지로 로마 시 성역(聖域)의 전진과 확장은 국가의 공익이 된다고 판단하는 경우에 황제에 대해 인정되어야 한다.

또한 황제 아우구스투스, 티베리우스 율리우스 카이사르 아우구스투스 및 티베리우스 클라우디우스 카이사르 아우구스투스 게르마니쿠스에게 있는 것과 마찬가지로 국가에게 유익하고 동시에 성과 속 그리고 공적 및 사적인 일의 존엄에 상응한다고 판단된다면, 그런 어떤 것을 실시하는 권능과 직권이 황제에게 인정되어야 한다.

또한 황제 아우구스투스, 티베리우스 율리우스 카이사르 아우구스투스 및 티베리우스 클라우디우스 카이사르 아우구스투스 게르마니쿠스가 구속되지 않는다고 규정된 법률 및 평민회 결의에 대해서 최고사령관 카이사르 베스파시아누스는 이런 법률 및 평민회 결의에 의해 제약받아야 되는 것은 아니다. 또한 어느 법과 제안에 따라 황제 아우구스투스, 티베리우스 율리우스 카이사르 아우구스투스 및 티베리우스 클라우디우스 카이사르 아우구스투스 게르마니쿠스가 실행하지 않으면 안 되었던 것에 대해서는 모든 것을 실행하는 것이 최고사령관 카이사르 베스파시아누스 아우구스투스에게 인정되어야 한다.

또한 이 법의 제안 이전에 최고사령관 카이사르 베스파시아누스 아우구스투스에 의해 또는 그의 지도와 위임에 근거해서 누군가에 의해 행해졌던 처분, 약정, 재결(裁決), 명령은 국민 또는 평민의 승인으로 실현되는 것과 마찬가지로 정당하게 하고 동시에 유효하다고 해야 한다.

제재(制裁)

만약 누군가가 이 법에 따라서 법률, 의안, 평민회 결의 또는 원로원 결의에 반(反)해서 집행했든지 집행한다면, 혹은 만약 누군가가 법률, 의안, 평민회 결의 또는 원로원 결의에 따라 집행해야 하는 것을 이 법에 기초해서 집행하지 않는다면, 그 자에게는 위해가 가해져서는 안 된다. 또한 이것을 위해 국민에게 무언가를 줄 필요도 없다. 또한 그 자에 대해서 이것에 대한 소송과 재판이 행해져서는 안 된다. 더욱이 이것에 관해서 그 자에 대한 소송을 허가해서는 안 된다.

〔CIL* VI, 936(=ILS 244)〕

28. 속주 말라가의 자치도시 헌장

로마 제국의 성립이란 다른 면에서 보면 속주의 각지에서 도시화가 진전되는 것을 뜻한다. 이런 도시 중에는 자치행정이 인정된 자치시(municipium)와 특권적 지위에 있는 식민시(colonia) 등이 있고, 점차 그 수는 계속 증가했다. 이런 도시에서는 로마의 전통적 도시행정제도가 갖춰지고, 사정에 따라 조정되었다. 1851년 스페인의 말라가에서 발견된 도시헌장의 일부분은 베스파시아누스 황제의 치세에 스페인의 도시들에 부여된 자치행정의 결정 내용을 전하고 있다.

후보자의 지명에 대해서

[51조] 만약 입후보 신청을 해야만 하는 날까지 누구의 이름으로도 신청

* CIL: Corpus Insciptionum Latinarum

하지 않거나 정원 이하의 소수자의 이름으로밖에 신청하지 않으면, 또는 만약 그 이름으로 신청된 사람 중에 선거를 위해 이 법에 의해 유자격자로 간주되어야 할 사람이 정원 이하의 소수자라면, 선거를 주최하는 사람은 이 법에 의해 공직 요구가 인정될 수 있는 사람의 이름을 이 법에 의한 정원 숫자에 부족한 사람의 숫자가 보충될 정도만 지면에서 분명하게 읽을 수 있는 장소에 공시해야 한다. 이렇게 해서 공시된 사람은 자신이 원한다면 주최자 앞에 나와서 각각이 동일한 조건을 가진 사람을 한 사람만 지명해야 한다. 그 면전에서 이루어진 지명된 사람은 이런 사람 모두의 이름을 지면에서 분명하게 읽을 수 있는 장소에 공시해야 한다. 또한 그는 그 사람 자신에 의해 이 법에 따라 소정의 기일까지 공직을 구하는 신청을 하도록 또는 그 사람이 자진해서 그 공직을 구하고 이 제시를 철회하지 않도록 모든 사람에 대해서 동일하게 선거를 개최해야 한다.

투표에 대해서

[55조] 이 법에 따라서 선거 민회를 주최하는 사람은 시민을 쿠리아[민회에서 주민을 구성하는 단위로 로마 시의 켄트리아에 해당한다] 때마다 투표하도록 소집하지 않으면 안 된다. 한 번의 소집으로 모든 쿠리아를 투표에 호출하고 쿠리아 각각이 다른 울타리 안에서 이름을 적어 놓은 판으로 투표하도록 해야 한다. 마찬가지로 각각의 쿠리아 투표함에는 이 도시의 시민 중에서 그 쿠리아에 소속되지 않은 사람이 세 명씩 투표를 지켜보며 세도록 주의를 기울여야 한다. 또한 이것을 완수하기 전에 그들 중 누구라도 신의에 입각해 투표수를 계산해서 보고하도록 선서하게 해야 한다. 게다가 주최자는 공직을 구하는 사람이 각각의 투표함에 감시자를 두는 것을 금지해야 하는 것은 아니다. 이 감시자는 선거 민회를 주최하는

사람에 의해 임명된 자뿐만 아니라 마찬가지로 공직을 구하는 사람에 의해 임명된 자도 각자 감시자로 임명된 쿠리아에서 각각 투표해야 한다. 그들의 투표는 각자가 각각의 쿠리아에서 투표했던 것과 아주 똑같이 합법적이고 유효하다.

후보자의 선출에 대해서

[61조] 누구라도 도시참사회 대다수의 결의가 아니고는 플라비우스 자치시[플라비우스 가의 베스파시아누스 황제에 의해 라틴 시민권을 갖는 자치시가 되었다] 말라가의 시민을 위해 보호자를 공식적으로 선출해서는 안 된다. 어떤 사람에게도 보호자의 자격을 수여해서는 안 된다. 이 경우 적어도 2/3 이상이 출석해 선서자들이 투표로 가결했을 때 결의된다. 이에 반해서 보호자를 플라비우스 자치시 말라가의 시민을 위해 공식적으로 선출하든가 또는 보호자의 자격을 수여했다면, 그 사람에게는 플라비우스 자치시 말라가 시민의 공익을 위해 1만 세스테르티우스를 지불해야 한다. 또한 이 법에 반해서 보호자로 선출된 사람 또는 보호자의 자격이 수여된 사람은 이미 이런 이유로 플라비우스 자치시 말라가 시민의 보호자가 되어서는 안 된다.

재건의 전망이 없는 건물은 파괴 문제

[62조] 만약 누구라도 플라비우스 자치시 말라가의 시가지 및 그 시가지에 인접한 주택지에서 다음 해까지 재건을 하지 않는 경우라면, 도시참사회 또는 평의원회가 그들 대다수의 출석으로 의결한 경우를 제외하고 어떤 건물에 대해서도 덮개를 해체하거나 파괴하거나 철거를 고려해서는 안 된다. 이를 위반하는 자는 그 부동산의 가치와 동일한 금액을 플라비우스

자치시 말라가의 시민에게 지불해야 한다. 이 금전에 대해서는 이 자치시의 시민이면서 이 법에 따라서 그와 같이 인정되는 사람이라면, 원한다면 누구라도 소송하고 청구하고 추가 청구해도 좋다.

〔CIL II, 1964(=ILS, 6089)〕

29. 로마의 성과 가족의 모습

풍자시인 유베날리스(60~130년 무렵)와 서한집을 남긴 관리 소(小)플리니우스(61~113년 무렵)는 동시대인이자 동세대인이다. 일반적으로 말하면 풍자시가 현실을 약간 과장하고 왜곡하는 표현이 많은 것에 비해 ,한 개인의 서한은 자신의 주위 세계를 미화하는 경향이 있다. 이들에게서 묘사된 세계는 한편에선 농익어서 퇴폐한 세상이고, 다른 한편에선 깨끗하고 올바른 미풍양속의 세상이다. 이런 두 개의 상반된 세상은 어느 시대에나 그러하듯이 다양한 종류의 인간이 있었다고 하면 해결되는 일일까? 성을 향락하는 사람도 있지만 가족 내의 화목한 관계를 소중히 여기는 사람도 있다. 로마 사회에서 성과 가족의 문제는 굳이 미셸 푸코를 인용하지 않더라도 독자의 판단력을 필요로 한다.

[A] 유베날리스의 풍자시에서 고발된 여성

아내가 누운 침대는 언제나 말다툼이 난무한다. 거기에서 푹 잠든다는 것은 좀처럼 있을 수 없다. 그녀는 남편을 참기 힘들다고 괴롭히고 자기 새끼를 잃었던 어미 호랑이보다 더 무자비하다. 왜냐하면 그녀는 자신의 비밀스런 잘못들을 의식하고 있기 때문에 슬픔에 울어서 눈물에 젖은 척하고 남편의 동성애 상대인 아이들을 욕하고 남편이 애인을 만들었다고 말하면서 울부짖는다. 그녀의 눈물은 끊임없이 쏟아질 뿐만 아니라 언제나 상응한 장면에서 준비되어 있어서 흘리고자 한다면 어떤 방법으로도 눈물을 기다린다. 바보 같은 사람아, 너는 그때 그것을 사랑의 눈물이라고 믿고 기뻐서 어쩔 줄 모르고 그 눈물을 입맞춤으로 닦아 낸다. 만약 이 질투 많은 간통한 여자의 탁자가 열린다면 어떤 메모를 그리고 어떤 많은 연애편지를 발견하게 될까! 하지만 그녀가 노예나 기사의 팔에 안겨 누워 있는 것을 보았다고 해 보게. 그녀는 이렇게 말하겠지. 「퀸틸리우스[수사학자로서 명성이 높았던 퀸틸리우스를 빗대어 빈정거리고 있다]여, 말해 주세요, 말해 주세요, 무언가 변명거리를.」 간통한 남자 퀸틸리아누스는 이렇게 답한다. 「나는 빠지겠다. 당신이 직접 말하시오.」 그래서 그녀는 남편을 향해 이렇게 말한다. 「우리는 전에 동의하지 않았나요. 당신은 당신이 원하는 대로 하고 나도 내가 원하는 대로 하겠다고. 당신이 울부짖으면서 하늘과 바다를 뒤집으려고 해도 상관없어요. 하지만 전 결국 인간이에요.」현장에서 붙잡혔던 여자들만큼 뻔뻔한 사람은 없다. 그녀들은 자신들의 죄가 발각되었으므로 오히려 화를 내고 오만해진다.

〔Juvenalis 6, 268-285〕

[B] 小플리니우스의 부부애

당신은 가족에 대한 애정의 모범입니다. 그리고 당신이 뛰어나고 당신에게 헌신적이었던 형제의 애정에 화답했을 때, 또한 당신은 형제의 딸(칼푸르니아)을 마치 자신의 딸처럼 사랑하고 그녀에게 숙모의 애정뿐만 아니라 돌아가신 아버지의 애정을 보여 주었습니다. 따라서 그녀가 아버지에게

값어치 있는 딸이었음을 입증하고 당신을 부끄러워하지 않고 조부의 이름을 깎아내리지 않는 여성으로 성장했다는 것을 알게 된다면, 나는 당신의 기쁨이 얼마만큼 클지 의심하지 않습니다. 그녀는 날카로운 위트의 소유자이고 더할 나위 없이 절약하는 사람입니다. 나를 향한 그녀의 애정은 정숙함의 증거입니다. 더욱이 그녀는 나를 사랑하기 때문에 열심히 문학을 공부합니다. 그녀는 나의 작품을 모아서 반복해서 읽고 암기조차 합니다. 내가 가까운 법정에서 변론을 한다는 것을 안다면, 그녀는 매우 걱정합니다. 나의 변론이 끝나면 그녀는 매우 기뻐합니다. 그녀는 사람들을 배치해서 내가 어떤 환영을 받고 어떤 박수갈채를 불러일으켰는가를, 그리고 어떤 판결을 거두었는가를 그들이 그녀에게 알리도록 합니다. 내가 낭독회를 개최하려고 할 때에는 근처 커튼에 숨고 청중에게서 떨어져 앉아 그들이 나를 칭찬할 때까지 귀를 세워 들으려고 합니다. 그뿐만 아니라 그녀는 내가 지은 시에 곡을 붙여 부르고 그것을 키타라로 반주하기조차 합니다. 그것도 어떤 음악가에게 배운 것이 아니고 사랑의 힘에 의한 것입니다. 사랑이야말로 최고의 교사입니다. 이렇기 때문에 나는 이제 절대적으로 확실한 희망을 갖기에 이르렀습니다. 우리의 행복은 영원할 것이고 매일매일 커 나갈 것이라고 말입니다. 왜냐하면 그녀는 나의 나이라든가 육체–그런 것들은 적어도 쇠퇴해서 노화되어 갑니다–를 사랑하는 것이 아니라 나의 명예를 사랑하기 때문입니다. 그녀는 당신에 의해 육성되고 당신의 지도로 교육되고, 당신의 가정에서 순결한 것과 명예로운 것 말고는 보지 않았을 겁니다. 그리고 마지막으로 그녀는 당신의 권고로 나를 사랑하는 것을 배웠습니다. 이것 이외의 것에는 어울리지 않습니다. 실제로 당신은 나의 어머니를 자신의 어머니처럼 존경해 왔으므로 나를 소년 시절부터 쭉 교육하고 칭찬해 격려해 주고, 또한 항상 내가 이제 나의 아내에게 기대될 수 있는 사람이 된다고 예언하셨습니다. 따라서 우리 두 사람은 당신에게 진심으로 감사드립니다. 나는 당신이 그녀를 내게 주었기 때문에 그리고 그녀는 당신이 나를 그녀에게 주었기 때문에 감사드립니다. 당신은 우리 두 사람을 많은 사람들 중에서 선택되었던 것처럼 결합시켜 주었습니다. 안녕.

〔Plinius Minor, Epistulae IV, 19〕

30. 알리멘타 제도–소년 소녀를 위한 부양 기금

'로마의 평화' 시대에는 빈곤한 소년 소녀들의 부양을 위해 기금을 설정하고, 거기에서 수익을 지급하는 이른바 알리멘타 제도가 발전했다. 이것은 공적 기금과 사적 기금으로 구별할 수 있다. 황제에 의한 기금 설정은 트라야누스 황제에 의해 대규모로 정비되었다. 로마 시에서는 황제 금고에서 직접 지출해서 거의 5,000명에 가까운 소년이 부양을 받았다. 로마 시 이외의 도시에서 알리멘타 제도의 실태에 대해서 가장 상세한 내용을 전하고 있는 것은 벨레이아의 알리멘타 비문이다. 공적 기금 설정에 관한 사료는 대부분 이탈리아에서 유래한다. 사적 알리멘타 제도는 속주에서도 발전했다. 여기에서는 공적 및 사적 기금의 각각의 실례를 인용하고 있다.

[A] 벨레이아(?)의 알리멘타 제도(109~112년)

총액 1,044,000세스테르티우스(HS)에 달하는 부동산 채무 관계[토지를 담보로 했던 자금대부에서 이자지불 의무로 보인다], 이것에 의해 궁극의 최선자로 원수이자 최고사령관인 카이사르 네르바 트라야누스 아우구스투스 게르마니쿠스 다키쿠스의 관대함으로 소년 소녀들이 부양비를 다음과 같이 받도록 한다.

본처 소생 남자	1인당 월 지급액	16세스테르티우스*
	소계(연 지급액)	47,040세스테르티우스
본처 소생 여자	1인당 월 지급액	12세스테르티우스
	소계(연 지급액)	4896세스테르티우스
첩의 소생 남자 1명	소계(연 지급액)	144세스테르티우스
첩의 소생 여자 1명	소계(연 지급액)	120세스테르티우스

이 총계는 52,200세스테르티우스(HS), 이것은 위에서 기록한 원금의 5퍼센트의 이자율에 해당된다.

가이우스 보르무니우스 메모르아 보르무니아 아르게는 그들의 해방노예 보르무니우스 디아두메누스를 통해서 퀸티아쿠스와 아부레리아누스의 농지와 수풀이 있는 무레타스의 구릉을 등록했다. 이 구역은 발레이아 영내(領內)인 아무비트레비우스에 있고 마르쿠스 모무메이우스 페르시쿠스의 영지, 사트리우스 세베루스의 영지, 그리고 공공도로에 인접해 있다. 평가액 108,000세스테르티우스. 그는 8,692세스테르티우스를 받고 위에서 기록한 영지를 담보로 설정해야 한다. (이하 생략)

(102년 이전부터의 채무 관계)

마찬가지로 코르넬리우스 갈리카누스에 의해 처리된 부동산 채무 관계는 총액 72,000세스테르티우스에 달한다. 이것에 의해 궁극의 최선자인 원수이자 최고사령관인 카이사르 네르바 트라야누스 아우구스투스

* 세스테르티우스: HS. 로마의 기본 주화. 4HS=1 denarius

게르마니쿠스의 관대함으로 소년 소녀들이 다음과 같이 부양비를 받도록 한다. 본처 소생 남자 18명은 1인당 월 지급액이 16세스테르티우스로 합계(연 지급액) 3,456 세스테르티우스가 된다. 본처 소생 여자는 (월 지급액) 12 세스테르티우스이다. 둘의 총계는 3,600세스테르티우스가 되고 위에서 기록한 총계에 대해 5퍼센트의 이자율에 상당한다. (이하 생략)

〔CIL XI, 1147(=ILS 6675)〕

[B] 타라키나(?)의 알리멘타 제도(2세기)

가이우스의 딸 카엘리아 마크리나는 유언에 따라 30만 세스테르티우스로 이 기념비가 건립되도록 명령했다. 장식과 유지를 위해 (…) 세스테르티우스를 남겼다. 또한 마찬가지로 그녀의 자식 마케르를 기억하도록 타라키나 사람들에게 100만 세스테르티우스를 남겼다. 이것은 그 금액의 이자 수익으로 100명의 소년(과 100명의 소녀)에게 부양을 목적으로 매월 거주 소년 1인당 5데나리우스, 매월 거주 소녀 1인당 4데나리우스를 소년은 16세까지 소녀는 14세까지 비용을 주기 위한 것이다. 이와 같이 100명의 소년과 100명의 소녀가 잇따라 항상 수취해야 한다.

〔CIL X, 6328(=ILS 6278)〕

31. 플리니우스와 트라야누스 황제가 주고받은 편지-속주 행정

소플리니우스는 기원후 61년 무렵에 북이탈리아의 코모에서 태어나서 백부(伯父)인 대플리니우스의 양자가 되어 견실하게 경력을 쌓았다. 재무관, 호민관, 법무관, 집정관 등을 역임하고, 110년 무렵에는 소아시아에 있는 비티니아와 폰투스의 속주총독에 취임했다. 그는 속주총독으로 근무하는 사이에 통치상의 문제점을 트라야누스 황제에게 자주 문의했다. 이 문의에 대해 황제의 답신이 전달되는 형태로 속주 행정의 귀중한 흔적이 남아 있다. 이렇게 주고받은 편지는 소플리니우스의 『서한집』제10권에 수록되어 있다. 로마 제국의 속주 행정을 아는 데 매우 중요한 사료이다. 여기에서는 그것들 중에서 3개의 실례를 인용한다.

[A] 플리니우스가 트라야누스 황제에게

폐하, 기한이 만료된 여권[공용 서한의 휴대자 및 우편용 역전마차를 이용하면서 여행하는 관리를 위해 인정된 것]에 대해서 일반적으로 유효하다고 간주되는지 아니면 유효하다면 어느 정도의 기간이어야 한다고 생각하십니까? 나는 당신의 답장을 받고 의심에서 벗어나고 싶습니다. 왜냐하면 나는 어느 면에 있어서나 무지로 인해 위법을 승인하고 말았는지 아니면 당연한 것을 방해하고 말았던 것은 아닌지 두렵기 때문입니다.

트라야누스 황제의 답신

기한이 만료했던 여권은 사용되어서는 안 됩니다. 그러므로 무엇보다도 나에게 깨뜨릴 수 없는 원칙은 모든 속주에 대해서 요청이 있기 전에 새로운 여권을 송부하는 것입니다.

[B] 플리니우스가 트라야누스 황제에게

아미수스 시민의 자유 동맹시는 당신의 은혜로운 깊은 정으로 그런 고유의 법을 누리고 있습니다. 그래서 나에게 공제조합에 관한 청원서가 제출되었지만 그것을 이 편지에 첨부해서 보내고자 합니다. 폐하, 당신의 재결로 무엇이 어느 정도 인정되어야 하고 또는 금지되어야 합니까.

트라야누스 황제의 답신

만약 귀하의 편지에 청원서가 첨부되어 있는 아미수스 시민에게 동맹관계의 특권에 기초해 그들이 누리는 고유의 법에 따라서 공제조합을 결성하는 것이 인정된다면, 우리는 그것을 막을 수 없다. 만약 그러한 출자금이 폭동과 비합법적 집회를 위해서가 아니라 빈곤한 자들을 곤궁에서 구제하기 위해 이용된다면, 더더욱 막을 수 없다. 하지만 우리의 법에 종속된 다른 도시에 대해서는 이런 종류의 모든 집회를 금지할 것이다.

[C] 플리니우스가 트라야누스 황제에게

폐하, 비티니아인 및 폰투스인이 누리고 있는 폼페이우스 법은 감찰관에 의해 도시참사회에 등록된 사람이 돈을 내도록 명령하는 것은 아닙니다. 하지만 당신의 온정으로 어떤 도시에서는 법정 수(法定 數) 이상의 사람이 추가 등록을 승인받았습니다. 하지만 이 사람들은 1000데나리우스 또는 2000데나리우스를 납입하고 있습니다. 그래서 총독 아니키우스 막시무스는 감독관에 의해 등록된 사람들에게조차 아주 약간의 도시에서는 각각의 사정에 따른 액수를 납입하도록 명령했습니다. 그러므로 모든 도시에서는 이제부터 도시참사회원으로 등록된 사람들은 누구나 입회금으로 어느 정도 일정액을 내지 않으면 안 되는지 폐하의 판단을 기다리고 있습니다. 왜냐하면 항구적으로 불변인 것은 그 말과 행동이 영원히 지속되어야 폐하에 의해 결정된 것이 어울리기 때문입니다.

트라야누스 황제의 답신

나는 비티니아 각각의 도시에서 도시참사회원에 선출된 사람 모두가 참사회원직 출연금을 납입해야 하는지에 대해 보편적 원칙으로 결정할 수 없다. 그러므로 나는 평상시와 같이 가장 안전한 것은 각각 도시의 법이 준수되어야 한다고 생각한다. 하지만 오히려 요청에 의해 도시참사회원에 선출된 사람은 출연금 지불에 대해서 다른 사람보다 우대해도 좋다고 판단한다.

〔Plinius Minor, Epistulae, X.112–113〕

32. 플리니우스와 트라야누스 황제가 주고받은 편지

–기독교 문제

기독교 박해 문제와 관련하여 플리니우스와 트라야누스가 주고받은 편지를 살펴본다. 3세기까지만 해도 로마 제국 정부는 그리스도교를 박해하지 않았다. 플리니우스 같은 지방 행정관은 이 새로운 종파–그들은 이 새로운 종파가 터무니없기는 하지만 특별히 위험하지는 않다고 생각했다–를 적법 절차에 따라 처리하고자 했다. 그러나 플리니우스도 트라야누스 황제도 로마 정부가 그리스도교를 적극적으로 찾아내 처벌하기를 바라지는 않았다.

서한 97: 플리니우스가 트라야누스에게

폐하, 저는 의심스러운 모든 일을 폐하에게 문의하는 것을 신성한 규칙으로 삼고 있습니다. 저의 우유부단함을 씻어 내고 무지를 깨우쳐 줄 분이 폐하 말고 달리 누가 있겠습니까? 그리스도교 신앙을 고백하는 자들의 재판에 참석해 본 적이 없기에 저는 그들 범죄의 성격이나 그들에 대한 처벌 수위뿐만 아니라 그들에 대한 조사를 얼마나 깊이 파고들어야 하는지에 대해서도 아는 바가 없습니다. (…)

그리스도교라고 고발되어 제 앞에 불려 온 사람들을 관찰하는 방법은 다음과 같습니다. 저는 그들에게 그리스도교인지 여부를 물었습니다. 그들이 그렇다고 자백하면 저는 같은 질문을 반복하면서 동시에 위협을 가했습니다. 그래도 그들이 같은 자백을 하면 저는 즉각 그들에 대한 처벌을 명했습니다. 그들의 견해가 무엇이든 간에 반항적이고 완고한 고집은 교정되어 마땅하는 것이 저의 믿음이기 때문입니다. (…)

그러나 이 범죄는 〔항상 그렇듯이〕 박해를 받는 동안에도 확산되었습니다. 같은 성격의 사건이 여럿 발생한 것입니다. 한 번은 제게 익명의 제보가 들어왔습니다. 심문 과정에서 그리스도교임을 거부하거나 거부한 적이 있는 수많은 사람들에 대한 고발이었습니다. 그들은 저를 따라 신들에 대한 기도를 반복했고, 술과 유향으로 폐하의 조각상[이런 목적을 위해 다른 신상들과 함께 가져다 놓도록 제가 명령을 내렸습니다] 앞에서 종교의식을 바쳤습니다. 그들은 그리스도의 이름을 욕하기도 했습니다. (…) 그러므로 저는 그들을 방면하는 것이 타당하다고 생각했습니다. (…)

저는 (…) 종교 활동을 주관하는 두 명이 여자 노예를 고문해[그리스도교 의식과 신앙에 대한] 실체적 진실을 캐낼 필요가 있다고 판단했습니다. 그러나 저는 우스꽝스럽고 터무니없는 미신밖에는 발견할 수 없었습니다. 그러므로 저는 이 문제와 관련된 모든 절차를 중단하는 편이 낫다고 생각했습니다. 먼저 폐하의 고견을 듣기 위해서입니다. (…) 이 전염성 강한 미신은 도시에만 국한되지 않고 시골 마을에서도 영향력이 확산되고 있습니다. 하지만 이 악폐를 치유하고 확산을 저지하는 것은 아직은 가능해 보입니다. 한때 거의 버려지다시피 했던 신전들을 사람들이 다시 찾기 시작했습니다. 신성한 제전들은 오랫동안 중단되었다가 다시 시작되었습니다. (…) 뉘우치는 자들에게 용서를 베풀 경우 이 그릇된 종교에서 돌이켜 마음을 고쳐먹는 사람들의 수가 얼마나 될 것인지는 쉽사리 상상할 수 있습니다.

서한 98: 트라야누스가 플리니우스에게

친애하는 플리니우스여, 귀하에게 소환된 그리스도교에 대한 귀하의 조치는 대단히 적절했다. 이런 성격을 지닌 모든 사건에 대해 획일적인 계획을 수립한다는 것은 불가능하다. 그리스도교를 찾아내려고 애쓰지 말라. 그러나 그들이 귀하에게 소환되어 유죄가 입증된다면 그들은 단죄되어야만 한다. 하지만 여기에는 단서가 따른다. 당사자가 그리스도교임을 부인하고 우리의 신들에 대한 기도를 올림으로써 그가 그리스도교가 아님을 입증할 경우[설령 그가 전에 그럴 만한 의심을 샀더라고] 그가 잘못을 뉘우치기만 하면 용서하도록 하라. 익명의 밀고는 어떤 형태의 기소 절차에서도 받아들여져서는 안 된다. 그것은 매우 위험한 선례를 세우는 결과가 되며, 짐의 통치가 표방하는 형평성에도 결코 부합하지 않는다.

〔Plinius Minor, Epistulae, 97–98〕

33. 하드리아누스 황제의 속주 시찰 여행

하드리아누스 황제(117년~138년 재위)가 속주 각지를 거의 구석구석까지 순회했다는 것은 일찍부터 유명하다. 치세 20년 중에 실제로 12년을 속주의 시찰 여행에 썼다. 하지만 그것에 관한 사료는 극히 없고 4세기의 Historia Augusta(『황제열전』) 중에서 「하드리아누스 전(傳)」에 약간만 기술이 발견되는 것에 불과하다. 제1차 여행(121~125년)에서 갈리아, 게르마니아, 브리타니아, 히스파니아, 시리아, 소아시아, 그리스 본토, 시칠리아를 순방하고, 제2차 여행(128~134년)에서는 북아프리카, 킬리시아, 소아시아, 시리아, 팔레스티나, 이집트를 시찰한다. 확실히 그는 '로마 세계를 순회'(orbem Romanum circumiit)했던 것이다. 이 시찰 여행도 세부적으로는 분명하지 않은 점이 매우 많다. 연대기상의 재구성도 가설과 상상의 범위를 벗어나지 않는 것이 적지 않다. 여기에서는 그리스를 각별히 사랑했던 하드리아누스 황제의 여행의 족적과 이집트 여행 중의 불행한 사건, 그리고 글재주도 많았던 황제의 일면이 담겨있다.

이후에 〔하드리아누스 황제는〕 소아시아와 도서 지역을 순회하고 아카이아〔그리스〕에 도달한다. 헤라클레스와 필립포스 왕의 사례를 모방해서 엘레우시스 비의에 참여하고, 아테네인들에게 많은 은혜를 베풀어 경기대회를 주재했다. 확실히 아카이아에서는 신성한 희생제에 많은 사람들이 관례적으로 주머니칼을 휴대했다. 하지만 하드리아누스 황제가 있는 경우에는 누구도 무기를 휴대한 채로 참가할 수는 없었다고 전해지고 있다. 그 후 시칠리아로 건너와서 에트나 산을 등정하고 형형색색의 무지개처럼 빛나는 일출을 보았다. 그다음 로마로 돌아와서 다시 〔3년 후〕 로마에서 아프리카로 건너가 그 곳 속주에 많은 은혜를 베풀었다. 거의 어떤 원수도 예전에 이처럼 많은 지역을 신속하게 순회한 적은 없었다.

게다가 아프리카 이후 〔하드리아누스 황제는〕 로마에 되돌아왔지만 곧 동방으로 출발했다. 도중에 아테네에 도달해서 그가 이미 아테네인의 도시 중에서 착공했던 공공 건축물, 예를 들어 유피테르 올림피우스 신전과 자신을 위한 제단을 봉헌했다. 마찬가지로 계속 소아시아로 여행하면서 자신의 이름과 연관된 신전을 봉헌했다. (중략)

〔하드리아누스 황제는〕 아라비아를 돌아본 후에 페르시움에 와서 폼페이우스의 묘를 장엄하고 화려한 규모로 재건했다. 나일 강을 여행하는 중에 그가 총애하는 안티노우스를 잃고, 이 젊은이 때문에 부녀자처럼 탄식의 눈물을 흘렸다. 이 일에 대해서는 다양한 풍문이 있다. 어떤 사람들은 그가 하드리아누스를 위해 자신의 목숨을 바쳤다고 주장하고, 그 밖의 다른 사람들은 그의 수려한 용모와 하드리아누스의 지나친 쾌락이 시사하는 바라고 말하기도 한다. (중략)

시인 프로루스가 하드리아누스 황제에게 써서 보낸 것에 의하면,

「나는 황제가 되고 싶지 않아요.
브리탄니족 사이를 떠돌아다니고,
(…) 을 살금살금 걸어서 돌고.
스키티아의 겨울을 참고 견디는 것 싫어요.」

답장에서 말하길,

「나는 프로루스가 되고 싶지 않아요.
선술집을 떠돌아다니고,
대중식당을 살금살금 걸어서 돌고.

포동포동 살찐 벌레 같은 놈들을 참고 견디는 것 싫어요.」

〔Scriptores Historiae Augustae, de vita Hadriani XIII 1-6; XIV 4-6; XVI 3-4〕

34. 동방의 비의종교

기독교 측에서 후에 '이교(異敎)'로 불렸던 종교에는 예로부터의 로마의 신, 그리스인의 신, 오리엔트의 신 등이 있다. 그런 종교는 로마 제정기의 민중들 사이에도 깊게 침투해 있었다. 그 중에서도 동방기원의 신들(이시스, 미트라, 키벨레, 데메테르, 바쿠스 등)을 숭배하는 비의종교는 2, 3세기에는 로마 제국 각지에서 수용되고 개인의 구제를 원하는 사람들이 믿게 되었다. 기독교도 이와 같은 동방기원 종교의 하나로서 보급되고 있었다. 로마 제정기의 종교사를 기독교의 보급이라는 관점으로만 파악하는 것은 단편적인 이해에 불과하다. 다음에 인용하는 비문은 그런 신들에게 봉헌된 엄청나게 많은 사례 중 아주 일부에 불과하다.

[A]

신들의 어머니가 명령하는 바에 따라 결정되었던 이다 산의 위대한 여신이자 신들의 어머니를 위한 타우로보리움 [「수소의 포획 또는 살해」를 의미하고 정화를 위한 봉헌 의식이다] 의례 이후에 국부인 최고사령관 카이사르 티투스 아에리우스 하드리아누스 안토니누스 아우구스투스 피우스와 그의 자식들의 건승과 식민시 루그두눔의 명성을 위해 아우구스투스의 제례(祭禮) 6인 위원이면서 성스런 나무를 받들어 갖고 있는 루키우스 아에밀리우스 카르부스는 수컷의 생식기를 제거해 바티카눔에서 반출해서 제단과 수소의 머리 부분을 자기 부담으로 봉헌했다. 그때 사제 퀸투스 삼미우스 세쿤두스는 15인 위원회에서 보내온 팔찌와 관으로 장식하고 루그두눔의 신성한 도시참사회는 그를 종신 사제직에 임명했다. 아피우스 안니우스 브라투아와 티투스 크로티우스 비비우스 바루스가 콘술이었을 때(160년) 제단의 장소가 도시참사회 결의로 결정되었다. 그 한밤중의 의식은 12월 9일에 거행된다.

〔CIL XIII, 1751; ILS, 4131〕

[B]

황제 폐하의 건승을 위해 신성한 신전의 영예를 위해 불패의 태양신 미트라에게 헌정된 신전을 황제 폐하의 해방노예이자 노리쿰의 황제령 재산장부를 담당한 비라루스와 현재 폐하의 출납을 담당하는 에픽테투스는 노후화되었기 때문에 자기 부담으로 도상(圖像)을 설계해서 재건했다. 고르디아누스 아우구스투스와 아비올라가 콘술이었을 때(239년) 아버지 리키니우스 마르켈루스의 제삿날인 6월 24일에 (…)

〔CIL III, 4800; ILS, 4198〕

35. 황제령 소작인의 탄원서와 칙령–북아프리카 속주의 경우

로마 제정기 북아프리카 속주는 로마의 곡창 중 하나라고 불릴 정도로 곡물 생산이 풍부한 지역이고 대토지 소유제가 현저하게 발전했다. 특히 황제의 대규모 영지가 광범하게 발견되고 그곳에서 1970년 이후 4개의 영지에서 4종류의 라틴 비문이 출토되었다. 여기에서 번역한 콤모두스 황제 시대의 기록은 브루티타누스 영지의 비문으로 유명하고, 황제령의 소작인들이 관리인(procurator)과 결탁한 청부인(conductor)의 불법 행위를 황제에게 호소했던 문서로서, 그것에 대한 황제의 답장으로 되어 있다. 자유 소작 관계에 점차 부역의 부담이 더해지고, 소작인의 예속이 강화되어 콜로나투스(colonatus)제로 이행했던 단계를 시사하는 중요한 사료이다.

(…) 〔황제령 관리인이〕 우리의 적 아리우스 막시무스뿐만 아니라 거의 모든 청부인들과 결탁해 법규를 위반하면서 폐하의 재정을 위기에 처하게 할 때 까지 도를 넘어 행동하는 것을 알리고자 (…) . 그러므로 과거 여러 해 동안 우리가 주장과 탄원을 되풀이하고 황공하게도 폐하의 칙령에 호소했음에도 불구하고, 그는 조사를 기피했을 뿐만 아니라 그가 특별히 돌봐 주고 있는 청부인들이 아리우스 막시무스의 책략에 편승해서 방자한 행동을 일삼고 있습니다. 앞에 기술한 브루티타누스 영지에 병사를 보내 우리 중 어떤 사람은 붙잡아 학대하고 어떤 사람은 족쇄로 결박합니다. 또한 적지 않은 사람이 로마 시민마저 채찍과 곤봉으로 때리도록 명령하고 있습니다. 우리가 받은 이와 같은 보복은 우리 같은 비천한 신분에게는 너무나도 중대하고 동시에 우리는 명백한 부정을 눈앞에서 직접 보았습니다. 폐하의 보호를 바라는 솔직한 탄원서로 우리가 호소했던 한 가지 일에 불과합니다. 이같이 우리가 당하고 있는 부정의 증거는 다음과 같은

사실로부터 의심의 여지가 없습니다. 즉 (…)

이 때문에 우리 불쌍한 사람들은 이제 다시 황공하게도 폐하의 깊은 사려에 기대지 않을 수 없게 되었습니다. 신성하신 황제 폐하, 그러므로 우리는 폐하가 원조의 손길을 내밀어 주시길 바랍니다. 위에서 기술한 하드리아누스 황제의 법[다른 비문(CIL VIII 25943)에서 「황무지 및 10년간의 휴경지에 관한 하드리아누스 황제의 규정」의 존재가 알려지고 있다]의 한 조항에 의해 박탈되었던 것처럼 황제 관리인에게도 청부인들에게도 소작인에 대해서 농작물의 할당 또는 부역 및 가축의 제공을 증대하는 권리가 박탈될 수 있도록 해 주십시오. 우리는 매년 가래질을 위한 2일, 제초 작업을 위한 2일, 수확을 위한 2일의 부역을 초과해 의무를 지우는 경우가 없기를 또한 이것에 대해서 어떤 쟁의(爭議)도 없기를 바랍니다. 물론 이것은 동판에 새겨져 우리 주위 사방의 이웃 모두가 읽고 최근까지 항구적인 관례로 규정되고 위에서 기술한 관리 대리인의 문서에도 그와 같이 확인되고 있습니다. 우리를 도와주십시오. 우리 불쌍한 농민들은 자신들이 직접 손으로 노동해서 생계를 꾸려 나가고 있습니다. 하지만 관리인과의 관계에서 막대한 증여로 기분을 맞추고 더욱이 되풀이되는 청부 조건의 계승을 통해서 후한 대접을 받고 있는 청부인과는 비교가 되지 않습니다. 따라서 우리를 불쌍히 여기시어 폐하의 신성한 칙령으로 우리가 하드리아누스 황제의 법과 관리 대리인의 문서에 따라 지우는 의무 즉 각자 2일씩의 부역 3회 이상을 제공하지 못하도록 해 주시기 바랍니다. 폐하의 영지에서 태어나고 자란 폐하의 농민들이 폐하의 자애로 국고에 속하는 영지의 청부인에게 시달리지 않기 때문입니다.

최고사령관 카이사르 마르쿠스 아우렐리우스 콤모두스 안토니누스 아우구스투스 사르만티쿠스 게르마니쿠스 막시무스로부터 룰리우스 루쿨루스 및 그 밖의 관계자에게. 영지관리인들은 나의 훈계와 지시를 숙고하면서 각자 2일씩 3회를 초과하는 부역을 요구하지 않도록 유념해야 한다. 확정된 규약에 반해서 너희들이 부당하게 요구하는 것이 있어서는 안 된다. 다른 필적으로 나는 썼다. 나는 확인했다[「나는 썼다」는 황제의 서기가 썼던 내용을 황제가 확인했다는 서명이고, 「나는 확인했다」는 이 서명이 황제의 자필이라는 것이 확인되었음을 보여 준다].

기사 신분인 관리 대리인의 편지 사본. 투사니우스 아리스토 및 크리산투스로부터 안드로니쿠스에게. 룰리우스 루쿨루스가 직접 제출했던 문서에 대해서 내려졌던 주된 신성한 황제의 재결에 따라서 (…) .

다른 필적으로. 건승을 기원합니다. 그럼 안녕히 계십시오.

카르타고에서, 9월 12일.

아우렐리아누스와 코르넬리아누스가 콘술이었던 해(180~183년)의 5월 15일. 시민 전체의 대표 가이우스 율리우스 펠로푸스 사라푸스의 배려로 순조롭게 준공해서 헌납된다.

〔CIL VIII, 10570; ILS 6870〕

36. 카라칼라 황제 칙령

제국 영내에 거주하는 자유인 전체에게 로마 시민권 부여

212년 로마 제국 내의 모든 주민에게 로마 시민권을 부여하는 칙령이 공포되었다. 로마 국가는 로마 시민권을 받지 않은 외국인 신분을 로마 시민권 보유자와 차별해 왔지만, 다양한 과정을 통해 로마 시민권 보유자의 수가 증가하면서 현실적 의미를 상실했다. 이렇게 되자 로마 시민은 명실공히 특권적 지위가 아니었다. 이 칙령에 대해서 종래에는 동시대 사료로서 2개의 짤막한 문헌 기록이 남아 있는 것에 불과했다. 하지만 20세기 초에 발견된 파피루스 문서는 이 칙령 자체를 기록한 것으로 간주되고 이 획기적인 칙령의 존재가 확인되었다. 이 칙령은 제정자인 카라칼라 황제의 정식 이름과 관련돼 안토니누스 칙령으로 불린다. 다만 이 파피루스 문서는 빠져 있는 부분이 대단히 많아서 특히 예외 규정의 내용을 둘러싸고 다양한 보충과 해석의 가능성이 제기되고 있다.

[A] 법학자 울피아누스의 견해

로마 영내에 있는 사람들은 안토니누스 황제의 칙령에 의해 로마 시민이 되었다.

〔Domitius Ulpianus, Digesta I, 5, 17〕

[B] 카시우스 디오의 전승(傳承)

그〔카라칼라 황제〕는 자신의 지배하에 있는 모든 사람들을 로마인이라고 선언했다. 이것은 명예를 준다는 구실하에 실제로 외국인은 이런 세금[상속세와 노예해방세]의 대부분을 납부할 의무가 없었으므로 이러한 수단으로 수입을 증가하기 위한 것이었다.

〔Cassius Dio LXXVIII, 9, 5〕

[C] 안토니누스 칙령(Constitutio Antoniniana)

황제 카이사르 마르쿠스 세베루스 안토니누스 아우구스투스는 선언한다. 이번 승리를 거둔 내가 오히려 비난과 애원을 없애기를 바랄 수밖에 없는 것은 이런 승리에 신의 뜻을 나타내고 나를 평안하고 무사하게 지켜주었던 것에 대해서 불사의 신들에게 감사드리고 싶기 때문이다. 따라서 만약 외국인이 나의 국민 속으로 들어올 때마다 신들에게 감사하도록 이끈다면, 이처럼 관대하면서도 경건하게 신들의 권위에 충분히 상응하는 일을 했다고 나는 믿는다. 그러므로 나는 세상의 모든 외국인에게 로마 시민권을 부여하는 것이고, 다만 항복한 자를 예외로 하고 모든 종족민들이 시민단 안에 머무르게 된다. 왜냐하면 민중은 책임을 모두 분담할 뿐만 아니라 이제는 승리에 참여하는 것도 어울리기 때문이다. 게다가 덧붙여 이 칙령은 모든 종족이 동등한 지위를 갖게 되었으므로 로마 국민의 권위를 〔증대시킬〕 것이다. (…)

〔Griechische Papyri im Museum des Oberhessische Geschichtsvereins zu Giessen, I, 40, col. 1. Abbot Johnson, Municipal Administration in the Roman Empire, No. 192의 해석에 따름〕

37. 3세기의 통화 위기

일반적으로 '3세기의 위기'로 불리는 시기에는 정치, 군사, 경제, 사회의 다양한 국면에서 확실히 혼란스런 현상이 발견되었다. 그 중에서도 이 시기의 통화 위기는 3세기 중엽부터는 파국적인 양상을 드러낸다. 제국 주조통화의 가치 하락(황금 함유량의 저하)은 이미 네로 황제 무렵부터 파악되고, 특히 은화(데나리우스 화)의 장기적 가치 저하 경향은 어찌할 수도 없었다. 여기에서 인용되는 두 개의 사료는 3세기 초의 소아시아 도시에서 통화 관련 암시장을 규제했던 비문과 3세기 중엽의 이집트에서 통화 가치의 하락에 대한 공권력의 대처 방안을 나타낸 파피루스 문서이다.
어느 것이나 고전학(古錢學) 연구의 성과를 보완하는 중요한 사료이다.

[A] 통화의 암시장 규제(뮈라사(?), 209~11년)

(…) 가장 위대하고 지고하신 우리의 황제 루키우스 셉티미우스 세베루스 및 마르쿠스 아우렐리우스 안토니누스(카라칼라) 및 포풀리우스 셉티미우스 게다의 선의에 의한 것 말고는 결코 평의회 및 민회의 결의가 수정되어 효력을 가져서는 안 된다. 평의회 및 민회에서의 결의. 만약 어떤 일이라도 자유민이건 노예이건 환전 업무의 차입계약자 및 은행업자 이외의 어떤 사람이 통화를 교환하거나 구입했을 경우에, 〔그 사람은〕 시민 중에 희망자가 평의회에 통보했다면, 그 환전상 앞으로 끌려가야 한다. 정무관 회의 및 평의회에서 유죄가 선고된 경우에 만약 차액 없이 이루어졌다면, 환전상과 승소했던 통보자가 화폐를 회수해야 한다. 〔그 경우에〕 환전상은 보증되었던 곳에 따라서 자기 자신이라도 거두어들일 권리가 있다. 만약 차액이 있었다면, 자유민은 우리의 지고하신 황제의 더없이 성스러운 국고에 500데나리우스, 도시에 250 데나리우스, 그리고 승소했던 통보자에게 100데나리우스를 지불해야 한다. 또한 화폐(은화?)를 강요하는 것이 발각되었던 경우에는 환전상에게 몰수되어야 한다. 노예가 규정된 것과 같이 유죄로 선고된 경우에 〔그 노예는〕 주인으로부터 평의회 앞 정무관에게 넘겨지고, 50번의 태형(笞刑)에 처해지고 징세관 관사에 끌려가 6개월간 투옥되어야 한다. 하지만 만약 주인이 이런 것을 노예에게 하고 싶지 않다면, 〔그들은〕 위에 기술한 과태료를 더없이 성스러운 국고와 도시와 승소했던 통보자에게 지불해야 한다. 이와 같은 통보는 정무관 회의의 서기가 받아야 한다. 통보한 후에는 신성한 장소에 3일간 계속해서 공개적인 장

소에 공고를 게시해야 하고, 그 공고에는 평의회가 그런 이유로 소집된다는 것을 밝힌다. 만약 정무관과 서기가 결의된 사항 중 무언가를 소홀히 하고 또한 평의회원이 가능하기도 한 도시에 거주하고 있음에도 불구하고 모이지 않았다면, 정무관 및 서기는 각각 황제의 더없이 성스러운 국고에 300데나리우스씩을 또한 평의회원은 (…) 데나리우스씩을 지불해야 한다. 이 결의는 돌기둥에 새기고, 이 돌기둥은 보통의 완만한 시대에 인정되어야 하는 법과 같이 대중의 눈이 가장 집중되는 장소인 아고라에 세워야 한다. 실제로 도시의 안녕은 스스로 공익을 침해하거나 혹은 횡령하는 소수 사람들의 악행과 부정에 의해 위협받는다. 이런 자들의 힘에 의해 어떤 종류의 차액〔환전율(換錢率)?〕이 아고라에 침입해 버린다. 〔그것 때문에〕 도시가 필요한 것을 갖는 것이 방해받고 많은 물건이 부족하고 도시의 재원이 바닥나는 것이다. 게다가 이런 이유로 황제를 위한 조세의 유입이 지체되는 것이다. (…) 〔황제에게 구제를〕 요청 (…) 우리는 생활을 유지할 수 없다 (…) 악의가 있는 자들이 물자의 유통을 혼란시키고, 화폐를 (…) 화폐〔은화?〕를 (…) 자주 평의회는 법령을 (…)

〔OGIS 515〕

[B] 통화의 수령을 거부하는 자에 대한 권고(Oxyrhynchus 260년)

Oxyrhynchus의 감독관인 아불레리우스 프톨레마이오스의 다른 이름인 네메시아누스에 의한 포고. 관리들이 집회를 열고 은행의 환전상에 대해서 황제 폐하의 신성한 통화의 수취를 바라지 않아서 은행을 닫아 버린 혐의로 고소했다. 이 때문에 다음과 같이 권고할 필요가 있었다. 즉, 은행의 소유자 모두에 대해서 은행을 열고 완전히 가짜인 위조 화폐를 제외하고 모든 통화를 받아 환전해야 한다고. 또한 그들만이 아니라 어떤 종류이건 상거래에 종사하는 모든 사람에 대해서도 이 권고에 따르지 않는 자들은 일찍이 속주총독이 이런 사람들을 위해 규정했던 형벌의 보복을 받는다는 것을 알아야 한다고. 서명.

〔Oxyrhynchus Papyri 1411〕

38. 데키우스 황제의 기독교도 박해

3세기 중엽에 도달할 때까지 로마 국가가 탄압과 박해 또는 묵인 등 기독교를 하나의 종교로서 인정하고, 어느 정도의 관계를 갖는 사태는 매우 드문 우연적인 사건밖에 없었다. 제국 전체의 규모로 기독교도 박해에 나섰던 최초의 황제는 데키우스(249~251년 재위)였다. 국가 종교의 부흥과 통합을 위해 제국 전역의 주민에게 신에 대한 희생제를 명령했다. 이것에 대해서 기독교도 중 일부는 희생제의를 거부해 순교하고, 또한 일부는 자신의 종교를 버렸다. 실제로는 다양한 방식으로 이런 희생제에 대한 강요를 빠져 나가려고 했던 사람도 많았다. 아프리카의 주교 키프리아누스의 서한에는 박해를 두려워해 이러한 희생제에 대한 증명으로 청원서(libellus)를 매수했던 사람들에 대해 기록하고 있다. 하지만 거의 동일한 형식을 지닌 청원서의 사례가 파피루스 문서 형태로 지금까지 43개가 출토되었다.

[A]
이처럼 우리가 거짓으로 말하는 것을 시인했던 것은 앞선 우리의 편지이지만, 그 중에서 여러분들에게 아래에서 기록한 것과 같은 사람들에 대한

우리의 견해를 백일하에 드러냈던 것이다. 그들은 기피되어야 할 청원서의 허위 신고로 자신들을 성실치 못한 사람으로 밝혔던 사람들이고, 마치 이것에 의해 저 악마의 계략에 걸리는 것을 피하려는 것으로 생각된다. 왜냐하면 그들이 기피되어야 할 제단에 가까이 있었던 경우에 적지 않게 이 신고만으로 희생제 수행이 증명된 자로 간주되었기 때문이다. 게다가 또한 이 청원서를 받고 그 장소에 참석하지 않았음에도 불구하고, 참석을 적도록 위탁 받아 증언했던 사람들에게도 우리의 견해가 표현되었다.

〔Cyprianus, Epistulae XXX, 3, 1〕

[B] 희생제 감찰위원 여러분께

아우렐리아 데모스, 아버지는 알 수 없음[아버지 없는 아들의 의미로 파피루스 문서에서 자주 등장한다], 헬레나의 딸, 아우렐리우스 에이레나이오스의 아내, 헬레네이온가(街) 주민에 의한 신고. 나는 지금까지도 쭉 신들에게 희생제를 거행해 왔습니다. 그리고 지금도 또한 여러분들의 면전에서 명령받은 바에 따라서 희생 제물을 바치고 신주를 따르고 바친 제물의 짐승 고기를 음미하면서 먹었습니다. 나는 이 행위를 여러분들이 서명으로 증명해 주시길 원하는 바입니다.

이만 실례합니다.

나, 아우렐리아 데모스는 여기에 신고했습니다. 나, 아울렐리우스 에레나이오스는 그녀가 문맹이어서 여기에 대신 썼습니다.

나, 위원 아우렐리우스 사베이노스는 그녀가 희생 제물을 바치는 것을 확인했습니다.

최고사령관 카이사르 가이우스 메시우스 퀸투스 트라야누스 데키우스 피우스 베리쿠스 아우구스투스의 첫 해, (?)월 20일.

〔Catalogue of the Greek Papyri in the J. Rylands Library, No. 12〕

39. 속주민의 불안

아래의 파피루스 문서는 서기 3세기 말 또는 4세기 초의 것으로 신탁에 첨부된 질문을 열거하고 있다. 그 내용과 순서에는 일관성이 없으므로, 이것은 한 개인의 질문이 아니라 다양한 계층의 사람들이 질문을 순서 없이 기록했던 것으로 생각된다. 각 질문에는 번호가 첨부되어 있다(현존하는 것은 72~92번). 이 문서는 당시에 이집트 속주민이 품고 있던 다양한 불안을 생생하게 전하는 것으로 높이 평가받고 있다.

나는 급여를 받을 수 있을까. 나는 가는 곳에 머무를 수 있을까. 나는 팔 수 있을까. 나는 친구로부터 은혜를 받을 수 있을까. 나에게 타인과 계약 체결이 허용될 수 있을까. 나는 자식과 화해할 수 있을까. 나는 휴가를 얻을 수 있을까. 나는 돈을 받을 수 있을까. 타향에 있는 사람은 살아갈 수 있을까. 나는 그 행위로부터 이익을 얻게 될까. 나의 재산이 경매에 부쳐질 수 있을까. 나는 판매 수단을 찾을 수 있을까. 나는 생각하고 있는 것을 가지고 갈 수 있을까. 나는 재산을 강제 매각당할 수 있을까. 나는 추방될 수 있을까. 나는 사절이 될 수 있을까. 나는 참사회원이 될 수 있을까. 나의 도망에 종지부를 찍을 수 있을까. 나는 아내와 헤어질 수 있을까. 나는 내 재산을 획득할 수 있을까.

〔Oxyrhynchus Papyri, 1477〕

제정 후기
(전제정)

• 콘스탄티누스 대제

284년에 제위에 오른 디오클레티아누스는 '3세기의 위기'를 수습하고 로마 제국을 재건했다. 그는 광대한 영토의 통치와 방위를 2명의 정황제(正皇帝, Augustus)와 2명의 부황제(副皇帝, Caesar)에게 분담하는 '4분할 통치'를 채택했다. 그는 국내 치안의 회복과 변경 지대의 안정화에 성공함과 동시에 다양한 개혁에 착수했다. 우선 군사력을 증강해서 지휘 계통을 정비하고, 속주 통치 측면에서도 기존의 속주를 세분화해서 도-관구-속주라는 조직과 관료제를 정비했으며 민정과 군정을 완전히 분리했다. 게다가 거대한 군대와 관료제를 유지하기 위해 새로운 세제(稅制, capitatio iugatio)를 도입했고 통화의 안정에 노력해 301년에는 최고 가격령으로 인플레이션 억제를 시도했다. 또한 그는 로마의 전통적 종교의 회복을 바라면서 기독교를 대대적으로 박해했다.

305년에 디오클레티아누스가 동료 정황제와 같이 퇴위하자, 다시 제위를 둘러싸고 격렬한 싸움이 전개되었지만 콘스탄티누스가 이를 수습했다. 콘스탄티누스는 디오클레티아누스의 개혁을 계승해서 정비하고 군사적으로는 야전 기동군을, 재정적으로는 솔리두스 금화를 창설했다. 또한 세수 확보를 위해 콜로누스를 토지에 묶고 신분과 직업의 고정을 추진함으로써 디오클레티아누스가 기초를 닦아 놓았던 국가 체제를 완성했다. 종교 정책으로 콘스탄티누스는 기독교로 개종하고 다양한 기독교 보호 정책을 강구했다. 이미 디오클레티아누스 치하에서 부복의식(俯伏儀式, proskynesis) 등 동방적 궁정의례가 도입되어 황제의 신적 지위가 강화되어 있는 상황이었다. 하지만 황제의 새로운 종교는 공인된 지 얼마 안 된 기독교 측에서도 유세비우스가 나서서 '신의 총애를 받는 황제'라는 이념을 만들어 내고 황제권을 지탱하는 이데올로기를 제공했다. 콘스탄티누스는 330년 비잔티움에 기독교로 치장한 새로운 수도를 건설하고 콘스탄티노폴리스로 개명을 했다. 이것은 제국의 중심이 동방 그리스 세계로 이동했다는 것을 상징하는 것이다.

• 밀비아 전투가 벌어진 현재의 티베르 강의 밀비아 다리

이렇게 로마 제국은 이미 3세기 이래로 그런 경향을 강화시키고 있었다. 국가적 강제를 기본 원리로 하는 전제적 관료 국가로 완전히 바뀌고, 이 체제는 제정 전반기의 원수정에 대해 전제정(Domonatus)이라 불린다.

콘스탄티누스 사후에 제국을 분할해 통치했던 3명의 자식이 서로 싸우다가 마침내 콘스탄티우스 2세가 단일 황제가 되었다. 그는 아버지인 콘스탄티누스 황제가 확립했던 체제의 강화에 노력했지만, 종교 정책에서는 325년 니케아공의회에서 이단이 된 아리우스파를 지지하고 정통파 주교들과 대립했다. 페르시아와의 전쟁에 전력하기 위해 종형제 율리아누스를 부황제로 세워 제국서방을 맡겼다. 갈리아 방위에 진력했던 율리아누스는 콘스탄티우스 2세의 죽음으로 단일 황제가 되고 이교 부흥과 반(反)기독교 정책을 내세웠다. 하지만 페르시아 전쟁에서 전사함으로써 그의 치세는 단명으로 끝났다. 뒤이어 제국을 통치했던 발렌티니아누스 1세는 라인 강 국경선 강화에 힘써 서방의 안정화에 성공했다. 하지만 동생인 황제 발렌스가 통치하는 동방에서는 훈족의 서진에 압박받은 고트족이 376년에 로마 영내로 이주해서 결국에는 폭도로 변했다[게르만족 대이동의 시작]. 발렌스는 그들을 진압하던 중 378년 아드리아노플 전투에서 패배하고 사망했다.

발렌스를 계승했던 테오도시우스는 382년 고트족과 동맹을 맺고 방위 의무 대가로 트라키아 북부에 정주해서 독자적으로 왕을 받드는 자치를 승인했다. 또한 그는 니케아 신조가 정통 교리라는 점을 재차 확인하고 기독교를 로마 제국의 국교(國教)로 했다. 로마 시의 이교도 원로원 귀족층은 황위 찬탈자인 에우게니우스를 지지해서 테오도시우스에 대항했다. 하지만 394년 프리기두스 강 전투에서 패해 달아났다.

395년 테오도시우스는 죽을 때 제국 동부를 장남에게, 서부를 차남에게 물려주었다. 이후 제국 전체를 통치하는 단일 황제는 나타나지 않고 제국의 동부와 서부는 서로 다른 길을 걷게 된다. 인구와 경제력에서 서부에 앞섰던 제국의 동부는 5세기에 게르만 세력을 막아내었고 또한 기독교의 교리 논쟁이 격화되었지만 '신의 총애를 받는 황제'라는 이념이 거의 수용되었다. 제국 동부는 독자적인 그리스적 동방세계를 형성하면서 1000년 더 지속되었다(비잔틴 제국). 이에 대하여 제국 서부에서는 게르만족의 침입과 정착이 잇따르고 황제권은 현저하게 약화되었다. 그 가운데 중소농민이 대토지 소유 귀족에게 더욱더 예속되었으며, 갈리아에서는 바우가다이로 불리는 농민 반란이 확대되었다. 정부의 세수는 고갈되고 군사력은 게르만 동맹 부족에 대한 의존도가 급속히 강화되어 간다. 테오도시우스왕조의 단절(455년)은 제국의 쇠퇴에 박차를 가하고, 서방의 황제 제위에는 게르만인 장군의 꼭두각시 황제와 동방 황제가 보낸 황제가 잇따라 즉위했다. 476년 게르만인 용병대장 오도아케르가 어린 황제 로물루스를 폐위하고 황제의 관을 동방 황제에게 반환함으로써 서로마 제국은 멸망했다. 그 뒤에는 가톨릭교회, 귀족층의 대토지, 게르만 왕국들이 남게 되고, 결국 동방과는 다른 새로운 서구 세계의 재편이 이루어지게 된다.

40. 디오클레티아누스의 최고 가격령

3세기의 혼란 속에서 황제들은 화폐 가치의 절하로 재정난에 대처하려 했지만, 결과는 엄청난 물가 상승으로 이어졌다. 디오클레티아누스는 통화개혁을 했지만 인플레이션은 멈추지 않았다. 301년 모든 재화와 용역에 대한 최고 가격과 임금을 고정하는 칙령이 제국 전역에 공표되었다. 제국 내 각지에서 특히 동방 여러 곳에서 지금까지 130개 정도의 단편적인 그리스어와 라틴어 비문이 출토되어서 칙령의 상당 부분이 복원이 가능하게 되었다. 사료로 제시된 서문은 아카이아에서 라틴어 비문으로 출토된 것으로 아래는 그 서문의 발췌 번역이고 몇몇 제시된 품목은 최고 가격 목록에서 극히 일부를 발췌한 것이다.

우리가 운 좋게 행했던 전쟁을 상기할 때, 세상이 평온해지고 가장 헤아릴 수 없이 깊은 평안 가운데 안겨 있고 더욱이 그것을 위해 크게 노력하게 했던 평화 덕분에 불사의 신들 및 우리들이 국가의 행운에 감사하는 것이 좋을 것이다. 그런 행운이 확고하게 자리 잡고 합당하게 장식되는 것은 공덕 및 로마의 권위와 존엄이 바라는 바이다. 따라서 과거의 사건에 대해서 정의로운 분노에 사로잡혀 신들의 은혜로 저 민족들의 강탈을 섬멸하고 진압한 우리는 영원으로의 초석을 구축했고 평온하게 그에 합당한 정의의 방벽을 둘러쌓아야 할 것이다. 왜냐하면 인류를 고려하지 않고 매년 매월 매일에 머무르지 않은 채 거의 매시 매순간 개인의 배를 채우고 늘리는 것에 매진하고 있는 광포한 탐욕을 무제한 활활 타오르게 하는 일들을 무언가 자제의 원리가 억제한다면, 게다가 공공의 운명이 관련된 광포한 방종을 냉정하게 참아낼 수 있다면, (…) 마음을 합친 관용이 피해야 할 야만성과 가엾이 여겨야 할 상황을 완화시키는 것이라면, 어쩌면 눈을 감고

입을 닫아 둘 여지도 있는 것으로 생각할 수 있을 것이다. 하지만 다루기 어려운 광기가 유일하게 바라는 것은 공공의 필요성에 대해 구분되어 있지 않은 것이다. 탐욕이 활활 타오르고 그 불꽃이 강탈에 의해 북돋아지고 있는 상황하에서 탐욕으로 자제력을 상실한 자들에게서는 자발적으로가 아닌 부득이한 필요에 의해서만 많은 사람들의 재산을 망치는 것을 포기한다. 왜냐하면 일종의 신조처럼 생각되고 있기 때문에 게다가 극빈 상태보다 가장 비참한 상황을 인식하기에 이르렀던 사람들에게서는 이 이상 눈을 감고 있을 수 없기 때문이다. 인류의 아버지인 우리는 장래를 걱정하고 정의가 조정자로서 사태에 개입해야 할 것이라고 결정했다. (중략)

그러므로 우리는 어려운 상황 때문에 오래 갈망하고 있던 구제책을 급하게 강구한다. 게다가 그렇게 되어 우리의 구제책 개입이 시의적절하지 않은 채로 쓸데없는 것으로 평가되는 것은 아닌가 하는, 혹은 이렇게까지 긴 세월에 걸친 우리의 침묵을 자기 억제의 모범으로 느끼면서도 그것에 따르려 하지 않았던 파렴치한들 아래서는 오히려 가볍게 대수롭지 않은 것으로 평가되는 것은 아닌가 하는 불평으로 마음이 어지럽혀지는 것은 아니다.

왜냐하면 시장에서 거래되는 것은 어떤 것이든지 모든 도시의 일상 활동으로 취급되는 것이기 때문이다. 그런 상품에 대해서 가격의 불합리함이 지나치게 심화되어, 물자가 풍부하더라도 수확이 많더라도 한없는 강탈 욕구를 완화시킬 수 없다는 것을 알지 못하는, 아니 느끼지 못할 정도로 둔감한 감각을 가진 자는 누구일까. 이런 일에 관련된 자들이 항상 천체의 운행에서 조차 다름 아닌 바람과 날씨를 장악하려고 결심하고, 장래의 결실을 기대할 수 있는 운 좋은 경지(耕地)가 하늘에서 내리는 비로 축축해지더라도, 내가 사악하기 때문에 참을 수 없다고 말하는 것은 의심할 수 없다. 게다가 신들의 은혜를 영리로 전환하고 풍부한 공공복리를 없애고 더욱이 흉작의 해에는 곡물의 방출과 소매를 통해 부끄러운 거래를 하려고 늘 노력하고 있는 자들은 각각이 국민들의 필요를 충분히 만족시킬 수 있을 정도의 엄청난 부에 파묻혀 살면서도 얼마 되지 않은 개인재산을 구하러 찾아다닌다. 그리고 그들은 가혹할 정도의 이자를 받으려 하는 무리들로서 그들의 탐욕을 제한하는 것이야말로 인간성 전반의 이치가 설명하는 바이다.

그렇지만 우리는 사태가 여기에 이르러도 오랜 세월에 걸친 관용으로 끝내 행동을 취할 수 없게 했던 제반 이유를 명확히 해야 할 것이다. (…) 생각건대, 우리가 많은 사람의 공동의 안녕을 위해 군대의 파견을 바라는 장소에서는 어디에서라도 공공의 편익에 기회를 보고 달려들려고 하는 뻔뻔함이 이익이라는 생각으로 상품 가격을 4배, 8배가 아닌, 인간의 말의 이치를 가지고는 그 가치 평가와 악행을 뭐라고 표현할 수 없을 정도로 우려낸다. 마침내는 때때로 단지 하나의 물건을 팔아 받은 것으로 병사는 하사금과 급여를 빼앗기고, 군대를 유지하기 위해 전 세계가 납부하고 있는 세금은 전적으로 약탈자들의 가증스러운 이익으로 떨어진다. 그 결과 우리가 보기에 병사들은 군복무에 대한 희망과 무사히 끝낸 노고를 자신들의 수중에서 이익을 보는 자들의 수중으로 인도하고 있는 것 같다. 그렇게 해서 국가 자체에 대해 약탈자들은 지탱할 수 없을 정도로 매일매일 빼앗아 가고 있다. 이것을 모르는 사람이 누가 있을까.

우리는 정당하면서도 당연한 일인데도 위에서 거론되었던 모든 사정에 흔들리고, (…) 상품 가격 자체를 정하는 것이 아니다. 왜냐하면 때때로 많은 속주가 바랐던 염가의 혜택과 이른바 풍부함의 특권을 자랑하는 경우도 있는지라, 상품 가격 자체를 정하는 것이 옳다고 생각되지 않기 때문이다. 한계가 정해져야 한다고 생각했다. (…) 그러므로 아래에 첨부된 개요가 나타내는 가격들이 우리가 통치하는 전 세계가 준수해서 유지해야 하는 것으로 결정되었다. 그때 이 가격을 초과할 자유가 자신들에게는 없다는 것을 모두가 이해하고 동시에 물자의 공급이 풍부하다고 인정되는 장소에서는 염가의 혜택—탐욕이 제한되어 가라앉는다면, 염가의 혜택이야말로 가장 크게 배려되어야 하는 거라면—이 결코 지장을 받지 않도록 한다. 게다가 관례적으로 항구를 넘어서 다른 고장을 방문하는 판매자와 매수자 사이에서도 이런 일이 행동 전반을 규제해야 한다. (중략)

만약 누군가가 이 법의 규정에 반하는 노력을 한다면, 이러한 뻔뻔스러움은 사형 선고를 받아야 한다. 누구라도 법의 가혹함을 생각해야 하는 것은 아니다. 왜냐하면 절도(節度)를 준수함으로써 위험을 피하는 길은 가까이 있기 때문이다. 게다가 구매욕으로 법에 반해서 판매자의 탐욕에 동조하는 자도 동일한 형벌을 받아야 한다. 이 절도의 법이 제정된 뒤에 모든 종류의 식품과 일용 필수품을 소유하면서도 그것들을 숨기려고 생각한 자들도 같은 형벌을 면할 수 없다. 법에 반해서 세상 물정을 어지럽히는 자보다도 물자 부족을 조장하는 자에 대해서 형벌은 더 무거워야 하기 때문이다. (중략)

개개 품목이 어떤 가격을 초과하는 것은 누구에게도 허용되지 않는다. 아래에서 제시하는 바와 같다.

I			
밀	군용(軍用)	1모디우스	100데나리우스
보리	군용	1모디우스	60데나리우스

(1모디우스=16세쿠스타리우스. 1세쿠스타리우스=0.546리터. 군용 1모디우스는 1모디우스의 1.3~1.5배로 추정된다.)

Ⅱ. 포도주		
피케눔(Picenum) 산(産)	1세쿠스타리우스	30데나리우스
발레르노 산	1세쿠스타리우스	30데나리우스
평균	1세쿠스타리우스	8데나리우스

Ⅲ. 올리브유		
미숙성 올리브유	1세쿠스타리우스	40데나리우스
2급 올리브유	1세쿠스타리우스	24데나리우스
평균	군용 모디우스	100데나리우스
소금	군용 1모디우스	100데나리우스
최고급 꿀	1세쿠스타리우스	40데나리우스
2급 꿀	1세쿠스타리우스	24데나리우스

Ⅶ. 임금			
농업노동자	식비 포함	하루	25데나리우스
석공(石工)	식비 포함	하루	50데나리우스
목수	식비 포함	하루	50데나리우스
제빵사	식비 포함	하루	50데나리우스
양치기	식비 포함	하루	50데나리우스
이발사	1인 당	1인 당	2데나리우스
초등교사	학생 1인당 한 달	학생 1인당 한 달	
그리스어와 라틴어 학자 및 기하학자	학생 1인당	한 달	200데나리우스

변론가 또는 소피스트	학생 1인당	한 달	250데나리우스

〔De pretiis rerum venalium; S. Lauffer hrsg., Diokletians Preisedikt〕

41. 최후의 기독교도 대박해

디오클레티아누스 황제 치하에서 기독교에 대한 로마 제국의 마지막 최대 박해가 행해졌다. 사료 [A]는 302년 무렵 디오클레티아누스 황제가 공표했던 마니교 금지령의 초역으로 황제가 전통 종교를 존중했음을 말해 주고 있다. 사료 [B]는 대박해의 교사자를 갈레리우스로 보는 락탄티우스의 기술이다. 이것은 동시대인에게 공통된 인식이었다. 사료 [C]와 사료 [D]는 똑같이 유세비우스의 『교회사』의 초역으로, [C]는 대박해의 발생을 그리고 [D]는 박해의 실태를 전하고 있다.

[A]

그렇지만 불사의 신들은 그 신의 뜻에 의해 선량하고 진실하다. 하지만 대단히 고귀하고 고결하면서도 가장 현명한 인간들의 뛰어난 지혜와 협의에 의해 완전히 제멋대로 시인되고 결정되도록 고려해서 계획해야 한다고 생각했던 것이다. 이것에 대항하고 반항하는 것은 신들이 인정하는 바가 아니다. 또한 옛 종교가 새로운 종교에 의해 퇴출되어야 하는 것은 아닐 것이다. 왜냐하면 일찍이 조상들에 의해 결정된 대로 그 입장과 방침을 유지하고 있는 일들을 변경하는 것은 최대의 범죄 행위이기 때문이다.

〔De mathematicis, maleficis et Manichaeis; Mosaicarum et Romanarum legum collatio XV, 3, 2〕

[B]

그〔갈레리우스〕의 어머니는 산신(山神)들을 숭배하고 극히 미신이 강한 여성이었다. (…) 그녀는 매일 같이 희생 봉헌제를 열고 마을 사람들에게 식사를 제공했다. 크리스트 교도들은 가까이하지 않고 그녀가 이교도들과 잔치를 열고 있는 사이에도 단식과 기도로 일관했다. 이 때문에 그녀는 그들에 대해 증오를 품고, 이들을 뿌리 뽑으려고 미신에서 자신보다 못하지 않은 자식을 여성에게 흔히 있는 푸념으로 선동했다.

그러므로 그들 〔디오클레티아누스와 갈레리우스〕 사이에서 한겨울 동안에 협의가 이루어졌다. 그 사이에 누구도 출입이 허용되지 않고, 누구나 국가의 가장 중요한 일이 논의되고 있는 것으로 생각했다. 오랫동안 노황제는 갈레리우스의 광기에 맞서 세계의 평온이 어지럽혀져 많은 사람의 피를 흘리게 하는 것이 어떻게 파괴적인가를, 그들이 늘 기뻐하며 죽는다는 것을, 다만 궁정인과 군인에게만 이 종교를 금지하는 것으로 충분할 것이라는 점을 지적했다. 하지만 그는 생각이 얕은 사내(갈레리우스)의 광기를 바로잡을 수 없었다. 그래서 친구들의 의견을 들어 보기로 결정했다. (…) 어떤 친구들은 기독교도에 대한 자기 자신의 증오 때문에 신들에게 적의를 품은 국가 종교의 적은 뿌리 뽑아야 한다고 말했다. 다르게 생각하는 사람들은 이 사내〔갈레리우스〕가 원하는 바를 알고 두려워하면서 또는 비위를 맞추려고 생각하면서 그 의견에 동조했다.

〔Lactantius, De mortibus persecutorum 11, 1–6〕

[C]

그것은 디오클레티아누스의 치세 19년째(303년), 3월−로마인에 따르면 이 달은 마르티우스(Martius)로 불렸을 것이다−의 일이었다. 하지만 구세주의 수난제(受難祭)가 가까워졌을 무렵 도처에 칙령이 공표되었다. 그것은 교회의 파괴와 모든 책의 소각을 명령하고, 기독교의 주장을 고수한다면 명예로운 지위를 가진 자는 공권을 박탈하고, 황실에서 일하는 자는 자유를 박탈한다는 뜻을 선포했다. 우리에 대한 최초의 칙령은 이와 같은 것이었다. 머지않아 다른 칙령이 더해지면서, 모든 지역마다 교회의 우두머리들 전원을 우선 투옥할 것과 그 뒤에는 모든 수단을 다해서 그들에게 희생제를 바치도록 강요했다.

〔Eusebius, Historia ecclesiastica VIII, 2, 4−5〕

[D]

어떤 사람은 다른 사람들이 에워싸서 억지로 피해야 하는 부정한 희생제가 열리는 장소에 따라가서 설령 희생제 의식을 행하지 않았다 하더라도, 의식을 행한 것으로 보고 석방되었다. 또한 저주받은 것에 전혀 가까이하지 않고 만지지 않았던 사람은 다른 사람들이 그가 희생제를 행했다고 주장했으므로 아무 말 없이 그 거짓말을 참고 떠났다. 반죽음 상태였던 다른 사람은 이미 시체인 것처럼 내던져지고, 또한 재차 땅바닥에 쓰러져 엎드리고 있던 사람도 두 발로 먼 거리를 질질 끌려간다. 이런 사람도 스스로 희생제를 행했던 사람의 수에 집어넣었다. 어떤 사람은 외치면서 자신이 희생제를 거부했다고 큰 목소리로 증언하고, 또한 어떤 사람은 구세주의 이름으로 자랑스럽게 신앙 고백을 함으로써 자신이 기독교도라고 외쳤다. 다른 사람은 자신이 희생제를 행하지 않았고 앞으로도 결코 하지 않겠다고 말했다. 그럼에도 불구하고 이 사람들은 그 때문에 소집된 병사 집단의 수많은 손에 입을 맞고 얼굴과 뺨을 구타당해 말을 하지 못하게 되고 완력으로 밖으로 쫓겨났다. 이처럼 모든 수단을 사용해서라도 신을 숭배하는 적들은 목적을 달성했던 것처럼 보이는 것을 중요시했다.

〔Eusebius, Historia ecclesiastica VIII, 3, 2-4〕

42. 갈레리우스의 관용칙령

303년 시작된 기독교도 대박해는 제국 서방에서는 디오클레티아누스의 퇴위와 함께 사실상 막을 내렸다. 하지만 동방의 갈레리우스, 막시미누스 다이아 영토에서는 계속되었다. 이 대박해를 종결시켰던 것이 아래에 소개하는 유명한 칙령이다. 이것은 311년 4월 30일 죽어 가던 갈레리우스가 콘스탄티누스, 리키니우스, 막시미누스와 연명(連名)으로 니코메디아에서 고시했던 것으로, 락탄티우스의 『박해자의 최후』에 수록되어 있다. 또한 유세비우스의 『교회사』VIII, 17, 3-10에도 그리스어 번역이 수록되어 있다.

우리는 항상 국가의 복리를 위해 노력하고 있다. 하지만 이전에는 특히 로마의 옛날 법과 공적인 규율에 적합하도록 모든 일을 바로 잡고, 게다가 자신의 조상의 길을 버렸던 기독교도조차도 건전한 정신으로 복귀하도록 배려해 왔다. 왜냐하면 이들 기독교도들은 어떤 연유인지 내 뜻에 홀려 어리석게 체포되어 도대체 그들 자신의 조상이 정했을 오래된 관습을 따르지 않고, 제멋대로 원하는 대로 준수해야 할 법을 스스로 만들고 다양한 곳에 여러 사람들을 모으고 있기 때문이다. 그래서 우리는 마침내 그들도 옛날 사람의 관습에 복귀해야 한다고 명령했다. 하지만 이때 많은 자들이 위험에 노출되었고 게다가 많은 자들이 진압되었다. 하지만 대다수는 역시 자신의 관습을 계속 유지하고 게다가 신들에게 합당한 숭배와 제의를 봉헌하지 않을 뿐만 아니라 그들 자신의 신을 숭배하고 있지 않다. 따라서 우리는 우리의 가장 자애 깊은 배려와 항상 많은 사람들을 용서하는 우리의 관례에 비추어 이 자들도 기꺼이 너그럽게 용서하고, 그들이 규율에 반하는 행동을 하지 않는 한에서는 다시 기독교도로서 존재하고, 자신들의 집회소 건립을 허용해야 한다고 생각했다. 재판관들에게는 또 다른 편지로 준수 사항을 지시할 것이다. 그러므로 이런 우리의 용서에 부응해서 기독교도도 국가가 구석구석까지 평안하고 무사하게 수호되고 동시에 그들도 자신들의 거처에서 안전하게 살도록 우리의, 국가의, 그리고 자신들의 안녕을 그들 자신의 신에게 기원해야 할 것이다.

〔Lactantius, De mortibus persecutorum 34, 1–5〕

43. 콘스탄티누스의 개종 전승

콘스탄티누스의 개종은 서양 역사에서 중요한 의의를 갖고, 그 시기와 성격에 대해서는 지금도 논란이 되고 있다. 여기에서는 기독교 측 사료가 전하는 막센티우스와의 결전(312년 10월 28일) 전에 보았던 '환영에 의한 개종'이라는 유명한 전승을 소개한다. 이것을 가장 상세하게 전하는 것은

337~338년에 유세비우스가 썼던 『콘스탄티누스 일대기』이지만(사료 B), 314~315년 무렵 쓰인 것으로 보이는 락탄티우스의 『박해자의 최후』도 매우 단순한 형태이지만 이미 유사한 전승을 전하고 있다(사료 A)

[A]

콘스탄티누스는 꿈에서 본 신의 표지를 방패 표면에 그리고 나서 전투를 시작하도록 촉구했다. 그는 지시받은 대로 문자 X를 비스듬히 해서 맨 위를 구부렸다. 이렇게 해서 크리스트의 첫 글자가 되었다.

〔Lactantius, De mortibus persecutorum 44, 5〕

[B]

만약 다른 사람이 이것을 말했다면 그렇게 쉽게 믿지 않았을 것이다. 하지만 승리자인 황제 자신이 이 글을 쓴 나에 대해 훨씬 뒤 내가 황제의 지인이 되고 친구가 되는 영예를 누렸던 때에 털어놓고 동시에 그 이야기를 보증한다고 맹세했기 때문에, 누가 이 이야기를 믿지 않고 의심할 수 있을까. (…) 황제가 말했던 바에 의하면 낮 동안에 거의 해가 기울 무렵 그는 하늘 높이 뜬 태양 빛에 번쩍이고 있는 십자가의 승리의 증거뿐만 아니라 거기에 「너, 이것으로 승리하리라」라는 문자가 붙어 있는 것을 자신의 눈으로 보았다. 그와 진군 중에 이 기적을 목격했던 병사 전원이 이 광경에 놀라 압도되었다. 그래서 그는 그것에 대해 이런 불가사의한 현상이 도대체 가능한 일인가라고 생각했다. 그가 이러저러한 생각에 깊이 빠진 후에 밤이 찾아왔다. 그러자 잠자고 있는 사이에 그의 앞에 신의 아들 그리스도가 하늘에 나타난 표지를 가지고 나타나서 하늘에 나타난 표지의 모형을 만들었다. 그리고 그것을 적과의 싸움에서 사용하도록 권고했다.

〔Eusebius, Vita Constantini I, 28–29〕

44. 밀라노 칙령

일반적으로 콘스탄티누스 황제는 313년 밀라노 칙령으로 기독교를 공인했다고 하지만 밀라노 칙령의 실재성과 기초자 그리고 의의에 대해서는 학계에서도 의견이 분분하다. 이른바 밀라노 칙령은 313년 2월 무렵 밀라노에서 열린 콘스탄티누스와 리키니우스의 회담에 입각해서 같은 해 6월 13일 리키니우스가 콘스탄티누스에게 공시했던 문서로서 락탄티우스의 『박해자의 최후』에 수록되어 있다. 유세비우스의 『교회사』에도 거의 동일한 내용의 그리스어 번역 문서가 있지만, 라틴어판과 비교하면 밀라노 칙령에 관한 문제들을 생각하는 데 중요하다고 여겨지는 몇 가지 차이가 인정된다. 그래서 아래 번역문에서는 라틴어판을 주로 사용하고 주요 차이점에 대해서는 대괄호 안에 그리스어 번역을 제시하려고 한다.

〔일찍이 우리는 종교의 자유는 부정되어야 하는 것이 아니라 각자의 선택에 따라 신격(神格)에 관한 일에 주의 깊은 생각과 의지로 배려하는 권능이 각자에게 주어져야 한다고 생각하고 기독교도에게 자신의 계율과 종교에 대한 신앙을 지킬 것을 명령했다. 당연히 그들에게 이런 권능을 부여했던 칙서에 분명히 많은 다양한 조건이 부가될 것으로 보이므로 어쩌면 그 후 곧 그들 중 일부는 이와 같은 의식으로부터 외면당했는지도 모른다.〕*

나, 황제 콘스탄티누스와, 나, 황제 리키니우스는 다행히 밀라노에서 만나 공공의 이익과 안녕에 관한 모든 일을 협의했을 때, 우리가 대다수의 사람들에게 충분히 유익하다고 생각했던 여러 일 중에서도 가장 먼저 신격에 대한 외경심을 견지하는 일이 규정되어야 한다고 생각했다. 즉

* 그리스어판에만 있는 서문

기독교도에 대해서도 많은 사람들에 대해서도 각자가 원하는 종교에 따라 자유로운 권능을 부여받은 것이다. (중략) 그러므로 우리는 건전하게 가장 올바르게 고려해서 다음과 같은 방침이 채택되어야 한다고 생각한다. 즉 기독교도의 의식에서든 다른 종교에서든 그것에 자신의 마음을 바치는 권능은 누구에 대해서도 결코 부정되어서는 안 된다고 생각한다. 그것은 우리가 자유로운 마음으로 그 예배에 따르고 있는 곳의 최고 신격이 〔다음과 같이 우리의 의지를 정했다. 즉 기독교도의 의식과 종교에 따르는 권능, 그것을 선택하는 권능은 누구에 대해서도 부정되어서는 안 된다. 또한 동시에 각자에 대해서는 그 사람이 자신에게 적합하다고 생각하는 종교에 자신의 마음을 바치는 권능이 부여되어야 한다. 그것은 신격이〕 우리에 대해 모든 일에서 항상 은혜와 호의를 줄 수 있기 때문이다. 따라서 귀관(貴官)은 다음과 같은 일이 우리의 뜻에 적합하다는 것을 잘 알아듣기 바란다. 즉 전에 귀관의 관청에 송달된 기독교도의 이름에 관한 서한에서 보았던 조건들은 이제 완전히 철폐되고 〔기독교도에 관해 귀관에게 송달된 우리의 이전 편지에 포함되어 있던 조건들은 어떤 거라도 완전히 철폐되고 동시에 아주 불행하면서도 우리의 자비와 어울리지 않다고 생각되었던 일도 완전히 폐지되고〕, 이제는 같은 의지, 즉 기독교도의 종교를 존중한다는 의지를 가진 자들 각자가 자유로우면서도 절대적으로 어떤 불안도 역경도 없이 그 일을 지키려고 노력하는 것이다. 우리는 이런 일이 귀관에 대해 완전히 알아들어야 한다고 생각했다. 그것으로 우리가 기독교도에 대해 자신의 종교를 믿는 자유로우면서도 절대적인 권능을 부여했다는 것을 귀관이 잘 알아듣게 하려는 것이다. 이 권능이 우리에게서 그들에게 부여되었다는 것을 귀관이 인식한다면, 귀관은 다른 자들에게도 자신의 종교이든 의식에 관해서든 마찬가지로 명백하면서도 자유로운 권리가 우리

시대의 평온을 위해 허용되어야 한다는 것을 이해할 것이다. 그것은 각자가 스스로 선택한 것에 힘쓰는 자유로운 권능을 가졌기 때문이다.

게다가 우리는 덧붙여서 기독교도의 지위를 위해 다음과 같은 일이 규정되어야 한다고 생각했다. 즉 만약 그들이 습관적으로 모이는 장소에 관해서 이미 귀관의 관청에 송달된 서한에 확고한 규정이 기술된 그 장소를 전에 어떤 자들이 우리의 황제 금고로부터 또는 누구든 다른 자로부터 구입했다고 생각된다면, 그 자들은 그 장소를 돈을 받는다거나 어떤 배상도 요구하지 말고 일체 주저함이 없이 기독교도에게 반환해야 한다. 증여로 획득한 자들도 마찬가지로 그것을 기독교도에게 한층 더 신속하게 반환해야 한다. 게다가 또한 구입했던 자든 증여로 획득했던 자든 그들이 우리의 호의로부터 무언가를 바라고 있다면, 우리의 관대함으로 그들에 대해서도 고려하도록, 대관(代官) 〔현지의 장관〕에게 신고해야 한다. 앞으로 이 모든 것이 귀관의 개입〔지원〕으로 지체 없이 곧 바로 기독교도 단체에 인도되어야 한다. 게다가 이들 기독교도는 습관적으로 모이는 장소뿐만 아니라 그들 개개인이 아닌 그들의 단체, 즉 교회〔그들의, 즉 기독교도의 단체〕의 권리에 속하는 다른 장소를 소유하고 있다는 것이 알려지고 있다. 따라서 이런 것도 전적으로 우리가 전에 기술했던 법에 따라 어떤 일체의 주저함과 이의 없이 기독교도, 즉 그들의 단체와 집회에 반환하도록 귀관에게 명령하려 한다. 물론 위에서 기술한 방침은 준수되어 그런 장소를 우리가 명령했던 대로 배상을 요구하지 않고 반환했던 자는 우리의 호의로 손해 배상을 기대할 수 있다. 이 모든 것에 대해서 우리의 명령이 보다 신속하게 실행되도록 귀관은 위에서 기술한 기독교도 단체에 귀관의 가장 강력한 지원을 해 주기 바란다. 그것은 이 일에 있어서도 우리의 관대함으로 공공의 평온에 이익이기 때문이다. 이렇게 하는 한 앞에 기술한 바와 같이 우리가 이렇게 많은 일에 대해서 경험해 왔던 우리에 대한 신의 은혜는 다행히도 영원히 공공의 더없는 행복과 같이 우리의 성공 위에 머무를 것이다〔영원히 확고한 것으로 지속될 것이므로〕.

게다가 또한 이런 우리의 호의적인 법이 정하는 바가 많은 사람에게 알려질 수 있도록 귀관이 포고를 덧붙여 이 서한을 여러 곳에 공시하고, 많은 사람에게 알려지도록 하라. 우리의 이 호의적인 법이 세상에 알려지지 않은 채로 있어서는 안 될 것이다.

〔Lactantius, De mortibus persecutorum, 48, 2–12; Eusebius, Historia ecclesiastica X, 5, 1–14〕

45. 콘스탄티누스의 기독교 보호령

콘스탄티누스 대제는 기독교 교회에 대해 다양한 보호 정책을 강구했지만, 그 일부분만 소개한다. 사료 [A]는 312년 11월~313년 1월 무렵, 사료 [B]도 [A] 이후 얼마 안 있어서 쓰였던 아프리카 총독에게 보낸 서한이다. 사료 [A]의 교회 재산 반환 명령은 이른바 밀라노 칙령에 의해, [B]의 가톨릭 성직자의 부역 면제는 테오도시우스 법전 XVI, 2, 1(연대 불명)과 XVI, 2, 2(319년)의 칙령에 의해 일반화되었다.

사료 [C]는 주교에게 민사소송에 관한 재판권을 부여했던 유명한 칙령(318년으로 추정)이지만, 그 진정성은 일부 의문시되고 있다. 사료 [D]는 교회에 유산상속권을 주고, 경제적 발전에 기여했던 칙령(321년)이다.

[A]

만약 각 도시 또는 다른 장소에 있는 기독교도의 가톨릭교회에 속한 것 중에 무언가가 현재 시민 또는 다른 누군가에 의해 소유되고 있다면, 귀관은 이 서한을 수령한 후에 곧 바로 그것이 해당 교회에 반환되도록 해야 한다. 그 교회가 예전에 소유했던 것은 그 교회의 권리로 반환되어야 한다는 것을 우리가 이미 결정했기 때문이다. 따라서, (…) 정원이든 가옥이든 또는 그 교회의 권리에 속하는 것은 무엇이든 가급적 신속하게 그들에게 반환되도록 힘써 주시오.

〔Eusebius, Historia ecclesiastica X, 5, 16-17〕

[B]

거기에서 지극히 신성한 하늘에 대해 가장 외경스러운 종교가 무시되면 국가에 심대한 위기를 초래한다. 한편 그 종교가 법에 의해 채택되어 수호된다면, 로마의 이름에 최대의 행운을 그리고 인류에 관한 모든 일에 각별한 번영을 가져온다. 이것은 많은 사건으로부터 분명하기 때문에-신의 은총이 이렇게 이루어지지만-, 신성한 이 법을 준수해서 신의 종교를 유지하기 위해 스스로 봉사하고 있는 인간들이 그런 노력에 보상을 받는다는 것은 당연하다고 생각된다. 그러므로 나는 귀관에게 맡겨진 속주 내에서 카이킬리아누스가 수장으로 있는 가톨릭교회에 이 신성한 종교에 스스로 봉사하고 있는 사람들, 즉 흔히 사제로 불리는 사람들이 앞으로 일체 강제 부역에서 완전히 자유로워지도록 배려하기를 바란다. 그것은 그들을 어떤 잘못과 신을 모독하는 일탈로 신격에 바쳐져야 할 봉사로부터 떼어놓지 않고, 오히려 아무런 걱정도 없이 자신의 율법에 최대한 봉사하게 하기 위해서이다. 그들이 신에게 최대한 봉사한다면, 국가에 대해 가능한 한 최대의 공헌을 할 것이라고 생각되기 때문이다.

〔Eusebius, Historia ecclesiastica X, 7〕

[C]

재판관은 자신의 책무로 다음 사항을 지켜야 한다. 즉 만약 주교의 재판에 항소가 이루어지지 않으면 침묵해야 한다. 또한 누군가가 소송을 기독교의 법으로 바꿔서 그 재판에 따르려 한다면, 가령 소송이 재판관의 허락으로 시작되었더라도 재판관은 들어야 하고 동시에 그들〔주교〕이 재판했던 것은 전적으로 신성하다고 간주되어야 한다.

〔Codex Theodosianus I, 27, 1〕

[D]

죽어 가고 있는 사람 각자는 재산 중에 자신이 원하는 것을 지극히 신성하고 경외할 만한 가톨릭교회에 자유롭게 유증해야 한다.

〔Codex Theodosianus XVI, 2, 4〕

46. 배교자(背教者) 율리아누스

361년 로마의 단일 황제가 된 율리아누스는 대략 2년의 짧은 치세를 통해 이교 부흥에 힘써 후대에 '배교자'라는 이름을 얻었다. 사료 [A]는 이교도 황제의 출현을 말하는 암미아누스의 기술이다. 율리아누스 자신은 『턱수염을 증오하는 자들』(Misopogon)을 포함해 11편의 저작과 변론 그리고 80여 편의 서한을 남기고 있다. 여기에서는 그의 서한들 중에서 노골적인 기독교도 박해에 대해서는 고소하지 않는 이교도 우대를 분명히 말했던 서한(B)과, 그가 기독교회의 성공 원인을 무엇으로 보고 있는가를 나타내는 한 구절(C)을 소개한다. 그는 이 관찰에 입각해서 이교 제사장들의 도덕 교육에도 애썼다.

[A]

그(율리아누스)는 소년 시절 최초 시기부터 신들에 대한 숭배에서 한층 더 심약한 상태였지만, 점점 성장해 가면서 신들에 대한 숭배 욕구가 불타올랐다. 하지만 많은 일을 두려워하고 또는 그것에 관한 여러 일들을 할 수 있는 한 비밀리에 행하고 있었다. 하지만 두려워하고 있던 모든 일이 사라졌을 때 바라는 바를 자유롭게 행할 때가 자신에게 찾아왔다는 것을 간파했다. 그래서 가슴에 비밀로 간직하고 있었던 일을 드러냈다. 그리고 간결하고 명확하면서도 절대적인 포고로 신전을 열고 희생제 짐승을 제단에 끌고 갔으며 신들에 대한 숭배를 부흥해야 한다는 뜻을 정했다. 그리고 이 명령의 효과를 높이기 위해 의견을 달리하는 기독교 주교들을 분열된 민중과 함께 궁정에 초청해 반목을 종식했다. 그리고 각자가 어떤 것에도 방해받지 않은 채 안심하고 자신의 종교에 봉사할 있도록 정중하게 타일렀다. 율리아누스가 이렇게 단호했던 것은 이런 자유가 반목을 증폭시켜 이후 민중이 마음을 하나로 합치는 것을 걱정하지 않아도 좋았기 때문이었다. 그는 어떤 짐승도 대부분의 기독교도가 서로 싸우는 것만큼 인간에게 적대적이지 않다는 것을 경험으로 알고 있기 때문이다.

(Ammianus Marcellinus XXII, 5, 1-4)

[B]

신들에게 맹세코 나는 갈릴리 사람들이 살해되는 것도 부당하게 맞는 것도 다른 무언가의 재앙을 입는 것도 바라지 않는다. 하지만 신들을 경외하는 사람들이 그들보다 우선되어야 한다고 단언한다. 왜냐하면 갈릴리 사람들의 어리석음에 의해 거의 모든 것이 혼란스러워졌지만, 역시 신들의 은혜로 우리는 모두 구원받기 때문이다. 그러므로 신들 및 신들을 경외하는 사람들과 모든 도시를 공경해야 한다.

〔Julianus, Epistulae (J. Bidez), no. 83, 376 c-d〕

[C]

내가 생각건대 가끔 빈곤한 자들이 사제들에게 무시당한 채로 있으므로 신들을 두려워하지 않는 갈릴리 사람들은 그것을 간파하고 자선 행위에 몰두하고, 그런 관행을 과시함으로써 품행의 가장 나쁜 부분을 강화했다. 마치 유아들을 과자로 홀리는 것처럼. 한 때 달콤하게 보였던 것이 나중에 인생 전체를 통해 고뇌로 되어 버리듯이 그들도 같은 방식으로 일을 시작하고 그들이 말하는 사랑과 환대와 식탁의 봉사 (…) 로 대단히 많은 사람들을 무신론으로 유인했다.

〔Julianus, Epistulae (J. Bidez), no. 89, 305 b-d〕

47. 콜로누스(colonus) 제도의 발전

제정 후기에 '토지에 묶인 콜로누스'가 법적으로 최초로 확인되는 것은 332년의 콘스탄티누스의 칙령(A)이다. 발렌스 황제의 칙령(B)은 토지 소유자의 콜로누스 지배 강화(징세)를 전하는 것과 동시에 '토지에 묶인 콜로누스'와 구별되어야 할 콜로누스의 존재를 나타내고 있다. 콜로누스를 토지에 묶는 것이 강화되어 가지만(대략 392~395년 사이), 도망이 빈번하게 발생하게 되자 419년의 칙령(D)은 30년의 소멸시효를 규정하고 있다. 사료 [A]와 사료 [B]는 완역이고 사료 [C]와 사료 [D]는 발췌 번역이다.

[A]

누군가의 허락에도 타인의 권리에 속하는 콜로누스가 발견되었다면, 그 사람은 그(콜로누스)를 원적지로 돌려보낼 뿐만 아니라 그 기간 중에 그에게 부과된 인두세에도 책임을 져야 한다. 또한 도망을 기도하는 콜로누스 자신은 노예 상태로 쇠사슬로 묶는 것이 타당하다. 그것은 노예 상태의 선고로 그들에게 자유민에게 적합한 책무를 다하도록 하기 위해서이다.

〔Codex Theodosianus V, 17, 1〕

[B]

토지 소유권을 가진 자들은 그곳에서 등록시키는 것이 분명한 원적에 묶인 콜로누스에 관해 자신 또는 대리인을 통해 강제 징수하고 납세의 의무를 다하는 책임을 인정해야 한다. 물론 아무리 작다고는 해도 토지를 소유하고 자신의 토지에 등록되고 자신의 이름으로 조세대장에 기재되는 자는 이 규정을 적용받지 않는다. 그들은 종래의 징세인(徵稅人) 밑에서 소출(annona) 의무를 부담하는 것이 적당하다.

〔Codex Theodosianus XI, 1, 14〕

[C]

트라키아 관구(管區) 전체에서 인두세의 켄수스(census)는 영구적으로 폐지되었지만, 토지의 토지세(jugatio)만은 납부되어야 한다. 그런데 담세의무에서 해방된 콜로누스에게 이동하고 싶은 곳으로 가는 권리가 허가되었던 것처럼 생각되는 일은 없을 것이다. 실제로 그들은 원적법(原籍法)에 구속되어야 하고, 신분상으로는 태생적인 자유민으로 보이지만 그들이 태어났던 토지 자체의 노예로 간주되어야 한다. 그리고 원하는 곳으로 가거나 거주지를 바꿀 권리는 없다. 토지 소유자가 보호자로서의 배려와 주인으로서의 권한으로 그들의 권리를 행사해야 한다.

〔Codex Justinianus XI, 52, 1〕

[D]

만약 원적에 묶였던 콜로누스 또는 인퀴리누스가 30년보다 이전에 영지에서 도망해서 계속 출생지로 되돌아가지 않았다면, 그 또는 그를 현재 때마침 소유하고 있는 자들은 일체의 마구잡이 소송을 할 수 없다. 우리는 30년의 기간이 앞으로도 지켜지기를 바란다. 만약 원적에 묶였던 자가 30년 후에 도망으로 달아났든 자발적 또는 교사에 의해 이동했든 영지에서 이탈하고, 또한 그 자의 신분에 의심의 여지가 없다면, 우리는 그 자가 가족과 함께 신속하게 출생지로 반환되어야 한다고 명령한다. 만약 그 소유권에 대해서 다투고 있는 본인이 사망했다면, 그 자의 자손은 모든 특유재산(peculium)과 임금을 함께, (…) 우리는 토지의 권리에 곧 바로 소환되어야 한다고 명령한다.

〔Codex Theodosianus V, 18, 1〕

48. 로마 지배하의 아프리카 사회-Circumcelliones

4세기에서 5세기 초, 도나티즘 분쟁과 복잡하게 연결된 키르쿰켈리오네스라 불리는 하층민 운동이 로마 지배하의 아프리카 사회를 떠들썩하게 만들었다. 키리쿰켈리오네스의 실태와 운동의 성격에 대해서는 오랫동안 논의되었지만, 그걸 고려해서 중요한 사료 몇 개를 소개한다. 사료 [A]는 운동의 최초 시기를 전하는 가톨릭 주교 옵타투스(Optatus)의 기술이고, 사료 [B]는 370~390년에 쓰였던 도나티스트 신학자 티코니우스의 기술이고, 사료 [C]는 409~410년 무렵 아우구스티누스가 히포의 도나티스트 주교에게 보냈던 서한이다. 사료 [D]는 417년 무렵 아우구스티누스가 로마 무관에게 써서 보냈던 서한의 한 구절이다.

[A]

이런 종류의 인간들이 통일[347년 카르타고에서 포고되었던 가톨릭와 도나티스느 양 교회의 통일령을 가리킨다] 이전에 각지를 배회하고 악시드와 바시르가 광기 어린 사람들에 의해 성자(聖者)들의 지휘관으로 불리고 있었을 무렵 누구도 자신의 재산을 안전하게 소유할 수 없었다. 당시 채무자의 증서는 의미를 잃고 어떤 채권자도 채무 이행을 요구할 자유는 없었다. 성자들의 지휘관임을 자랑하는 사람들의 편지에 많은 사람들이 전율하고 그들의 명령에 따르는 것이 지체되면 곧 바로 광기 어린 무리들이 돌진해 왔다. 채무자들은 위험한 상황에 놓여 공포에 압도되었고, 그 결과 자신들이 주는 것 때문에 당연히 간곡한 부탁을 받아야 했던 사람들이 죽음의 공포로 비굴해지면서 오히려 간곡히 부탁할 처지가 되었다. 누군가 가장 많은 채무조차도 서둘러 파기되고 이들의 무법 행위로부터 피할 수 있었던 것을 이익으로 간주했다. 도로도 안전하지 않았다. 탈것으로부터 내팽개쳐진 주인들은 주인의 자리에 앉았던 노예 앞을 노예처럼 달렸다. 이 사람들의 판단과 명령으로 주인과 노예의 입장이 바뀌었다.

〔Optatus Milevitanus III, 4〕

[B]

그들은 다른 형제와 같은 모습으로 태어난 것은 아니고 순교를 사랑하듯이 스스로 자신을 던진다. 그것은 이 세상의 삶과 부자연스러움에 이별하고 순교자로 불리기 위한 것이다. 이 자들은 그리스어로 코트피케스로 불리고, 우리는 그들을 라틴어로 키르쿰케리오네스라고 부른다. 하지만 그것은 그들이 농민이기 때문이다. 그들은 여러 곳을 돌아다닌다. 그것은 그들이 마음도 몸도 하나로서 사도(使徒)처럼 살아야 하고 형제와 한곳에서 하나의 생각으로 공통의 생활을 보내는 것을 좋다고 생각하기 때문이 아니다. 말하자면 앞에서 기술한 것처럼 자신들의 영혼 구제를 위해 여러 곳을 돌아다니면서 성자들의 묘를 보는 것을 좋다고 생각하기 때문이다. 하지만 그들은 어떤 은혜도 받지 못할 것이다. 왜냐하면 그들은 형제와 공통의 집회를 갖지 않고 이런 짓을 저지르고 있기 때문이다.

〔T. Hahn, Tyconius-Studien, p. 68, n. 1〕

[C]

통일이 기피됨으로써 너희들 종파 무리들-너희들이라고 말하고 싶지 않아서 이렇게 말하지만-의 부정에 대해서 우리는 국가의 법을 요구하고, 그 법 자체에 대항해서 키르쿰케리오네스가 무장 궐기하는 것이다. (…) 통일이 기피됨으로써 지주에 대항해서 농민의 무모함이 부추겨지고, 도망노예는 사도의 가르침에 역행해서 주인에게서 이반할 뿐만 아니라 주인을 협박하기도 한다. 협박으로도 만족하지 않고 가장 광포한 공격으로 약탈한다. 교사자, 지도자, 가장 죄 많은 자는 너희들의 종파교도라는 것을 고백하는 아고니스티키[키르쿰케리오네스는 자칭 아고니스티키(고뇌하는 자)로 불렀다]이다.

〔Augustinus, Epistulae 108, 6, 18〕

[D]

정말로 그런 법이 가톨릭의 황제 편에서 보내 온 이전에도 크리스트의 평화와 통일의 가르침이 적지 않게 확대되고 있었다. 그리고 그 가르침을 알고 가르침에 따르기를 바란 사람은 그들〔도나티스트〕편에서 개종해서 왔다. 하지만 그 무렵 그들이 허가했다면 광기어린 파괴자 집단이 다양한 이유로 무고한 사람들의 평안을 어지럽혔다. 노예가 그들의 비호로 도망한 경우 자신들의 노예를 두려워하지 않고 살았던 주인이 있었을까. (…) 그들의 도움과 보호를 요청하는 채무자에게는 대체로 어느 누구도 채무 변제를 요구할 수 없었을 것이다. 곤봉과 방화와 눈앞에 다가오는 죽음의 공포 때문에 가장 악명 높은 노예의 증서조차도 그들이 자유롭게 떠나도록 파기되었다. 그들의 무정한 말을 무시하는 자는 모두 더욱더 무정한 응답으로 그들이 명령했던 것을 하도록 강제되었다. 그들을 화나게 했던 무고한 사람들의 집은 무너뜨려 불태워졌다. 명예로운 지위로 태어나서 훌륭한 교육을 받았던 가장들일지라도 그들의 학살을 간신히 면했던 자는 강제로 끌려가거나 혹은 맷돌에 묶여 마치 하등한 가축처럼 채찍으로 맞으면서 맷돌을 돌렸다.

〔Augustinus, Epistulae 185, 4, 15〕

49. 도시민의 사회생활의 한 단면

로마 제정기 중반 무렵부터 일반화되어 온 콜레기아(collegia, 조합) 중 다수는 직업별로 조직화되었지만, 동직조합적 성격보다는 구성원의 사교생활의 장이라는 성격이 강했다. 제정 후기 로마 국가는 콜레기아를 통해 통제 경제를 강화해 간다. 하지만 사교의 장으로서의 콜레기아의 기능은 계속되었다. 아래에 소개하는 것은 푸라에네스테 시의 콜레기아가 건립했던 한 조각상의 받침대에 새겨진 비문으로, 370년 무렵의 것으로 추정된다.

푸블리우스 아에리우스 아폴리나리스 아루레니우스는 10월 29일에 태어나서 청렴한 생활 습관과 문예를 몸에 익혔지만, 6월 24일 18세였던 그는 하늘에 부름을 받아 육체의 감옥에서 해방되었다. 그때 그는 소송관(actor causarum), 코르시카 총독, 수도소방장관을 맡은 페르베크티시미?(상층 기사신분에게 주어진 작위)였던 아버지 푸블리우스 아에리우스 아폴리나리스에게 푸라이네스테의 영지에 인접한 "두 개의 작은 집"으로 불리는 곳을 다음 조건으로 푸라이네스테 시의 콜레기아에 인도하자는 부탁이 이루어졌다. 그 조건에 의하면 콜레기아에게도 또는 그 권리와 단체에 속하는 누구에게도 어떤 계약으로도 〔그곳을〕 양도할 권한은 없다. 하지만 그곳에서의 수익으로 한 해에 두 번 위에서 기술한 날에(6월 24일과 10월 29일) 식사 모임이 열려야 한다는 것이다. 게다가 이것에 덧붙여 다음 사항이 자신의 뜻이라고 위에서 언급한 아버지에게 간청했다. 즉 5000보리스[4세기 초의 시점에서 1 보리스=12000데나리였던 것으로 추정되지만, 그 평가 가치는 하락하고 있다] 상당의 과수원 소유권을 그를 위해 구입해서 콜레기아의 권리와 단체에 위에서 기술한 조건으로 양도해 달라고 간청했다. 이렇게 해서 위에서 기술한 이유로 콜레기아 구성원 전체는 위에서 기술한 곳, 그리고 돈에 대해서는 위에서 기술한 방식으로 구입된 과수원을 소유하게 되었다. 이런 선행으로 콜레기아 구성원 전체는 그를 위해서 토가를 입은 상(像)을 광장에 건립했다.

〔ILS 8376〕

50. 게르만족 대이동의 시작

훈족의 서진(西進)으로 압박받은 고트족은 376년 동방의 로마 제국 황제 발렌스의 허가로 도나우 강 남쪽 연안의 로마 영내에 이주했다. 하지만 식량 부족 등으로 폭도로 변했다. 트라키아 전 지역을 뒤덮었던 폭동을 진압하려 했던 발렌스는 378년 8월 아드리아노플 전투에서 사망했다. 이른바 게르만 민족 대이동의 시작이라고 말해지는 사건이다. 아래는 서고트족의 도나우 강 도하와 광범위한 폭동을 전하는 암미아누스 마르켈리누스의 기록을 발췌 번역한 것이다. 당시 로마 측의 대응에 대한 암미아누스 자신의 분노도 엿볼 수 있다.

이제까지 본 적이 없는 인종이 바로 최근에 높은 산의 눈바람처럼 미지의 내륙 지역에서 급습하고, 앞에 놓인 것은 모조리 강탈하고 파괴하고 있다는 소문이 고트인의 다른 여러 종족들 사이에 퍼지면서, 고트인 대부분은 (…) 야만성이라는 온갖 악명으로부터 멀리 떨어진 거주지를 얻음으로써, 어떤 거주지를 선택해야 할지 오랫동안 협의했다. 그 결과 트라키아라는 피난처야말로 땅이 대단히 기름지고 동시에 도나우 하류의 큰 강이 이미 외래의 마르스 신의 번개를 맞고 있는 지방으로부터 사이를 가르고 있다는 두 가지 이유로 자신들에게 적합하다고 생각했다. (…) 그래서 그들은 아라비우스를 지도자로 내세워 도나우 강 연안을 점령하고 발렌스에게 사절단을 보내 자신들을 받아들여 줄 것을 허리 굽혀 간청했다. 그들은 평온하게 지낼 것이며 상황이 요구하면 보조군을 제공하겠다고 약속했다. (중략)

최초 무렵에 이 사실을 우리의 친구들은 경멸하며 무시했다. 왜냐하면 트라키아에서의 전쟁은 원격지에 거주하는 자에게 맡겨져 이미 종결되었거나 진정되었던 것으로만 항상 들었기 때문이다. 하지만, (…) 외국인 사절단의 도착이 그 신빙성을 확고하게 하면서 이런 사태는 두려움을 주기보다 오히려 환영받았다. 숙련된 추종자들은 황제(발렌스)의 행운을 과도하게 칭송했다. 황제의 행운이 맨 끝에 있는 지역으로부터 이처럼 많은 신병을 데리고 나와서 기대하고 있지 않았던 황제에게 내주었다. 그 결과 황제는 자신의 군대와 외부에서 온 군대를 하나로 통합해서 무적의 군대를 거느리고, 속주마다 매년 부담하게 했던 병력충원 대신에 막대한 황금의 산이 재물 창고에 더해질 것이다. 이런 기대 속에 사나운 사람들[고트족]을 짐수레로 이송해야 할 여러 관리들이 파견되었다. 그리고 장차 로마 국가를 파괴할 자가 누구 한 사람, 불치병으로 쇠약해진 사람조차도 남겨지지 않도록 열심히 노력했다. (…) 그들〔고트인〕은 수일간 주야를 구분하지 않고 몇 개의 무리로 나누어 배와 뗏목과 도려낸 나무의 줄기에 올라타서 강을 건넜다. (…) 이렇게 해서 밀어닥친 노도와 같은 열의로 로마 세계의 파멸은 다음으로 넘겨졌다. (중략)

우선 아라비우스와 함께 브리티게론이 받아들여지고 황제는 그들에게 당분간의 식량과 경작지를 주도록 명령했다.

이 시기에는 우리의 국경 관문이 열리면서 무장한 야만족 무리가 에트나 산에서의 재처럼 퍼지고 있었다. 그것은 긴박했던 어려운 시절이 군사 개혁자, 누군가 그 공적 때문에 명성이 가장 높은 사람들을 구하고 있었던 시기였다. 하지만 마치 무언가 적의(敵意)를 가진 신이 선택했던 것처럼 악평이 높은 사람들이 한 무리가 되어 군대 지휘권을 위임받고 있었다. 루피키누스와 막시무스가 그들 위에 있었다. 루피키누스는 트라키아 총사령관이고, 막시무스는 해로운 장군이며, 두 사람은 사려(思慮)가 없다는 점에서는 우열을 가리기가 어려웠다. 기회를 봐서 덤벼들려고 하는 그들의 탐욕스러움이 전적으로 재앙의 원인이었다. (…) 강을 건넜던 만족이 식량 부족으로 힘들어할 때 가장 증오해야 할 장군들은 부끄러워해야 할 거래를 생각해 내고, 그 탐욕스러움에 가능한 한 개를 여기저기서 모아 노예 한 사람에 대하여 한 마리를 주었다. (중략)

다른 한편 얼마 전에 강의 도하를 허락받은 테루인기족은 당시 아직 강 연안 부근을 헤매고 있었다. 그들은 이중의 장애에 막혀 있었다. 즉 장군들의 치명적인 태만으로 합의했던 자들로부터 식량 원조를 받지 못했을 뿐만 아니라 방해되는 삼가야 할 거래를 위해 고의로 억제되었다. 이 일을 잘 알기 때문에 그들은 임박한 재앙으로부터 몸을 지키기 위해 충성하지 않겠다고 말했다. (중략)

그들은 (…) 왕〔브리티게론〕의 조언에 동의해서 트라키아 전 지역에 흩어져 신중하게 걸음을 옮겼다. 항복한 자와 포로들은 풍요로운 마을, 특히 식량이 풍부하다고 이야기되었던 마을을 가르쳐 주었다. 대담한 자들의 타고 난 자신감에 더해서 가장 큰 도움이 되었던 것은 엄청나게 많은 동족들, 전에 상인에게 팔렸던 자들이 매일 그들에게 합류했다. 그리고 최초로 강을 건넜을 때 죽음의 좁은 해협에 빠졌던 자들과 굶주림 때문에 저급한 포도주와 가장 빈약한 빵 조각과 교환했던 사람들도 다수 가세했다. 게다가 금맥을 찾는 숙련자들이 무거운 세금의 부담을 견디지 못하고 적잖이 그들에게 가세했다. 이 자들은 (…) 숨겨진 곡물 저장소와 현지인이 숨은 장소와 비밀 피난처를 가르쳐 주었으므로 낯선 고장을 방황하는 그들에게 충분한 큰 도움이 되었다.

〔Ammianus Marcellinus, XXXI, 3, 8; 4, 1; 4, 3–6; 4, 8–11; 5, 1–2; 6, 5–6〕

51. 기독교의 국교화

380년 2월 테오도시우스 1세는 가톨릭=기독교를 국가 종교로 하는 유명한 칙령(A)을 공포하고, 다음 해인 381년 1월의 칙령(B)에서는 니케아 신조를 가톨릭의 정통교리로 천명하고, 아리우스파를 시작으로 모든 이단파를 금지했다. 물론 테오도시우스 1세의 종교 정책 전체 속에서 조망하게 되면 이것은 대이단정책(對異端政策)이고, 아직은 이교에 대해서 비교적 관대했던 시기이다. 하지만 391년에 이르러 황제는 이교신전 폐쇄를 명령하고 392년 11월의 칙령(C)에서는 마침내 이교를 전면적으로 금지했다. 모두 발췌 번역이다.

[A]

우리의 자애 깊은 중용의 지배를 받는 많은 사람들이 성스러운 사도 베드로가 로마인에게 전해서 베드로 이래로 지금에 이르기까지 침투했던 바로 그 종교가 선언되고 동시에 교황 다마수스와 (…) 알렉산드리아 주교 페트루스가 분명하게 신봉하고 있는 종교에 귀의하기를 우리는 바란다. 즉 우리는 사도의 가르침과 복음의 교리에 따르고 아버지와 아들과 성령이 하나가 된 신을 동등한 존엄과 신성한 삼위일체의 바탕으로 믿는다. 우리는 이 법에 따르는 자가 가톨릭=기독교도의 이름을 띠도록 명령한다. 다른 한편 이 밖에 이성을 잃은 광기 어린 자는 이단의 오명을 받고, 그들의 집회는 교회의 이름을 얻을 수 없다. 이런 자들은 먼저 신의 벌로그다음에는 (…) 우리의 열정적인 보복으로 얻어맞아야 한다고 생각한다.

〔Codex Theodosianus, XVI, 1, 2〕

[B]

이단자에 대해서는 어떤 비의 장소도 매우 완고한 마음의 광기를 표출하는 어떤 기회도 허용되어서는 안 된다. (…) 모든 이단자의 모임은 비합법적인 집회로부터 내쫓겨야 한다. 최고 유일신의 이름은 널리 칭송되어야 하고, (…) 니케아 신조의 영구불변의 전례(典禮)가 확고하게 유지되어야 한다. 보티누스파의 추악함에 물들고, 신을 모독하는 아리우스파의 해악, 에우노미우스파의 불신죄, 그리고 창시자의 기괴한 이름 때문에 기피해야 하는 여러 파들의 불길한 징조에 귀를 기울여서는 안 된다. 한편 전능한 신과 신의 아들 그리스도를 하나의 이름 아래, 즉 신으로부터의 신, 빛으로부터의 빛으로 인정하고 믿는 자, (…) 성령을 부정하는 것으로 신을 모독하지 않는 자, 추악한 신앙을 파악해서 완전히 불가분한 삼위일체의 본질-그리스어의 선언으로 올바른 신앙인들에게 우시아로 불리는 본질-을 존중하는 자는 니케아 신조의 옹호자, 가톨릭교의 진실한 지지자로 인정되어야 한다. (…) 이 신앙에 헌신하지 않는 자들은 진실한 종교라는 부당한 이름을 고의로 사칭하지 말아야 하고, 그들의 공공연한 범죄로 비난받아야 한다. 이 자들을 배제하고 모든 교회의 출입구에서 완전히 물러가게 해야 한다. 왜냐하면 우리는 전적으로 이단자가 도시 내부에서 비합법적 집회를 여는 것을 금지하는 것이다.

〔Codex Theodosianus XVI, 5, 6〕

[C]

인간과 품위의 어떤 종류와 위계의 출신이라도 직권을 가진 자도, 관직의 영예를 지켜 나갔던 자도, 태생적 운명으로 권세를 가진 자도, 출신과 법적 신분 그리고 재산에서 비천한 자도, 결코 어떤 장소 어떤 도시에서도, 영혼을 갖지 않는 우상을 위해 무고한 산 제물을 죽여서는 안 된다. 또한 보다 비밀스런 악행에 의해, 불로 라루 신을, 포도주로 게니우스를, 향으로 페나테스신을 숭배하려고 등불에 불을 붙이거나 향을 두거나 화환을 매달아서는 안 된다.

하지만 만약 누군가가 희생제를 거행하려고 감히 무고한 짐승을 죽이고 숨 쉬고 있는 내장에게 계시를 바란다면, 반역죄로 다스리고 죄인은 모든 사람에게 허용된 고발로 통보된다. 가령 황제들의 평안에 반해서 그것에 관한 일을 알려고 했던 것은 아니라고 하더라도, 상응하는 판결을 받아야 한다. (…)

하지만 만약 누군가가 죽을 운명의 인간의 노동으로 만들어지고 한정된 수명밖에 존속하지 않는 우상을 향을 놓고 숭배한다면, 또한 자신이 유사한 상을 만들었던 경우의 모든 힘을 갑자기 두려워서 어리석은 방식으로 (…) 공허한 우상에 경의를 표하게 한다면, 그 자는 종교에 대한 폭력 행위의 죄를 범한 것으로 그가 이교의 미신에 봉사했던 장소로 판명된 가옥 또는 토지의 몰수로 처벌해야 한다. 왜냐하면 향을 태워 연기가 피어오른 것이 판명된 장소는 모두, 적어도 법적으로 그것이 향을 태운 자의 소유물로 입증되는 경우에는 우리의 황제 금고로 들어가야 한다고 생각한다. 하지만 만약 누군가가 공공의 신전과 사당에서 혹은 다른 자의 주거와 경작지에서 이런 종류의 희생제를 거행했다면, 소유자가 모르는 사이에 그 장소가 부당하게 사용된 것이 판명된 경우에는 금 25파운드를 벌금으로 납부해야 한다. 또한 앞으로는 희생제를 거행하는 자와 같은 벌이 이런 범죄를 눈감아 주는 자를 막아 줄 것이다.

〔Codex Theodosianus, XVI, 10, 12〕

고대 말기

52. 금욕주의와 성인숭배

고대 말기의 기독교 세계에서 중요성이 증대되어 갔던 것은 금욕주의와 성인숭배였다. 사료 [A]의 히에로니무스의 기술은 초기 기독교 시대에서부터 금욕주의의 여러 가지 계보가 있었다는 것과, 4세기 말에도 금욕주의를 둘러싼 다양한 사고방식이 있었다는 것을 나타내고 있다. 5세기가 낳은 가장 유명한 성인 중 한 명이 주장(柱上) 고행자인 시메온(390~459년경)이었다. 키로스의 주교 테오도레투스(재위 423~460년경)는 교회사 서술 말고도 시리아의 금욕 수도승[여성 3명을 포함]에 대한 저작을 남기고 있고, 사료 [B]와 [C]는 그 중에서 시메온에 관한 서술에서 발췌한 것이다.

[A]

실제 우리는 마르키온과 마니카에우스의 가르침에 따라서 결혼을 깎아내리는 것은 아니다. 또한 엔크레티타이(절제주의자의 뜻으로 엄격한 금욕주의를 실천했던 집단들의 총칭)의 창시자인 타티아노스의 오류에 사로잡혀 모든 성교가 불순하다고 생각하는 것은 아니다. 그는 결혼뿐만 아니라 신이 인간이 먹도록 창조했던 음식도 비난하고 거부한다. 우리는 대저택에서는 금과 은으로 만든 그릇뿐만 아니라 목재와 도기로 만든 그릇도 있다는 것을 알고 있다. 그리고 바오로가 건축가로서 놓았던 그리스도라는 토대 위에 어떤 사람들은 금, 은, 보석으로 집을 집고, 다른 한편 어떤 사람들은 건초, 나무, 짚으로 집을 지었다는 것도 알고 있다. 우리는 "결혼은 무엇보다도 존중되어야 하고, 혼인의 잠자리는 더럽혀지지 않는 것이다"라는 말을 알고 있다. 우리는 "열매를 맺어라, 번창하게 해라, 땅에 가득 채워라"라는 신의 최초 지시를 읽고 있다. 하지만 우리는 결혼을 존중하지만 결혼으로

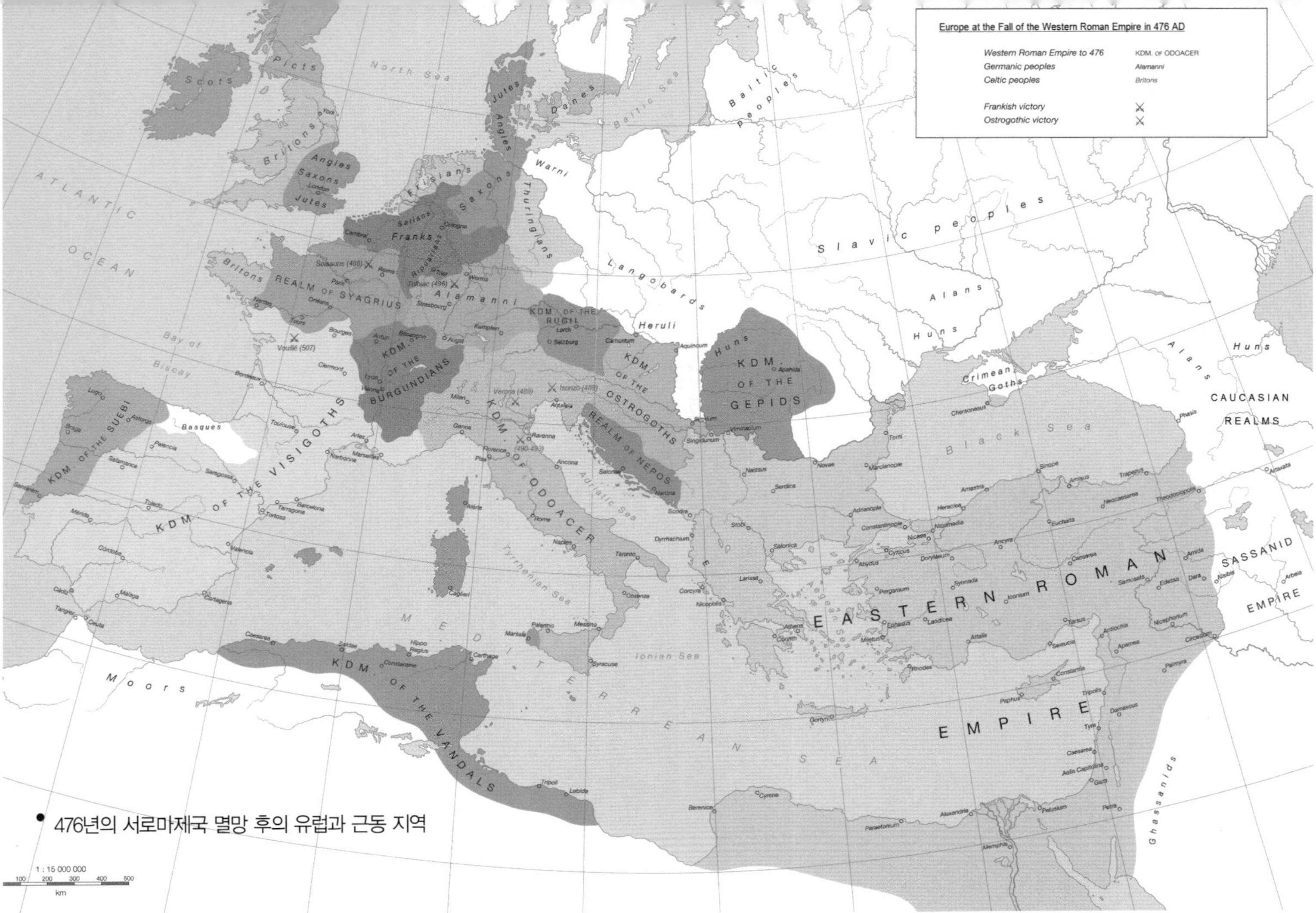

476년의 서로마제국 멸망 후의 유럽과 근동 지역

생겨난 처녀성을 더 좋아한다. 금이 은보다 더 귀중하다고 은이 은이 아니게 되는 것일까? 혹은 뿌리와 잎, 줄기와 이삭보다 과실과 작물이 더 좋다고 그것이 나무와 밭에 대한 모욕일까? 나무에서 과실이, 줄기에서 작물이 생겨나는 것처럼 결혼으로 처녀성이 생겨나는 것이다. (중략)

그〔요비아누스[밀라노 출신의 수도사로서 엄격한 금욕주의의 과시를 비판하는 논고를 390년대 전반부에 저술하고, 로마 주교 시리키우스와 밀라노 주교 암브로시우스로부터 논박되었다]〕는 다음과 같이 말한다. 한 번 그리스도에게서 세례 받았던 처녀와 과부와 결혼한 여성들은 다른 점에서 차이가 없다면, 동일한 가치를 가진다. 그는 신앙을 완전히 확신하고 세례로 다시 태어났던 사람들은 악마에 의해 타도될 수 없다는 것을 증명하려고 노력한다. 세 번째로 그는 음식의 절제와 그것을 감사하게 받아들이는 것 사이에는 어떤 차이도 없다고 말한다. 네 번째이자 마지막은 천상의 왕국에서는 자신의 세례를 맹세했던 모든 사람에게 동일하게 보상한다는 것이다.

[B]

그래서 그〔시메온〕의 평판은 도처로 퍼지고, 모든 사람들이, 즉 가까운 이웃들뿐만 아니라 며칠이 걸리는 거리에 떨어져 있는 사람들도 몰려들었다. 어떤 자들은 신체가 마비된 사람들을 데려오기도 하고 또한 어떤 자들은 병자에게 건강을 구걸하고, 또한 어떤 자들은 아버지가 되는 것을 간청하고, 자신들이 자연에서 얻을 수 없었던 것을 그에게서 얻겠다고 탄원했던 것이다. 그리고 〔그것을〕 얻고 싶었던 것이 이루어졌던 자들은 너무 좋아 기뻐 날뛰면서 돌아가고, 자신들이 얻었던 은혜를 알리면서 다니고, 그들보다 분명히 많은 탄원자를 보냈다. 이렇게 해서 모든 곳에서 많은 사람들이 왔고, 모든 길은 강처럼 되고, 모든 곳에서 유입된 사람들이 인산인해를 이루었다. 왜냐하면 우리 제국 전 지역의 주민뿐만 아니라 이스마엘인(시리아 사막에 살고 있었던 아랍계 유목민족)과 페르시아인, 페르시아인에게 종속된 아르메니아인, 이베리아[여기에서는 이베리아 반도가 아니라 흑해와 카스피해 사이의 지역]인, 호메리타이인(아라비아 반도 남동부의 주민)과 그들보다 내륙에 있는 사람들도 많이 몰려왔다. 서쪽 끝에 사는 많은 자들, 즉 스페인인과 브리튼인 그리고 그들 사이에 사는 갈리아인도 찾아왔다. 이탈리아에 대해서까지 말할 필요는 없을 것이다. 왜냐하면 시메온은 위대한 로마에서 평판이 높고 모든 가게의 입구에 그의 작은 초상이, 그들〔가게의 주민〕에게 어떤 종류의 수호와 그로 인한 안전을 가져다주는 존재로서, 돌기둥 위에 놓여 있을 정도였기 때문이라고 언급되고 있다.

이렇게 해서 셀 수 없이 많은 사람들이 내방하고, 모든 자들이 〔 〕을 만져서 그의 동물 가죽 의복에서 무언가 축복을 끌어내고자 했으므로, 그는 처음에는 이런 도를 넘친 존경과 숭배를 어이없다고 생각하고 있었다. 하지만 그 후 이 상황으로 인한 고통에 견딜 수 없게 되고, 기둥 위에 놓인 초상이 생각나서 최초에는 6페키스, 다음에는 12페키스, 한참 후에는 22페키스, 그리고 이제는 36페키스〔의 기둥〕이 잘려지도록 명령했다. 왜냐하면 그는 하늘로 날아올라 이 지상에서 시간을 보내는 것으로부터 해방되고 싶다고 원하고 있었기 때문이다.

〔Theodoretos, Historia Religiosa, XXVI, 11-12〕

[C]

왜냐하면 잠깐 무언가 촉대 위에 놓여 있는 것처럼 이 가장 밝게 빛나는 빛〔시메온〕은 태양처럼 광선을 사방팔방으로 방출하고 있다. 그리고 앞서 기술한 것처럼 이베리아인이, 아르메니아인이, 페르시아인이 찾아와서,

성스러운 세례의 은혜를 받는 것을 목격할 수 있었다. 이스마엘인은 한때 200명, 300명, 때로는 1000명이 무리 지어 찾아와서 큰소리로 조상 전래의 잘못을 버리고 이 위대하게 빛나는 자 앞에서 그들이 두려워하고 있었던 우상을 파괴하고, 아프로디테[아마도 Dea Syria로도 불렸던 시리아의 여신 아타르가티스Atargatis를 가리킨다]의 비밀 의식-그들은 처음부터 다이몬에 대한 숭배를 받아들이고 있었지만-와 결별하고, 성스러운 비의의 은혜를 받고 야생의 당나귀와 낙타와 같은 음식을 완전히 포기했다.

〔Theodoretos, Historia Religiosa, XXVI, 13〕

53. 기원후 410년 알라릭의 침입

410년 8월 알라릭 왕 휘하의 서고트족이 3일간에 걸쳐 '영원의 도시' 로마를 점령하고 약탈했던 사건은 이교도와 기독교도를 불문하고 로마 세계 전체를 흔들었다. 사료 [A]는 베들레헴에서 사건의 보고에 접했던 히에로니무스의 비탄이다. 사건의 충격 가운데 이교도의 기독교 공격에 대응해서 아우구스티누스는 『신국론』을 썼지만 그 공격을 역사적으로 논박하는 임무는 오로시우스에게 맡겼다. 사료 [B]는 오로시우스의 『이교도에 반격하는 역사 제7권』(417년)이다. 410년의 사건과 그 후 사건의 경과, 로마와 게르만의 융합에 관한 기록의 발췌 번역이다.

[A]

(…) 갑자기 내게 판마키우스와 마르케라의 죽음, 로마 시의 포위, 많은 형

제자매의 죽음 소식이 전해졌습니다. 그리고 나는 엄청난 충격에 망연자실해 했고 밤낮으로 모든 사람을 구제하는 것 말고는 어떤 것도 생각하지 않습니다. 성인들이 포로 상태인 가운데 나 자신도 붙잡힐 것이라고 생각하고 좀 더 확실한 것을 알 수 없는 한은 입을 열 수도 없는 상태입니다. 그 사이 불안에 가슴이 막혀 희망과 절망 사이를 요동치고, 다른 사람들의 불행에 고뇌하고 있습니다. 실제로 지상에서 가장 빛나는 빛이 사라지고 로마 제국이 패배했을 때, 더 정확히 말하자면 이 하나의 도시 속에서 전 세계가 멸망했을 때, 「나는 잠자코 말하지 않고 비하하고 좋은 것에 대해서도 침묵을 지켰다. (…) 」

〔Hieronymus, Commentaria in Ezechielem I, prologus〕

[B]

알라릭이 눈앞에 닥쳐 공포에 전율하는 로마를 포위하고 혼란에 빠뜨리며 침입했다. 하지만 다음과 같은 지시가 맨 먼저 내려졌다. 즉 만약 누군가가 성소에, 특히 성 사도 베드로와 바오로의 교회당(바실리카)에 피난했다면, 우선 이 자들이 부상당하지 않고 안전하도록 하고, 그것에 덧붙여 전리품에 굶주려 있는 자들에게 가능한 한 유혈을 삼가게 하라고 지시했다. (중략)

이렇게 해서 로마 시의 건설로부터 1164년째 되는 해에 알라릭이 로마 시를 침입했다. (…) 그 침입 무렵 테오도시우스 황제의 딸이면서 아르카디우스와 호노리우스 두 황제의 누이동생인 프라키티아는 알라릭의 친족 아타울프에게 붙잡혀 그의 아내가 되었다. 하지만 그것은 마치 신의 중재로 이른바 로마가 특별한 보증과 인질로서 그녀를 인도했던 것과 같고, 그녀는 이런 식으로 만족의 왕이라는 가장 강력한 남편과 맺어졌던 것으로 국가에 지대한 이익을 가져다주었다. (중략)

그〔아타울프〕는 자주 듣게 되고, 또한 그의 마지막 시기가 증명하는 것처럼 대단히 열심히 평화의 지지자로서 호노리우스 황제에게 충실히 봉사하고 고트족 병력을 로마 국가를 지키기 위해 사용하는 편이 좋다고 생각했다. 실제로 나 자신은 나르보의 어떤 사람 (…) 이 팔레스타인의 마을 베들레헴에서 지극히 복된 주교 히에로니무스에게 말하는 것을 들었다. 그 사람은 말하기를 나르보에서 아타울프와 매우 친해서 의기양양하게 활력에 넘쳐 기분이 좋을 때에 늘 말했던 사항을 자주 그의 입에서 엄숙한 확인하에 듣고 알았다는 것이다. 즉 그는 가장 먼저 로마의 이름을 말소하고 로마 제국 전체를 전적으로 고트족만의 제국으로 만들었다. 속되게 말하자면 전에 로마니아였던 것을 고티아로 부르고 실제로 그렇게 했다. 또한 이제 아타울프는 과거의 카이사르 아우구스투스의 존재가 되고자 갈망했다. 하지만 그는 많은 경험에 의해 고트인은 다루기 어려운 사납고 거친 기질 때문에 결코 법에 따를 수 없고, 또한 법 없이는 국가는 국가가 아니므로 당연히 국가에 대해 법을 금지해야 하는 것도 아니라는 것을 알고 있다. 여하튼 그는 고트의 군사력으로 로마의 이름을 완전한 상태로 복구하고, 동시에 높았던 과거의 영예를 스스로 찾고, 로마를 변혁시킬 수 없는 이상 후세인들로부터 로마 부흥의 시조로 생각되는 편을 선택했던 것이다.

〔Orosius, Historiarum adversum paganos libri VII, 39, 1; 40, 1-2; 43, 3-6〕

54. 기원후 5세기 전반의 갈리아 사회

마르세유의 주교였던 사르비아누스가 쓴 『신의 지배에 대해서』(440년 무렵)는 당시 숨길 수 없는 로마의 쇠퇴와 게르만의 우세 앞에, 도덕성으로 승리하는 게르만과 추락하는 로마를 대비하고, 로마 지배의 불공정성을 엄하게 규탄하고 게르만 침입이야말로 신의 정의의 증거로 판단한다. 아래에서는 고대 말기의 갈리아 사회에 대해서 귀중한 사료인 『신의 지배에 대해서』에서 로마의 강압정치, 바가우다이 집단, 파트로키니움의 형성 등을 기록하고 있는 부분을 발췌 번역했다.

이것을 쓰고 있는 사이에도 빈곤자는 약탈당하고, 과부는 탄식하고, 고아는 짓밟히고, 마침내 그들 중 많은 수가, 그것도 비천하지 않은 출신들, 자유민에 상응하는 교육을 받았던 자들이 국가의 억압의 고통에서 죽지 않으려고 적의 곁으로 도망갈 정도이다. 그들은 분명히 로마인 곁에서의 야만적인 비인간성을 참아내지 못하고 만족의 곁에서 로마적인 인간성을 찾는 것이다. 그리고 자신들이 피난했던 이전의 사람들이 아무리 관습과 언어에서 달라도, 또한 이른바 육체와 촌스런 옷차림과 악취 자체에서도 달라도, 로마인 가운데에서 미친 듯이 날뛰는 부정을 견디는 것보다는 만족 가운데에서 다른 관습을 견뎌내는 편을 선택한 것이다. 이렇게 해서 그들은 도처에서 또는 고트인의 곁으로 또는 바가우다이의 곁으로 또는 각지를 지배하고 있는 다른 만족의 곁으로 옮겨 갔고 그것을 후회하지 않는다. 왜냐하면 그들은 자유민이라는 외관으로 붙잡힌 몸이라기보다는 포로라는 외관으로 자유롭게 살아가는 것을 바라는 것이다. 이렇게 해서 전에는 매우 존중되었을 뿐만 아니라 높은 대가로 얻기도 했던 로마 시민이라는 이름은 이제 자진해서 버려져 기피되고 무가치한 것으로 머무르지 않고 거의 피해야 하는 것으로조차 생각되고 있다. 많은 사람들이, 그것도 영예로운 사람들이, 고귀한 사람들이, 그리고 그들에게 로마인이라는 신분이 가장 빛나고 영예로운 것은 아니었던 사람들이, 그럼에도 불구하고 이제는 로마의 불공정한 잔혹함 때문에 로마인에 만족하는 것을 원치 않은 상황까지 몰렸던 것 이상으로 로마의 불공정을 잘 증명할 수 있는 것일까. (…)

여기에서 바가우다이에 대해서 말하려 한다. 그들은 악랄하게 잔혹한 재판관에게 약탈당하고 고통 받고 살해되었다. 그들은 로마적 자유의 권리를 잃은 후에는 로마인이라는 이름의 영예마저 잃었던 자들이다. (…) 우리는 자신들을 범죄자라고 했던 사람들을 반란자로 부르고 무뢰한으로 부르고 있는 것이다. 왜냐하면 우리의 불공정, 재판관의 사악함, 사익을 위한 국세의 전용(轉用), 그리고 과세를 자신의 이익으로 만드는 무리의 재산몰수와 강탈 이외의 모든 일에 의해 바가우다이가 되었기 때문인가 (…) . 그리고 이렇게 해서 재판관의 도적 행위로 효수형에 처해진 사람들이 로마인이라는 것을 허용받지 못해서 만족처럼 살기 시작한 것이다. 그들은 이전의 상태에 머무르는 것을 허용받지 않아서 이전과는 다른 생활 방식을 감수하고, 이제는 자유를 완전히 잃었다고 생각해서 어쩔 수 없이 무리하게 생명을 지키게 되었다. (중략)

이 자들〔불쌍한 담세자(擔稅者)들〕에게는 적의 편이 징세인보다 관대하다. 그들이 세금의 압력을 피하기 위해 적의 곁으로 도주한다는 사실 자체가 이것을 입증하고 있다. 그렇지만 실제로 이것 자체가 아무리 가혹하게 비인간적이든, 만약 모든 사람이 평등하게 공동으로 인내한다면, 무게도 괴로움도 이 정도까지는 아닐 것이다. 더 참기 어려운 징벌에 해당하는 것에는 모든 사람의 무거운 짐을 모든 사람이 떠받치고 있는 것이 아니다. 그뿐 아니라 부유한 자가 지불해야 하는 세금이 빈곤한 자를 짓누르고 더 강한 자의 무거운 짐을 더 약한 자가 부담하고 있는 것이다. 그리고 그들이 맡지 못하는 이유는 불쌍한 자들의 무거운 짐이 그들의 능력을 상회하고 있기 때문이라고 말할 수밖에 없다. (중략)

그들〔로마령에 남은 빈곤한 담세자〕은 지켜줄 유력자에게 자신을 맡기고 스스로 부유한 자에게 항복한다. 말하자면 그들의 권리와 지배 밑으로 들어간다. (…) 가혹하게도 그들〔유력자〕은 이런 방식으로 빈곤한 자를 보호하는 것처럼 보이면서도 실제로는 강탈하고 있는 것이다. 이렇게 해서 불쌍한 자를 보호해 주면서 실제로는 지켜주는 것으로 한층 더 비참하게 만드는 것이다. 왜냐하면 보호받고 있다고 볼 수 있는 사람들은 모두 보호받기 전에 자신의 거의 전 재산을 보호자에게 넘긴다. 이렇게 해서 아버지가 보호를 받기 위해 자식은 유산을 잃는다. 부모의 보호는 자식의 극빈으로 얻어진다. 보라. 이것이 유력자가 주는 원조와 보호(patrocia)인 것이다.

〔Salvianus, De gubernatione dei, V. 21-26; 28; 38-40〕

55. 기원후 5세기 후반의 갈리아 귀족

시도니우스 아폴리나리스의 시가집과 서한집은 5세기 후반의 갈리아 사회와 귀족층의 동향과 심정을 전하는 귀중한 사료이다. 사료 [A]는 자신의 영지에 틀어박혀 로마 제국으로부터 분리되어 가는 귀족층의 모습과 시도니우스 자신의 로마 예찬의 마음을 보여주고, 사료 [B]와 [C]는 그의 반

(反)게르만 감정과 고전적 교양에 대한 애착 및 그것의 쇠퇴에 대한 우려를 나타내고 있다. 470년에 그는 오베르뉴의 중심지 클레르몽의 주교가 된다. 다음 해에 서고트가 오베르뉴를 포위 공격하고, 475년 서로마 정부는 프로방스에 대한 대가로 고립되었던 오베르뉴를 서고트에 할양했다. 이것은 갈리아에서 로마 지배가 사실상 종언된 것을 뜻한다. 사료 [D]는 강화 체결 직전에 평화교섭을 보좌했던 주교들 중 한 명에게 [E]는 체결 이후에 주교에게 보냈던 서한이다.

[A]

내가 이 편지를 쓰는 유일하면서도 가장 중요한 이유는 귀하를 영지에서의 평온한 생활의 구렁텅이에서 끌어내서 제국 관직의 직무를 떠맡도록 호소하는 것이다. (중략) 무기력한 절망이 귀하에게 타향으로 가는 것을 두렵게 한다. 무엇보다도 원로원 의원 출신인 자 (…) 가 한 번, 그것도 젊은 시절에 법의 거처, 문학과 예술의 양성소, 고위고관이 모이는 곳, 세계의 중심, 자유의 고향을 봤다고 해서, 그것을 타향으로 갔다고 말할 수 있다면 말입니다만. 전 세계에 이 유례없는 도시에서는 단지 만족과 노예만이 타향 사람이기 때문이다. (중략) 분발해서 일어나십시오. 그리고 안락한 여가로 위축되고 약해진 귀하의 정신을 더 위대한 일로 높여 주십시오. 귀하 같은 출신에게는 당신 개인을 높이는 것이 영지를 경작하는 것보다 못하다는 건가요.

〔Sidonius Apollinaris, Epistulae, I, 6, 1–3〕

[B]

장발의 무리들 한가운데에 위치해서 게르만의 말을 참고 견디고 신 파이 냄새가 나는 버터를 머리에 발랐던 대식가인 부르군트인의 노래에 음울한 얼굴로 박수를 치고 있는 이런 나에게, 무엇 때문에 귀하는 나에게 베스켄니아의 시를 사랑하는 베누스를 위해 시가를 읊어 달라고 하는가.

〔Sidonius Apollinaris, Epistulae, I, 6, 1-3〕

[C]

귀족은 모젤 강의 물을 마시면서도 테베레 강의 물을 내뱉습니다. 만족들과 섞여서 살면서도 미개함(barbarism)은 알고 있지 않습니다. (…) 그러므로 로마 언어의 영광도 어딘 가에 존재한다고 말합니다. 하지만 그 영광이 벨기카와 라인 땅에서는 훨씬 전에 소멸해 버렸음에도 불구하고, 역시 귀하에게서는 계속 살아 있습니다. 그리고 귀하가 건승해서 계속 말을 하는 한 비록 그 변경 지대에서 라틴 법이 사멸해 버려도 라틴어는 흔들리지 않을 것입니다. 따라서 나는 소실되고 있는 문학의 족적이 여하튼 귀하의 고귀한 가슴 속에 남아 있는 것을 대단히 기뻐합니다. 그리고 만약 귀하가 독서를 자주 해서 문학의 족적이 계속 지켜진다면, 귀하는 날이 갈수록 인간이 짐승 보다 우월한 것처럼 교양 있는 자가 교양 없는 자에게 승리한다는 것을 납득하시겠지요.

〔Sidonius Apollinaris, Epistulae, I, 6, 1-3〕

[D]

나는 서고트 왕이 (…) 로마 시의 성벽보다도 오히려 그리스도의 법을 가로막으려 하고 있는 것은 아닌지 두려워하기 시작합니다. 가톨릭이라는 이름에 대한 언급이 그의 입과 가슴에 너무나 불유쾌한 맛을 남겼으므로, 주교님께서는 일체 그의 경우에 종족의 지도자 또는 종파[아리우스파를 가리킨다]의 지도자 중 어느 것이 큰 것인지 의아스러워하시겠죠. (중략) 주교님을 통해서 두 나라 사이의 협정과 조항들이 나옵니다. 그러므로 우리에게 주교 서임권이 용인되어 고트족 영역의 경계선 안에 갇히게 되는 갈리아 사람들을, 비록 동맹으로는 유지될 수 없다 해도 신앙으로 유지될 수 있도록 평화가 일치하게 해 주십시오.

〔Sidonius Apollinaris, Epistulae, I, 6, 1–3〕

[E]

다른 사람들의 안전의 대가로 우리는 노예 상태가 되었습니다. 슬프도다, 옛날을 상기하면 일찍이 자신들을 감히 라티움 사람들의 형제로 부르고, 트로이아의 피를 이어 받은 사람으로 간주했다. 이것이 오베르뉴 사람들의 노예 상태이다. 하지만 최근의 상황을 말하자면 자력으로 공통의 적 앞에 가로막아 섰던 그들은 반복적으로 시 성벽 안에 갇혀도 고트인을 두려워하지 않고 오히려 역으로 진영에 있는 습격자들에게 두려움을 안겨 주었습니다. (…) 그들은 국가에 대한 사랑 때문에 만족에게 속주를 내주었던 세로나투스를 법의 손에 넘기는 것을 두려워하지 않았습니다. 그런데도 국가에게는 유죄를 선고받았던 그를 사형에 처할 용기조차 거의 없었습니다. 궁핍함, 불길, 칼, 질병, 시체의 피로 물든 호수에서 반짝거리는 칼, 굶주림으로 여위어 바싹 마른 전사에 대한 보상이 이것이란 말인가. (…) 우리의 헌신에 대한 이 정도의 시련에 대해서 그냥 내버려둔다는 것인가. 바라건대 이 유익하지도 않고 명예롭지도 않은 조약을 부끄러워해라. (중략) 하지만 무엇 때문에 도를 넘은 슬픔에 대한 고삐를 늦추어 주십시오. (…) 주교님께서 우리의 최후를 구제할 수 없다면, 그나마 열성적인 기도로 자유가 사라져 가고 있는 사람이 살아남도록 해 주십시오. 망명자들에게 토지를, 포로가 된 자에게 몸값을, 타향으로 도망간 자에게는 여비를 주십시오.

〔Sidonius Apollinaris, Epistulae, I, 6, 1–3〕

부록

연표 | 용어해설 | 참고문헌 | 찾아보기

연표

연대	사건	저자
	기원전(BCE)	
2700년경	수메르, 길가메시 서사시	
1900년경	그리스인의 조상이 발칸반도에 침입	
1800년경	크레타와 에게 해 지배로 전성기를 맞이함	
1754년	바빌로니아, 함무라비 법전	
1600년경	그리스 본토에서 미케네 시대의 시작	
1550년경	이집트, 사자의 서	
1450년경	그리스인의 크레타 진출	
1400년경	크노소스 왕궁의 파괴	
1260년경	트로이 7A 시의 파괴	
1200년경	해상 민족의 활동. 도리스인의 침입	
1100년경	그리스 본토에서 철기 사용 시작	
1000년경	소아시아 서안에 대한 식민 활동 시작	
814년	카르타고 건립	
8세기	그리스 각지에 폴리스 성립	호메로스의 서사시
776년	제1회 올림피아 경기	
753년	전승에 따른 로마 건국의 해	
750년경	지중해와 흑해 연안에 대한 식민 활동 시작	
725년경	제1차 메세니아 전쟁(스파르타의 메세니아 정복)	
700년경	스파르타에서 리쿠르고스의 개혁	헤시오도스
682년	아테네에서 임기 1년의 아르콘 직 성립	
650년경	제2차 메세니아 전쟁. 헤일로타이 체제의 확립 중장보병전술의 성립	

연대	사건	저자
632년	아테네에서 키론의 반란	
621/0년	아테네에서 드라콘의 입법	
7세기 말	에트루리아인이 로마를 지배함(~6세기 말)	사포, 아르카이오스
594년	아테네에서 솔론의 개혁(~593년)	
550년경	스파르타, 펠로폰네소스 동맹의 결성	
546년경	페이시스트라토스, 아테네 참주정의 확립	
539년	키루스의 바빌로니아 정복 (아케메네스 왕조 페르시아 제국의 성립)	
509년경	로마 공화정의 성립	
508년	아테네에서 클레이스테네스의 개혁	
500년	이오니아 반란의 발생(~494년)	
495년	로마의 성산(聖山)사건	
494년	로마에서 평민회, 호민관의 설치	
490년	제1차 페르시아 전쟁. 마라톤 전투	
482년	라우레이온 은광에서 대규모 광맥 발견	
480년	제2차 페르시아 전쟁. 테르모필라이 전투. 살라미스 해전	
479년	플라타이아 전투	
477년	델로스 동맹(제1차 아테네 해상 동맹)의 결성	
464년	스파르타 대지진. 헤일로타이 반란 발생 (제3차 메세니아 전쟁 ~458년)	아이스킬로스 (525~456년)
462년	아테네에서 에피알테스의 개혁	
454년	아테네로 델로스 동맹 금고의 이전 (동맹의 아테네 제국화)	아낙사고라스 (500~428년 무렵)

연대	사건	저자
451년	아테네에서 페리클레스의 제안으로 시민권법의 성립	소포클레스 (496~406년 무렵)
450년경	로마 12표법의 제정	
449년	칼리아스 조약(페르시아 전쟁의 종결)	헤로도토스 (484~420년 무렵)
445년	로마에서 카눌레이우스 법의 제정	
432년	아테네에서 파르테논 신전의 완공	
431년	펠로폰네소스 전쟁(~404년)	
429년	아테네에서 페스트 유행 페리클레스가 페스트로 사망	에우리피데스 (485~406년 무렵)
421년	니키아스의 평화	
415년	아테네의 시칠리아 원정(~413년)	소크라테스 (469~399년)
411년	아테네에 400인 과두파 정권 수립(~410년)	투키디데스 (460~400년 무렵)
404년	아테네의 항복. 30인 참주의 지배(~403년)	
399년	소크라테스의 처형	
396년	로마의 베이이(veii) 공략	리시아스 (459~380년 무렵)
395년	코린토스 전쟁(~387년) 390/387년 이탈리아에 침입한 켈트인이 로마를 불태움	
389/ 378년	로마가 베이이의 옛 영지에 4개의 트리부스 설치	아리스토파네스 (445~385년 무렵)

연대	사건	저자
386년	대왕의 화약(和約). 페르시아의 개입으로 코린토스 전쟁의 종결	
377년	제2차 아테네 해상 동맹의 결성	
371년	레욱트라 전투. 스파르타를 파괴하고 테베가 발흥	
367년	로마에서 리키니우스-섹스티우스 법의 성립	
362년	만티네이아 전투. 에파미논다스의 전사	
359년	필립포스 2세가 마케도니아 왕으로 즉위(~336년)	
357년	아테네와 동맹 도시들의 전쟁(~355년)	
346년	아테네와 마케도니아 사이의 필로크라테스의 평화	이소크라테스(436~338년)
343년	제1차 삼니움 전쟁(~341년)	플라톤(429~347년)
340년	라틴 전쟁(~338년)	크세노폰(428~354년 무렵)
338년	카이로네이아 전투(마케도니아의 그리스 제패) 로마가 라티움 전체를 제압	이사이오스(420년 무렵~350년)
337년	필립포스의 지도하에 코린토스 동맹의 결성	아리스토텔레스(384~322년)
336년	필립포스의 암살. 알렉산드로스의 즉위	
335년	알렉산드로스의 그리스 반란 진압	데모스테네스(384~322년)
334년	페르시아 원정의 시작. 그라니코스 강 전투	
333년	이수스 전투	
332년	알렉산드로스가 시리아, 유대, 이집트를 정복	

연대	사건	저자
331년	가우가멜라 전투	
330년	페르세폴리스의 파괴. 대(對)페르시아 보복 전쟁의 종결	
327년	알렉산드로스의 인도 원정(~325년) 제2차 삼니움 전쟁(~304년)	
323년	알렉산드로스의 사망. 후계자 전쟁의 시작	
312년	로마에서 토지를 소유하지 않은 사람들을 전체 트리부스에 분산 등록시킴.	
304년	로마에서 토지를 소유하지 않은 사람들의 트리부스 지정을 도시의 4트리부스로 제한	피론 (360년 무렵~270년)
301년	이수스 전투(알렉산드로스가 남긴 영지의 분할)	메난드로스 (342~291년)
298년	제3차 삼니움 전쟁(~290년)	에피쿠로스 (342~271년)
287년	로마에서 호르텐시우스 법의 성립	제논(336~264년)
282년	로마가 그리스인 식민시 타렌툼과 전쟁 개시	
280년	아카이아 동맹의 결성 에피루스 왕 피로스가 타렌툼 편을 들어 이탈리아에 침입	
276년	헬레니즘 3왕국의 확립	
272년	타렌툼의 항복	
264년	제1차 포에니 전쟁(~241년)	칼리마코스 (305~240년경)
244년	스파르타 왕 아기스 4세의 개혁(~241년)	
241년	제1차 포에니 전쟁의 종결	아폴로니우스 (295년경~?)

연대	사건	저자
237년	로마가 사르디니아와 코르시카를 탈취	
227년	로마가 시칠리아와 사르디니아를 최초 속주로 만듦 스파르타 왕 클레오메네스 3세의 개혁(~222년)	
222년	셀라시아 전투에서 스파르타 군의 궤멸	
218년	제2차 포에니 전쟁. 한니발의 이탈리아 침입	
216년	칸네 전투. 한니발이 로마군을 전멸시킴	
214년	제1차 마케도니아 전쟁(~205년)	
202년	자마 전투. 스키피오가 한니발을 격파함	아피우스 픽토르
201년	카르타고의 항복으로 제2차 포에니 전쟁의 종결	
200년	제2차 마케도니아 전쟁(~196년)	
197년	로마가 스페인에 속주를 설치	플라우투스(254년 무렵~184년 무렵)
196년	플라미니누스가 코린토스에서 그리스의 자유를 선언	
192년	시리아 전쟁(~189년)	
182년	케르티베리아 전쟁(~178년)	대(大)카토 (234~129년)
171년	제3차 마케도니아 전쟁(~168년)	폴리비오스(200년 무렵~118년)
168년	피드나 전투	
154년	루시타니아 전쟁(~136년)	테렌티우스(190년 무렵~159년)
149년	제3차 포에니 전쟁(~146년)	
146년	로마가 코린토스를 파괴하고 마케도니아를 속주로 만듦. 로마가 카르타고를 멸망시키고 속주 아프리카를 설치함.	

연대	사건	저자
135년	제1회 시칠리아 노예 반란(~132년)	
133년	페르가몬이 로마에 유증됨. 로마에서는 티베리우스 그라쿠스의 개혁	
132년	페르가몬에서 아리스토니코스의 반란(~129년)	
129년	옛 페르가몬에 속주 아시아를 설치	
123년	로마에서 가이우스 그라쿠스의 개혁	
112년	유구르타 전쟁(~106년)	
111년	로마에서 기원전 111년의 토지법 성립	
107년	로마의 장군 마리우스의 병제 개혁	
105년	아라비시오 전투. 게르만의 킴브리와 테우토니가 로마군을 전멸시킴.	
104년	마리우스가 계속해서 매년 콘술이 되고(~100년), 게르만인에게 승리함. 제2회 시칠리아 노예반란(~101년)	
91년	이탈리아 동맹시 전쟁(~88년)	
88년	이탈리아 모든 도시의 자유민에게 로마 시민권부여. 술라의 로마 진군, 제1차 미트리다테스 전쟁(~85년)	
83년	제2차 미트리다테스 전쟁(~82년)	
82년	술라가 로마에서 독재관이 됨(~80년).	
80년	세르토리우스의 스페인 지배(~72년)	
74년	제3차 미트리다테스 전쟁(~64년)	
73년	스파르타쿠스 반란(~71년)	포세이도니우스 (135년경~51년)
67년	폼페이우스가 특별 명령권을 얻어 해적을 토벌	

연대	사건	저자
64년	폼페이우스가 동방을 평정함. 셀레우코스 왕조의 시리아 멸망	바로(117~27년) 카툴루스(84~54년)
60년	카이사르, 폼페이우스, 크라수스의 제1차 삼두정치	키케로(106~43년) 카이사르(100~44년)
58년	카이사르의 갈리아 정복(~51년)	루크레티우스 (99~55년)
49년	카이사르가 루비콘 강을 건너 로마로 진격함	
48년	파르살루스 전투로 폼페이우스가 패배함	살루스티우스 (86~35년)
47년	클레오파트라가 이집트 여왕이 됨	
44년	카이사르 암살	
43년	옥타비아누스, 안토니우스, 레피두스의 제2차 삼두정치	베르길리우스 (86~35년)
42년	필리피 전투에서 원로원파의 브루투스 등의 패배	호라티우스(65~8년)
31년	악티움 해전. 옥타비아누스가 안토니우스와 클레오파트라 연합군을 격파함	
30년	옥타비아누스가 이집트를 정복하고 프톨레마이오스 왕조가 멸망함	스트라본(64년 무렵 ~서기 23년경)
27년	옥타비아누스가 아우구스투스의 존칭을 받음(로마 제정의 시작)	리비우스 (59~서기 17년)
4년경	예수의 탄생	프로페르티우스 (54/47~16년경)

연대	사건	저자
	기원후(A.D)	
6년	유대가 로마의 속주가 됨.	
9년	토이토부르크 숲에서 바루스 휘하의 로마군이 게르만인 아르미니우스에게 패해서 전멸함	오비디우스 (43~서기 17년)
14년	아우구스투스의 사망 티베리우스의 즉위(~37년)	
30년경	그리스도의 처형	
43년	로마가 브리타니아를 병합	세네카(기원전 4년경 ~서기 65년)
54년	네로가 로마 황제로 즉위(~68년)	페트로니우스 (?~서기 66년)
61년	브리타니아에서 보디카의 반란	대플리니우스 (23년경~79년)
64년	로마 시 대화재. 네로의 기독교도 박해	
66년	제1차 유대 전쟁(~73년)	퀸틸리우스 (35년경~100년경)
68년	네로의 자살	
69년	베스파시아누스의 즉위. 4명의 황제가 난립하는 시대를 수습함	요세푸스 (37/8~1090년경)
70년	티투스 휘하의 로마 군이 예루살렘을 파괴함	마르티알리스 (40년경~104년경)
77년	아그리콜라의 브리타니아와 칼레도니아 원정	
79년	베수비우스 화산의 분화로 폼페이가 매몰됨	플루타르코스 (46년경~120년경)
96년	네르바 즉위. 오현제 시대의 시작(~180년)	
101년	트라야누스 황제의 다키아 전쟁(~106년)	타키투스(55/6년경 ~113년 이후)

연대	사건	저자
117년	트라야누스 황제가 아르메니아와 메소포타미아를 병합해 로마 제국의 판도가 최대가 됨	小플리니우스 (61년경~113년경)
132년	제2차 유대 전쟁(~135년)	
162년	로마와 파르티아의 전투(~166년)	유베날리스 (60년경~130년경)
165년	로마 제국에서 역병의 대유행(~167년)	
166년	마르코만니 전쟁(~180년)	수에토니우스
180년	마르쿠스 아우렐리우스 황제의 사망	아피아노스
193년	셉티미우스 세베루스가 부하의 옹립을 받아 로마 황제가 됨	
212년	카라칼라 황제가 제국의 자유민 모두에게 로마 시민권을 부여함(안토니누스 칙령)	아풀레이우스 (123년경~?)
226년	사산 왕조 페르시아의 부흥	
235년	군인 황제 시대의 시작(~284년)	겔리우스 (130년경~180년경)
250년	데키우스 황제의 기독교도의 박해 시작	
251년	데키우스 황제가 고트족과의 전투에서 사망함	테르툴리아누스(160년경~220년 이후)
259년	알라만니족이 갈리아와 이탈리아에 침입(~261년)	
260년	발레리아누스 황제가 페르시아 군에 패배하고 포로가 됨	
272년	아우렐리아누스 황제가 팔미라를 공격해 멸망시킴.	
285년	디오클레티아누스 황제가 막시미아누스를 제2정황제로 제국 서부를 통치하도록 위임함	키프리아누스 (200년경~258년)
286년	막시미아누스가 갈리아의 바가우다이 반란을 진압함	프로티누스 (205년경~270년)
293년	제국의 4분할 통치가 시작됨	

연대	사건	저자
301년	디오클레티아누스 황제의 최고 가격령	
303년	기독교도에 대한 최후의 대박해 시작	
305년	디오클레티아누스와 막시미아누스 두 황제의 퇴위	
311년	갈레리우스 황제의 관용칙령	
312년	콘스탄티누스가 막센티우스를 격파하고 로마 제국 서부의 패권을 차지함	
313년	밀라노 칙령	락탄티우스 (240년경~320년경)
324년	콘스탄티누스 황제가 로마 제국의 재통일을 실현함	
325년	니케아 공의회에서 아리우스파가 이단으로 결정됨.	유세비우스 (260년경~339년경)
330년	콘스탄티누스가 비잔티움으로 수도를 옮기고 비잔티움을 콘스탄티노폴리스로 개칭함	
360년	배교자 율리아누스 황제(~363년)	아우소니우스 (310년경~394년경)
375년경	게르만 민족 대이동의 시작	
378년	아드리아노플 전투에서 발렌스 황제가 고트족에게 패배하고 사망함	암미아누스. 마르켈리누스 (330년경~395년경)
380년	테오도시우스 황제가 가톨릭파 기독교를 국교화함	암브로시우스 (339년경~3967년)
382년	고트족이 도나우 강 남쪽 연안에 정착	
392년	테오도시우스 황제가 이교를 전면적으로 금지함	심마쿠스 (340년경~402년)
395년	테오도시우스 황제가 죽고 서고트족이 그리스에 침입함	
402년	스틸리코가 알라릭 휘하의 서고트 족을 격파함	히에로니무스 (342년경~420년)

연대	사건	저자
406~407년	반달족, 알란족, 수에비 족이 갈리아에 침입함	
410년	알라릭 휘하의 서고트족이 로마 시를 약탈함. 오로시우스의 『이교도에 반격하는 역사』(417년)	
418년	서고트 왕국의 건국(~507년)	
429년	반달족이 스페인에서 아프리카로 건너감	아우구스티누스 (354~430년)
439년	반달족이 카르타고를 점령하고 반달 왕국을 건국함	
451년	카탈라우눔 전투. 로마와 게르만의 연합군이 아틸라 휘하의 훈족을 격퇴함	
452년	훈족의 이탈리아 침입	
453년	아틸라 왕의 사망	사르비아누스 (400년경~470/80년)
455년	가이세릭 왕 휘하의 반달족이 로마 시를 약탈함	
475년	장군 오레스테스가 서방 황제 네포스를 폐위하고 자식 로물루스를 서방 황제로 옹립함	시도니우스 아폴리나리스 (430년경~480/90년)
476년	게르만인 용병대장 오도아케르가 어린 황제 로물루스를 폐위함	
480년	네포스의 살해. 로마 황제의 지위가 콘스탄티노플에만 남게 됨	보에티우스 (480년경~524년)
486년	프랑크 왕국의 건국	카시오도루스 (490년경~583년경)
488년	동고트족 왕 테오도릭이 이탈리아로 서진(西進)	
493년	이탈리아에 동고트 왕국이 건설됨(~540년)	조시무스 『Historia Nova』(500년 무렵)
527년	유스티니아누스가 로마 황제가 됨	

용어해설

- **고전 시대(Classical Age)** 기원전 480~479년의 페르시아 침략자들의 패배에서 시작하여 기원전 336년 알렉산더 대왕의 왕위 계승 또는 기원전 323년 그의 죽음에 이를 그리스 역사의 한 기간을 일컫는 용어이다. 고대 그리스에서 특히 아테네의 정치권력과 문화가 절정에 달했던 시기이다.

- **고전기, 고졸기, 헬레니즘 시대** 일반적으로 그리스 역사는 3시기, 즉 고졸기(Archaic Age), 고전기(Classic Age), 헬레니즘 시대(Hellenistic Age)로 구분한다. 아케익, 즉 고졸기는 암흑시대(기원전 12~8세기) 이후부터 페르시아 전쟁 이전까지, 헬레니즘 시대는 알렉산더의 동방원정(기원전 334년)에서 악티움 해전(기원전 30년)까지의 300년간이다.

- **과두정(Oligarchy)** '소수 지배'의 의미이다. 도시국가에서 부유한 자들이 정치적 전권을 행사하는 정부 형태로 그들은 대부분 귀족이었다. 기원전 5세기경 스파르타는 과두제를 지지하는 주요한 도시국가였다.

- **게브(Geb)** 대지의 신이며 이 세상의 근원이다. 누이동생이자 아내인 하늘의 여신 누트와 함께 오시리스, 이시스, 세트, 네프티스를 낳았다. 아버지 슈에 의해 누트는 하늘이 되고 게브는 땅이 되어 서로 떨어져 있게 되었다

- **군단(Legio)** 로마군의 부대 편성의 최대 단위로, 군단의 수와 규모는 시대에 따라 차이가 있었다.

- **귀족정(Aristocracy)** '최고 사람들의 권력'을 의미한다. 고대 그리스의 초기 정부 형태로 귀족정치에서는 토지를 소유한 세습 귀족이 국가를 책임졌다. 귀족 권력은 기원전 8세기 이후로 시들해지기 시작했다. 중간 계급인 중장보병이 가장 효율적인 전투력으로 귀족적인 기사들을 대신하고, 상업

적 발전이 새로운 가족에 부를 가져다주었기 때문이다.

- **그라마티스테스(Grammatistes)**, 라틴어로는 그라마티쿠스(Grammaticus). 초등 단계의 학생들에게 읽기, 쓰기, 산수, 문학, 호메로스의 서사시를 가르쳤던 남자 강사들이다. 이런 교사들은 박봉이었으며 크게 존중받지 못했다.

- **근위대(Praetorian Guard)** 황제의 호위대로 기원전 27년 아우구스투스가 창설했다. 로마의 상류층 출신으로 이루어진 부대로 수많은 황제들을 즉위시키거나 폐위시키며 로마 제국의 정치에서 핵심적인 역할을 담당했다.

- **근위대장(Praetorian Prefect)** 근위대를 통솔하는 지휘관으로, 점차 군사적 측면뿐만 아니라 정치적 · 사법적 · 행정적 측면에서도 중요한 역할을 담당하면서 황제 다음으로 막강한 권력을 행사했다.

- **기사 계층(Equestrian order)** 로마 신분사회에서 의원 아래 계층으로, 이들은 상업 · 무역 · 농업 · 세무업에 종사했지만 직접적으로 활동했다. 기사라는 명칭은 본래 기병을 지칭하는 단어인 에퀴테(equite)에서 파생된 것인데, 그 단어는 말을 의미하는 에쿠스(equus)에서 비롯되었다.

- **김나지움(Gymnasium)** 체육관. 일반적으로 도시에서 운영하는 단련장으로, 고전 그리스 시대의 사회 및 교육센터로 중요한 역할을 했다. 체육장 시설로는 달리기 주로_ 기둥이 있는 레슬링장, 창던지기와 원반던지기용 운동장, 강연과 구기를 위한 실내, 운동선수들을 위한 목욕실과 기름 바르는 방 등이 있었다. 모든 연령대의 남자 시민들이 김나지움을 즐겨 찾았다. 어원은 나체를 의미하는 그리스 단어 김노스(gymnos)에서 유래했다.

- **네프티스(Nepthys)** 이시스와 자매이다. 오빠인 세트의 아내가 되었지만, 오시리스의 자식을 갖기 원해 오시리스를 술에 취하게 한 뒤 품에 안아 아누비스를 낳았다. 오시리스가 살해 되었을 때 네프티스는 이시스 곁에서

교대로 장송가를 부르며 죽은 오시리스를 불멸의 신으로 만들었다. 네프티스는 죽은 자들을 수호하는 신으로 관의 덮개나 석관 옆면에 이시스와 함께 긴 날개가 달린 팔을 펼쳐 죽은 자를 수호하는 그림으로 종종 등장한다.

- **누트**(Nut) 하늘의 여신으로 하늘에 떠 있는 별들은 밤마다 태양신 라(Ra)를 삼키는데 그것은 아침마다 태양신을 새로 태어나게 하기 위함이다. 누트는 석관 천장이나 뚜껑 내부의 장례 문서에 자주 모습을 드러내지만 여신을 숭배하는 개별 의식은 소홀히 다루어졌던 것으로 보인다.

- **니케**(Nike) 군대 또는 운동 경기에서의 승리의 여신으로 날개 달린 모습이 특징적이다. 니케의 초상은 종종 동전, 화병, 신전의 지붕에 장식되었다.

- **데나리우스**(Danarius) 로마 제국에서 표준 화폐로 통용되던 은화로, 공화정 시대 중반부터 발행되어 은에 대한 가치가 급격히 떨어진 제정 시대 후기까지 사용되었다.

- **데메테르**(Demeter) 곡물과 다산의 여신으로 제우스의 누이이며 페르세포네의 어머니다. 데메테르 숭배의 중심지는 아테네 근방의 엘레우시스이다.

- **데모스테네스** 기원전 4세기 리스 통치에 반대하는 봉기에 참여했다. 마케도니아 장군 안티파트로스가 보낸 군사에 쫓기던 초기 아테네의 전형적인 정치 웅변가이다. 마케도니아의 필립포스 왕에 대항해서 싸우는 것이 그의 주된 정치적 목표였다. 하지만 2차 해상 연합군 결성에 실패한 후, 평화를 강력히 원하는 사람들의 반대에 부딪혔다. 카이로네아 패전 이후에도 정치 활동을 계속했다. 알렉산더 대왕의 재무장관에게서 금품을 받았다는 이유로 도시에서 추방되었지만, 마케도니아의 그중 자살했다.

- **도편추방**(Ostracism) 기원전 4세기에 잠재적인 위험이 있는 시민을 10년 동안 추방하기 위해 아테네 민회에서 사용하던 절차였다. 그러나 추방당한 시민은 시민권과 재산권을 잃지 않았다. 매해 겨울 민회는 도편추방 시

행 여부를 투표로 결정했다. 일단 승인이 되면 다음 달 아고라에서 회의가 열렸다. 각 투표지는 추방을 원하는 개인의 이름을 오지그릇 파편에 적은 후 항아리에 넣었다. 만약 6천 명 이상의 투표자가 추방에 표를 던지면 추방이 결정된 개인은 10일 이내에 아티카를 떠나야 했다. 도편추방 절차에 대한 또 다른 해석에서는 최소한 6천 명의 투표자들이 참여한 가운데 가장 많은 표를 얻은 사람이 추방되었다.

- **디오니소스(Dionysos)** 포도주와 황홀경으로 유명한 신. 그는 기쁨을 가져다주는 것으로 여겨졌지만 죽음과도 관련이 있었다. 고전 시대에 디오니소스는 대개 수염을 기른 남자로 묘사되었지만 나중에는 주로 연약한 젊은이의 모습으로 그려졌다. 그의 추종자들은 그의 축제 기간에 방탕한 환락 상태에 빠져들었다.

- **라(Ra)** 왕권의 상징인 태양신으로 최초의 파라오이자 세계의 창조자이다. 오늘날 카이로 북서 지역인 헬리오폴리스의 주신이었다. 라는 인간의 몸에 매의 얼굴을 하고 머리에는 태양원반을 쓴 모습으로 표현된다. 라의 중요성은 왕의 이름뿐만 아니라 아문와 아툼 라 등 다른 신들과의 결합에서도 잘 나타난다. 장례신앙에서 중요한 역할을 담당한 라는 죽은 자를 밤 12시간 동안 가로지르는 배에 올라타게 한다. 고왕국 시대부터 파라오는 라의 아들로 인정받았다. 다른 신들 특히 아문과 연관되어 있으며 아문 라를 형성한다.

- **라, 케페라, 하르마키스, 아툼** 태양을 상징하는 라 신은 매일 아침 동쪽의 하늘에서 나타나 태양선을 타고 하늘을 여행하는데, 새벽에는 케페라(Khepera), 대낮에는 라(Ra)로 불렸고, 석양이 질 때에는 하르마키스(Harmakys), 저녁이 되어 서쪽 산에 있는 암흑의 하계로 들어가게 될 때에는 아툼(Atum)으로 불렸다.

- **로고그라포스(Logographos)** 아테네에서 재판 중 소송 당사들의 원고 작성을 위해 고용되었던 전문 작가이다. 원고와 피고는 쌍방 모두 법정에서

자신을 변호했다.

- **로마 시 장관(urbs praefect)** 로마의 치안을 담당한 공직자로 아우구스투스가 최초로 임명했다. 이 직책은 도시의 경찰력뿐만 아니라 사법권까지 지휘했다. 이 지위는 원로원 의원들만이 역임할 수 있었다.

- **리투르기아(Liturgia)** '인민을 위한 노동'의 의미이다. 부유한 아테네인들이 자비로 제공하는 공공 봉사였다. 트리에라르코스(아래 참조)도 일종의 레이투르기아였다. 다른 레이투르기아들은 축제와 관련이 있었다. 이런 의무를 수행하는 자들은 연회, 외국 축제 사절단, 연극 공연 등에 들어가는 비용을 감당했다.

- **마누(Manu)** 이집트에서 태양이 지는 곳을 가리키는 용어. 반대로 태양이 뜨는 곳은 베카(Bekha)라고 한다.

- **마르스(Mars)** 전쟁의 신으로, 그리스 신화의 아레스와 동일시된다. 마르스는 주노의 아들로 여겨지며, 주피터 다음으로 강력한 신이었다.

- **마아트(Maat)** 이집트의 정의의 여신이다. 오시리스 앞에서 사자의 영혼의 진실을 깃털의 무게로 단다. 고대 파라오들의 역할은 마아트 신의 법을 지키며 평화롭게 살도록 하는 것이다. 마아트 신은 이집트 세계의 중심축이었고, 어떤 인간이나 신도 바꿀 수 없는 질서이자 변하지 않는 영원한 진리의 상징이었다.

- **마케도니아(Macedonia)** 알렉산더 대왕의 고향으로, 이곳을 시작으로 그는 소아시아에서 이집트와 인도에 이르는 거대한 제국을 건설했다. 기원전 4세기 후반 알렉산더 대왕의 수하에서 장군으로 활약했던 프톨레마이오스는 이집트에 프톨레마이오스 왕조를 건설했다. 기원전 2세기 중반 마케도니아는 로마 제국의 영토가 되었다.

- **미네르바(Minerva)** 장인과 상인 길드의 수호신으로, 그리스 신화의 아테나와 동일시된다. 미네르바는 지혜와 전쟁의 여신이기도 했다.

- **메토이키(Metoeci)** '아테네의 거류 외국인'이라는 의미로 노예가 아닌 거류 외국인을 지칭하는 그리스 용어이다. 대다수의 메토이키들은 다른 그리스 공동체에서 이주해 온 그리스인들이었다. 아테네에서 메토이키는 정치에 참여하거나, 시민과 결혼하거나, 아티카에서 부동산을 소유하는 것이 허용되지 않았다, 그러나 특별 인두세, 레이투르기아, 군역을 부담해야 했다. 메토이키 신분은 상업적 특권과 완전한 시민권을 부여받았다. 스파르타의 경우에는 페리오이키라 불렸다.

- **민주정(Democracy)** Demos Krateia!가 어원이며 '시민에 의한 지배'를 뜻한다. Demos는 클레이스테네스의 기원전 501년의 사회조직 개편 이후 가장 기본적인 행정 단위인 Deme의 시민명부에 이름을 올린 사람들을 가리킨다. 아테네의 정부 형태로, 소수의 부자들의 지배를 받는 대신 모든 남성 시민들에게 개방된 정치 형태였다. 현대의 민주주의에 비해 훨씬 제한적인 개념이었다.

- **민회(Ekklesia)** 그리스 국사에서 성인 남자 시민들이 참석하는 공식적인 협의회, 민주적인 아테네에서 민회는 최고 권력을 가진 정부 기구였다. 18세 이상의 모든 남자 시민들은 경제적·사회적 신분에 상관없이 민회에 참석할 수 있었다. 기원전 4세기경에는 민회가 정기적으로 1년에 40차례 개최되어 법률안, 군사 및 행정 관리 임명, 외교 정책, 사법재판 등을 처리했다. 회의는 보통 두 시간쯤 진행되었으며, 투표는 거수로 이루어졌다.

- **반달 족(Vandals)** 매우 호전적인 게르만 민족으로, 기원 2세기 중반 발트해 연안에서 오늘날 헝가리에 해당하는 지역으로 이주했다. 5세기 초반 갈리아와 스페인을 거쳐 로마를 침략했고, 마침내 북아프리카에 왕국을 건설했다. 기원 6세기 초반 비잔틴 제국에 의해 정복당했다.

- **백인대(centuria)** 로마군의 부대 편성에서 최소 단위인 켄투리아. 명목상 100명으로 구성되지만 실제 인원은 다소 차이가 있었다. 백인대의 지휘는 백부장이 담당했다.

- **복점관(Augurs)** 로마에서 예언을 담당하던 종신직 공직자로, 사제들 가운데 선출되었다. 이 복점관들은 군사 원정과 같은 중대한 사건의 성사 여부를 결정하기 위해 신들의 계시를 해석했고, 여러 가지 징조를 바탕으로 운명을 예언하기도 했다.

- **범그리스(Panhellenic)** 그리스 세계 전체를 일컫는 말이다. '헬레네(Hellenes)'는 고대 그리스인들에 대한 명칭이었다. 이 용어는 비단 그리스 본토와 주변 섬의 원주민들뿐만 아니라 소아시아 도시국가들과 식민지에 거주하는 그리스인들에게도 적용되었다.

- **불레(Boule)** 그리스 도시국가의 협의회를 가리키는 용어. 때로는 연방 또는 연합 도시국가들의 협의회를 일컫기도 했다. 기원전 5세기 아테네에서는 민주적인 5백인회를 매일 소집하여 민회를 위한 안건 준비, 정부 재정 감사, 의원회 감독 등과 같은 업무들을 처리했다.

- **삼니움인(Samnites)** 이탈리아 중남부에 거주하던 호전적인 민족으로, 공화정 시대에 오랜 기간 로마와 치열한 경쟁을 벌였다. 삼니움이란 명칭은 머리에 챙이 달린 투구를 쓰고 양손에 검과 방패를 든 검투사를 지칭하기도 했다.

- **3두정치(Triumvirate)** 3명의 지도자가 이끄는 통치체제로, 공화정 시대에 이처럼 3명으로 구성된 위원회가 식민지를 건설하거나 화폐를 발행하는 것과 같은 중대한 임무를 관장했다. 카이사르, 폼페이우스, 크라수스가 이끌었던 1차 3두정치와 옥타비아누스, 안토니우스, 레피두스가 이끌었던 2차 3두정치가 가장 유명한 사례로 꼽힌다.

- **서고트 족(Visigoths)** 기원 4세기 초반까지 다뉴브 강 북부 다키아 지방에 거주하던 게르만 민족으로, 훈 족의 압박으로 그리스와 이탈리아까지 밀려 내려와 기원 410년 로마를 침략했다.

- **세스테르티우스(Sestertius)** 로마 시대에 널리 통용되던 은화 동전으로, 1 세스테르티우스는 4분의 1데나리우스 이다. 기록에는 약자로 HS로 나타난다. 기원후 3세기에 주조가 중단되었다.

- **세트(Set)** 오시리스의 동생으로 형을 질투해 죽이려고 했으나 이시스에 의해 실패한다. 그 뒤 오시리스와 이시스 사이에서 태어난 호루스와의 대결에서 패한다. 악의 상징으로 선의 정령과 대립하는 존재로 등장한다. 이 때문에 세트와 호루스의 싸움은 영원한 대립, 갈등 관계인 선과 악의 도덕적 대립의 상징이다. 인신수두(人身獸頭)로 우뚝 서 있는 세트는 끝이 네모지게 잘린 귀와 길고 휘어진 코를 가진 상상적 동물 형태로 표현된다.

- **소아시아(Asia Minor)** 오늘날의 터키 영토의 대부분을 차지하는 남아시아 바놑, 그리스에서는 아나톨리아로 알려져 있다. 그리스인들은 소아시아의 지중해 및 흑해 연안 그리고 근처 섬들에 정착했다.

- **소크라테스(Socrates)** 아테네의 현자. 평민 출신(아버지는 조각가, 어머니는 산파)으로 아테네 거리를 돌아다니며 시민들과 대화를 주고받기를 즐겼다. 여러 제자들을 두었는데, 그 중에서 알키비아데스·플라톤·크세노폰이 유명하다. 플라톤과 크세노폰은 각각 자신들의 저술 속에 이 스승을 등장시켰다. 이 스승에 대해 그들이 각자 묘사한 이미지는 때로는 상반되기도 하지만, 그 속에는 어떤 일관성 있는 특징들이 들어 있다. 이런 특징들을 보면 소크라테스가 아테네에서 비난을 받고, 급기야 기원전 399년 사형을 받게 된 이유를 알 수 있다.

- **솔론(Solon)** 아테네의 입법가. 기원전 594년 아르콘이 되어, 아테네 사회의 위기 상황을 해결했다. 빚을 갚기 위해 노예가 되는 법을 폐지하고, 모

든 시민을 위한 공동의 법을 창안했다. 서로 상반되는 두 집단 사이에서 균형을 유지하려다가 양쪽 모두의 불만을 샀다. 하지만 기원전 4세기 민주정을 세웠고, 도시의 생활을 규율하는 대부분의 법을 만들어 냈다.

- **스토아(Stoa)** 지붕이 달린 독립 건물로 1층의 장방형 구조로 되어 있으며, 한쪽 옆에는 개방형 주랑이 있고 건물 뒤쪽에 방들이 있었다. 스토아는 신전이나 체육장 또는 아고라 근처에 위치하여 공적·사적 모임, 강연, 만찬을 위한 장(場)을 제공했다.

- **스트라테고스(Strategos)** 정치적·군사적 지도자. 매해 선출되는 아테네의 10명의 스트라테고스는 육국과 해군을 지휘했을 뿐 아니라 병적과 트리에라르코스 시스템(아래 참조)을 관리 감독했다.

- **스파르타의 리쿠르고스(Lycurgos)** 반전설적인 입법가. 크레타의 제도를 살펴보고, 델포이의 신탁을 들은 후 스파르타의 제도와 기구를 정비했다고 한다. 토지의 공정한 분배와 군사 교육 위주의 엄격한 교육 제도를 확립했다.

- **시칠리아(Sicily)** 지중해에서 가장 큰 섬이다. 기원전 8세기에 그리스와 카르타고의 식민지가 되었다. 기원전 5세기 동안 그리스 시칠리아는 참주(아래 참조)의 지배를 받았다. 가장 강력한 도시는 시라쿠사였다.

- **아고라(Agora)** '집회장'. 고대 그리스 도시들에서 도시 중심지 겸 시장 역할을 했던 야외 공간. 아고라는 대개 아테네의 경우처럼 주량식 공공건물과 신전들에 둘러싸여 있었다.

- **아레스(Ares)** 전쟁의 신으로 아프로디테의 연인. 아레스는 올림피아 신으로 간주되긴 하지만 신화와 종교위식에서 두드러진 역할을 하지 못했다. 그는 흔히 영웅적 인물이라기보다 말썽꾼으로 등장했다.

- **아르테미스**(Artemis) 사냥과 야생의 처녀 여신, 그녀는 종종 사슴과 함께 또는 활과 화살을 가진 모습으로 묘사되었다. 아르테미스는 제우스의 딸이자 아폴론의 쌍둥이 누이였다. 그녀는 출산하거나 산모 또는 처녀애서 기혼녀로 넘어가는 여자들의 수호자로 여겨졌다.

- **아리스토파네스**(Aristophanes) 희극 작가. 펠로폰네소스 전쟁 중 상연된 연극 작품에서 클레온과 같은, 민중을 속이고 도시를 위험한 전쟁 속으로 밀어 넣는 민중 선동가들과 정치가들을 가차 없이 비난했다.

- **아리스토텔레스**(Aristoteles) 그리스의 가장 위대한 철학자 중 한 사람. 기원전 4세기 중엽, 아테네에 정착하여 제자들과 함께《정치학》등 많은 저서를 집필했다. 오늘날 그리스의 시민과 시민권, 그 밖의 아테네의 제도와 기구에 대한 중요한 지식과 정보를 그의 저술에서 얻을 수 있다.

- **아몬**(Amon) 아몬은 아주 오래된 신이며, 그리스에서는 암몬이 되었다. 제18왕조 시대에 아몬 신은 우주를 창조하고 지탱하는 신비한 힘을 가진 것으로 인식되었고, 태양신 라와 결합하여 아몬-라(AmonRa)로 자리 잡게 되었다.

- **아스클레피오스**(Asklepios) 의술의 신으로, 그리스 전역에 성소가 마련되어 있다. 그의 아버지인 아폴론 역시 의술의 신이었지만 아스클레피오스가 개인의 평안에 더 관심을 갖는 것으로 알려졌다. 그의 주요한 상징은 성스러운 뱀이었다. 그의 추종자들에 의해 새로운 치료 성지가 마련될 때마다 에피다우로스에 위치한 본당에서 뱀을 보냈다.

- **아누비스**(Anubis) 자칼의 머리를 하고 있으며 저승으로 들어가는 문을 여는 신이다. "죽은 자들의 우두머리"로 불리는 아누비스는 장례를 관장하며 심판 때에 죽은 자의 심장을 저울에 다는 역할을 한다. 미라를 제작할 때 제사장들은 아누비스의 탈을 머리에 쓰고 의식을 집행한다.

- **아올로스(Aulos)** 상아나 나무 또는 뼈로 만들어진 목관 악기. 지공이 뚫려 있으며 주둥이에 이중 또는 하나의 리드가 달려 있다. 한 쌍의 피리를 연주하는 음악가는 머리와 볼에 두른 띠로 악기를 고정했다. 대중적인 악기이긴 했지만 아울로스는 수금처럼 품위 있는 악기로 인식되진 않았다.

- **아크로폴리스(Acropolis)** '위쪽 도시'. 고대 그리스 도시들에서 흔히 볼 수 있는 언덕 위의 요새. 아크로폴리스는 종교적 의식과 적으로부터의 방어를 위해 중요한 장소였다. 가장 유명한 곳이 아테네의 아크로폴리스이다.

- **아테나(Athena)** 전쟁과 공예의 여신. 제우스의 딸이며 아테네의 수호 여신이다. 그녀는 아울로스를 발명하고 올리브 나무를 도입한 신으로 알려졌다. 그녀는 흔히 칼과 방패로 무장한 모습으로 묘사되었다.

- **아툼(Atum)** 헬리오폴리스 신화에 따르면 아툼은 최초의 창조신이자 우주만물의 지배자로서 인간의 육체를 창조하는 데 모든 요소를 부여한다. 자신을 몸소 창조한 후 최초의 신 한 쌍을 창조했다. 아툼 라로 라와 동일시되기도 했으며 멤피스에서는 그가 쌍둥이인 슈와 테프네트로를 낳은 것으로 되어 있다.

- **아티카(Attica)** 아테네 도시국가의 영토로 그리스 남동부에 위치한 1,000평방마일 면적의 융기 지역이다. 그곳의 울퉁불퉁한 지대에서는 은과 납뿐만 아니라 고품질의 대리석과 도공용 점토가 산출되었다.

- **아폴로(Apollo)** 제우스의 아들로 음악·의술·시·예언의 신이다. 아폴론은 남성미와 문화,윤리적 가치에 관한 그리스의 이상을 집약적으로 구현한 신이다, 그의 쌍둥이 누이 아르테미스처럼 그는 종종 활 쏘는 모습으로 묘사되었다. 로마인들도 치료와 사냥과 예언과 시를 관장하는 신으로 숭배했다. 특히 아우구스투스는 아폴론을 수호신으로 여기며 널리 숭배할 것을 권장했다,

- **아프로디테(Aphrodite)** 사랑 · 미 · 성애의 여신. 매춘부와 선원들의 수호자이며 헤파이스토스의 아내다. 그녀의 이미지는 종종 여인용 손거울의 손잡이와 뚜껑을 장식했다.

- **안드론(Andron)** '남자들의 방'을 의미한다. 그리스 가옥에서 가장 잘 꾸며진 방으로, 긴 의자에 앉아 오락과 식사를 즐길 수 있도록 설계되었다. 일반적으로 안드론은 평평한 바닥과 장식된 벽을 가진 정사각형의 방으로 지어졌다.

- **알키비아데스(Alcibiades)** 아테네의 귀족으로 기원전 421년 니키아스 평화협정 후 몇 년간 웅변가로 사람들의 주위를 끌었다. 시칠리아 대원정의 주요한 선동자였으나, 본인은 불경죄로 고발당해 도주하여 원정에는 참여하지 않았다. 8년 후 아테네에 돌아왔지만, 얼마 후 다시 망명길에 올랐다.

- **암포라(Amphora)** 포도주, 기름, 마린 생선 등과 같은 생산물을 저장하거나 운반하는 용도의 손잡이 둘 달린 항아리이다. 장식적인 암포라는 술병이나 경기에서 상품으로 이용되었다. 대부분의 암포라에는 굽기 전에 인장을 찍었다. 간혹 날짜와 도공의 이름이 찍히기도 했다.

- **암흑시대(Dark Age)** 그리스 역사에서 기원전 12세기 미케네 문명의 몰락에 뒤이은 약 200년의 기간. 당시에는 읽고 쓸 수 있는 능력이 없었기 때문에 문서로 남겨진 자료가 드물다. 고고학적 증거에 따르면 암흑시대에는 빈곤과 전쟁이 만연한 반면 교류는 제한적이었다.

- **에트루리아(Etruria)** 에트루리아 족이 거주하던 이탈리아 중부 지역. 로마 이전에 강력한 부족이었던 에트루리아 족은 그리스 무역상과 식민주의자들과 접촉하여 이탈리아에 그리스 문화와 종교가 전파되는 데 기여했다.

- **에트루리아인(Etruscii)** 로마가 부상하기 이전에 이탈리아 중북부에서 12개의 도시국가들이 동맹을 이루었던 고대 에트루리아에 거주했던 민족으로, 이탈리아의 문화와 군사력의 대부분을 장악했다.

- **에피알테스(Ephialtes)** 클레이스테네스와 페리클레스 다음으로 아테네의 민주정을 세운 사람. 아레오파고스 법정의 거대한 권한을 분리해, 그것을 헬리아이아와 평의회에 주었다.

- **오스트라콘(Ostrakon)** 글쓰기용으로 사용되었던 도자기 파편. 아테네에서 발견된 오스트라콘은 대부분 도편추방 후보자들의 이름을 적기 위한 명판으로 사용되었다. 그밖에 영수증, 목록, 학업, 서한의 용도로도 사용되었다.

- **오시리스(Osiris)** 죽은 자들의 신으로 이집트 전역에서 숭배받았기 때문에 이집트 신 가운데 제1신이라 할 수 있다. 땅의 신 게브와 하늘의 신 누트의 첫째 아들로 동생 세트에 의해 사지가 잘려 강과 대지에 뿌려졌으나 아내인 이시스에 의해 다시 살아났다. 이후 오시리스는 죽음과 부활을 상징하는 신이 되었다. 이집트인들은 나일 강의 범람과 곡식의 성장이 죽음과 부활을 의미한다고 믿었다. 중왕국 시대부터는 지하세계를 다스리는 신으로 숭배되었다. 오시리스는 미라처럼 몸에 꼭 끼는 옷을 입고 상·하 이집트의 왕관을 쓰고 있다. 가슴 위에 X자로 교차시킨 양손에 왕권을 상징하는 왕관과 도리깨를 들고 턱수염을 달고 있는 모습으로 형상화되어 있다.

- **용병(Auxilliaries)** 로마의 동맹국과 종속국에서 선발한 군대(보조군). 로마는 기병대의 병사들을 충원하기 위해 점차 용병에 의존하게 되었다. 용병들은 경보병과 특수부대에서도 중요한 역할을 담당했다.

- **원로원(Senatus)** 공화정 시대 로마의 통치기관으로, 초기에는 전직 공직자 출신의 귀족들로 구성되었지만 나중에는 부유한 평민들도 선발되었다. 공식적으로 원로원은 자문기관이었지만 로마의 공직사회와 의회에 막강한 권력을 행사했다. 제정 시대에 원로원의 권력은 현저히 축소되었고 의원 자격도 지방 상류층에게까지 허용되었다.

- **원형경기장(Amphitheater)** 거대한 타원형의 경기장으로, 검투사들의 시합과 동물들의 경연이 벌어졌다.

- **이시스(Isis)** 이집트의 어머니 신. 암소를 상징으로 한다. 대지의 신 게브와 하늘의 신 누트 사이에서 태어나 2남 2녀 중 장녀인 이시스는 오시리스의 누이이자 아내이고 호루스의 어머니이다. 동생 세트에게 죽음을 당한 오시리스를 부활시켰다. 이시스는 매년 나일 강의 범람으로 기름지게 되는 이집트의 토양을 상징한다. 이시스 숭배 신앙은 이집트 밖으로도 퍼져나가 기독교에 영향을 끼쳤다. 로마 시대에 이시스는 풍요와 모성과 결혼의 여신으로 여겨졌다. 이 여신을 모시는 의식은 공화정 후기에 로마로 유입되어 빠르게 제국 전역으로 확산되었다.

- **오이코스(Oikos)** 고대 그리스 사회에서 기본적인 사적 생활 단위, 주택과 거주 핵가족 부양 친척, 노예, 자유민 그리고 부속된 가축, 토지, 재산도 여기에 포함되었다.

- **올림피아의 신(Olympian gods)** 올림포스 산에 거주하는 것으로 여겨지는 그리스 신전의 가장 중요한 신들이다. 파르테논의 프리즈에 새겨진 올림피아 12신은 제우스, 헤라, 포세이돈, 아테나, 아폴론, 아르테미스, 아프로디테, 헤르메스, 데메테르, 디오니소스, 헤파이스토스, 아레스였다.

- **음유시인(Rhapsode)** "노래를 엮는 이"를 의미한다. 구전시인 호메로스를 비롯하여 다른 시인들의 시를 전문적으로 낭송했다.

- **이데아(Idea)** 플라톤 철학의 기본 관념. 순수한 이성적 사고에 의해서만 인식되는 보편적인 진실을 가리키며, 현실세계는 그 그림자에 불과하다고 보았다. 〈국가론〉 플라톤의 저작. 철인정치를 이상적인 정치형태로 여긴다.

- **이데스(Ides)** 1년 12달 가운데 31일까지 있는 달의 15일이나 다른 달의 13일로, 카이사르가 암살된 날도 3월 15일이었다.

- **이소크라테스(Isocrates)** 기원전 4세기 아테네의 수사학 교수. 그가 남긴 많은 글들이 당시 아테네 여론의 흐름에 대한 소중한 자료가 되고 있다.

그는 '파트리오스 데모크라티아'의 이론가였다. 그는 민중에게는 결정권과 재판권을 주고, 공직 수행에 필요한 여력이 있는 계층인 부유층에게는 행정직을 맡기는 '파트리오스 데모크라티아'를 솔론의 업적으로 돌렸다.

- **이오니아(Ionia)** 기원전 1000년경 그리스 본토 이주자들의 식민지였던 소아시아의 중서부 연안 지역. 호메로스를 비롯하여 이오니아 출신 그리스인들은 암흑시대 이후 초창기 그리스 역사, 철학, 문학의 발전에 중추적인 역할을 했다.

- **제우스(Zeus)** 그리스 신전의 최고신으로 하늘과 기후의 신이다. 정의를 나누어 주고 우주의 질서를 구축한 신으로 간주되었다. 그는 종종 홀(笏) 또는 번개를 가지고 있는 모습으로 묘사되었다.

- **조영관(Aedile)** 공화정 시대에 4년마다 선출된 로마의 공직자로, 대중경기를 비롯해 건물, 거리, 시장의 관리와 곡물 공급을 담당했다. 제정 시대 초기에 대중경기와 곡물 공급에 대한 운영권은 다른 공직자에게 위임되었다. 로마의 다른 도시들에도 조영관이 있었는데, 그 명칭은 사원을 뜻하는 '아에데스(기원es)'에서 비롯되었다.

- **주노(Juno)** 주피터의 아내로 로마의 주신들 가운데 하나다. 그리스 신화의 헤라와 동일시되며, 결혼과 풍요와 출산을 관장한다.

- **주피터(Jupiter)** 로마 신화에 등장하는 최고의 신으로, 그리스 신화의 제우스에 해당한다.

- **중장보병(Hoplites)** 밀집대형(팔랑크스 참조)으로 행진하고 전투를 벌였던 중무장 그리스 보병. 대다수의 신병들은 말을 부릴 정도의 여유는 없지만 값비싼 갑옷과 무기의 비용쯤은 감당할 수 있는 중간 계층의 시민들이었다.

- **집정관(Consul)** 공화정 시대에서 군사와 행정의 최고위 공직자로 2명의 집정관이 선출되었다. 제정 시대에 집정관은 그 직위를 유지했지만 실권은 거의 주어지지 않았다. 과거 1년이던 임기도 단축되었고, 황제들은 스스로 집정관을 자처하거나 친구나 친척을 집정관으로 임명했다.

- **참주(tyrant, tyrannos)** 기원전 7세기경 그리스에 처음으로 등장한 새로운 유형의 군주. 그는 불법적인 지배자로, 귀족정치에 대한 대중의 불만을 이용하여 권력을 탈취했다. 많은 참주들의 독재적인 통치 방식 때문에 참주는 부정적인 의미를 갖게 되었다. 여러 세대에 걸친 왕조를 구축하는 데 성공한 참주는 거의 없었다, 오히려 몇몇 참주들은 귀족들의 정치적 지배력을 억제함으로써 민주주의를 촉진하는 역할을 했다.

- **케레스(Ceres)** 로마 신화에서 곡식을 관장하는 대지의 여신으로, 그리스 신화에서 농부의 수호신인 데메테르와 동일시된다.

- **켈라(Cella)** 그리스 신전의 본체. 그곳에는 신의 조상과 신전의 보물들이 안치되어 있었다. 동쪽을 향하는 하나의 문이 딸린 장방형 방의 구조를 하고 있다.

- **코린트(Corinth)** 코린토스. 건축, 도기, 조선술로 유명한 고대 그리스의 주요 도시. 코린트는 중부 그리스의 펠로폰네소스에서 에게 해와 이오니아 해에 이르는 지점을 연결하는 지협에 위치한 덕분에 통신과 무역과 해상 활동에서 두드러진 역할을 했다. 펠로폰네소스를 돌아가는 힘든 여정을 피하기 위해 두 바다 사이에 배를 끌어올려 지협을 지나는 상선들은 비싼 통행료를 지불해야 했다. 코린트의 전성기는 기원전 600년부터 500년 초반까지였다. 그 후로는 아테네의 세력에 밀려 쇠퇴했다.

- **코미티아(Comitia)** 로마인들은 어떤 문제를 해결하기 위하여 결정을 내려야 할 때 혼자서 독단적으로 하기보다는 여러 사람들의 의견에 귀를 기울이곤 했다. 국가의 중요 문제들은 민회인 코미티아에서 결정했다. 아테네

인들이 하나의 민회를 가진 데 비해 로마인들은 세 개의 서로 다른 투표 단위인 쿠리아 회(comitia curiata), •켄투리아 회(comitia centuriata), •트리부스 민회(comitia tributa)와 여기에 평민회(consilium plebs)의 4개의 민회를 가지고 있었다. 각 민회의 구성이나 역할은 시기에 따라 차이가 있지만, 아테네의 경우와 달리, 1인 1표제에 의한 다수결 원칙이 아니라, 단위 투표 및 신분 순서에 따른 투표였다.

- **콜로니(colony, colonia)** 그리스 도시국가들 주변의 섬들이나 연안 또는 에게 해와 소아시아 섬들에 건설된 해외 정착지. 대개 자국의 사회적·경제적 압력을 해소하거나 무역을 촉진하기 위해 건설되었다. 식민주의 전성기는 기원전 750년부터 550년 사이였다. 시칠리아, 남부 이탈리아와 프랑스, 흑해 근방이 주요한 식민지였다. 가장 적극적으로 식민지를 찾아 나선 도시국가로는 코린트와 밀레토스가 있었다.

- **크라테르(Krater)** 술을 물로 회석시키는 용도로 사용된 깊고 폭이 넓은 청동 또는 도기 사발. 높이는 보통 1피트 내시 1피트 반(약 30~45cm)이었다. 미술에서는 주로 음주자들이 누워 있는 긴 의자 옆 바닥에 세워져 있는 모습으로 묘사되었다. 매력적인 젊은 노예들이 크라테르에서 희석된 술을 퍼내어 술잔으로 옮겼다.

- **클레온(Cleon)** 전형적인 민중 선동가. 페리클레스가 죽은 후 민회에서 큰 영향력을 발휘했다. 부유한 피혁 상인인 그는 귀족들에게는 멸시당했지만 민중들에게 지지를 받았다. 그는 아리스토파네스의 주된 공격 대상이었다.

- **클레이스테네스(Cleisthenes)** 명문 알크마이온 가문 출신의 아테네 귀족. 페이시스트라토스의 아들인 참주 히피아스의 정권을 전복시켰다. 과두정에 대항하는 싸움에서 그는 민중파를 선택했다. 그는 도시에 새로운 제도를 세웠고, 도시를 영토적으로 새로이 분할하여 민주정의 기반을 확립했다.

- **클리엔테스(Clientes)** 귀족 신분의 후견인과 종속 관계를 맺은 평민 남성

으로, 대체로 음식과 돈과 같은 혜택과 신변의 보호를 받는 대가로 후견인에게 정치적 후원과 공적·사적 봉사를 제공했다.

- **키몬(Cymon)** 아테네의 귀족. 기원전 5세기 초반 아테네의 역사를 장식한 인물. 에게 해역에서 아테네 제국이 번성하는 데 기여했다. 엄청난 부를 소유하고 있었기에 그는 민중들에게 지지를 얻었다. 하지만 페리클레스와 경쟁하다가 461년 도편 추방당했다. 몇 년 후 추방형에서 풀려났지만 사이프러스 원정에 나가서 죽었다.

- **킬릭스(Kylix)** 누워 있는 손님들이 마시기 편하도록 수평의 손잡이가 달린 넓고 얕은 술잔.

- **크세노폰(Xenophon)** 소크라테스의 제자. 투키디데스와 아울러 그의 저술을 통해 기원전 5세기 말과 4세기 초의 정치적 · 군사적 사건들을 알 수 있다. 지적 호기심이 강했던 그는 기원전 4세기 그리스에 관한 많은 정보를 주는 소중한 글들을 남겼다.

- **테라코타(Terra cotta)** 구운 진흙. 주로 지붕 기와, 조상, 가사용 그릇, 석관과 같은 용품을 만드는 용도로 사용되었다.

- **테미스토클레스(Themistocles)** 아테네의 정치가. 아테네 함대를 증강시키는 데 기여했다. 그 결과 아테네가 페르시아 왕 크세르크세스에 대항할 수 있었고, 기원전 480년 살라미스 해전에서 페르시아 함대를 물리쳐 승리를 거둘 수 있었다.

- **테살리(Thessaly)** 그리스 북동부 비옥한 산악지대. 가장 유명한 곳으로는 그리스 신전의 주요 신들의 전설상의 보금자리인 올림포스 산이 있다. 고전 시대에 테살리아는 토지를 소유한 귀족층의 지배를 받았다. 문화적으로는 뒤떨어지는 지역으로 여겨졌다.

- **테세우스(Theseus)** 전설적인 영웅이자 초창기 아테네의 왕이었다. 그는 펠로폰네소스에서 어머니의 품에서 자라났다. 신화에서 그는 크레타의 미노타우로스를 죽였으며, 아테네의 지배로 아티카를 통합했다.

- **테테스(Thetes)** 그리스 국가의 자유민 중에서 최하층의 사람들. 그들은 날품팔이꾼이거나 가난한 소작농이었다.

- **토트(Thoth)** 따오기(ibis) 머리를 하고 왕관과 둥근 원반을 이고 있는 모습으로 형상화된 토트 신은 우주를 만들고 과학과 예술을 만든 창조의 신으로 알려져 있다. 그의 중얼거림으로 지구와 물, 바다, 공기, 하늘이 만들어졌다고 한다. '파피루스의 지배자', '상형문자의 왕'으로 불리기도 한다.

- **투키디데스(Thucydides)** 그리스의 가장 위대한 역사가.《펠로폰네소스 전쟁사》를 집필하여 시민들이 이 책에서 '영원한' 교훈을 얻도록 했다. 합리적 역사 기술의 선구자였던 그는 우아하면서도 힘 있는 문체를 사용하며, 중요한 웅변가들을 등장시켜 논의를 이끌어 내어 역사적 사건들을 보여주고, 그 사건들을 논리적으로 배열했다.

- **티베르 강(Tiber)** 로마 시의 한복판을 흐르는 강. 고대에는 산간부의 물품과 해산물의 교역로로 번창했다.

- **트라이림(Trireme)** 기원전 5세기경 그리스의 기본적인 전함인 삼단 노선. 길고 좁으며 얕은 홀수를 가진 구조였으며, 뱃머리에는 청동 충각이 달려 있었다. 전투 시에 트라이림은 3단 노로 동력을 얻었다. 기원전 4세기에는 여러 명의 노수들이 하나의 노를 젓는 더 큰 규모의 전함이 트라이림을 대체했다.

- **트라키아 인** 그리스 북단에서 현대의 불가리아와 터키로 뻗어 있는 지역에 거주하던 비그리스 부족이었다. 기원전 8세기경 그리스인들은 에게 해 연안의 트라케를 식민지로 만들었다. 내륙의 트라케 부족들 간의 싸움에서

사로잡힌 전쟁 포로들은 그리스 시장에서 노예로 팔렸다. 트라케인들은 후진 민족으로 여겨졌다.

- **트리에라르코스(Trierarch)** 사령관으로 임명된 부유한 아테네인으로, 레이투르기아를 수행하면서 전함 유지 비용을 충당했다. 트리 에라르코스는 1년 임기로 봉사했다.

- **파라오(Paraoh)** 고대 이집트의 왕을 지칭하는 말. 파라오는 단순한 왕이기보다는 살아있는 신으로서 전지전능한 힘을 갖는 존재였다. 태양신 라의 아들로서 인간 세상과 신을 연결하는 존재로서 최고의 권력자로 군림했다. 파라오의 몸은 죽어도 영혼은 신적인 것으로서 여신 하토르의 젖을 받아먹음으로써 항상 새롭게 부활할 수 있었다. 이집트의 30왕조, 대략 3,000년 동안 모두 170여 명의 파라오들의 존재가 기록으로 남아 있다.

- **파이다고고스(Paidagogos)** '아이의 인도자'의 뜻. 아이들을 학교까지 인솔하고 그곳에서 아이들을 감독하는 일을 책임지던 믿음성 있는 가족 노예였다. 그는 또한 집 안에서 그들의 양육도 도왔다.

- **파트로누스(Patronus)** 후견인. 상당한 영향력을 행사하는 인물로 예속 평민들에게 법적 · 경제적 지원을 제공하고, 그들에게서 정치적 후원과 사적 · 공적 봉사를 받았다.

- **파트리키(patricii)** 완전한 시민권을 가진 공화정 초기의 혈연귀족.

- **팔라이스트라(Palaistra)** 일반적으로 개인이 소유하던 레슬링장으로, 이곳에서 아이들은 레슬링과 권투와 체조를 배웠다. 레슬링장 바닥은 장방형의 주랑으로 꾸며져 있었고 탈의실과 욕실이 연결되어 있었다. 팔라이스트라는 체육장과 비슷한 구조였지만 규모는 더 작았으며, 김나지움에 편입되기도 했다.

- **팔랑크스(Phalanx)** 그리스 중장보병의 전투 대형. 필리포스와 그의 아들 알렉산더 대왕의 마케도니아 중무장 보병들도 이런 전투 대형을 취했다. 그리스 팔랑크스는 주로 8열의 중장보병 밀집 대형으로 구성되었다. 이런 대형은 평평한 지대의 전투에서는 적합했지만 험준한 지형에서는 별 효과가 없었다.

- **페디먼트(Pediment)** 경사진 지붕 아래의 삼각형 박공을 말한다. 그리스 신전의 양쪽 끝에 위치한 페디먼트는 채색된 조각들로 장식되어 있었다.

- **페리클레스(Pericles)** 아테네의 가장 유명한 정치가. 15년 동안 연속적으로 최고 군사령관에 선출되었으며, 아테네의 운명을 좌지우지했다. 피디아스를 시켜 아크로폴리스를 짓게 하고, 수당 제도를 만들어 많은 시민들이 정치에 참여하도록 유도했다. 그리스 세계에서 아테네의 우위를 확보하기 위하여 펠로폰네소스 전쟁을 일으켰다. 그 후 아테네를 휩쓴 페스트로 죽었다.

- **페이시스트라토스(Peisistratos)** 솔론이 떠난 후 아테네의 혼란을 틈타 정권을 장악한 아테네의 귀족. 도시에서 두 번이나 추방당했지만 권력을 잡았다. 그의 독재는 보수적인 노선을 지지하는 노장파들의 지지가 있어 유지되었다. 그의 통치 기간은 아테네의 급속한 발전이 이루어지고 대외 영향력이 증대했던 시기와 일치했다. 기원전 527년 그가 사망한 후, 그의 아들들은 보수 노선을 견지하지 않았다. 둘째아들이었던 힙파르코스는 기원전 514년 암살당했고, 맏아들 힙피아스는 기원전 510년 도망쳐야만 했다.

- **페플로스(Peplos)** 그리스 여성들의 전통의상. 소매 없이 발목까지 내려오는 튜닉으로, 한 장의 사각형 모직으로 만들어졌다. 어깨 부위는 핀으로 고정했으며 허리띠를 착용했다.

- **포룸(Forum)** 수많은 건물들에 둘러싸인 거대한 광장으로 주로 직사각형이며, 로마 제국 도시들의 정치적·사회적·문화적 중심지의 역할을 수행했다. 특히 로마와 같은 대도시에는 한 개 이상의 포룸이 존재했다.

- **포에니(Punic)** 카르타고. 라틴어로 카르타고를 건설한 페니키아인들을 나타낸다.

- **포세이돈(Poseidon)** 바다와 지진의 신. 제우스와 하데스의 형제이며 말의 조련사다. 아테네인들은 매달 8일을 포세이돈에게 헌정했다.

- **폴레마르크(Polemarch)** 원래는 아테네 군의 총사령관이었다. 후일 폴레마르크는 이런 기능을 상실하고 메토이코스와 다른 외국인들과 관련된 사법관이 되었다.

- **폴리스(Polis)** 자치 도시국가. 그리스 세계의 기본적인 정치 단위였다. 폴리스는 아크로폴리스와 아고라와 주변 영토를 갖춘 도시로 구성되어 있었다. 고전 시대에는 수백 개의 도시국가들이 존재했으며, 각각의 도시국가는 나름의 법과 종교적 축일과 경화 주조를 가지고 있었다. 대다수의 도시국가들의 표준적인 정부기관은 도시의 기반을 형성하는 고문단과 민회와 행정 장관직이었다. 세월이 흐르면서 정부 형태는 폴리스마다 다양하게 나타났다. 그러나 기원전 5세기경에는 두 가지 지배적인 정부 형태로 과두제와 민주제가 등장했다. 그리고 독립적인 폴리스 시대는 알렉산더 대왕과 함께 막을 내렸다.

- **플라톤(Platon)** 인류사의 가장 위대한 철학자 중 한 사람. 소크라테스의 제자로 아카데미아를 창설했다. 스승인 소크라테스를 등장시킨 그의 대화는 엄청난 문학적 가치를 지닌 작품인 동시에, 아테네 사회를 알려주는 소중한 원천이다.

- **플레브스(plebs)** 평민. 기원전 5세기경부터 중장보병으로 참전하면서 귀족과 신분투쟁을 벌이기 시작한다.

- **플루타르크(Plutarch)** 플루타르코스. 고대 로마의 그리스인 철학자이자 전기작가. 그의 〈영웅전〉은 그리스와 로마의 위인들을 대비해 그 전기를 다루고 있다.

- **하데스(Hades)** 그리스의 지하세계의 신. 제우스와 포세이돈의 형제이며 페르세포네의 남편이다. 하데스는 의식 숭배자들을 거느리고 있지 않았다. 그는 다른 신들이 죽음과 관련되는 상황에서 간접적으로 또는 넌지시 언급되곤 했다.

- **해방노예(libertini, freedman)** 주인에게 해방된 노예로, 로마법은 그들에게 대부분 시민권을 부여했다. 비록 중요한 관직에는 진출할 수 없었지만 기원 1세기부터 많은 자유인들이 로마 제국의 관료로 진출했다.

- **향연(Symposium)** 심포지움. '함께 마시기'라는 단어에서 유래했다. 만찬 후 최상류 남성들이 참석한 주연이었다. 향연의 관례에 따라 화환을 쓴 손님들은 2인용 긴 의자에 기대어 시를 노래하고, 수수께끼를 내고, 음주놀이를 하고, 철학적인 대화를 나누었다. 그리고 음악가, 마술사, 곡예사, 매춘부들이 향연의 흥을 돋우었다. 때로는 남녀 노예들이 향연 참석자들에게 성적인 봉사를 하기도 했다.

- **헤라(Hera)** 신들의 여왕으로, 제우스의 아내이자 누이다. 그녀는 여자와 도시의 수호신이다. 미술에서는 종종 그녀의 위엄 있는 자태를 강조하지만, 문학에서는 제우스의 정부(情婦)들과 그들의 후손들에 복수를 모해하는 질투심 많은 아내로 곧잘 묘사되었다.

- **헤라클레스(Heracles)** 그리스의 가장 유명한 영웅으로, 신으로서 숭배받게 되었다. 로마 신화에서는 헤르쿨레스(Hercules)로 불렀다. 헤라클레스와 관련된 많은 신화들 중에서 가장 널리 알려진 것은 그의 12모역이었다. 헤라클레스는 네메아의 사자를 목 졸라 죽인 후 그 발톱으로 가죽을 벗겨 무엇으로도 뚫을 수 없는 갑옷으로 입고 다녔다.

- **헤르메스(Hermes)** 제우스의 아들로, 신들의 전령이었다. 그는 친절하지만 짓궂은 장사와 여행의 신이었다. 그는 종종 날개 달린 신발을 신고 챙이 넓은 벨트 모자를 쓴 전령사나 여행객의 모습으로 묘사되었다. 도둑, 상인, 운동선수, 목동들이 그의 보호를 받았다.

- **헤스티아(Hestia)** 화로의 여신으로, 제우스의 누이다. 미술에서는 두꺼운 베일을 쓰고 주름 잡힌 옷을 걸친 처녀의 모습으로 묘사되었다. 기도할 때는 그녀의 이름이 가장 먼저 언급되었다. 그리스의 식민지 정착민들은 모국의 주요한 공공건물에서 헤스티아에게 헌정된 불을 새로운 식민지로 가져갔다.

- **헤파이스토스(Hephaistos)** 불과 공예의 신으로, 아프로디테의 남편이다. 그는 화산과 관련이 있었다. 아테네 구전에 따르면, 그는 신화에서 아테네의 최초 조상인 에릭토니오스의 아버지이기도 했다.

- **헬레니즘(Hellenism)** 역사상 가장 먼저 사용된 용어로는 문화사 개념으로서의 아놀드(Arnold)의 헬레니즘과 헤브라이즘이다. 이 경우 전자는 좁게는 그리스 문화, 넓게는 그리스적 정신을 가리키며, 후자는 좁게는 유대 문화, 넓게는 기독교 정신을 가리킨다. 드로이젠(Droysen)의 시대사 개념으로서의 헬레니즘 시대는 알렉산더의 동방원정에서 로마의 이집트 정복, 즉 악티움 해전까지의 300년간이며, 그 시대의 문화를 헬레니즘 문화라 한다. 토인비의 헬레니즘은 기원전 12세기에서 기원 800년에 이르는 2,000년간의 서양 문명의 한 국면을 가리킨다. 그에 의하면 서양문명은 에게 문명–헬레니즘 문명–기독교 문명으로 연결된다.

- **호루스(Horus)** 살해된 오시리스로부터 이시스가 주술적인 힘을 빌어서 잉태해 낳은 아들. 매의 신이며 왕권의 상징이다. 이집트인들은 파라오를 생전에는 호루스로, 죽어서는 오시리스로 생각했다. 또한 이집트인들은 하늘을 유연하게 비행하는 매에 대한 깊은 인상을 갖고 있어 호루스가 태양신 라의 행차에 함께한다고 여겼다. 그래서 많은 벽화에는 호루스의 두 날개로 라를 양쪽에서 떠받들고 비행하는 모습이 그려져 있다. 이처럼 이집트의 신은 파라오와 연계가 깊고 파라오의 권력은 이집트 신들이 그 정당성을 확보해 주므로 파라오의 권력은 절대적이 되었다. 이집트신은 물론 이집트인들이 만들어 낸 하나의 가공품일 수도 있지만 신을 숭배함으로써 사회를 단결하는 데에도 많은 영향을 끼치고 문화적·정치적·사회적으로 또한 많은 영향을 미쳤음을 알 수 있다.

- **호머, 호메로스(Homeros),** 기원전 8세기 그리스 최고의 서사시인. 장님 시인이었다고 전해지는데, 오늘날에는 실재했던 인물로 보는 경향이 크다. 『일리아드』(Illiad)와 『오디세이』(Odyssey) 2편의 대 서사시를 남겼다.

참고문헌

I. 약어

- ATL : B.D.Meriff, H.T.Wade-Gery, M.F.McGregor, The Athenian Tribute Lists, 4vols.
- BGU : Aegyptische Urkunden aus den Museen zu Berlin, Griechische Urkunden.
- CIL : Corpus Inscriptionum Latinarum
- Durrbach, Choix : Durrbach, Choix d'inscription de Delos, Paris, 1921(1976).
- FGrH : F. Jacoby, Die Fragmente der griechischen Historiker, Berlin und Leyden, 1923- ,
- IG : Inscriptiones Graecae.
- ILLRP : Inscriptiones Latinae Liberae Rei Publicae.
- ILS : Inscriptiones Latinae Selectae.
- Meiggs-Lewis : R. Meiggs-D. Lewis, A Selection of Greek Historical Inscriptions to the End of the Fifth Century B.C.
- OGIS : Orientis Graeci Inscriptiones Selectae.
- ORF : Oratorum Romanorum Fragmenta.
- RDGE : R. K. Sherk, Roman Documents from the Greek East.
- SIG3 : Dittenberger, Sylloge Inscriptionum Graecarum.
- Tod : M.N.Tod, A Selection of Greek Historical Inscriptions Vol. II from 403 to 325 B.C.

II. 사료선집

1. Gary Forsythe, *Primary Sources for Ancient History: The Ancient Near East and Greece*, Paperback, 2018.
2. Gary Forsythe, *Primary Sources for Ancient History: The Roman World*, 2017.
3. M. Dillon and L. Garland, Ancient Greece, Social and Historical Documents from Archaic Times to the Death of Socrates, Routledge, 1994
4. Fanny Dolansky and Stacie Raucci, *Rome: A Sourcebook on the Ancient City*, Bloomsbury

Sources in Ancient History, 2018.

5. David M. Gwynn, *Christianity in the Later Roman Empire: A Sourcebook*, Bloomsbury Sources in Ancient History, 2015.
6. Bob Carruthers and James Ingram, T*he Anglo-Saxon Chronicle: Illustrated and Annotated* (Military History from Primary Sources), 2013.
7. Paul Cartledge, *Ancient Greece: A Very Short Introduction*, 2011.
8. Anthony Barrett and Elaine Fantham, *The Emperor Nero: A Guide to the Ancient Sources*, 2016.
9. N. Lewis, *Roman Civilization*, V.1·2 Colombia u.p., 1959
10. Michael Burger, *Sources for the History of Western Civilization*: Vol. 1-2, 2002.
11. John M. Weeks and Jason de Medeiros, *A Research Guide to the Ancient World*; *Print and Electronic Sources*, 2014.
12. J. A. Shelton, *As the Romans Did*, A Source book a Roman Social History, Oxford, 1988
13. David S. Potter, *A Companion to the Roman Empire*, 2009.
14. Sarah Milledge Nelson and Elizabeth M. Brumfiel, *Women in Antiquity: Theoretical Approaches to Gender and Archaeology*, 2007.
15. Gary Forsythe, *Primary Sources for Ancient History: The Roman World* Paperback, 2017.
16.『西洋古代史料集』, 동경대학출판부, 1987 초판, 개정판 2000.
17.『사료로 보는 세계사』, 세계사 교과서 보완 지도 자료집 : 중·고등학교용, 교육과학부.

III. 사전

- *Concise Dictionary of Ancient History*, by P.G. Woodcock, NewYork: Philosophical Library, 1955.
- *Oxford Classical Dictionary*, ed. by S. Hornblower & A. Spawforth, Oxford Univ. Press, 3th edition, 1999.
- *Lempriere's Classical Dictionary: Proper Names Cited by the Ancient Authors,* by J.Lempriere, D.D.,Bracken books, 1984.

IV. 2차 참고 자료

(1) 국내 문헌

1) 저서

- 강대진,『신화와 영화』, 서울: 작은이야기, 2004.

- 강창성(편저), 『세계사산책』, 솔, 2003.
- 강창성(편저), 『사료로 읽는 서양사』 v.1 , 책과함께, 2014.
- 권용준, 『명화로 읽는 서양미술사』, 서울: 북하우스, 2003.
- 김덕수, 『그리스와 로마』, 살림, 2004년.
- 김복래, 『서양 생활 문화사』, 서울: 대한교과서, 1999.
- 김봉철, 『영원한 문화도시 아테네』, 청년사, 2002.
- 김한식 외, 『역사교육 자료집』, 신서원.
- 남궁원 · 강석규 엮음, 『연표와 사진으로 보는 세계사』,일빛, 개정판: 2004.
- 배영수 외, 『서양사 강의』, 한울 아카데미, 2004년.
- 서규석(편저), 『이집트 사자의 서』,문학동네, 1999.
- 신상화, 『로마』, 청년사, 2004.
- 신화아카데미, 『세계의 영웅신화』, 서울: 동방미디어, 2002.
- 안병직 외, 『오늘의 역사학』, 서울: 한겨레신문사, 1998.
- 오인탁, 『파이데이아』, 서울: 학지사, 2001.
- 이영석, 『그리스 로마의 신화와 전설』, 진주: 경상대학교출판부, 2004.
- 이영세, 『심마니세계사』, 도서출판 역사넷.
- 이종호, 『세계사를 뒤흔든 발굴』, 서울: 인물과 사상사, 2004.
- 이종훈 편, 『세계를 바꾼 연설과 선언』, 서해문집.
- 이진성, 『그리스 신화의 이해』, 서울: 아카넷, 2004.
- 장영란, 『신화 속의 여성, 여성 속의 신화』, 서울: 문예출판사, 2001.
- 차영길, 『역사이론으로 본 고대세계』, 서울: 동남기획, 2001.
- -----, 『억눌린 자의 역사』, 서울: 법문사, 2001.
- -(편역), 『고대 지중해 세계로의 탐구』, 동남기획, 2001.
- 최혜영, 『그리스 문명』, 살림지식 총서 115, 2004.

2) 번역서

- 아리스토텔레스 外(최자영/최혜영 역) , 『고대 그리스 정치사 사료』, 신서원.
- 크레인 브린트 外(지동식 外), 『서양 문명의 제문제 - 사료와 해석』, 법문사.
- 존 캐리(김기협 역) , 『역사의 원전』, 바다출판사

- 노버트 쉐나우어(김연홍 역),『집-6,000년 주거의 역사』, 다우, 2004.
- 토마스 볼핀치(최혁순 역),『그리스 로마 신화』, 서울: 범우사, 2001.
- 제인 가드너(이경희 역),『로마 신화』, 서울: 범우사, 1999.
- 베아트리체 마시니(이현경 역),『그리스 신화 속의 여성들』, 서울: 현대문학, 2003.
- G. 트뤽(이재형, 도화진 역),『세계여성사』 1권, 서울: 문예출판사, 1995.
- 스티픈 앨 해리스, 글로리아 플래츠너(이영순 역),『신화의 미로찾기』 v.1~2, 서울: 동인, 2000.
- 로베르 플라실리에르(심현정 역),『고대 그리스의 일상생활』, 서울: 우물이 있는 집, 2004.
- 윌리엄 L. 랭어 외(박상익 역),『호메로스에서 돈키호테까지』, 서울: 푸른역사, 2001.
- 수잔나 D. 월터스(김현미 외 역),『이미지와 현실 사이의 여성들』, 서울: 또 하나의 문화, 1999.
- 레비 스트로스(임옥희 역),『신화의 의미』, 서울: 이끌리오, 1999.
- 피터 버크(박광식 역),『이미지의 문화사』, 서울: 심산, 2005.
- 뤼시앵 보이아(김웅권 역),『상상력의 세계사』, 서울: 동문선, 2000.
- 클로드 모세(김덕희 역),『고대 그리스의 시민』, 서울: 동문선, 2002.
- 로제 폴 드르와 · 쟝 필립 드 토낙(임왕준 역),『그리스 로마 철학자들의 삶과 죽음의 명장면』, 서울: 샘터, 2003.
- J. 해리슨(오병남, 김현희 역),『고대 예술과 제의』, 서울: 예전사, 1975.
- 피에르 비달나케(이세욱 역),『호메로스의 세계』, 서울: 솔, 2004.
- 샹플뢰리(정진국 역),『풍자 예술의 역사』, 서울: 까치, 2001.
- 대니얼 J. 부어스틴(이민아, 장석봉 역),『창조자들』 1권, 서울: 민음사, 2002.
- 피터 A. 클레이턴 외(김훈 역),『세계 7대 불가사의』, 서울: 가람기획, 2002.
- 폴 벤느(이상길, 김현경 역),『역사를 어떻게 쓰는가』, 서울: 새물결, 2004.
- 폴 벤느(김지영 역),『그리스인들은 신화를 믿었는가』, 서울: 솔, 1993.
- 진 시노다 볼린(조명덕, 조주현 역),『우리 속에 있는 여신들』, 또하나의문화, 2003.
- ─────────(이경미 역), 『우리 속에 있는 지혜의 여신들』, 또하나의문화, 2003.
- 차영길(편역),『고대 지중해 세계로의 탐구』, 동남기획, 2001.
- 클로드 모세(김덕희 역), 『고대 그리스의 시민』, 동문선, 2002년.
- 미야자키 마사카츠(이영주 역), 『하룻밤에 읽는 세계사』, 중앙M&B, 2004.
- 시오노 나나미(김석희), 『로마인 이야기』, 한길사, 1995~2005년.
- 오가와 히데오(고윤선 역), 『3일만에 읽는 고대 문명』, 서울문화사, 2002.

- 와타히키 히로시 외(김현영 역) 『편지로 읽는 세계사』, 디오네
- 리차드 리키(황현숙 역), 『인류의 기원 』, 동아출판사, 1997.
- 찰스 레드먼(최몽룡 역), 『문명의 발생』, 민음사, 1994.
- 제롬 카르코피노(류재화 역), 우물이 있는집, 2003.
- 타케미츠 마코토(이정환 역), 『세계지도로 역사를 읽는다』, 황금가지, 2002.
- 필립 마티작(박기영 역), 『로마 공화정』, 갑인공방, 2004.
- 프랑수아즈 뒤낭(이종인 역), 『미라, 영원으로의 여행』, 시공디스커버리 총서32, 1997.
- 세람(오흥식 역), 『발굴과 해독』, 푸른역사, 1999.
- 에렌버그(김진경 역), 『그리스국가』, 미음사, 1991.
- 카토(김진경 역), 『그리스 문화사』, 탐구당, 1984.
- 최자영, 『고대 아테네 정치제도사』, 신서원, 1995.
- 포레스트(김봉철 역), 『그리스 민주정의 탄생과 발전』, 한울, 2001.
- 허승일, 『스파르타 교육과 시민생활』, 삼영사, 1998.
- 김진경 외, 『서양고대사 강의』, 한울, 1996.
- 앤드류스(김경현 역), 『고대 그리스 사』, 이론과 실천, 1991.
- 김진경, 『그리스 비극과 민주정치』, 일조각, 1991.
- 몽고메리(송영조 역), 『전쟁의 역사』, 책세상, 1996.
- 양병우, 『아테네 민주정치사』, 서울대학교출판부, 1975.
- 피에르 레베크(최경란 역), 『그리스 문명의 탄생』, 시공디스커버리 총서5, 1997.
- 얼 뱅크(김경현 역), 『헬레니즘 세계』, 아카넷, 2002.
- 허승일, 『로마사 입문-공화정편』, 서울대학교 출판부, 1993.
- 허승일, 『증보 로마공화정 연구』, 서울대학교 출판부, 1995.
- 하트(박성식 역), 『스키피오 아프리카누스』, 마니아북스, 1999.
- 하이켈하임(김덕수 역), 『로마사』, 현대지성사, 1999.
- 핀리(송문현 역), 『고대 노예제도와 모던이데올로기』, 민음사, 1998.
- 브래들리(차전환 역), 『로마제국의 노예와 주인』, 신서원, 2001.
- 몬타넬리(김정하 역), 『로마제국사』, 까치, 1998.
- 허승일 외, 『로마 제정사 연구』, 서울대학교 출판부, 2000.
- 핀리(지동식 역), 『서양 고대 경제』, 민음사, 1975.

• 프란체스코 티라드리티(권영진 역), 『이집트』, 예경, 2004.
• 아다 가부치(정은진 역), 『로마』, 예경, 2004.
• 루카 모자티 외(조인자 역), 『그리스』, 예경, 2004.
• 안나 마리아 리베라티 외(김숙 역), 『고대 로마』, 생각의 나무, 2003.
• 푸리오 두란도 외(노혜숙 역), 『고대 그리스』, 생각의 나무, 2003.
• 고든 차일드(강기철 역),「인류사의 전개」, 정음신서, 1959.
• 최몽룡,「고고학에의 접근」, 신서원, 1990.
• A.파르누(이혜란 역),「크노소스: 그리스의 원형 미노아 문명」, 시공사, 1997.
• 최병조,「로마법 연구」,서울대출판부, 1995.
• 죠셉 보그트(이양기 역), 『새로운 역사관』, 형설출판사, 1985.
• 이양기,「문명론이란 무엇인가」, 영남대출판부, 1986.
• A.토인비, 『역사의 교훈』,범조사, 1981.
• C.도슨(민석홍, 나종일 공역), 『역사의 원동력』, 삼성문화문고, 상·하, 1974 ; C.도슨(이길상 역), 『세계사의 원동력』, 현대지성사, 1999.12 참조.
• 한스 크리스티안 후프 외(박종대 역), 『임페리움』, 말글빛냄, 2005.

(2) 국외 문헌

1) 저 서

• Elaine Fantham ed., Women in the Classical World, New York: Oxford, 1994.
• Ian Jenkins, Greek and Roman Life, British Museum, 1987.
• J.M. Roberts, Ancient History, Oxford Univ. Press, 2004.
• P.Horden & N.Purcell, The Corrupting Sea, Blackwell, 2001.
• M.Stead, Egyptian Life, British Museum, 1986.
• K.Hopkins, Conquerors and Slaves, Cambridge Univ. Press, 1978.
• K.K. Ruthven, Myth, London, 1986.

2) 논 문

• Martin Bernal, Black Athena I: The Fabrication of Ancient Greece,1785-1985,New Brunswick, NJ, 1987.
• F. Braudel, The Mediterranean in the Ancient World, Penguin Books, 2002.
• Moses Finley, The Ancient Economy, Berkely,1973; 지동식 역, 『서양고대경제』,민음사,

1993.

- Peter Garnsey & Richard Saller, The Roman Empire: Economy, Society and Culture, Duckworth, 1987.
- Peregrine Horden and Nichoas Pucell, "The Corrupting Sea: A Study of Mediterranean History", Oxford, 2000.
- Keith Hopkins, 'Introduction', in Peter Garnsey, Keith Hopkins, and C.R.Whittaker(eds.), Trade in the Ancient Economy, Cambridge,1983
- K.Hopkins, "Roman Trade, Industry and Labour", in Civilization of the Ancient Mediterranean, NewYork, 1988.
- J.R.love의 Antiquity and Capitalism, Routledge, 1991.S. R. Joshel, "The Body Female and The Body Politic: Livy's Lucretia and Verginia", Sexuality and gender in the classical world, London: Blackwell, 2002.
- H. King, "Bound to Bleed: Artemis and Greek Women", Sexuality and gender in the classical world, London: Blackwell, 2002.
- -------, "Bound to Bleed: Artemis and Greek Women", Images of Women in Antiquity. London: Croom Helm, 1983.
- N. S. Rabinowitz and A. Richlim, Feminist theory and the classics, London: Routledge, 1993.
- H. Sancisi-Weerdenburg, "Exit Atossa: Images of Women in Greek Historiography on Persia", Images of Women in Antiquity. London: Croom Helm, 1983.
- W.K.C. Guthrie, "Greek Ways of Thinking", in The Greek Philosophy(Harper Books, NewYork, 1960.
- G.Thomson, "Democracy", in Aeschylus and Athens, Grossete Univ. Library, 1940.
- V. Hunter, "The Composition of Thucydides' History: A New Answer to the Problem", in Historia, Band 26, heft 3(1977).
- John Wild, "Plato as an Enemy of Domocracy: A Rejoinder", in Plato: Totalitarian or Democrat (Englewood Cliffe, 1963).
- A.E.Douglas, "Cicero and Roman Politics", in Greece and Rome, New surveys in the Classics, no. 2(Oxford, 1968).
- F.H.Lawson, "Roman Law", in The Romans(ed. by Balsdon, C.A.Watts).

(3) 서양고대사 전문 인터넷 사이트

http://pompeii.virginia.edu

http://www.vroma.org

http://www.perseus.tufts.edu

http://www.beazley.ox.ac.uk/BeazleyAdmin/Script2/default.htm

http://www.barca.fsnet.co.uk/

http://www.eternalegypt.org/EternalEgyptWebsiteWeb/HomeServlet

찾아보기

사료로 보는 서양고대사

초판 1쇄 발행 • 2018년 8월 30일

엮은이 • 차영길
펴낸이 • 이상경
부　장 • 박현곤
편집장 • 김종길
교　정 • 유화정
디자인 • 이희은
지　원 • 이가람

펴낸곳 • 경상대학교출판부
주　소 • 경남 진주시 진주대로 501
전　화 • 055) 772-0801(편집), 0802(디자인), 0803(도서 주문)
팩　스 • 055) 772-0809
전자우편 • gspress@gnu.ac.kr
홈페이지 • http://gspress.gnu.ac.kr
페이스북 • https://www.facebook.com/gnupub
블 로 그 • https://gnubooks.tistory.com
등　록 • 1989년 1월 7일 제16호

이 도서의 국립중앙도서관 출판시도서목록(CIP)은 서지정보유통지원시스템 홈페이지(http://seoji.nl.go.kr)와 국가자료공동목록시스템(http://www.nl.go.kr/kolisnet)에서 이용하실 수 있습니다.
(CIP제어번호: CIP2018027086)